朱玉麒 编

枫林霜叶

赵仁珪教授八十寿辰纪念文集

玉麒敬署

凤凰出版社

图书在版编目（CIP）数据

枫林霜叶：赵仁珪教授八十寿辰纪念文集 / 朱玉麒编. -- 南京：凤凰出版社，2022.12
ISBN 978-7-5506-3826-6

Ⅰ. ①枫… Ⅱ. ①朱… Ⅲ. ①赵仁珪-纪念文集 Ⅳ. ①K825.6-53

中国版本图书馆CIP数据核字(2022)第224294号

书　　　名	枫林霜叶：赵仁珪教授八十寿辰纪念文集
编　　　者	朱玉麒
责 任 编 辑	李相东
特 约 编 辑	蒋李楠
装 帧 设 计	陈贵子
出 版 发 行	凤凰出版社（原江苏古籍出版社） 发行部电话 025-83223462
出版社地址	江苏省南京市中央路165号，邮编:210009
照　　　排	南京凯建文化发展有限公司
印　　　刷	南京新洲印刷有限公司 江苏省南京市六合区雨花路2号，邮编:211500
开　　　本	652毫米×960毫米　1/16
印　　　张	25.5
字　　　数	326千字
版　　　次	2022年12月第1版
印　　　次	2022年12月第1次印刷
标 准 书 号	ISBN 978-7-5506-3826-6
定　　　价	198.00元

（本书凡印装错误可向承印厂调换，电话:025-57500228）

赵仁珏教授

与恩师启功先生亲切交谈

2003年原国务院总理温家宝为赵仁珪颁发中央文史研究馆馆员聘书

主要著述书影

改革开放后北师大文学院第一届研究生(部分)与启功先生合影

与在密云塘子中学任教时部分学生合影

与研究生郊游合影

与研究生野餐合影

备课

讲课

旅游途中

采风途中进行诗词创作

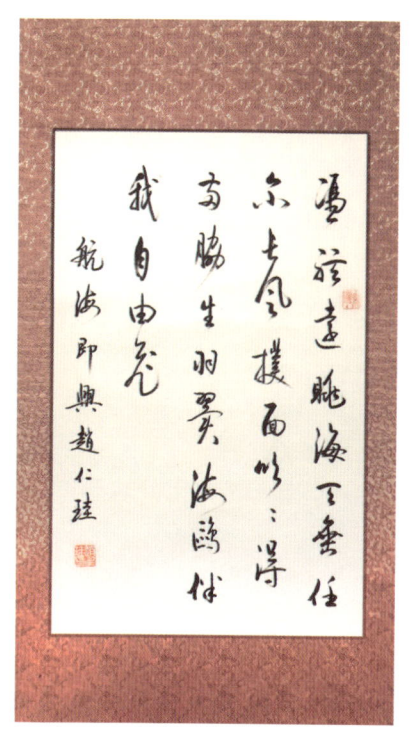

自书诗作

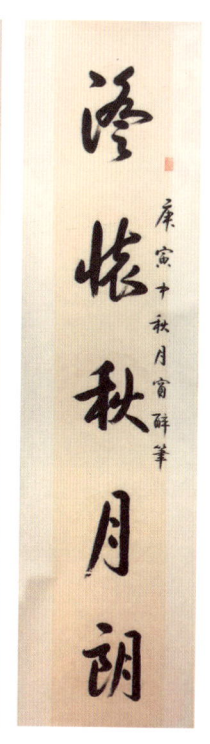

书写旧联

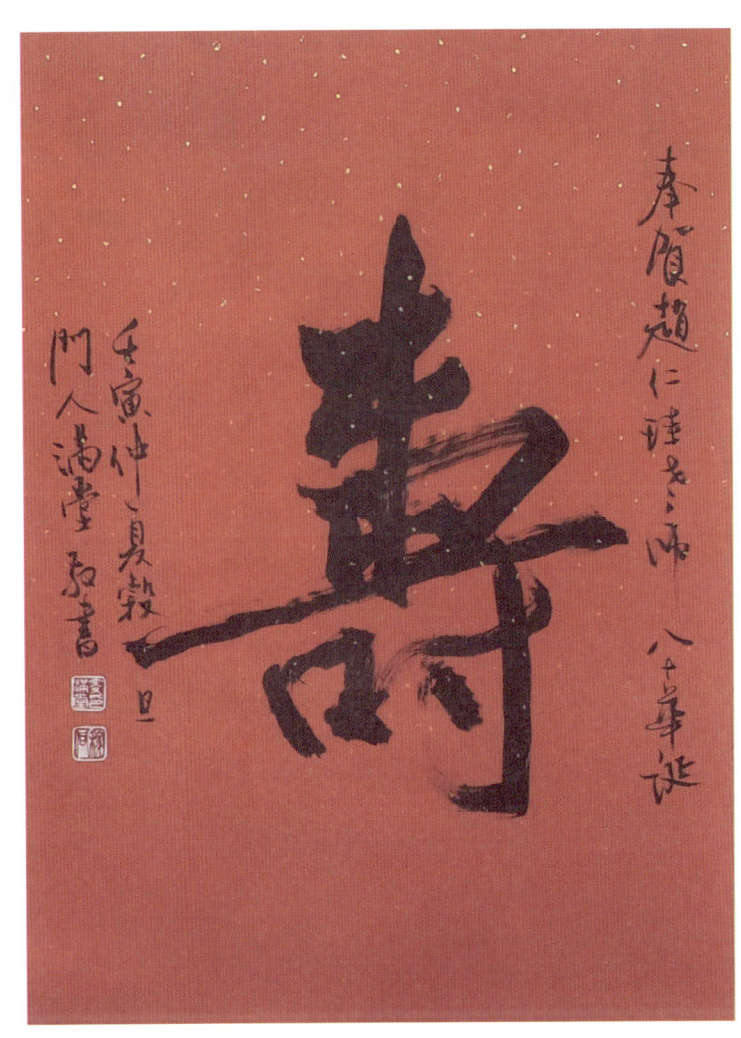

学生麦满堂书贺寿中堂

贺赵仁珪先生八十华诞

矢志攻坚八十珪璋无愧赵
仁心毓秀万千桃李自成蹊

何小平敬撰　萧文书

学生何小平撰贺寿对联

八十感言

赵仁珪

读着本书一篇篇文章,我的第一感受是感激与欣慰。在我八十岁生日时,同学们能自发地为我精心出一本纪念册,表达对我的美好祝福,这比送我再讲究、再豪华的大蛋糕还要有意义。特别是读到第一部分那些精彩的学术论文时,我真由衷地为同学们深厚的学养感到高兴,这些论文远胜于我当年那些平庸之作。如有些对传统文学史和古典诗文的论述,能有更综合、更深入的分析和把握,很有突破性;有些论文还将文学与文献考据学相结合,显示了更深厚的学术功底,这是我所不及的;还有些文章能以更广阔的视角站在更高的层次上,从文化学的角度和高度,将文学与社会学、建筑学以及比较文学相结合,展现了更丰富的知识结构,真应了"长江后浪推前浪,一代新人胜旧人"的格言。而越到晚年,越感到精力衰退时,这种感受就越强烈,越觉得刘禹锡的名句"沉舟侧畔千帆过,病树前头万木春",最能道出我这种复杂的心态。我并不哀叹自己已成为"沉舟"和"病树",而是欣慰大家能在新时代千帆竞渡,万木争春。

当读到第二部分有关评论我的某些专著和诗文创作的文章时,我感到十分的兴奋,因为我能从中了解到我的作品在具有丰厚专业素养的读者中究竟有什么反应。这能促使我进一步了解自己的成败得失,为今后的创作找到很好的借鉴。

而当读到第三部分那些回忆师生交往的文章时,我首先感到的是无比的亲切,它使我回忆起几十年来一幕幕教书育人的往事,让我重温了生活中最美好的时光,深切体会到"得天下英才而教育之"的乐趣。文章中那些鼓励和称赞我的话语又使我不安和惶恐。在几十年的教书生涯中,我虽然可以问心无愧地自认确实是尽力了,但与恩师启功先生所要求的标准"学为人师,行为世范"还有很大的距离。我有自知之明,我不是什么名师,只是一个普普通通的教书匠而已,远不配同学们如此称颂我,何况论资历也轮不上我倚老卖老,八十岁在老教师中也只能算一个小弟弟而已。

提起八十岁的生涯,就不能不勾起我绵长的回忆与无限的感慨。大致说来,我的一生可以 1976 年粉碎"四人帮"为界分为前后两期。

初中三年级以前,我虽也经历了新中国成立后所发生的一系列政治运动,但只留下些懵懂的感觉。我上的北京师范大学第一附属小学(现改为实验小学)和北京四中都是第一流的好学校,我的学习成绩又都保持在第一流的水平,四中录取时是按入学成绩总分排学号的,我还荣幸地排在我班的 1 号。总之,这十年生活可谓一帆风顺,充满幸福。

但到初中三年级下学期(1958 年上半年),我却跌了人生第一个大跟头。继 1957 年反右运动后,1958 年上半年中央又发起了"双反"运动。我早已记不清这"双反"是反什么的了,但按当时的惯例,无非是响应党的号召,为校方和老师贴大字报。我们班很多同学先对音乐老师提出批评,因为他在音乐欣赏课上经常对我们这些十四五岁的孩子大谈一些被当时认作"少儿不宜"的内容。当时大家的积极性很高,索性把大字报编成顺口溜、打油诗,我也参与了其中的一些编排。后来大家又给教导处贴了一张,我早已忘记都写了什么,也未参与起草。但大家觉得我的字还好,都推举我来抄写,我也就义不容辞地担当起这光荣的任务,并顺手第一个签了名。但刚一贴出就遭到了校方的指责,其他班的很多同学也都参与了对我们的围攻,甚至还点了我的名,吓得我课间都不敢出教室上厕所。不幸的是不久就迎来了中考。我当然还是把四中填为第一志愿,而且自信能考上,因此对后面的几个志愿只是随手一填。这次中考我发挥得不甚理想,主要栽在作文上。那年的作文题是"总路线鼓舞我前进",而"鼓足干劲,力争上游,多快好省地建设社会主义"的总路线本来就是一个很虚泛的口号,而且是几个月前刚提出的,现在就拿来考一帮初中生,只能说明当时的极左思潮是何等强烈。而我当时又是一个只知贪玩、政治上完全不成熟的孩子,这就大大限制了原本是我强项的发挥,影响了我的总成绩,但总算上了四中的录取线,而发榜时仍然名落孙山。事后我曾壮着胆子找到教导主任,想问个究竟。他回答得很干脆:"别说你只够分数线,你就是再考个1号,我们也可以不录取你。"这时我才恍然大悟,我原来已成为大字报签名事件中二十多位同学的替罪羊。

而更不幸的是,我被随手填写的第二志愿河北北京中学录取了。这本是一所颇有名气的老学校,由河北省与北京市合办,人们习惯称它为"冀高"。但在那大讲特讲阶级成分和阶级斗争的年代,这种合办却走向了极端。一半由河北省招来的学生都是保送来的贫下中农、革干、烈属子弟,而由北京学生组成的另一半,则是杂七杂八的各类子弟。所以一进学校,我就明显感到被卷入一股充满阶级斗争色彩的"气场"之中,压得我喘不过气来。在后来的"文化大革命"中,知识青年要上山下乡,接受贫下中农的再教育,成为时髦的口号,而我们这些城里的孩子早就提前进入了接受贫下中农"子弟"再教育的角色。那时又正是"大跃进""三面红旗"的极左风潮席卷全国的时代。为了表明我不甘落后,不甘沦为异类,我也曾奋斗过、挣扎过,想尽力表现自己并不比那些"红五类"差。当时学校为了特别突出政治性,便独创了一种管理手段——每学期都要给同学打一个"政治表现"分,而我每次照例只能得一个 3 分。我那颗脆弱的心灵为此受到极大的打击，我认定自己在这样阶级阵线分明的群体中，早已不可避免地被牢牢打入了"另册"之中。

但最不幸的是，一场更大的灾难又降临到我的头上。原来我的父亲也是老四中的学生，而且是一个高材生。1937 年毕业时，在全校会考中他考了第一名，获得极大的荣誉，要想考任何一所著名的高校对他来说都是手到擒来的事。出于抗日爱国的热情，他毅然投笔从戎，决心回山东老家参加抗日游击队，但阴差阳错，他投奔的是一支国民党领导的部队。这支部队在 1941 年终于被打散，他不得已而返回北京，考入了不受日本人所统治的教会学校辅仁大学，毕业后便在辅仁附中（后改为十三中）任英语老师。他对自己的这段历史早就向组织交待得清清楚楚。新中国成立初那几年，极左思潮还没泛滥到像后来那样可怕，组织上对他的处理仅是"内控"使用。到了 1957 年反右时，为了完成百分之五的抓右派指标，十三中有意把他"培养"成右派。他很有自知之明，始终一言不发，总算躲过了这顶"右派"的帽子。但到 1958 年，他仍以"历史反革命"的罪名和右派分子一起，被下放到农村劳改，直到 1961 年才重回学校教课。而要命的是 1958—1961 年偏巧是我上高中的三年，我的头上又多压上了一座"历史反革命"子女的大山。而这座大山是命中注定、在劫难逃的，它有如孙猴子头上的金箍，是我无论如何也无法抠掉的，特别是在像河北北京中学这样极左的学校。我深知大学之门是绝不会向我这个"另册"中的异类敞开，我再挣扎也是徒劳的。在这重重的压力下，我终于彻底崩溃了，哪还有心思好好读书？果然，我落榜了。后来"文化大革命"时，我同班一个留校工作的同学在"造反"时，查抄出我们当年高考的存档，看到在"学校意见"一栏内竟然分明写到"此人不宜上大学"，而且落得这样鉴定的还有很多出身不好的城里同学。我这才彻底明白为什么我们这一届农村来的"红五类"，只有三五个没考上大学；而城里的同学,只有三五个出身好,学习又不差的人才有幸考上大学,现在的同学们很难理解这种现象。如今的中学都是以尽力帮助更多的同学考上大学为荣,而在那极左时代,却有很多学校以能从政治上卡下更多的同学,借此证明他们阶级路线多么坚定为荣,这就是当年可悲的事实。

没能考上大学,我又不忍在家吃闲饭,便接受了上面的分配,经短期培训,到朝阳区六里屯供销社当了一名无聊至极的小出纳。"是生存还是死亡"? 是再拼搏一把,还是自甘沦落,这确实是一直困扰我的问题。正当我犹豫不决时,1961年很多和我有同样遭遇但家庭生活条件又较好的同学,于1962年再次参加高考,而且大部分都考上了,这对我来说是一个极大的刺激。我想我这个四中班上的1号,难道比他们还不如吗?这纯粹都是河北北京中学极左思潮造的孽。而且1961年正是"千万不要忘记阶级斗争"搞得最凶的年代,大批因各种政治原因没考上大学的人都滞留在北京,已成为严重的社会问题。于是北京市也特意成立了一个临时的函授学校,帮助这批学生能够升入大学而减轻社会压力。我终于动了心,心想这回学校意见栏中绝不会再出现"此人不宜上大学"之类的判决了。机不可失,时不我待,于是我毅然辞掉了工作,决心背水一战,不成功则成仁。因为我知道再考不上,国家绝不会给我第二次在北京分配工作的机会,而只能把我发配到边疆兵团去了。

这次我改报了文科,且选择了无法自学成才的外语系。而所报的志愿第一是北师大,第二是北师院,因为我热爱教师这一工作,且读师范可以管吃管住,为家里省点钱。经过七八个月的苦读,终于取得五门总分440多分、平均89分的优异成绩,这也是"文革"中造反派查抄有关档案后告诉我的。但即使如此,北师大也没录取我,我只能委屈地上了北师院。事后我曾遇到一个和我同时备考的同学,他以平均84分的成绩被北大西语系录取,而且名列前茅。我听了以后只能哀叹不已,显然那些政治因素还在我身上造孽、作祟。我只能从心底里感谢北师院,好歹是它圆了我的大学梦。

但我的大学梦却是一个破碎的梦。大一、大二两年虽然政治运动不断干扰着正常的学习,总算还能按时上课。但到了关键的大三,同学们却不得不遵照毛主席的指示,下乡搞了一年的"四清"运动。到了大四,就赶上轰轰烈烈的"文化大革命",宝贵的两年就这样毫无意义地丧失掉。我原以为似乎已看到了所追寻的生命之树,并向它奋力飞去,想在那里筑牢我的生命之巢,但结果却总被雨打风吹去,"绕树三匝,无枝可依";我又似乎已看到了我所追求的"所谓伊人,在水一方",但她却总是与我若即若离,不管是"溯洄从之"还是"溯游从之",她总是"宛在水中央"般地虚无缥缈,难以抵达。

就这样,我于1967年夏结束了大学生活。那时社会混乱到整届毕业生都无法正常分配工作,如果让这群无人驾驭的野马在社会上乱闯,其结果不堪设想。于是国家便把我们分成一个一个连,下放到部队去接受解放军的再教育。开始我们还有强烈的新鲜感,但时间一长,老得不到正式分配的消息,人心就散乱起来,再加之"备战"的要求,经常拉练,我们这些学生连,就像一群盲流,长年迁徙于河北、山西北部,要是没有部队严格纪律的约束,不知会乱成什么样。就这样我们又荒废了两年。要说收获,仅是更深入地了解到在这片贫瘠的土地上,农村的落后状况和农民的实际情况,从而对中国的社会现实有了更切身的体验。

1969年秋,我们终于被分配了工作。我被分到北京密云县塘子公社的塘子中学任教。一个偏僻的农村中学,当然绝不会开设外语课,我就改教语文。那时"文革"还方兴未艾,但我从心底里对"文革"就有一种抗拒心理。我给自己定下了"教学相长"的方针。一方面要集中力量搞好教学,首先要想方设法把学生的精力和兴趣从无意义的"文革"运动中拉回到正常的教学中,提高他们的学习兴趣。如尽量不讲、少讲那年头充斥在新编教材的极左思潮的课文,而要重点讲好那些尚能保存在教材中的传统文章;制作一些力所能及的课件;举办课外讲座;提倡阅读一些有意义的课外书;等等。我深切地感受到这些农村的孩子还是很渴望能多学些有益知识的。当我看到有些极贫穷的孩子,在大冬天只穿着空膛的破棉袄,光着脚穿一双早已开绽的破棉鞋,仍瞪大渴望的眼睛,聚精会神听讲时;看到有的女学生带着没人照顾的弟弟妹妹,让他们在操场上玩,而自己仍能专心致志地上课时,我就被激发出一种强烈的使命感。我又发现很多农村孩子是非常聪明的,只要能点拨他们开了窍,他们是大可造就的,一旦看到他们取得的成绩,我就会由衷地产生一种强烈的成就感。还有的孩子很有头脑,他们在那愚昧的时代就已明白知识终将会改变他们的命运,心中已萌发出远大的目标,对这样的学生我怎能不格外尽心,助他们一臂之力呢?果然,在这些学生中,后来成才者不少,这使我感到无比的欣慰。

另一方面,我对自己提出严格的要求:一定要尽快地充实自己,把损失的时光尽力补回来。那时我心中忽然想起不知从哪听来的两句诗:"诸葛一生唯谨慎,吕端大事不糊涂。"一则我要小心谨慎,尽力不去抵触"文革"的戒律;二则不管现在怎么乱,我绝不能浑浑噩噩地随波逐流,心中一定要有一个定盘星,一定要坚信乱象总能过去,人总要靠真才实学吃饭,而机会总是留给有准备的人。考大学时我自认为外语很难自学成才,而文、史则可,现在老天爷既然不赏我这口外语饭,那就看我能否真的靠自学成才学好中文了。于是我通过各种努力,尽力备齐大学本科的中文教材和必读书目,决心在三五年内一定要靠自学达到名牌大学中文系本科生的水平。这里面最难学的是音韵学,我只能借星期天回北京的短暂时间,向我在高中时结识的一位马老师请教,再苦读王力主编的《古代汉语》及《诗词格律》,终于有所突破。苍天不负有心人,到1976年粉碎"四人帮"前,我自信已经达到了预定目标。

粉碎"四人帮"的消息传到我们这偏远的半山区时,学区教师正在一个非常偏僻的山村里办秋假学习班。喜讯传来,人们欢欣鼓舞,在我的倡议下,塘中的几个住在同一土炕上的老师决定效仿古代的文人雅士举办一个诗会。大家出钱从当地小卖部买来仅有的两瓶劣质"葡萄酒"和几块咸菜疙瘩,兴致勃勃地边饮边聊边构思,直到深夜。我乘兴口占了三绝句:

快刀初试斩蓬麻,天网轻收噪暮鸦。若问天心与民意,酒香飘过万人家。

四小哀哀伏巨网,快将美酒满斟来。今朝且尽三分兴,留待七分审判台。

横行螃蟹正肥香,怎敌秋风扫叶狂。金盏翻飞万民啖,三公一母细蒸尝。

四十六年后的今天,我觉得此三首绝句不但能道出我当时发自内心的真情实感,而且格律也很工整,比起"大快人心事,揪出四人帮"等老干部体绝不逊色。

粉碎"四人帮"被人们称为"第二次解放",对我来说第一次解放时年龄太小,没什么切身的感受,但这次却真真实实地感受到了什么叫"解放"。它主要体现在精神上、思想上的大解放,它破除了几十年来禁锢在人们头脑中的枷锁,斩断了那柄悬在每个人头上的随时可以把你打成"反革命"的达摩克里斯之剑,从此善良的人们可以尽情地施展抱负,发挥自己的特长,凭真本事吃饭,这怎么能不令人欢欣鼓舞呢?

但对我来说还需要等待一个契机,而它终于来了。1977年末我从《光明日报》上看到一则招生启事:北京师范大学中文系要招收"文革"后的第一届古典文学研究生。需知在我们这个偏僻的中学,报纸不见得都能按日送达,送达也不见得人人都能看到,而这张报纸却让我看到了,这不是上天赐予我的良机吗?我奋斗多年,等的不就是这样的机会吗?今日不搏,更待何时?于是我又像1962年辞去工作殊死一搏那样,用尽全身心的能量投入备考,而且终于以优秀的成绩获得成功,成了"文革"后第一届研究生。这是我在"小升初"后获得的第一次在分数面前人人平等的机遇,这是粉碎"四人帮"后我得到的真正实惠!为此,我怎能不由衷地赞美拨乱反正的英明决策,怎能不由衷地高呼"改革开放万岁"呢!就这样,我离开生活了近十年的塘子中学,结束了我三十多年的前半生。

读研究生的前一年半,我和同学们的首要任务是拓展基础,恶补不足。那真可谓分秒必争、开足马力,恨不得一天当两天用。有时晚上停电,也舍不得浪费时间,打着手电也要读点什么。在以郭预衡教授为首的三名导师的指导下,在聆听了各大高校和科研单位众多名师的讲座后,我们的知识面和眼界大为开拓。后一年半做毕业论文,我有幸被分配到启功先生门下,这是我人生中遇到的最大幸运,这种幸运能把我前半生的种种不幸都冲洗掉。启功先生不但以书画名扬天下,而且兼擅古典文学、语言学、史学、宗教学、文献学、文物鉴定学等诸多学问,且都能达到顶级水平,他同时还是著名的诗人,堪称一位不世出的国宝级大师。他为人和蔼可亲、幽默诙谐、聪明睿智,我每次侍座受教,都会产生一种如沐春风的亲切之感和高山仰止的敬慕之情,我也才懂得什么叫真学问、大境界。

在这些老师的教诲下,我顺利毕业。毕业前国家还特意给每人拨发了200元的"访学"费。对我们这些学中文的学生来说,最好的实习就是在读万卷书之后再行万里路,考察祖国的壮美山河和文化古迹。我们用这200元钱几乎走访了大半个中国。日后拙作《土水斋诗文选》中大量的旅游诗就始于此时。在旅游中我们处处受到优待,似乎也享受了一把孟郊《登科后》"春风得意马蹄疾,一日看尽长安花"的荣耀。毕业后,我留校任教,虽然评各级职称都较晚,因而招收的研究生也并不太多,因为有大批"老师大"的教师都堵在瓶颈上排队等候。但我能从一个简陋的山村中学教师逐渐成为名牌大学的讲师、副教授、教授、博导,我已经十分满足,十分感念改革开放赐予我否极泰来的恩惠了。

在全心全意搞好教学的本职工作外,我在科研方面逐渐专注于两大课题:一是古典诗词研究,二是启功研究。前者取得的成绩主要有专著四部:《宋诗纵横》、《论宋六家词》、《禅学要义》(收入《中国文学经典要义》第三编)、《柳永·周邦彦》;教材多部:郭预衡先生主编的《中国古代文学简史》、《中国古代文学史》、《中国古代文学史长编》、《中国古代文学作品选》中"宋辽金"部分,北师大中文系主编的《中国古代文学史》唐代文学及相关作品选大部,自编的函授教材《李杜诗与苏辛词》;选本多种:《唐宋八大家文集·苏轼文》二册、《唐五代词三百首赏析》、《唐诗》、《读诗有智慧》、《唐宋诗词选讲》、《走进唐宋诗词》、《每天一首诗》(与他人合作)、《诗壮国魂——中国抗日战争诗钞》(四卷本,执行主编),论文二十余篇,各种有关文章数十篇。后者主要成果有《启功口述历史》(主要记录整理者)、《启功讲学录》(与他人合作)、《启功韵语集》(注释本)、《论书绝句》(注释本)、《启功隽语》(主要编纂者)、《启功研究丛稿》(独立完成的论文集)、《启功诗文赏析》、《启功三绝诗书画》(与他人合作),以及集大成的《启功评传》(约 40 万字),编辑评介启功先生文集数种:如启功先生逝世 100 天后带领研究生编成的《启功悼挽录》《启功追思录》,主编《以观沧海——启功百年诞辰纪念文集》,并参与《启功全集》的编纂工作。特别值得一提的是,我还出版了《土水斋诗文选》及《土水斋诗文选二编》,收录了我的诗词创作及若干文章,行内有人评我的创作既是学者之诗文,又是诗人之诗文,此语甚得我心。为此,我还被聘为中华诗词学会和中华诗词研究院的顾问。2003 年我又荣幸地被聘为中央文史研究馆馆员,温家宝总理亲自为我颁发了聘书,这是我人生中的高光时刻。

退休后,我还想鼓足余勇,以不负这大好机遇和宝贵时光。但 2013 年不幸跌伤,造成左腿髌骨粉碎性骨折,手术后效果不佳,造成左腿残疾,"粉碎"了我"行万里路",走遍中国和世界的美梦;2017 年又因用眼过度,造成右眼黄斑出血而几乎失明，又打破了我"读万卷书"，继续写几本著作的宏愿。但这都是个人原因造成的，我也只能无奈地承受。

总之，我这八十春秋，前三十多年磕磕绊绊、跌跌撞撞，经历了不少风风雨雨，是是非非，日子过得可谓辛辛苦苦；后四十多年还算平平稳稳，顺顺利利，多多少少取得了些许成绩，事业上可谓马马虎虎。本文回顾了这些简单的经历，特别是对前半生不厌其烦地絮絮叨叨，其目的并不是想怨天尤人、叹老嗟卑，而是想借此申明两点感想，与同学们共勉：

一是千万不要忘记历史。对于二十世纪七十年代后期和八十年代出生的同学来说，你们并未经历过那风雨如磐的极左时代，因而很难理解当时很多不可思议的怪现象，但这并不意味着可以忽略甚至遗忘这段历史。前贤有言：忘记就意味着背叛。只有牢记这些教训，国家才能不重蹈覆辙而长治久安，个人才能不深受精神重压而人尽其才。另一方面，了解了历史的教训，更可以激励后人对现实的珍惜。你们生活在这样一个可以充分发挥自身能力的时代，来之不易，不趁着大好时光奋发努力，更待何时？

二是不论是一直从事本专业的同学，还是因工作需要而改行的同学，大家都应关心社会，关心国事。从我的经历来看，任何想做出一番事业的人都不可能脱离社会、脱离政治，因而都不可能绝对地蜗居于象牙塔内，独善其身地与社会隔绝。大家都受过长期良好的高等教育，都堪称社会的精英、国家的栋梁。比之于古代，大家都属于"四民"之首的"士"阶层。所谓士者就应有"志于道"，且能"弘于道"的抱负和志向，就应该有"风声雨声读书声声声入耳，家事国事天下事事事关心"的责任感和担当精神，对社会、对个人都应保有清醒的头脑、明智的判断和正义的坚守，从而对国家和民族贡献出自身的真才华、正能量。让我们共勉吧。

回顾一生，浮想联翩，凑成《八十杂感六首》，今选相关的三首作为本文的结束语：

一、叹人生

　　人生有限天无限，顺逆游移命两端。
　　少小无忧虚计岁，青春有志遇荒年。
　　良辰似梦淡于水，苦雨如磐重过山。
　　老病集身成箭垛，蹒跚摸近鬼门关。

蹒跚摸近：谓晚年腿眼皆成残疾矣。

二、慨社会

　　世纪硝烟飘未尽，萧墙祸起又纷纶。
　　生灵苦陷十年劫，社稷欣逢二次春。
　　舔尽旧伤狮复吼，填平新路马飞尘。
　　开弓没有回头箭，莫忘前车之鉴深。

世纪：谓1840年至新中国成立前后。

三、勉后学

　　人生如寄盛衰间，难得欣逢一段闲。
　　长铗何须空再叹，良驹更待自加鞭。
　　东风既与周郎便，破浪合当勇者先。
　　认准航程参北斗，云帆直济海连天。

"人生"二句：启功师《古诗四十首》其二八有云："历史如长河，人各占一段。幸者值升平，不幸遭祸乱。"今用其意。

目 录

八十感言 / 1　　　　　　　　　　　　　　　　　　赵仁珪

为学编

金声玉振神话再诠
　　——孔子形象的古今模式及其大传统认知 / 3　　　胡建升
《龙池乐》的创制与唐代宫廷选词入乐的机制 / 19　　左汉林
《唐文粹》中的张说作品 / 33　　　　　　　　　　　朱玉麒
百年歌自苦　不闻有知音
　　——论老杜对孔子思想的突破兼谈杜诗接受滞后原因 / 49　柯继红
李贺诗中的"谁" / 66　　　　　　　　　　　　　　靳　欣
晚唐洛阳文人的宅园吟咏与洛阳城市意象的构建 / 98　刘艳萍
论宋代骚体赋的复与变 / 110　　　　　　　　　　　景红录
《西河》词调考辨
　　——兼论三家和周词 / 125　　　　　　　　　　潘　玲
《鲁拜集》与七绝体 / 151　　　　　　　　　　　　孙华娟
诗画内外
　　——（传）乔仲常《后赤壁赋图卷》解读 / 167　　薛　磊
把非物质文化遗产的保护与教育、旅游相结合
　　——以钦州坭兴陶、丰塘炮期为例 / 183　　　　黄桂凤

评述编

发纤秾于简古　寄至味于淡泊
　　——赵仁珪先生的学术道路 / 195　　　　　　　　杜丽萍
赵仁珪——心力全抛为国学 / 204　　　　　　　　　　靳　欣
赵仁珪先生的启功研究述略 / 213　　　　　　　　　　赵晓辉
真性情与大境界
　　——读《启功评传》心得 / 233　　　　　　　　　李　爽
《论宋六家词》重读新得 / 239　　　　　　　　　　　杜丽萍
诗人情味最婵娟
　　——浅论赵仁珪以审美为指归的诗词创作 / 247　　　王　贺
《土水斋诗文选》于古典文体学及创作学之典范意义
　　——以《论诗诗二十题》为例 / 266　　　　　　　潘　玲

忆旧编

一生心血注《师说》
　　——授业恩师赵仁珪先生素描 / 283　　　　　　　赵克义
两件小事
　　——忆高中语文授业恩师赵仁珪先生 / 293　　　　宋　燕
永矢弗谖 / 295　　　　　　　　　　　　　　　　　　麦满堂
何处不相逢 / 298　　　　　　　　　　　　　　　　　靳　欣
桃李春风流芳久　诗人情味最动人
　　——赵仁珪老师与我的师生缘 / 302　　　　　　　昝红霞
赵仁珪老师琐忆 / 312　　　　　　　　　　　　　　　李建英

立雪缘六载　春晖照寸心
　　——记追随赵老师读书时的点滴往事 / 316　　　　景红录

传灯启慧　指月明心
　　——随恩师赵仁珪先生学佛记 / 320　　　　　　　刘晓珍

华发如月　虚怀若辰 / 329　　　　　　　　　　　　　李　晶

岸上忽然灯火明 / 335　　　　　　　　　　　　　　　孙华娟

记我所认识的赵老师 / 340　　　　　　　　　　　　　梁葆莉

丽泽英声
　　——赵仁珪先生二三事 / 357　　　　　　　　　　金　波

师门的能量磁场 / 360　　　　　　　　　　　　　　　胡香玉

温润入心的一脉清泓
　　——赵仁珪师门下的点滴回忆 / 362　　　　　　　李　爽

望之俨然　即之也温 / 366　　　　　　　　　　　　　李精一

仁义蔼如　即之也温
　　——我所知道的赵仁珪老师 / 371　　　　　　　　李　鹏

高山仰止　静水流深
　　——写在赵仁珪师八十大寿之际 / 375　　　　　　姚　颖

鼓励学生诗词创作 / 384　　　　　　　　　　　　　　胡建升

俯首觅句　奉呈赵师八十华诞 / 387　　　　　　　　　何春环

仁珪夫子八秩之庆 / 389　　　　　　　　　　　　　　张仲裁

后　记 / 390　　　　　　　　　　　　　　　　　　　朱玉麒

为学编

金声玉振神话再诠

——孔子形象的古今模式及其大传统认知

胡建升

孔子形象问题成为近现代社会文化的风向标,也成为我们理解社会思想文化变迁的重要文化符号。在此,我们将中国古代评论孔子的集大成者模式,与二十世纪以来的轴心时代模式并置在一块,进行文化比较研究,可以勾勒出轴心时代模式在中国的理论传播路径,以及中国学术界如何在后殖民时代与理论旅行之中,不自觉地接受了西方种族主义与理性中心主义的理论模式。

新世纪以来,中国文学人类学提出了全新的文化大传统理论,重视从大历史的纵深维度,来揭示华夏文明的最初起源,为重新认知孔子思想的文化起源与价值观念提供了一种文化大传统模式。所谓文化大传统,指在文字还没有出现以前就已经存在并广泛流行的文明与文化传统。随着中国考古学近百年的巨大发展,文化大传统理论已经获得了大量出土实物的证实。由此,我们可以进一步将孔子形象讨论与古老的华夏文明起源紧密联系起来,充分利用考古出土的实物新知与玉石神话信仰,重新开启孔子思想起源

---

* 本文系国家社科基金后期资助一般项目《文化大传统与诗言志的跨学科研究》(19FZWB038)的阶段性成果。

的新研究与新方向,也为我们在新时代重新定位孔子的文化地位以及评价孔子形象提供新的可能。

一　集大成者模式:孔子的传统圣人形象

孔子去世之后,如何评价孔子,成了当时社会上极为重要的话题。在《论语》中,有人甚至认为,孔子还不如自己的学生,对孔子进行诋毁。如叔孙武叔在朝廷上公开发表言论,认为"子贡要比孔子强",陈子禽也有类似的观点。面对社会上出现否定孔子的文化现象,子贡为了维护自己的老师,对之展开了评论。其云:"譬之宫墙,赐之墙也及肩,窥见室家之好。"其又云:"仲尼,日月也,无得而逾焉。"又云:"夫子之不可及也,犹天之不可阶而升也。"①子贡将孔子比喻为"万仞高墙""不刊日月""至高之天",彰显了孔子极端高大、不可企及的圣人形象,开启了评价孔子形象的圣人模式。

到了孟子时代,杨朱一派与墨家学说成为儒家学说的外部压力。同时,儒家内部也出现各式各样的理论分歧。孟子在子贡的圣人形象基础上,进一步提出孔子是一位集大成者。其云:"伯夷,圣之清者也;伊尹,圣之任者也;柳下惠,圣之和者也;孔子,圣之时者也。孔子之谓集大成。"②孟子认为,伯夷、伊尹、柳下惠只得到圣人文化的一个方面,譬如他们或行为高洁,或有社会担当,或能内心和谐,等等,但孔子能够得到圣人的时命文化,能灵活机动地随着时间而有所变化,能将前三者的片面文化,转化为圣人知识的时间运动。孔子能将伯夷、伊尹、柳下惠的文化理念合为一体,实现随时而化,不固守其中任何一点,这就是孟子心中的"集大成者"形象。

---

① 杨伯峻《论语译注》,北京:中华书局,1980年,第204—205页。
② (汉)赵岐注、(宋)孙奭疏《孟子注疏》,北京:北京大学出版社,2000年,第316页。

到了战国末年,荀子尽管反对孟子的性善论,但他对孔子的评价依旧保留了最为完美的圣人形象。《荀子·非十二子》云:"若夫总方略,齐言行,壹统类,而群天下之英杰而告之以大古,教之以至顺,奥窔之间,簟席之上,敛然圣王之文章具焉,佛然平世之俗起焉,六说者不能入也,十二子者不能亲也。"①荀子认为,早期圣王的文章,即早期的文化传统,都聚集在孔子身上。尽管他已经失去了早期圣人的政治权力,但这丝毫也不影响孔子能聚集早期文化传统于一身,他是一位文化的集大成者。

汉代司马迁《史记·孔子世家》云:"孔子布衣,传十余世,学者宗之。自天子王侯,中国言六艺者折中于夫子,可谓至圣矣!"②司马迁将孔子评为"至圣",即圣人的极致状态,这表明汉代学者继承和发展了孔子的集大成者形象。齐梁的刘勰在《文心雕龙·原道》中云:"爰自风姓,暨于孔氏,玄圣创典,素王述训,莫不原道心以敷章,研神理而设教。"③刘勰将孔子称为"素王",是一位失去了政治权力的文化领袖,与"玄圣"的文化意义是一致的。唐代韩愈《原道》云:"斯吾所谓道也,非向所谓老与佛之道也。尧以是传之舜,舜以是传之禹,禹以是传之汤,汤以是传之文武、周公,文武、周公传之孔子,孔子传之孟轲,轲之死,不得其传焉。"④韩愈完全继承了孟子的道统模式,将孔子列为儒家道统谱系的核心继承人位置,也传承了孔子集大成者的文化模式。

宋代是孔子集大成者模式最为盛行的时代。如袁燮《絜斋家塾书钞》云:"如孔子之圣,必至于集大成。"⑤黄伦《尚书精义》云:"以至孔子,不以周公为的,何以集大成?"⑥卫湜《礼记集说》云:"孔子,集大成者也,无矫也,无

---

① (清)王先谦《荀子集解》,北京:中华书局,1988年,第95—96页。
② (汉)司马迁《史记》,北京:中华书局,1950年,第1947页。
③ 范文澜《文心雕龙注》,北京:人民文学出版社,2001年,第2页。
④ (唐)韩愈撰、阎琦校注《韩昌黎文集注释》,西安:三秦出版社,2004年,第22页。
⑤ (宋)袁燮《絜斋家塾书钞》卷八,影印文渊阁《四库全书》本。
⑥ (宋)黄伦《尚书精义》卷一七,影印文渊阁《四库全书》本。

弊也。"①明代学者对孔子集大成也是深信不疑。如王世贞《弇州四部稿》云:"夫此虽习耳成好,习好成风,探其所繇,未可尽非,第未有孔圣之集大成,金声玉振者也。"②王世贞认为,魏晋隋唐以来的画家与孔圣人比较起来,实在是相差太远了。孔子是一位集大成者(内外兼得),而历代画家是只得其表者。清代学者也继承了孔子集大成者的文化模式。如魏荔彤《大易通解》卷首云:"故三圣之作,全赖孔圣之述,以集大成也。"③朱彝尊在《上山东巡抚张公书》一文中云:"有周公继往开来于前,斯孔子集大成于后,皆功在万世者也。"④

历代儒者传承了孔子的集大成者模式。他们都认为,孔子是一位纯粹的、齐全的文化圣人与道统传递者,这可以激励后来的儒者,要有志于道,能够志存高远,不遗余力地弘扬道体精神,全面践行士人在世的文化理想和生命价值。由此而做到修身、齐家、治国、平天下,创建宏伟大业。从某种意义上说,孔子的圣人齐全形象模式代表了传统文人的主流模式,也是中华传统文化的原道征圣文化精神的具体表现。

二 轴心时代模式:孔子形象的哲学转型

西方现代哲学的轴心时代模式最早可能发轫于黑格尔。1816年,黑格尔在《哲学史演讲录》中认为:"孔子只是一个实际的世间智者,在他那里思辨的哲学是一点也没有的——只有一些善良的、老练的、道德的教训,从里面我们不能获得什么特殊的东西。西塞罗留下给我们的《政治义务论》便是

---

① (宋)卫湜撰《礼记集说》卷一二六,影印文渊阁《四库全书》本。
② (明)王世贞《弇州四部稿》卷一五五,影印文渊阁《四库全书》本。
③ (清)魏荔彤《大易通解》,影印文渊阁《四库全书》本。
④ (清)朱彝尊著、王利民校点《曝书亭全集》,长春:吉林文史出版社,2009年,第394页。

一本道德教训的书,比孔子所有的书内容丰富,而且更好。"①黑格尔不懂汉语,只看过《论语》的译本,也没有经过任何严格的学术论证。他对孔子的论断主要表现在以下两个方面:第一,直接立足西方哲学的角度,认为孔子讲的只是一些"常识道德",而"在他那里思辨的哲学是一点也没有的"。第二,他生硬地将孔子与西塞罗进行比较,认为西塞罗的书比孔子更深邃。

到了1949年,美国汉学家顾立雅在《孔子与中国之道》中亦云:"在差不多与孔子同时代的思想家当中,最有名的是柏拉图和亚里士多德。所以,西方学者就自然而然地拿他们的思想做标准,与表述在《论语》中的孔子的政治哲学相比较。这种比较的第一项结果容易给人这样一种印象:孔子的思想相对来讲是简单的和缺乏系统性的。这种看法有一部分是真实的。"②顾立雅已经开始将孔子与古希腊哲学家柏拉图、亚里士多德进行比较,认为孔子的思想是"简单的和缺乏系统性的"。这表明在轴心时代理论还没有提出之前,欧美学者已经开始对孔子进行文化改造,一位作为哲学家、思想家的孔子,与一位思想不深邃的孔子,已经被他们用文化表述的方式建构起来了。

同年,雅斯贝尔斯的《历史的起源与目标》问世了。这位德国学者立足于西方世界基督教的历史结构,在对印度文明、古埃及文明以及中国文明都不甚了解的情况下,大胆地在经验上建构出了"地球上一切人的世界历史轴心结构",即"在公元前500年左右的时期内和在公元前800年至200年的精神过程中,找到这个历史轴心"③。

"轴心时代"认为,在世界各地的文明结构中,有着强大的哲学同构性,都出现了哲学家与哲学流派。这样轴心时代成为人类告别原始社会的重要历史阶段,欧美种族主义的思想也直接渗透于其中。其具体表征为:首先,

---

① (德)黑格尔著、贺麟等译《哲学史演讲录》(第一卷),上海:上海人民出版社,2013年,第118页。
② (美)顾立雅著、高专诚译《孔子与中国之道》,郑州:大象出版社,2004年,第171页。
③ (德)雅斯贝尔斯著,魏楚雄、俞新天译《历史的起源与目标》,北京:华夏出版社,1989年,第7—8页。

经历轴心时代的社会是文明社会,没有经历轴心时代的社会是原始社会。其次,文明社会要高于原始社会,原始社会只有向文明社会学习、靠近,才能逐级进入历史时期。再次,那些进入了轴心时代的文明社会,由此而具备了统一的文明结构,也就可以根据这些相同的结构,展开文化的比较研究,区别出优劣①。通过分析雅斯贝尔斯的轴心时代理论,我们可以看到,欧洲学者如何将种族主义的思想渗透其中的,主要有以下几步:第一步,依据轴心时代,将文明社会与种族同原始社会与种族区别开来。第二步,依据科技理性,将文明社会分为三个等级,即欧美文化是最高的,而中国文明是最低的。

轴心时代理论问世之后,得到欧美学术界的欢迎。同时,欧美汉学家也顺势将其运用到汉学研究中。他们依据这个理论,开始肆意贬低孔子的学术思想。如美国汉学家列文森在1958年、1964年和1965年先后出版了三卷本巨著《儒教中国及其现代命运》。在此书中,列文森依据轴心时代的理论,直接认为儒教在中国完全"博物馆化"了,这"象征儒学生命的终结"。其云:"西学越是作为生活和权利的实际工具被接受,儒学便越是失去其'体'的地位。这个在没有对手的条件下被视为当然之真理的儒学,现在已成为一种历史的遗产,一种不向改变了中国生活基础的西方对手投降的浪漫象征。"②

1972年,汉学家赫伯特·芬格莱特在《孔子:即凡而圣》中直接表白:"我的终极兴趣在(孔子的)哲学上,因此,对我来说重要的是:认真研读我所精选的《论语》文本,以求发现其中所蕴涵的哲学性的睿识洞见。"③在汉学家的笔下,孔子是一位哲学家,这已经成了一个学术共识。

---

① (德)雅斯贝尔斯《历史的起源与目标》,第13—35页。
② (美)列文森著、郑大华等译《儒教中国及其现代命运》,北京:中国社会科学出版社,2000年,第50页。
③ (美)赫伯特·芬格莱特著,彭国翔、张华译《孔子:即凡而圣》,南京:江苏人民出版社,2002年,第4页。

1978年,美国汉学家费正清等人撰写的《中国:传统与变迁》,其中有一章的标题就是"古典时期:中国哲学思想的黄金时代"。他们认为:"孔子之前中国的思想可以说是'前道德'的。其中心为占卜与献祭。孔子是中国历史上第一位伟大的道德伦理学家,他开创的伦理道德传统,使中国文明比其他任何文明都更为注重伦理道德的价值。……当时士——官僚阶级正应政治的需要而缓慢发展,他们需要一种哲学来支持,而孔子的学说则正好满足了这种需要。"[①]费正清认为,孔子与"前道德"时代不同,他不仅是一位伦理道德的哲学家,而且是持有一种官僚阶级的哲学。

费正清的学生史华兹在1985年出版了《古代中国的思想世界》,其中孔子一章的标题为"孔子:《论语》的通见",直接将孔子定义为"第一位私人思想家"。其云:"与苏格拉底不同,孔子通常被看成是中国的'第一位私人思想家',他有效地避开了政治秩序的结构而把他的通见直接传授给了门徒。……作为一位私人思想家,孔子与前人如管仲、子产这些活跃的政治家不同,他有闲暇把他的思想构思成为一个前后一致的有机统一的通见。"[②]史华兹担心别人不懂得"通见"是什么意思,还专门解释了自己为何使用"通见"的缘由。其云:"我故意使用了'通见'而不用'学说'这一术语。和笔墨上崇尚简约的绘画风格或中国风景画一样,通见之中可以包含悬而未决的问题以及内容丰富的模糊性。即使那些精心表述而成的学说,例如柏拉图与卡尔·马克思的思想,尽管声称建立于严格的逻辑话语之上,也仍然充满了悬而未决的问题。"[③]他认为,柏拉图与马克思的思想具有完整的学术体系,是"精心表述而成的学说",而孔子的《论语》属于"通见",而不是"学说",因为它缺乏逻辑体系的完整性。这种学术高低的辩解,充满了先入为主的文化偏见。

---

① (美)费正清《中国:传统与变迁》,北京:世界知识出版社,2001年,第53页。
② (美)史华兹著、程钢译《古代中国的思想世界》,南京:江苏人民出版社,2008年,第78—79页。
③ (美)史华兹《古代中国的思想世界》,第80—81页。

1987年,郝大维在《孔子哲学思微》一书中直接提出反对"孔子集大成"模式。其云:"我们反对把孔子的《论语》仅仅看作是与中国古代文化的起源和发展相关的伦理规范的集大成,而想把孔子的思想和当前的哲学讨论联系起来。"①

轴心时代理论原本立足于西方的基督教文化,提出关于全球文明的历史结构想象。但到了汉学家那里,孔子的形象一落千丈,从一位哲学家变成"私人思想家",再变成"常识通见者"。欧美学者在讨论孔子形象时,依据轴心时代模式,否定中国传统文化的集大成模式,直接将孔子放置在欧美文明与文化的模式中,展开讨论,给予评论。

新儒家学者擅长西方理论的,也热衷于传播轴心时代理论,善于将西方理论与中国传统文化进行对接,来解构孔子的集大成者模式。1989年,新儒家学者张灏出版了《世界人文传统中的轴心时代》,其云:"在中国晚周的'轴心时代',儒家与道家思想里都曾出现一些心灵秩序的意识,在思想上突破了宇宙王制的牢笼。"②在这一段文字中,诸如"轴心时代""心灵意识的突破"等语词,都成为张灏论证中国在晚周时期已经出现了一个"转型时代"的理论依据。还有唐君毅、余英时、杜维明等学者,也都不自觉地陷入轴心时代的文化理论中,由此,他们不断发出各种儒学的危机之论。傅永聚、韩钟文在《20世纪儒学研究大系》前言中认为:"进入20世纪,又出现类似唐宋之际'儒门淡泊,收拾不住'的危机,陷入困境之中。唐君毅以'花果飘零'、余英时以'游魂'形容儒学危机之严峻,张灏则称这是现代中国之'意义危机''思想危机'。"③

借着新儒家学说的理论旅行,轴心时代模式在中国大陆也极为盛行。1996年,陈来在《古代宗教伦理:儒家思想的根源》一书中认为中国的前轴

---

① (美)郝大维、安乐哲《孔子哲学思微》,南京:江苏人民出版社,1996年,第3页。
② 张灏《转型时代与幽暗意识:张灏自选集》,上海:上海人民出版社,2018年,第16页。
③ 傅永聚、韩钟文主编《20世纪儒学研究大系·孔子研究》,北京:中华书局,2003年,第2页。

心时代"没有一个神话时代"。其云:"在雅斯贝斯看来,轴心时代的意识是与神话时代相对立的,与以色列先知关于上帝的思想一样,希腊、印度和中国哲学家的主要洞见并不是神话,而是以理性反对神话。……以儒家为代表的诸子百家并没有一个神话时代作为背景和出发点,宗教的伦理化在西周初即已完成。"①陈来在轴心时代理论的基础上,将中国的轴心时代推到西周时期。在《哲学的精神》一书中,李超杰设置了"轴心时代与三大哲学传统"章节,其云:"在中国,'轴心时代'大体对应于'春秋战国'时代(公元前770—前221),这种中国文化的'古典时期',也是中国哲学的'黄金时期'。从天人关系的角度看,我们可以把'轴心时代'中国哲学所开辟的哲学传统概括为'天人合一'。……儒家也主张'天人合一',其中的'天'多有道德的意味,即指义理之天。"②中国大陆的哲学家们深深受到轴心时代理论的影响,不仅认为中国文化"古典时期"是中国哲学的"黄金时期",并将中国传统文化的"天人合一"改造为"哲学传统的天人合一","天"也成了"义理之天"。

可见,在中国哲学家那里,轴心时代模式已经成了不容置疑的合法真理,也只有依据这个教条真理,才能获得中国文化的"真理"。叶舒宪在《"神话中国"VS"轴心时代":"哲学突破"说及"科学中国"说批判》一文中,对中国哲学界的这种理论跟风现象做了批判,其云:"这样一套纯粹外来的理论话语,在经历过从欧到美,再到美国汉学界和美籍华裔学者为代表的新儒家,再到留美或访美的中国教授们,最后到中国高校,就是这样五站的理论旅行,被这些思想界和学术界的大腕们,像接力赛一样地绵续到中国学术话语中来了。"③只有发现轴心时代的理论源头,我们才能领会欧美学者提出

---

① 陈来《古代宗教伦理:儒家思想的根源》,北京:生活·读书·新知三联书店,2017年,第3—4页。
② 李超杰《哲学的精神》,北京:商务印书馆,2018年,第52页。
③ 谭佳主编《神话中国:中国神话学的反思与开拓》,北京:生活·读书·新知三联书店,2019年,第31页。

这种理论的价值基础与文明观念,才能明白其中所渗透的种族歧视和文化偏见。而作为中国传统文化的核心代表孔子及其文化思想,在轴心时代理论模式中,已经完全被解构成为一个"私人思想家""常识通见者"。

三　孔子形象的大传统再认知

孟子提出孔子的集大成者模式之后,并对之进行了解释,其云:"金声也者,始条理也。玉振之也者,终条理也。始条理者,智之事也。终条理者,圣之事也。"赵岐注云:"振,扬也。故如金音之有杀,振扬玉音,终始如一也。始条理者,金从革,可治之使条理。终条理者,玉终其声而不细也,合三德而不挠也。"①在注解中,赵岐将"金声玉振"解释为犹如音乐演奏时(金音与玉音)的综合效果。此后,朱熹在《孟子集注·万章章句下》中对此加以发挥,其云:"此言孔子集三圣之事,而为一大圣之事;犹作乐者,集众音之小成,而为一大成也。……盖乐有八音:金、石、丝、竹、匏、土、革、木。若独奏一音,则其一音自为始终,而为一小成。犹三子之所知偏于一,而其所就亦偏于一也。……二者之间,脉络通贯,无所不备,则合众小成而为一大成,犹孔子之知无不尽而德无不全也。金声玉振,始终条理,疑古《乐经》之言。"②宋代学者陈埴在《何谓孔子集大成》一文中亦云:"乐有八音,金、石、丝、竹、匏、土、革、木,若独奏一音,则其一音自为始终,此乐之小成也。若八音并奏,始以大乐起,终便以大乐终。所谓合众小成而为一大成者,此乐之大成也。乐之小成、大成若此,孟子举此,正欲喻三子之各极其偏,而孔子之独备其全也。"③这些学者利用音乐演奏时合奏乐器的多少来解释"集大成",他们都

---

① (汉)赵岐注、(宋)孙奭疏《孟子注疏》,第316页。
② (宋)朱熹《四书章句集注》,北京:中华书局,1983年,第315页。
③ (宋)陈埴《木钟集》卷二,影印文渊阁《四库全书》本。

认为,一音独奏是小成,众音合奏才算是大成。

近现代以来,轴心时代模式认为,音乐模式不过是在"为孔子唱葬歌"。如列文森在《儒教中国及其现代命运》中云:"纪念孔子诞辰的共产主义者只不过是在为孔子唱葬歌,将他送入历史的坟墓而已。"[1]可见,轴心时代模式解构了中国传统文化利用音乐阐释的集大成模式。孔子形象,也从集大成者的圣人赞歌,跌落到了孔子的葬歌。这也意味着,仅仅利用音乐合奏的方式来解释集大成,是充满文化危机与困境的。

到了新时代,我们如何才能更好地解释"金声玉振"的文化内涵?这是一个文化挑战。但中国考古学经过百年的蓬勃发展,从地下发掘出很多新的材料,又为我们重新解释集大成者提供了新的契机。中国文学人类学根据长期田野调研,结合本土文化阐释的学术经验,提出了文化大传统理论。文化大传统将文字是否出现作为划分的符号学依据,文字出现前的文明与文化为大传统,文字出现以后的文明与文化为小传统。文化大传统理论充分重视和利用考古出土的各种实物与图像,结合传世文献、出土文献与口传文化,综合释古,这对于我们重新解释金声玉振提供了全新的学术视野。

结合考古出土的实物,"玉振"所揭示的是被文献所遮蔽了的万年神玉大传统。以前,中华文明以玉为神的文化传统,只能在儒家"君子比德于玉"、道家"被褐怀玉"的文字小传统中,获得文化意义,但这个文化小传统只有2500余年。如今,我们进入文化大传统的全新视野,就会发现一个具有万年历史的神玉文化传统延绵不绝,贯通于中华文明的史前史与历史时期。在乌苏里江畔的黑龙江省饶河县小南山遗址出土了近万年的玉璧、玉玦、玉珠、玉环等玉器。此后,神玉文化在中华大地上生根开花结果,散成满天星斗。在辽河流域,先后出现了小河西文化、兴隆洼文化(图1)、红山文化。在黄河流域,大地湾文化、仰韶文化晚期、大汶口文化、龙山文化、陶寺文化、

---

[1] (美)列文森《儒教中国及其现代命运》,第324页。

神木石峁文化、齐家文化、二里头文化、二里岗文化等,都出土了大量的玉器实物。在长江流域,先后有河姆渡文化、马家浜文化、大溪文化、崧泽文化、凌家滩文化、屈家岭文化、北阴阳营文化、薛家岗文化、良渚文化(图2)、石家河文化等,都有极为精美、内涵丰富的玉器出土。史前考古出土的玉器实物揭示,文化大传统是一个以神玉物质为媒介物的万年传统。集大成者的"玉振"直接指向了这个以玉石神话信仰为文化基因的古老传统,万年神玉传统才是集大成者的神话原型与远古记忆。

图1　兴隆洼文化遗址出土的玉器集粹,邓聪供图

图2　良渚玉琮,上海福泉山遗址出土,胡建升摄于上海博物馆

而"金声"所揭示的是从龙山文化以来,经历夏商而蓬勃发展的青铜文化,这是一个具有五千余年的神金文化传统。五千年前,西方的青铜技术与

器物历经中亚,穿越阿尔泰山,进入天山山系,向东沿着河西走廊,抵达黄河上游,由此西北甘青地区成为中国早期青铜器的起源之地。大约距今四千多年前,在陶寺遗址中,考古学家发现了中原地区最早的青铜器,如青铜铃、青铜轮齿与青铜环(图3)等。二里头遗址出土了青铜鼎、青铜爵、青铜刀、青铜铃等,各种青铜遗物约有290多件。尤其重要的是,二里头遗址还出土了镶嵌绿松石片的青铜牌饰(图4)。这种青铜牌饰是万年神玉文化与五千年青铜文化的完美结合,充分展现了神金、神玉文化的有机融合与文化脉络,也为"金声玉振"的文化意义提供了全新的文化启迪。

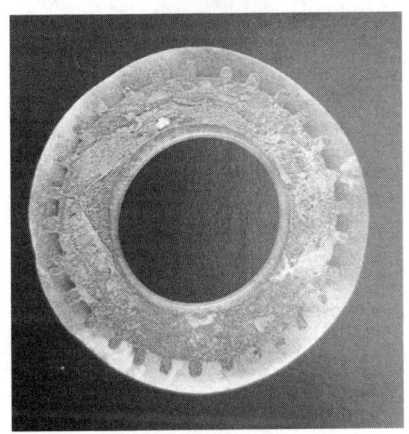

图3 陶寺遗址出土的铜轮与玉环。出土时,青铜齿轮与玉璧迭摞在一起,套在墓主人的手臂上,非常形象地诠释了金声玉振的文化内涵①

图4 二里头出土的镶嵌绿松石铜牌饰,河南省偃师市二里头遗址出土,现藏中国社会科学院考古研究所②

结合史前出土的实物证据,集大成者的金声玉振观念表现为以下三级编码意义:第一级编码意义,也是最原初的文化编码,是根植于万年神玉信仰的大传统文化,这是"玉振"的文化根源所在。第二级编码意义,属于青铜

---

① 中华玉文化工作委员会编《玉魂国魄:玉器·玉文化·夏代中国文明展》,杭州:浙江古籍出版社,2013年,第73页。
② 李伯谦主编《中国出土青铜器全集·河南上》,北京:龙门书局,2018年,第14页。

文化,是五千年神金信仰的大传统文化,这是"金声"的文化根源所在。第三级编码意义在于金玉合体、铜石并用的文化时代,是万年神玉信仰与五千年神金信仰的文化融合与贯通,这才是"金声玉振"的文化根源所在。在这三级文化编码中,神玉编码是最古老的,具有万年之久,是中华文化的远古基因。神金编码具有五千年之久,是中华文化的中古基因。而金玉合体,是中华文化的远古基因与中古基因的有机组合,这样就形成了中华文明与文化的神话染色体。

我们先将其与出土文献对接。《郭店楚简·五行》云:"君子之为善也,有与始,有与终也。君子之为德也,有与始,有与终也。金声而玉振之,有德者也。金声,善也;玉音,圣也。善,人道也。德,天道也。唯有德者然后能金声而玉振之。不聪不明,不明不圣,不圣不智,不智不仁,不仁不安,不安不乐,不乐无德。……闻君子道,聪也。闻而知之,圣也。圣人知天道也。知而行之,义也。"①郭店楚简区别了"金声"与"玉音"的文化价值。"金声"指代为善的君子,他们知道的是"人道"。而"玉音"指向为德的圣人,他们知道的是"天道"。从道体能量来看,天道高于人道。从德性层次来看,圣人高于君子。这同万年神玉信仰与五千年神金信仰之间的文化区别也是一致的。

我们再链接相关的传世文献证据。《荀子·劝学》云:"其数则始乎诵经,终乎读《礼》;其义则始乎为士,终乎为圣人。"②荀子认为,士人读书要讲究程序。先从经书开始,最后才读《礼》。在读书之初,读书人还是一个士人状态,而最终目标是要成为一个圣人。《礼记·学记》云:"一年视离经辨志,三年视敬业乐群,五年视博习亲师,七年视论学取友,谓之小成;九年知类通达,强立而不反,谓之大成。"③《学记》也认为,一个读书人如果仅仅能够句

---

① 李零《郭店楚简校读记》,北京:中国人民大学出版社,2007年,第102页。
② (清)王先谦《荀子集解》,第11页。
③ (汉)郑玄注、(唐)孔颖达疏《礼记正义》,北京:北京大学出版社,2000年,第1227页。

读,读懂文意,那还是"小成"。只有通过读书,领会了做人的至高道理,才通达了道体存在,才能算是"大成"。

综合考古出土的文化基因,与出土文献、传世文献的相关证据,我们总结金声玉振集大成者模式的全新文化意义。第一,"金声"的始条理指代人生获得初始智慧,还属于起步阶段。第二,"玉振"的终条理指代人生的最终目标,是终于圣人,由此通达宇宙法则的极致智慧,这是做人的至高阶段。孔子形象的集大成者模式,不仅仅是指代音乐合奏的和谐状态,而且指代以下三个方面的人文内涵:在人生境界方面,指由初成人的君子境界,最终达到集大成的圣人境界。在文化现象的空间方面,指由文化的表层意义,直接通达文化的原初基因。在文化传统的时间方面,指由五千年的神金信仰,深入发掘到万年之久的神玉文化。只有做到这么几个方面,这才真正做到了集大成者的圣人状态。

四 结 论

在小传统文化中,孔子形象的集大成者模式绵延了2500余年,历代儒者对此深信不疑。但随着西方学者轴心时代模式的盛行,孔子形象开始由纯粹的圣人模式,转变成为私人思想家、通见哲学家,成为西方哲学理论旅行在东方的文化注脚。轴心时代模式经过汉学家、新儒家、大陆哲学家的理论传播,全面解构了传统文化的集大成者模式,孔子形象成为后殖民理论、种族主义文化渗透较深的文化场域。

文学人类学根据中国本土的出土实物现状,提出了文化大传统理论。文化大传统释放了金声玉振的文化阐释空间,"玉振"直接指向万年神玉信仰,"金声"指向五千年的神金信仰。那么,孔子"金声玉振"集大成者可以理解为对万年神玉信仰与五千年神金信仰的文化综合,是史前文化传承延续的集体记忆,也是发源于文化大传统的文化基因。文化大传统不是完全回归到传统文化的集大成者模式,而是极大地拓展了"金声玉振"的历史认知深度,更为明确地揭橥了集大成者所潜藏的文化深层意义。

《龙池乐》的创制与唐代宫廷选词入乐的机制

左汉林

《龙池乐》是玄宗朝编制的极有特色的大型乐舞。如果说《破阵乐》和《上元乐》分别是太宗朝和高宗朝大型乐舞的代表,那么《龙池乐》则无疑是玄宗朝大型乐舞的代表。作为玄宗朝最重要的大型乐舞之一,《龙池乐》从宴飨雅乐演变为祭祀雅乐,其间经历了一个复杂的过程。从龙池祭龙仪式到《龙池圣德碑》的两度建立,也可以看出《龙池乐》在玄宗朝礼乐文化中的重要地位。

一

正如高宗即位之后就撰制了大型乐舞《上元乐》一样,玄宗即位之后一方面大兴俗乐以满足自己的享乐需要,一方面则创制了大型宴飨雅乐《龙池乐》,以宣扬祥瑞,歌功颂德。

1. 《龙池乐》的创制

从政治的角度考虑,玄宗即位后需要创制一个歌颂本朝的大型乐舞。但玄宗并没有战功值得歌颂,他刚刚即位,自然也缺少文治的功绩。在这种情况下,玄宗聪明地选择了龙池祥瑞作为乐舞歌咏的对象。据《通典》"坐立部伎"条:"《龙池乐》,玄宗龙潜之时,宅于崇庆坊,宅南坊人所居变为池,瞻气者亦异焉。故中宗末年,泛舟池内。玄宗正位,以宅为宫,池水逾大,弥漫数里,为此乐以歌其祥也。"①可知玄宗即位之前,其所居之南忽变为池,玄宗以为祥瑞,因为这似乎是其即位的征兆,故作乐以歌之。

《龙池乐》的编制,始于开元二年(714),即玄宗即位的第三年。唐代的教坊、梨园等机构也创始于此年。据《唐会要》"龙池坛"条:

> 开元二年闰二月诏,令祠龙池。六月四日,右拾遗蔡孚献《龙池篇》,集王公卿士以下一百三十篇。太常寺考其词合音律者,为《龙池篇乐章》,共录十首。(紫微令姚元之、右拾遗蔡孚、太府少卿沈佺期、黄门侍郎卢怀慎、殿中监姜皎、吏部尚书崔日用、紫微侍郎苏颋、黄门侍郎李义府、工部侍郎姜晞、兵部侍郎裴璀等,更为乐章。)②

可见,在开元二年的闰二月,玄宗下诏令祭祀龙池。其间经过了三四个月的准备,到这年六月四日,朝廷官员共献诗一百三十余篇。太常寺官员在其中选择了姚崇等十人创作的诗歌十首,为之配乐,成为大型乐舞《龙池乐》。此即《享龙池乐章》,或称《龙池篇乐章》。

我们知道,李隆基即皇帝位颇为不易。在其父睿宗第二次在位期间,宫廷政治斗争非常激烈。李隆基虽有诛杀韦后、拥立睿宗之功,但他并非嫡长子,睿宗的嫡长子是李宪(李成器),且李宪在睿宗第一次称帝时就曾被立为皇太子。后以李宪"推让",李隆基才得以被立为皇太子。所以,李隆基即位的第一步,是"超越"原来的皇太子李宪成为皇太子。此时,太平公主擅权跋扈,结党营私,成为李隆基的政敌。延和元年(712)六月,太平公主鼓动术士,称帝座及前星有灾,皇太子应作天子,以此挑拨睿宗和皇太子的关系。

---

① (唐)杜佑《通典》卷一四六"坐立部伎"条,北京:中华书局,1988年,第3721页。
② (宋)王溥《唐会要》卷二二"龙池坛"条,北京:中华书局,1955年,第433页。

睿宗则趁势"传德避灾",传位于太子,李隆基才登上帝位。所以,李隆基即位的第二步是"超越"了睿宗,使睿宗提前退位,成为太上皇。但睿宗退位之后仍然过问朝廷政事,太平公主则依靠这位太上皇继续擅权干政,密谋废立。先天二年(713)七月,李隆基铲除太平公主党羽,赐死太平公主,这时太上皇才交出权力。直到先天二年十二月,李隆基才真正掌握朝政大权。在完全掌握权力之后,李隆基首先要做的就是证明其皇位的合法性。他在开元二年闰二月下诏祭祀龙池,正是其借祥瑞以宣扬其帝位天授的重要举措。只有了解了这个背景,我们才能理解《龙池乐》在玄宗朝的重要性。

从歌词看,十首《龙池乐》的歌词全部为七言八行体诗。当时朝廷大臣应制所作诗篇,当皆为七言八行体诗。张九龄有《奉和圣制龙池篇》一首云:"天启神龙生碧泉,泉水灵源浸迤延。飞龙已向珠潭出,积水仍将银汉连。岸傍花柳看胜画,浦上楼台问是仙。我后元符从此得,方为万岁寿图川。"①此当是一百三十首诗中的一首,可为证明。

《龙池乐》在乐舞方面也很有特色。据《通典》"坐立部伎"条:"《龙池乐》……舞有七十二人,冠饰以芙蓉……备用雅乐,而无钟磬,舞人蹑履。"②可见,在舞蹈方面,《龙池乐》的舞者头戴芙蓉冠,扮作满池荷花之状。在音乐方面使用雅乐,但不使用钟磬,显示出《龙池乐》宴飨雅乐的特征。

关于乐舞的人数,《通典》记舞者为七十二人,而两《唐书》记为十二人,岸边成雄以为当以十二人为是,他说:"《通典》载为'舞有七十二人,冠饰以芙蓉'。《太乐令壁记》则书为'十二人'。根据坐部伎之性质及其他名曲实例,似以'十二人'较为正确。"③岸边成雄的说法不一定准确。本文以为,《龙池乐》在编定之初的人数当是七十二人。原因如下:

---

① (唐)张九龄《奉和圣制龙池篇》,(清)彭定求等编《全唐诗》卷四八,北京:中华书局,1960年,第594页。
② (唐)杜佑《通典》卷一四六"坐立部伎"条,第3721页。
③ (日)岸边成雄著,梁在平、黄志炯译《唐代音乐史的研究》,台北:中华书局,1973年,第635页。

首先,《龙池乐》是玄宗即位之初编制的大型乐舞,它实际上是这个时期最重要的乐舞之一,其地位与太宗朝的《破阵乐》、高宗朝的《上元乐》类似。因此,《龙池乐》应该有很大的规模。因《破阵乐》的舞者是一百二十八人,《上元乐》的舞者有一百八十人,推测《龙池乐》的舞者不当只有十二人,而应以七十二人为是。

其次,从歌词撰写看,朝廷发动了一百三十人为《龙池乐》撰写歌词,由此可以看出朝廷对《龙池乐》的重视。太常寺最后从一百三十首诗歌中选择了十首,配乐编制成乐章,这个乐章是一个有相当长度的大型乐舞。一般说来,朝廷越重视,乐舞的规模就越大。从这个意义上说,《龙池乐》的规模应该较大,故其舞者数量当不止十二人。

基于以上原因,本文认为《龙池乐》在编制之初当有较大规模。但是,《龙池乐》被编入坐部伎时,其规模当被大大缩减,"十二人"很可能是《龙池乐》在坐部伎中的规模。按坐部伎是堂上坐奏,其舞蹈规模受场地限制,必须缩减,原有一百二十八人参与舞蹈的《破阵乐》编入坐部伎时,被缩减为舞者四人。《龙池乐》被编入坐部伎,其舞者数量亦当缩减。因此,推测"十二人"是《龙池乐》编入坐部伎后的舞者人数。

从音乐性质上看,《龙池乐》虽是为"祠龙池"而创制,但它从编制之初即为宴飨雅乐。《龙池乐》被编入坐部伎后,其舞者人数发生了变化,但其宴飨雅乐的性质并未改变。

除用于宴飨外,《龙池乐》也被用于鼓吹乐中。《新唐书·仪卫志》:"凡鼓吹五部:一鼓吹,二羽葆,三铙吹,四大横吹,五小横吹,总七十五曲。羽葆部十八曲:……十七《龙池》。"[1]鼓吹乐是《龙池乐》音乐形态的一种变化,这也说明《龙池乐》是很受重视的乐曲。

按王维有《奉和圣制与太子诸王三月三日龙池春禊应制》《大同殿柱产

---

[1] (宋)欧阳修、宋祁撰《新唐书》卷二三《仪卫志》,北京:中华书局,1975年,第508页。

玉芝龙池上有庆云神光照殿百官共睹圣恩便赐宴乐敢书即事》，李白有《侍从宜春苑奉诏赋龙池柳色初青听新莺百啭歌》，可知龙池也是玄宗君臣游玩之所。李商隐《龙池》云："龙池赐酒敞云屏，羯鼓声高众乐停。"①此虽是追述玄宗朝旧事，却并非毫无根据。

2. 作为雅乐的《龙池乐》

《龙池乐》自撰制完成之后，基本被用作宴飨雅乐，并没有在祭祀活动中使用。这种情况在开元十六年得以改变，此时距《龙池乐》编制完成已有十四年。据《唐会要》"龙池坛"条："（开元）十六年，诏置坛及祠堂，每仲春将祭，则奏之。"②也就是说，到开元十六年，朝廷在龙池置坛，并修建祠堂，自此开始，每年仲春正式在这里祭祀龙池。在祭祀龙池的活动中使用的雅乐当然是《龙池乐》，这是《龙池乐》用于祭祀的开始。

为什么《龙池乐》在编制完成十四年之后的开元十六年才正式用于龙池祭祀呢？这是因为，玄宗编制《龙池乐》并不仅仅是为了祭祀龙池，而是为了歌颂龙池祥瑞，以证明自己即位是上天所命。所以，《龙池乐》在宴飨活动中广泛演奏，可以宣扬玄宗即位有其神秘的合理性。从这个意义上说，作为宴飨雅乐的《龙池乐》实际有着强烈的政治性。到开元十六年，玄宗即位已久，朝廷已经完成了《唐享太庙乐章》等大型雅乐。此时，龙池祭祀被提上日程，《龙池乐》遂正式用于龙池祭祀仪式中。

3. 《龙池乐》与祭龙仪式

《龙池乐》用于祭祀龙池。既曰"龙池"，当有龙"存在"才合乎情理，于是龙应"需"而生。《唐会要》"龙池坛"条："（开元）十八年十二月二十九日，有龙见于兴庆池，因祀而见也。敕太常卿韦绦草祭仪。绦奏曰：'……飨之法，请用二月。有司筮日，池傍设坛，官致斋，设笾豆如祭雨师之仪，以龙致雨

---

① （唐）李商隐《龙池》，（清）彭定求等编《全唐诗》卷五四〇，第 6195 页。
② （宋）王溥撰《唐会要》卷二二"龙池坛"条，第 433 页。

也。其牲用少牢,乐用鼓钟,奏姑洗,歌南吕。……今享龙亦请三变,舞用帗舞,樽用散酒,以一献。……'诏从之。"①从这段材料看,在开元十八年十二月二十九日,居然有龙出现在兴庆池。朝廷命太常卿韦縚组织起草祭龙仪式之仪注。随后,韦縚就奉命拟定了详细的祭仪。

兴庆宫的祭龙仪式,是唐代帝王自我神化的进一步发展。此仪式表明,到开元十八年前后,围绕兴庆宫的帝王神话不仅没有削弱,反而得到了加强。

4.《龙池圣德颂》碑的初建

从《龙池乐》发展为祭龙仪式,这个神化帝王的进程并没有结束。到开元二十三年五月,宗室成员(即张九龄《龙池圣德颂》中所谓"伯父伯兄,仲叔季弟")又集资在兴庆宫建立了《龙池圣德颂》碑。《旧唐书·玄宗本纪》唐玄宗开元二十三年夏五月戊寅:"宗子请率月俸于兴庆宫建龙池,上《圣德颂》。"②《唐会要》"龙池坛"条:"(开元)二十三年五月一日,宗子请率月俸于兴庆宫建《龙池圣德颂》,以纪符命,望令皇太子、中书令张九龄、礼部尚书李林甫,充检校使,从之。五日,宗子请令宁王宪题额,侍中裴耀卿充模勒使。"③从此则材料看,在此碑建立的过程中,皇太子、中书令张九龄、礼部尚书李林甫充检校使,宁王李宪题额,侍中裴耀卿充模勒使,朝廷对此事的重视自不待言。

《龙池圣德颂》的碑文由张九龄撰文,其序文中说:

> 洪惟龙池,盖天之所以祚圣,即今上卜居之旧里,京师爽垲之地。傍无窦泽,中忽滥泉,非常而灵液涓流,无几而神池寖广。荣光休气,若烟若云,所未尝有,则此之出。虽清可以鉴,而深不见底,鳞介瑰诡,于牣其中,时莫知其所然,日徒见其有异。中宗采识者之议,压王气而来

---

① (宋)王溥撰《唐会要》卷二二"龙池坛"条,第433页。
② (后晋)刘昫等撰《旧唐书》卷八《玄宗本纪》,北京:中华书局,1975年,第202页。
③ (宋)王溥撰《唐会要》卷二二"龙池坛"条,第434页。

游;圣上处或跃之时,出飞龙而合应。临淄始封也,邸第在焉;上党历试也,灵符绍至。天其以是永命我唐,图象丁宁,有所底止,其若兹也。夫成数有时而否,至理无代而亡,固在乎大圣之生也,乘运而作,鼓天下之动,安天下之危。故将顺成功,自古之启佑也如彼;克定多难,自天之叶赞也如此。初中宗违代,后党窥隙,大盗狃于得志,群慝起而擅权,若缀旒然。当此时也,天与若不取,鬼谋或不协,则我祖宗之业,无乃将坠,而亿兆之命,亦犹倒悬。圣上感之,提剑而起,雷霆一奋,祅沴以清,内难既衰,外虞有谥,推戴太上,照临万邦,实天之为,与人更始。系皇统,维乾纲,决绽补坏,荡瑕涤秽,而乃阙典或备,旧章悉举,处穷尽达,在困必通,品物资以再生,寰区为之一变。然后返华伪于朴,还浇漓于淳,以大道为源,以至仁为根,动推是心,以御于事。人见德而兴行,神享诚而介福。①

可见,在此碑文中,张九龄歌颂了玄宗维系皇统的功德。此碑有颂文六节,其《黄龙》一节云:"蜿蜿黄龙,神池自出。灵化恍惚,喷云沃日。告帝之符,其仪孔吉。或潜于泉,或见于田。与时顺动,亦应乎天。克配我皇,无德称焉。"②此节所歌颂者为开元十八年十二月有龙见于兴庆池事。

《龙池圣德颂》碑的建立是一时之盛事。玄宗在《答张九龄进龙池圣德颂批》中说:"卿之词旨,度越前辈,曲成意义,多所发挥。实灵命之克彰,因斯文之不朽。"③可见,张九龄的碑文得到了玄宗的赏识。

5.《龙池圣德颂》碑的重建

到天宝二年(743),《龙池圣德颂》碑二次重建。重建的原因是张九龄所撰文"颂文未备,叙事多遗"。

---

① (唐)张九龄《龙池圣德颂并序》,(清)董诰等编《全唐文》卷二八三,北京:中华书局,1983年,第2871—2872页。
② (唐)张九龄《龙池圣德颂并序》,(清)董诰等编《全唐文》卷二八三,第2873页。
③ (唐)玄宗《答张九龄进龙池圣德颂批》,(清)董诰等编《全唐文》卷三七,第407页。

颖王李璬在《请改修龙池圣德颂表》中说:"臣等愤深家国,志愿光扬,去开元二十二年,于东京朝堂上表,请建龙池圣德颂,曲蒙天眷,俯遂微诚。其时修营已就,刻石所为,颂文未备,叙事多遗,述圣谈天,万不举一。既乖士庶之望,莫展宗臣之心。寻请改修,冀昭圣德。斐然虽竭于愚思,翰墨未绝于贞石。今属灵符降祉,景命维新,天宝之号再加,郊庙之仪式展,诚合书其宝录,光阐徽猷,缀集前文,以存不朽。特望天恩,更许编录,则圣德鸿业,纪而无遗,圣美形容,于兹允备。"①当时上表要求重建者当有多人。

玄宗在《答濮阳郡王等请改修龙池圣德颂表批》中说:"岁月斯积,符瑞屡臻,欲备叙之。复兹诚请,实赖人事,不遗神明。允来意也。"②玄宗在此《批》中说"符瑞屡臻,欲备叙之",可见重建此碑也是他自己的意愿。

此碑在天宝二年五月得到重建。据《唐会要》"龙池坛"条:"至天宝二年五月五日,又重建立,殿中监褒信王璆撰文,皇太子书并题额。"③《新唐书·褒信王璆传》:"初,张九龄撰《龙池颂》,刊石兴庆宫,宗子以为不称盛德,更命(李)璆为颂,建花萼楼北。"④可见,在天宝二年五月,《龙池圣德颂》碑又重新建立,新碑由宗室成员李璆撰文,建于花萼楼北。据《唐六典·尚书工部》:"兴庆宫在皇城之东南,东距外郭城东垣。……宫之南曰通阳门……通阳之西曰花萼楼。"⑤可见,重建之碑依旧在兴庆宫内。《旧唐书·许王素节传》:"(李)璆初为嗣泽王,降为郕国公、宗王卿同正员,特封褒信郡王。进《龙池皇德颂》,迁宗正卿、光禄卿、殿中监。"⑥可见,李璆因撰此碑文而得到升迁。

自玄宗朝开始,龙池就是皇帝祈雨之所。据孙逖《为宰相贺雨表》,玄宗

---

① (唐)李璬《请改修龙池圣德颂表》,(清)董诰等编《全唐文》卷一〇〇,第106页。
② (唐)玄宗《答濮阳郡王等请改修龙池圣德颂表批》,(清)董诰等编《全唐文》卷三七,第407页。
③ (宋)王溥撰《唐会要》卷二二"龙池坛"条,第434页。
④ (宋)欧阳修、宋祁撰《新唐书》卷八一《褒信王璆传》,第3588页。
⑤ (唐)李林甫撰、陈仲夫点校《唐六典》卷七《尚书工部》,北京:中华书局,1992年,第219页。
⑥ (后晋)刘昫等撰《旧唐书》卷八六《许王素节传》,第2828页。

曾"特纡凤辇,俯诣龙池"①,即曾亲自到龙池祈雨。据《唐会要》"龙池坛"条:"贞元六年(790)六月,复祭五龙坛。元和十二年(817)四月,上以自春以来,时雨未降,正阳之月可雩祀,遂幸兴庆宫堂祈雨。……后大雨果下。"②可知在贞元、元和年间,龙池曾是皇帝祈雨之所。

总之,《龙池乐》一开始是宴飨雅乐,后来演变为郊庙雅乐。作为玄宗朝最重要的大型乐舞之一,《龙池乐》的创制与变迁体现出强烈的政治意味。从《龙池乐》衍生出的诸多祥瑞及祭龙仪式,以及《龙池圣德颂》碑的两度建立,都可以证明《龙池乐》在玄宗朝雅乐中的独特地位和重要作用。

二

唐代的雅乐歌词很多由朝廷重臣撰写,然后选词入乐。这实际是一个复杂的过程,我们对其中的具体环节并不十分清楚。而《龙池乐》恰好为我们提供了一个范本,使我们能够从中考见唐代宫廷选词入乐的基本过程。

1. 唐代宫廷雅乐选词入乐的过程

从《龙池乐》的撰制看,唐代宫廷的选词入乐活动主要包括以下环节:

第一,撰制歌词由皇帝提出。朝廷撰制歌词一般由皇帝提出,或由重臣上表提出,经皇帝同意。需要撰制歌词的事项,一般是国之大事。这些事件约可分为两种:一种是历代相传的祭祀活动,如祭祀天地、日月、山川、宗庙等;一种是本朝有政治意义的重要事件,如唐太宗时创制《破阵乐》,唐高宗时创制《上元乐》,武则天时创制《拜洛乐章》等,均属此类。在玄宗之前,唐代并没有祭祀龙池的乐章,《龙池乐》是玄宗即位后为自神其身世而创制的

---

① (唐)孙逖《为宰相贺雨表》,(清)董诰等编《全唐文》卷三一一,第3155页。
② (宋)王溥撰《唐会要》卷二二"龙池坛"条,第434页。

乐章,因此属于后一种。《龙池乐》的撰写,实际上是唐玄宗提出的。

第二,歌词一般由朝廷大臣撰写。皇帝确定歌词撰写后,歌词的撰写一般由朝廷大臣完成。一般祭祀的等级越高,撰写歌词大臣的品级就越高。如贞观六年(632)的《祀圜丘乐章》(八章)由褚亮等撰写,《唐享太庙乐章》(十一章)由魏徵撰写。贞观七年的《太庙祼地歌辞》由陈叔达撰写。有时皇帝(或实际的最高统治者)也会亲自撰写歌词,如《功成庆善乐舞词》即由李世民亲自撰写,《唐大享拜洛乐章》由武则天撰写。一些不重要的祭祀,其歌词有时也由品级较低的大臣完成。

第三,对大臣撰写的歌词进行筛选。朝廷雅乐乐章如果由皇帝(或实际的最高统治者)撰写,或委托一名大臣撰写,则不需筛选。如果有很多大臣参与并创作了较多的歌词,则需要进行选择。如大臣为《龙池乐》撰写的诗歌(歌词)实际上有一百三十首之多,这么多的诗歌不可能全部入乐,故从中选择了十首,十首是《龙池乐》所需歌词之数。负责歌词筛选的一般是太常寺的官员和乐工,选择的标准除了诗歌的艺术标准外还有音乐标准,即看该作品是否适合入乐。

第四,为选出的诗歌(歌词)配以乐舞。太常寺的官员和乐工负责为歌词配乐、配舞。在此过程中,一般对皇帝(或最高统治者)撰写的诗歌(歌词)不作调整,对大臣撰写的歌词则会基于方便入乐的原因进行一定改动。歌曲的长度和舞者人数根据祭祀项目的重要性确定,越是重要的祭祀活动,其歌曲长度越长,舞者越多。

第五,改变乐曲的演出形式,也由太常寺负责。用于祭祀的雅乐,其音乐和舞者人数一般较为固定。而宴飨雅乐,如《破阵乐》等,往往具有多种演出形式,每种形式的舞者人数并不相同。《龙池乐》一开始是宴飨雅乐,后来又用于祭祀,然后又被编入坐部伎。随着音乐性质的变化,其音乐、舞蹈、服饰、舞者人数等也会有相应变化。因为雅乐隶属太常寺,这些变更也由太常寺乐工来完成。

第六，配乐配舞完成后，由太常寺有实际音乐技能的乐官负责训练太常寺乐工。太常寺的低级乐官（如协律郎等）一般拥有较高的音乐才能。雅乐制定后，当由这些有着较高音乐才能的乐官负责训练太常寺乐工，使之能够圆满完成整个乐舞的演出。

第七，太常寺乐工负责乐舞演出。雅乐演出一般有较为固定的时间，宴飨雅乐的演出时间一般不固定。无论是郊庙祭祀雅乐还是宴飨雅乐，当朝廷需要演出时，都由太常寺的乐官和乐工到指定场地完成演出工作。

以上是唐代宫廷雅乐选词入乐的基本过程。由此过程可以看出，一个完整的乐舞是由皇帝、大臣以及太常寺的乐官和乐工共同完成的。

2. 唐代雅乐创制的特征

通过以上对唐代雅乐选词入乐过程的梳理，我们可以归纳出唐代宴飨雅乐和郊庙雅乐创制的特征：

第一，唐代宴飨雅乐和郊庙雅乐的创制，体现着最高统治者的愿望和利益。我们看到，这些乐曲的创制一般由皇帝提出，其内容或是为皇帝歌功颂德，或是歌颂新朝祥瑞，或是祈求神灵护佑，无不体现出皇帝或最高统治者的利益和愿望。从另一方面看，当皇帝易位或政权更迭时，原来频繁演出的乐舞可能很快就会被冷落，或被新乐所取代。

第二，唐代的宴飨雅乐和郊庙雅乐，是朝廷大臣和太常寺乐工合作的产物。我们看到，其歌词的撰写一般由朝廷大臣完成，而选词配乐、编制舞蹈等工作则由太常寺乐工完成。也就是说，乐曲的文学部分由精于文学的大臣承担，而音乐部分则由管理礼乐的太常寺乐官和乐工完成。当然，其演出亦由太常寺承担。

第三，唐代的宴飨雅乐和郊庙雅乐，体现了政治性和艺术性的结合。这些乐舞歌颂的是统治者的功德，宣扬的是统治者的政治理念，因而表现出强烈的政治性。同时,它们的歌词有文学之美,其音乐和舞蹈也具有很高的艺术性。因此,政治性和艺术性的结合是这些乐曲的重要特征。

总之,唐代的宴飨雅乐和郊庙雅乐有着分工明确的制作过程,它体现着统治者的政治理念,是朝廷大臣和太常寺乐工合作的产物,体现出强烈的政治性和一定的艺术性。

三

《龙池乐》歌词的创作过程,也是一次大规模的七言八行体诗的创作活动。此项活动对唐代七言律诗的成熟产生了一定影响。

1. 唐代七言律诗的发展过程

关于唐代七言律诗的发展、定型和成熟,学界有广泛讨论。有学者认为七律定型于李峤而成熟于杜甫。如韩成武先生《试论七律的定型与成熟》一文"对《全唐诗》所收初盛唐诗人作品进行格律上的细致审核",认为:"沈、宋'七律'多有失粘之处,难取'定型'之功;王维'七律'亦大量失粘,且内容多为应制或应酬之作,难享'成熟'之誉。……七律定型于李峤而成熟于杜甫。"[①]也有学者认为沈佺期是定型的代表人物,如龚祖培在《七律的定型者究竟是谁》一文中认为:"武则天统治时期的'石淙诗'是研究七律的重要材料,可以证明七律在此时已经定型。沈佺期的七律写作年代早,作品多,影响突出,无论如何也是这一诗体定型的代表人物。"[②]还有学者认为唐代七律定型在大历时期。如张培阳《七律定型及其渊源新考》一文认为:"七律的声律发展和定型经历了南朝的萌芽、初唐的初成、盛唐的停滞与大历的成熟

---

① 韩成武《试论七律的定型与成熟》,《河北大学学报》1997 年第 1 期,第 41—48 页。
② 龚祖培《七律的定型者究竟是谁》,《中州学刊》2009 年第 5 期,第 215—219 页。

和定型等几个阶段。……大历时,合律率大有改观,七律得以最终定型。"①此外,还有其他一些讨论②。本文把唐代七律的发展过程分成以下几个阶段:

第一阶段:太宗朝。此时尚没有合乎格律的七言律诗,创作七言八行体诗的诗人很少,七言八行体诗作品也很少。七言律诗的粘对规则尚未确立,该诗体尚处于萌芽阶段。所有的七言八行体诗无一完全合律,传为唐太宗所作的七言律诗亦系后人伪造或伪托。第二阶段:高宗、武后朝(含中宗、睿宗朝)。此时,七言八行体诗的创作在数量上有所增加,已经有相当多的作品合律,七言律诗的定型就在这个时期,但此时尚未出现大量创作七言律诗的诗人。七言律诗完全合律的较少,在内容上则多侍宴奉和、流连光景之作,还没有出现震撼人心的作品。七律虽已定型,但远远没有达到成熟。第三阶段:玄宗朝。这一时期是七言律诗从定型到成熟的过渡期,主要表现在,七律的创作数量大幅增加;通过不断的艺术实践,诗人对七律的格律掌握得更加纯熟;出现了许多创作七言律诗的优秀诗人和优秀作品,如王维、高适、岑参、李白、李颀、王昌龄、崔颢、孟浩然等,都写出了完全合律的七言律诗。第四阶段:肃宗、代宗朝。这一时期是七律的成熟期。此时杜甫流落蜀中,又漂泊荆湘,其大部分七言律诗创作于此时。杜甫的七言律诗大多合律,其拗体七律不是不能合律,而是有意为之。杜甫的七律创作数量惊人,并取得了很高的艺术成就③。

---

① 张培阳《七律定型及其渊源新考》,《井冈山大学学报》2007年第1期,第92—100页。
② 关于唐代七言律诗定型与成熟问题,还可参见陈增杰《论唐人七律艺术的发展风貌》,《浙江社会科学》1999年第2期,第144—150页;韩成武《唐太宗有可能写出严整的七律吗?》,《文学遗产》2002年第2期,第118—120页;何泽棠《论宫体诗对七言诗的影响》,《江汉大学学报》2009年第4期,第32—36页;谭显宗《试论唐人"格律诗"创作的美善过程》,《清华大学学报》2010年第2期,第102—110页。
③ 关于唐代七律发展过程的论述,参见左汉林《唐代乐府制度与歌诗研究》,北京:商务印书馆,2010年,第89—92页。

通过以上分析可以看出，七言律诗从定型到成熟，经过了大约四五十年的时间。

2.《龙池乐》歌词与七言律诗定型的关系

唐代的雅乐歌词形式多样，不拘一格，但主要是以四言体为主。与唐代其他雅乐歌词不同，《龙池乐》的十首歌词居然都是七言八行体诗。此歌词见于《旧唐书·音乐志》①，未尽合律。

我们知道，从七言律诗的定型到成熟，经过了大约四五十年的时间。而《龙池乐》歌词的写作时间，正好在这一时期之内。《龙池乐》歌词的撰写，实际上是一场大规模的七言律诗创作活动，这次诗歌创作活动共产生了一百三十首七律。这种大规模的艺术实践，必然对当时的七律创作产生推动作用，从而推动七律从定型走向全面成熟。

因此，我们认为，《龙池乐》歌词的大规模创作，对唐代七言律诗的全面成熟起到了促进作用。而《龙池乐》的歌词，恰好让我们了解了七言律诗从不合律到合律的过渡状态。

综上，《龙池乐》是玄宗朝最重要的大型乐舞之一，具有宴飨雅乐和郊庙雅乐的双重性质。从龙池祭龙仪式到《龙池圣德颂》碑的两度建立，可以看出《龙池乐》在玄宗朝礼乐文化中的重要地位。唐代宫廷雅乐有着分工明确的制作过程，它体现着统治者的政治理念，是朝廷大臣和太常寺乐工合作的产物。从《龙池乐》的撰制，可以看出唐代宫廷选词入乐活动的基本过程，以及唐代雅乐政治性和艺术性相结合的特征。《龙池乐》歌词的大规模创作，对唐代七言律诗的全面成熟产生了一定的影响。

---

① （后晋）刘昫等撰《旧唐书》卷三〇《音乐志》，第 1124 页。

《唐文粹》中的张说作品

朱玉麒

一 《唐文粹》所收张说作品篇目

张说(667—731,字说之,封燕国公)是入唐以来传世作品最多的唐代作家。张说作品在早期总集中的收录情况,主要体现在北宋初期编成的《文苑英华》和《唐文粹》中。二集不仅可见张说作品流传的影响,也足以成为从事张说集版本研究的重要参考。本文即是在用《唐文粹》校勘《张说之文集》的过程中,对积累下的校勘札记的梳理和总结。

姚铉(968—1020)编纂《唐文粹》100卷(以下统称"《文粹》")[1],成书于北宋大中祥符四年(1011),收录唐代诗文2085篇,其中张说作品赋1篇、诗13题43首、文27篇[2]。除确切署名张说的作品外,《文粹》收录之《起义堂

---

[1] 此书本名《文粹》,后世为了突出所选作品的时代性,而增字为《唐文粹》,相沿成习。参郭勉愈《从宋绍兴本看〈唐文粹〉的文本系统》"书名问题",《清华大学学报》2003年第1期,第52—53页。
[2] 郭勉愈统计《文粹》中张说诗歌为11首诗,有误,参郭勉愈《〈唐文粹〉"铨择"〈文苑英华〉说辨析》,《北京师范大学学报》2002年第6期,第130页。

颂》,作者僧一行,小字注"又云张说";《别汉祖吕后五等论》,作者李翰,而《张说之文集》卷二九收录为张说文;《后土神祠碑并序》《西岳太华山碑铭》两篇,均为玄宗序、张说铭的合作篇。这些,本文都作为张说的作品来一并考察。

《文粹》最早的刻本,为北宋宝元二年(1039)刊本[1],今不存;今存刻本最早者,为南宋高宗绍兴九年(1139)临安府刻本[2]。今本最完整的张说集,则是椒花吟舫影宋钞《张说之文集》三十卷本(以下简称"《张说集》")。比照此二者,《文粹》所收张说作品与《张说集》重合者凡赋1篇、诗12题31首、文23篇,不见于《张说集》的作品是诗1题12首、文4篇。

《张说集》多有收录张说同时代人的唱和作品,而在《文粹》中,见于《张说集》的他人唱和之作,计诗3题4首、文2篇:即韦嗣立《余昔忝省阁,与岳州张使君、潭州王都督同官联事。后承朝谴,各自东西。张公与王都督别诗二首,情颇殷切。余览以耿叹,因遥申和云》(《文粹》卷一五下,《张说集》卷六)、赵冬曦《奉和早霁南楼》(《文粹》卷一六上,《张说集》卷八)、尹悆《奉陪登南楼》(《文粹》卷一六上,《张说集》卷八)、苏晋《丞相少傅拜职天子作三杰之诗以命宴序》(《文粹》卷九七,《张说集》卷四)、张九龄《集贤殿书院奉敕送学士张说上赐燕序》(《文粹》卷九七,《张说集》卷四),它们的文字情况,对于研究《张说集》的流传具有参考作用,也可纳入《张说集》的校勘和考察范围。

考察《文粹》的版本流传,不能不提及与之同期的《文苑英华》。李昉等编《文苑英华》1000卷(以下简称"《英华》"),是北宋雍熙三年(987)奉敕修成的文学总集,收录梁陈至五代诗文近20000篇,其中唐代作品约占十分之九,其体量确实非《文粹》所能比拟。今所知最早的《英华》刻本,是南宋宁宗

---

[1] (宋)施昌言宝元二年(1039)作《唐文粹后序》,称其时临安进士孟琪校刻《唐文粹》,文载绍兴九年(1139)刻本《唐文粹》卷后序,叶一正。

[2] 绍兴九年刻本《唐文粹》,今存中国国家图书馆,有《中华再造善本》影印本,北京:北京图书馆出版社,2006年。今所引用,即据此影印本。

嘉泰四年(1204)周必大、彭叔夏等人校刻本①，该本利用了成书稍晚于《英华》但刊刻在其前的《文粹》，因此其随文出具利用《文粹》校勘的记录对于分析《文粹》的版本，也具有"反哺"价值。此《英华》嘉泰刻本流传至今，仅存150卷；目前能够看到该书的完整刻本，是明穆宗隆庆元年(1567)所刊行者②。

比较《文粹》与《英华》中的张说作品，共同收录者计赋1篇、诗4题4首、文14篇，《文粹》收录而不见于《英华》者，计诗9题39首、文13篇③。因此，通过张说作品的情况，也可以证明过去认为《文粹》的编选篇目出自《英华》的说法是不能成立的④。

通过以上辨析，张说作品在《文粹》中的收录情况，略如下表(表1)。

表1 《文粹》所收张说作品与《英华》《张说集》所在卷数对照表

序号	篇 名	文粹	英华	张说集
1	江上愁心赋寄赵子	9	91	1
2	开元乐章一十九首奉敕撰	10	/	10
3	玄宗开元十三年封泰山祀天乐章十二首	10	/	/
4	邺都引一首	12	/	10
5	杂诗四首其一、其三	14下	/	9

---

① (宋)周必大《纂修文苑英华事始》："顷尝属荆帅范仲艺均倅丁介，稍加校正。晚幸退休，遍求别本，与士友详议，疑则阙之。凡经、史、子、集、传注、《通典》、《通鉴》及《艺文类聚》、《初学记》，下至乐府、释老、小说之类，无不参用。……今皆正之，详注逐篇之下，不复遍举。始雕于嘉泰改元春，至四年秋讫工。"《文苑英华》影印本，北京：中华书局，1966年，第9页。
② 《文苑英华》成书过程简要的说明，可参中华书局影印为《文苑英华》影印本卷首所撰的出版说明。又可参凌朝栋《〈文苑英华〉研究》，上海：上海古籍出版社，2005年；李致忠《〈文苑英华〉史话》，北京：国家图书馆出版社，2014年。
③ 《英华》收录张说作品计赋4篇、诗127首、文142篇，笔者另有《〈文苑英华〉中的张说作品》讨论之，兹不赘。
④ 《文粹》不出自《英华》的全面考证，可参郭勉愈《〈唐文粹〉"铨择"〈文苑英华〉说辨析》，第126—134页。

续表

序号	篇　名	文粹	英华	张说集
6	古泉驿	15 上	/	8
7	送郭大夫再使吐蕃	15 上	296	6
8	蜀道后期	15 下	290	8
9	襄阳路逢寒食	15 下	290	8
10	巡边在河北作	15 下	290	8
11	早雾南楼	16 上	/	8
12	石门、墨山二山相连,有禅堂观,天下绝境	17 上	/	8
13	夜坐	18	/	9
14	冬日见牧牛人担青草归	18	/	9
15	起义堂颂(唐玄宗撰序)	19 上	/	/
16	开元正历握乾符颂	19 上	/	11
17	上党旧宫述圣颂	19 上	/	11
18	大唐祀封禅颂	19 下	773	12
19	广州都督岭南按察五府经略使宋(璟)公遗爱碑颂	21	/	12
20	大唐开元十三年陇右监牧(王毛仲)颂德碑奉敕撰	22	869	12
21	蓝田法池寺二法堂赞并序	24	/	13
22	蒲津桥赞	24	/	13
23	进浑仪表	25	613	27
24	神兵军大总管功状	30 上	/	30
25	吊国殇文	33 下	999	23
26	神龙二年七月别汉祖吕后五等论	34	741	29
27	后土神祠碑铭(唐玄宗撰序)	50	878	/
28	西岳太华山碑铭(唐玄宗撰序)	50	/	/

续表

序号	篇 名	文粹	英华	张说集
29	和丽妃(赵氏)神道碑铭并序奉敕撰	55下	/	21
30	郢国长公主神道碑铭	55下	933	21
31	故开府仪同三司上柱国赠扬州刺史大都督梁国文贞公(姚崇)碑奉敕撰	56	884	14
32	赠凉州都督上柱国太原郡开国公郭(知运)公碑奉敕撰	57	907	17
33	唐玉泉寺大通禅师碑铭并序	64	856	19
34	中书令逍遥公(韦嗣立)墓志铭	68	936	22
35	东山记	75	/	13
36	狱箴	78	/	/
37	与郑驸马书	83	/	30
38	中宗上官昭容集序奉敕撰	91	700	28
39	大衍历序	94	736	28
40	般若心经赞并序	95	/	13
41	季春下旬诏宴薛王山池序	97	709	5

(据《文粹》顺序;作品篇名除未收者外,本自《张说集》)

二 《唐文粹》张说作品的来源

姚铉编纂《文粹》,序言称:"有唐三百年,用文治天下。陈子昂起于庸蜀,始振风雅。繇是沈、宋嗣兴,李、杜杰出,六义四始,一变至道。洎张燕公以辅相之才,专撰述之任,雄辞逸气,耸动群听。苏许公继以宏丽,丕变习俗,而后萧、李以二《雅》之辞本述作,常、杨以三《盘》之体演丝纶,郁郁之文,于是乎在。"①由姚铉对于唐代文学史上张说地位的褒扬,可知其《文粹》对于张说作品的收录是非常用心的。

姚铉于太平兴国八年(983)登进士第后,曾迁任殿中丞、起居舍人、直史馆等职,又"藏书至多"②,而《文粹》序中也提及他编纂时期的北宋图籍背景:"今历代坟籍,略无亡逸,内则有龙图阁,中则有秘书监。崇文院之列三馆,国子监之印群书,虽唐汉之盛,无以加此。故天下之人,始知文有江而学有海,识于人而际于天。撰述纂录,悉有依据。由是大中祥符纪号之四祀,皇帝祀汾阴后土之月,吴兴姚铉集《文粹》成。"③其选编《文粹》,得以对秘阁图书多所参考。因此,《文粹》关于张说作品的选编,至少有以下两种来源:

1. 出自秘阁所藏唐代档案文献

如仅见于《文粹》的诗 1 题 12 首(《玄宗开元十三年封泰山祀天乐章十二首》)④、文 3 篇(《起义堂颂》《狱箴》《西岳太华山碑铭》),这些作品除《狱箴》外,多与唐玄宗有关,因此可能出自北宋秘阁所收唐代宫中档案。

这样的情况还有《故开府仪同三司上柱国赠扬州刺史大都督梁国文贞公碑奉敕撰》一篇,《文粹》题作"唐故中书令梁国姚文贞公神道碑铭并序",题下注:"玄宗御书,张说辞。"特别强调书写者的身份,可能与当时抄录自宫中档案的玄宗御书拓片有关。

2. 出自北宋年间的《张说集》

此外的一些作品,有些是从当时的《张说集》三十卷本中选取。如卷一五下"行役"类中选张说诗 3 首《蜀道后期》《襄阳路逢寒食》《巡边在河北

---

① (宋)姚铉《唐文粹序》,《唐文粹》卷首,叶二正。
② 姚铉任职朝中及藏书记载,参《宋史》卷四四一《姚铉传》,北京:中华书局,1985 年,第 13054—13055 页。
③ (宋)姚铉《唐文粹序》,《唐文粹》卷首,叶一正。
④ 此题又见于《旧唐书》卷三〇"音乐志三",作"十四首",文字与篇幅与《文粹》均有所不同,疑同据北宋秘阁文献而传抄有差。其中"烟燎上"句,《旧唐书》校勘记云:"烟燎上:'烟'字《文粹》卷一〇、《乐府诗集》卷五作'禋'。祭天曰'禋',此据文义似当作'禋'。"是知《文粹》用字优于《旧唐书》,见《旧唐书》卷三〇,北京:中华书局,1975 年,第 1127 页。

作》,均顺序集中出现在《张说集》卷八中,并无文字的差异。又卷一六上有张说《早霁南楼》和赵冬曦《奉和早霁南楼》、尹悆《奉陪登南楼》3首,也都在《张说集》卷八中收录。凡此均可能系由《张说集》中选收。

不过姚铉编选《文粹》的时代所见《张说集》,还不是我们现在所见到的椒花吟舫本所据以影钞的南宋蜀刻十二行本系统①,而是此前在北宋年间流传的家集本钞本,或者由家集本刊刻的北宋刻本②,它是姚铉所据选辑《文粹》张说诗文与今传蜀刻《张说集》本共同的祖本。

这样的例证如《江上愁心赋》,今本《张说集》和《文粹》《英华》均收录,其中《英华》本的文字与前二本差别较大,而且也附录有赵冬曦和作的《谢燕公江上愁心赋》,可知所据未必是家集本系统。而《文粹》的文字则与《张说集》基本相同,其中第二句"郁崎嶬而不极","崎嶬"二字下均有小字音注"音歆(或讫)""音议(或仪)"字样,这个音注,可能从家集本抄出时就已经存在,因此证明今本《张说集》和《文粹》所据是同一个家集本系统。但是,被注音的正字"崎",在目前所见到的《张说集》早期版本如知圣道斋、碧凤坊、龙池草堂和椒花吟舫本中③,都已夺去,可能是它们所据的北宋祖本,已然丢失了这个正字,而《文粹》所据更早的版本,却是保存了下来的。

类似的例证还有《开元正历握乾符颂》,《文粹》卷一九上和《张说集》卷一一收录,其中"客有嘲臣曰",《文粹》"嘲"字不误,而《张说集》椒花吟舫、知圣道斋、龙池草堂本均作"朝";"粤若我大唐庆始白云",《文粹》有"白"字,

---

① 椒花吟舫影钞本《张说集》在钞写所保留的行款和宋本避讳用字上,可以判断其底本为南宋中期蜀刻十二行本系统,刻成于光宗绍熙年间(1190—1194),参朱玉麒《宋蜀刻本〈张说之文集〉流传考》,《文献》2002年第2期,第86—104页。
② 南宋周必大在校勘与《唐文粹》同期编定的《文苑英华》时,提及北宋初年的唐集情况:"是时印本绝少,虽韩、柳、元、白之文尚未甚传,其他如陈子昂、张说、九龄、李翱等诸名士文集世尤罕见,修书官于宗元、居易、权德舆、李商隐、顾云、罗隐辈或全卷取入。"可知其时已有《张说集》的印本流传,周必大《纂修文苑英华事始》,《文苑英华》影印本,第8—9页。
③ 《张说集》明代以前其他的版本情况,参朱玉麒《明代刻本〈张说之文集〉流传考》,张采民编《郁贤皓先生八十华诞纪念文集》,北京:中华书局,2011年,第156—172页;朱玉麒《宋刻张说集残抄本流传考》,《唐代文学研究》第十六辑,桂林:广西师范大学出版社,2016年,第388—397页。

《张说集》椒花吟舫、知圣道斋、龙池草堂本均夺此字。据笔者考证,以上别集本三种并非互相袭用,而是分别出自更早的北宋祖本,它们也不会是在抄写中同时犯有相同的错误,而是祖本本身就已经出现了讹误。

因此,我们在认定《文粹》中部分张说作品来自《张说集》的同时,也应该注意到它的祖本比今所见《张说集》要早,这样,后者产生的错误,可能会在《文粹》的张说作品中得到更正。

三 《唐文粹》张说作品的优胜处

作为唐代诗文流传的早期总集,《文粹》本的张说作品,对于《张说集》在流传中发生的错误及其版本情况,可以得到校订和验证,而《文粹》本张说作品在版本学意义上的许多优胜之处,也在比较中得以呈现。这方面的情况,可举证如下:

1. 补遗

张说诗文根据《文粹》所收,有可补全篇者,如前揭《玄宗开元十三年封泰山祀天乐章十二首》《起义堂颂》《狱箴》《西岳太华山碑铭》。

有可补《张说集》夺字者,如:

《石门、墨山二山相连,有禅堂观,天下绝境》,此诗题《文粹》本"观"上有"道"字,则"禅堂道观"与前后"二山相连""天下绝境"均四字成句,排比整饬,《张说集》各本均夺此字。

《上党旧宫述圣颂》有句"于是邠王臣守礼、宁王臣宪、申王臣㧑、岐王臣范、薛王臣业献书于内",今所见《张说集》各本均作"于是邠王臣守礼、宁王臣宪、申王臣范、薛王臣业献书于内",夺"㧑岐王臣"四字。又有句"盖生其德之谓天,授其时之谓命","天授其时之谓命"七字,《张说集》各本无,疑因后句"天有成命"之"天"字而错行误夺。以上均可据《文粹》订补其夺讹①。

《大唐祀封禅颂》"问百年,举百祀",《张说集》椒花吟舫、知圣道斋本夺"百年举"三字,疑因下文"百祀"之"百"而误夺,今据《文粹》可补。

2. 正误

《张说集》作品中的错字,据《文粹》而有纠正之依据,如:

《开元乐章一十九首奉敕撰》"後稷谋孙","後"字《文粹》作"后";"权舆帝天","天"字《文粹》作"文",与以下各句之"分""勋""君"协韵;"贻炎孕皇","贻"字《文粹》作"胎",与"孕"同义;"早望春雨","早"字《文粹》作"旱",与"望雨"意合;"溥天来際","際"字《文粹》作"祭",与文意合;"金如战龙","金"字《文粹》作"合",与上句"离若鸷鸟"对仗。以上文字,均当从《文粹》改正。

《邺都引一首》"蛾眉漫睞共灰尘","漫"字《文粹》作"曼"。按,"蛾眉曼睞",语出《楚辞·招魂》,"曼"是正字。

《杂诗四首》其三"问子青霞意,何事留朱轩。自言心远俗,未始迹辞喧","喧"字《文粹》作"喧","远俗""辞喧"对仗,言远离尘俗喧嚣之意。按此四句系反用陶渊明《饮酒》"结庐在人境,而无车马喧。问君何能尔,心远地自偏"意,《文粹》作"喧"字是。

《石门、墨山二山相连,有禅堂观,天下绝境》"药妙灵仙宝,境华严壑选","严"字《文粹》作"岩",与"壑"字同义复词,上句"灵仙"同构,《文粹》是;"百川壑对面","壑"字《文粹》作"豁",与上句"千山纷满目"对仗,《文粹》是。

《开元正历握乾符颂》"是以洞思干虑","洞"字《文粹》作"涸",与下文"干"互文见义。

《上党旧宫述圣颂》"开府仪同三司臣憬""天迹星谣","憬""星"二字《文

---

① "拐岐王臣"四字,今本《张说集校注》虽据《文粹》为校本,未予纠正,或当修订。见熊飞校注《张说集校注》,北京:中华书局,2013年,第569页。

粹》作"璟""童",《文粹》是。

又,《张说集》所收韦嗣立《余昔忝省阁,与岳州张使君、潭州王都督同官联事。后承朝谴,各自东西。张公与王都督别诗二首,情颇殷切。余览以耿叹,因遥申和云》"欢从徒怆然","从"字《文粹》作"终",是。

3. 旁证《张说集》钞本文字

由于今所见《张说集》椒花吟舫本是从南宋蜀刻本影钞而来,难免鲁鱼亥豕的抄写错误,特别是当《张说集》本身的文字与他本歧异,其中哪些是刻本原来的文字,哪些是抄写新产生的异文,有时就很难判断。而清人在辑佚、订补《张说集》版本时,往往"臆改"了原本的文字,如今人《张说集校注》(以下简称"《校注》")根据《全唐文》等改定的另一个清钞《张说集》研录山房本为底本,《校注》多从《全唐文》等的改字,可能就失去了《张说集》宋本的面貌。此时《文粹》的用字或可帮助判断部分椒花吟舫本文字是否宋本原貌。如:

《开元正历握乾符颂》"不亦仲尼之门所听莹也""嬖嬖窥国","莹""嬖"二字研录山房作"营""孽",《校注》亦均从之,今据《文粹》,"莹""嬖"二字与椒花吟舫本用字同,是此作品早期文字即如此;"昔在唐虞之际,以斗精受命者七神","昔在",《校注》据清代《四库全书》文渊阁本《张燕公集》和《全唐文》之"张说文",乙作"在昔",又"神"字误作"人",凡此据《文粹》,则椒花吟舫本均不误。

《上党旧宫述圣颂》"国步微艰""抑以敬从""唐惟旧邦","微""以""惟"各字《全唐文》作"维""心""虽",《校注》从之,今据《文粹》,椒花吟舫本原字不误。

《大唐陇右监校颂德碑》"贾死畜贮绢八万匹","匹"字《英华》本有之,而《张说集》与《文粹》均无此字,可能北宋别集本已夺此字。

《太原郡开国公郭公神道碑》"改封太原郡开国公""赐金银器百事",

"改""赐"二字《英华》本有之,《张说集》《文粹》均无此字,则北宋别集本已夺。

《鄎国长公主神道碑》"母曰崔贵妃""丝竹五音之徽靡""日渐庭闱之训""外除过制,内疚余哀","贵""徽""庭闱""除""疚"诸字,《张说集》《文粹》均作"国""微""闱庭""降""疾",是其北宋别集本早已有误;又"京兆少尹能延休副焉","少"字《张说集》《文粹》均无,也是祖本早已夺去。

凡此例证,无论正误,《文粹》本的存在,都足以证明《张说集》椒花吟舫钞本是继承了宋刻《张说集》的文字而来。

但《文粹》有时也旁证椒花吟舫本的错误,如《吊国殇文》"悼勇夫之秋累","秋"字《文粹》作"狄",《英华》作"被"并小字注:"集本、《文粹》作狄。"据校记,《张说集》当与《文粹》同作"狄"字,而椒花吟舫本作"秋",抄写有误。

4. 参证流传异文

张说作品的某些文字,在《文粹》和《张说集》中有所不同,但均可通,这可能是张说本人在收入文集前后做了改动,或者是后世抄写者根据文义进行了改订,凡此两可者,可以看到作品流传"再创作"的过程。如:

《蓝田法池寺二法堂赞并序》"若遗尘矣",《文粹》作"脱若遗尘矣",此处《张说集》无"脱"字亦通,而以《文粹》有"脱"字为佳,疑别集本亦早就夺此字。

《蒲津桥赞》"黄河是其长","是"字《文粹》作"居";"津吏或罪","或"字《文粹》作"成"。

《神龙二年七月别汉祖吕后五等论》"适悟天下不可独理,专欲不能盖众。分利推恩,先封雍齿",《文粹》作"适悟天下不可以专欲独理盖众,分利须推恩,乃先封雍齿"。

《唐玉泉寺大通禅师碑》"宸驾临决至午桥","决"字《文粹》作"诀",《英华》小字校记:"《文粹》作诀。"

《大衍历序》"有同于孔子也","有同"二字,《英华》作"同符",《文粹》作"同文",《英华》小字注:"《文粹》作同文,集作有同。"

他如张九龄《集贤殿书院奉敕送学士张说上赐燕序》"或禹稷大贤","禹稷",《文粹》作"稷禼",《英华》作"稷契"。

以上文义并不扞格的不同文字,均可印证文本流传中的"再创作"现象。

四 《唐文粹》张说作品的舛误

比较《张说集》或其他典籍的文字,可以发现《文粹》的张说作品也并非完全正确,版本文字的缺点同样值得注意并据别集本予以更正。如:

1. 篡改标题

《文粹》以类编排,为了划一,有时不惜删改标题。如《江上愁心赋寄赵子岳州作》其中"寄赵子岳州作"可能是标题的附注,《文粹》在"古赋·哀乐愁思"类中删除了此六字附注。

又如《文粹》碑志篇题均以"唐"字起首,卷五五下收录《和丽妃神道碑铭并序奉敕撰》《郧国长公主神道碑铭》因此均一律冠"唐"字,"铭"下也一律小字注"并序"二字。卷五六收录《故开府仪同三司上柱国赠扬州刺史大都督梁国文贞公碑奉敕撰》、卷六八收录《中书令逍遥公墓志铭》,卷九一收录《中宗上官昭容集序奉敕撰》标题也都整齐化作《唐故中书令梁国姚文贞公神道碑铭并序》《唐丞相逍遥公韦公墓志铭并序》《唐昭容上官氏文集序》,这些迁就于统一编选的原则而做出的修改,无疑与原本的标题间就有了一定的距离。

2. 文字夺衍

《开元乐章一十九首奉敕撰》,《文粹》夺第一首小标题"迎神永和之乐三章"。

《玄宗开元十三年封泰山祀天乐章十二首》"皇祖严配,配享皇天",《文粹》夺一"配"字;"送文舞出迎武舞入用《舒和》","出"下《文粹》衍"人"字。

《杂诗四首》,《文粹》选录其中其一、其三,后者甚至缺了前四句。

《大衍历序》,《文粹》夺"长"以下"历三卷,历议十卷,立成法十二卷,天竺九"十六字,据《英华》补正。这些文字,《张说集》各本也脱落,故别集本之夺讹,早已如此。又"毫毫而减之者""覆春秋交蚀之辰","而减""秋交蚀"五字《文粹》作空格,显然是所据底本漫漶而空缺所致。

3. 文字讹误

《冬日见牧牛人担青草归》"天问将何设","天问"《文粹》作"问天",此五言律诗,互乙则平仄不谐,别集本不误,应从《张说集》。

《大唐祀封禅颂》"天人交合,其则不远","人"字《文粹》作"文";"宫悬于重匵之内","匵"字《英华》作"壝",《文粹》作"壇","壝"字是。

《大唐开元十三年陇右监牧颂德碑奉敕撰》"来仪外厩,呈伎内枥""舞月驷兮蹀云螭","呈伎"与上句之"来仪"对仗,"云螭"与"月驷"对仗,而"呈""云"二字《文粹》作"至""重",显误。

《神兵军大总管功状》"沧瀛具德","具德"二字《文粹》作"具得","德"字,与下句"响援增气"之"气"字对仗,《文粹》误。

《吊国殇文》"偏师兮覆众","偏"字《文粹》作"徧"。

《鄎国长公主神道碑》"恭俭之教兴""卤簿凶行","教""簿"二字《文粹》作"收""薄"。

《故开府仪同三司上柱国赠扬州刺史大都督梁国文贞公碑奉敕撰》"激昂成学""延骖乘之恩""抚床辍春","昂""骖""春"字,《文粹》作"印""参""春"。

《赠凉州都督上柱国太原郡开国公郭公碑奉敕撰》"临洮旧防","防"字与下句"魂沉玉帐""三军凄怆"押韵,《文粹》作"阯",误。

《唐玉泉寺大通禅师碑》"泊如化灭""八千人度二七人","泊""二七人",

《文粋》作"汩""二七入"。

《中书令逍遥公墓志铭》"遘疾陈郡","疾"字《文粋》作"瘝"。

《东山记》"停舆辇于青霭""加以中宫敦序""寒谷煦景,穷崖润色","舆""以""煦""穷"字《文粋》作"与""心""昫""窍"。其中"煦"字因避讳减省笔画,可以不论。

《中宗上官昭容集序》"昔尝共游东壁","壁"字《文粋》作"辟",按《晋书·天文志》:"东壁二星,主文章,天下图书之秘府也。"因以称皇宫藏书之所,《文粋》误。

《大衍历序》"下集太初至于麟德二十三家之众义","于"字《文粋》作"子"。

五 《唐文粹》与《文苑英华》张说作品的比较

如前所述,《英华》编成于宋太宗雍熙三年,在当时即发现疏误,曾经校订,至南宋嘉泰四年,又经由周必大等人的校勘而付梓行世。在周必大等人的这一次校勘中,编选在后而刊刻在前的《文粋》也被用作了校勘文本。对校同时收录在《文粋》和《英华》中的张说作品,其中《英华》多有据《文粋》而写出的校勘记。对校这些相关的文字,可以了解到以下版本特点:

1.《英华》所用《文粋》底本为北宋本

《英华》于嘉泰四年(1204)完成校勘付梓,其时《文粋》刻本之北宋宝元二年(1039)本和绍兴九年(1139)本均在其前,因此均有可能被利用。但其有部分与绍兴本不合处,因疑所据《文粋》为北宋初刻本。如:

《神龙二年别汉祖吕后五等论》"知难于动","于"下《英华》有小字注:"一作摇。"《文粋》绍兴本作"于";"既而銮辂龙旆","旆"字《文粋》绍兴本作

"斾",《英华》作"旗"并有小字注:"一作旂。"以上"一作"与绍兴本《文粹》均不同,可知《英华》所据别有所本。

《后土神祠碑铭》"事与古反","反"字明本《英华》作"及",小字注:"一作反。"但是据《英华》影宋钞本,正字作"反",小字注:"一作返。"据此条,则所据《文粹》本原字当作"返"。

以上二篇,《英华》文末均注"一作皆《唐文粹》",可知其所据是《文粹》,但非绍兴本,应该是已经失传了的宝元二年本。

由此也可以了解到上节"《唐文粹》张说作品的舛误"指出的"文字讹误"也未必是北宋本的舛误,有些可能是南宋绍兴本翻刻时新造成的错误。

2. 据《文粹》证《英华》各本之正误

《大唐开元十三年陇右监牧颂德碑奉敕撰》"在经星之列","列"字《英华》小字注:"《文粹》作裔。"今《文粹》亦作"列";"御衣亟分于韩信","亟"下《英华》小字注:"一本作□。"有夺字,《英华》校记据旧抄本作:"二本作函。"今集本、《文粹》均作"亟"。以上二处,疑《英华》正字与小字互乙。

《吊国殇文》"命穷迡兮短兵错,肤钝刃兮血染锷","迡"字《文粹》作"迲",《英华》作"追",小字注:"集作迡,《文粹》作追。"而"追"字《英华》校记据旧抄本作"迲";"钝"字《英华》作"迎"并小字注:"集、粹作鈯。""鈯"字《英华》校记据旧抄本作"钝"。凡此均可见《英华》明刻本校记有误而旧抄本之正确。

3. 据《英华》校记证明《文粹》用字不误

《大唐开元十三年陇右监牧颂德碑奉敕撰》"大唐接周随乱离之后","离"字《文粹》作"罹",《英华》亦有小字注:"《文粹》作罹。""即开府霍公其人也","开府霍公",《文粹》作"开府霍国公",《英华》作"开国霍公",小字注:"《文粹》作开府霍国公。"据此,则别集、《文粹》、《英华》用字各不同,而《英华》小字注可证《文粹》用字并不误。

《中宗上官昭容集序》"惟窈窕柔慢","慢"字《文粹》作"曼",《英华》有小字注:"《文粹》作曼。"

《大衍历序》"大紫之神器者也","大"字《文粹》作"太",《英华》有小字注:"《文粹》作太。"

以上例证,是《文粹》用字不同于集本、《英华》,赖《英华》校记而证明此异文北宋本即如此。

六　小结

以上札记,从张说作品的校勘出发,可以证明《文粹》与《英华》出自不同的编选渠道,并无《文粹》袭用《英华》的传承关系。到了南宋时期,反倒是《英华》根据《文粹》进行了文字校勘而予以刻印;《英华》留下的行间双行小字校勘记,又反哺于《文粹》,有助于我们继续校订《文粹》的文字正误。而比勘二本总集的张说作品,亦可知《英华》当年所据以校勘《文粹》的底本,并非目前留存的南宋绍兴九年刻本,而是已经失传的北宋宝元二年刻本。

作为早期的总集本,《文粹》的张说作品,有可补《张说集》所未收的篇目,也可补遗《张说集》文字的缺失、订正其间的舛误,旁证《张说集》的存世钞本对已佚宋刻本的传钞正误,并参证不同文字在流传中的"再创作"现象。然而,也毋庸讳言《文粹》中的张说作品有不足之处,如删改标题、文字夺衍、讹误等不一而足的现象。

总之,因为《张说集》的宋刻善本并未流传下来,通过早期总集本中张说诗文进行比勘的工作,有助于我们还原《张说集》的本来面目;这样的研究也有助于我们从单一的作家作品出发,根据别集本来认识总集本的传承历程。根据绍兴本《唐文粹》做出的校证,只是这种双向校勘的一种个案性尝试。

百年歌自苦　不闻有知音
——论老杜对孔子思想的突破兼谈杜诗接受滞后原因

柯继红

一　问题的缘起

读老杜,我有一点一直没弄明白,就是他生时何等寂寞,死后何等荣光。

观老杜身前的寂寞,物质上不必说,精神上单看他自己的倾诉:"永夜角声悲自语""独立苍茫自咏诗""百年歌自苦,不闻有知音",真是凄惨到了极点。但他死后获得的荣名,却也庞杂、扩大到了离奇地步:韩愈称"李杜文章在,光焰万丈长";元稹称"诗人以来,未有如子美者";晚唐孟启称他的诗"时号诗史";还有人称其为"自传""年谱""图经";苏轼称他"一饭未敢忘君";秦观称他"集诗之大成";王安石作《杜甫画像》称"所以见公像,再拜涕泗流。推公之心古亦少,愿起公死从之游"①;李纲称他为"诗人师";朱熹称他为"五君子";明末王嗣奭称他"诗圣";梁启超称他"情圣";鲁迅称他"似乎不是古人,就好像今天还活在我们堆里似的"②;胡适称他为"写实派"大师;闻一

---

① （宋）王安石《王文公文集》卷第五十,上海:上海人民出版社,1974 年,第 560 页。
② 刘大杰《鲁迅谈古典文学》,《文艺报》1956 年第 20 号。

多称他为"中国文化史上一道最庄严、最瑰丽、最永久的光彩"①;钱穆称他为唐代两个最主要的儒学代表之一;新中国成立后誉他是"伟大的人道主义者",他的诗具有"高度的人民性",是"伟大的现实主义者"②;他诞辰1250年,世界和平理事会称他为"世界文化名人";2004年,莫砺锋还称他是"儒家仁爱精神的一个杰出的阐释者"③。身前的寂寞与身后的荣耀,反差实在令人惊讶!该作何解释?这许多称号,对老杜都合适吗,其内在联系又在哪里?

这些疑问一直到仔细研读《论语》,有了新发现之后,我才渐渐有所明白。现在不揣冒昧,提出来就教于大家。

二 老杜的诗歌世界

读老杜诗歌,最突出的感受就是"浑涵汪茫,千汇万状",这源于杜诗内容的博大。关于杜诗的内容,已有许多讨论,这里从另一个角度再作分析。

老杜诗歌世界的首要构成,是"致君尧舜上"的国事诗。贯穿其中的是关心国运盛衰的"爱国"和"致君"精神。我们现在讲老杜为"爱国主义者",苏轼称老杜为"一饭未敢忘君",主要是基于这一类诗歌。

老杜诗歌世界的另一重大构成,是"穷年忧黎元"的民生诗。贯穿其中的是对普通人的深切关怀和伟大同情。最著名如《三吏》《三别》等。因这些篇目,现在称老杜的作品具有高度的"人民性",具有"伟大的人道主义精神"。历史上则多因此而称道杜甫具"仁爱"精神。

---

① 闻一多《唐诗杂论·杜甫》,上海:上海古籍出版社,1998年,第135页。
② 见游国恩、王起等主编《中国文学史》,北京:人民文学出版社,2004年,第95—96页。
③ 莫砺锋《莫砺锋讲杜甫诗》,桂林:广西师范大学出版社,2019年,第302页。

以上两类内容在老杜作品中占据相当比例,传统上也最受学者重视。因这些作品反映出来的对国事和民生的一贯关注和直笔书写精神,老杜又得了"写实派""伟大的现实主义者"的称号。孟启称杜诗为"诗史",亦是因为这两类诗歌的存在。

杜诗的另一个核心内容是抒写自我。抒写自我自始至终是老杜的一个重点,他的自叙诗、大量的抒情诗自不用说,就是那些客观叙事诗中,也处处隐含着一个性情分明的我。合整部杜诗观之,能看到一个热爱生命、不拘平凡、自强不息、穷且益坚的宽厚儒者形象。这种浓重的写实笔法,清晰的自我展示,使得杜诗编年清楚,具有自传性质,因而获得了"年谱""自传"的美誉。值得注意的是,老杜这抒写自我的言志诗,并没有脱离或者淹没在其大量反映国计民生的诗歌当中,而是与之相辅相成,相得益彰,共同构成了杜诗"浑涵汪茫,千汇万状"的复杂面貌。古来讲老杜的精神者,多只注意讲他关注国计民生的一面,而忽视他关注自我发展的一面,这是不全面的。

除了以国事民生入诗和以自我入诗外,老杜的诗歌世界还包含大量其他内容。

首先,老杜诗歌还大量描写到自己的爱妻。这些诗歌向我们展现了一位朴素士人妻子坚韧贤淑的美好形象。这在古代诗人中间,是一件多么值得惊讶的事情!要知道中国古代,除悼亡诗外,妻子形象是很少入诗的。就算是现代,中西诗人写爱情恋情诗比比皆是,像老杜这样自始至终眷念自己的妻子,将妻子形象写入诗歌并终生咏叹赞美的,又有几人呢?其次,老杜的诗歌还广泛描写到兄弟姐妹之情。再次,老杜诗歌还写到自己与村人邻居间的深情厚谊。

老杜的诗歌,还有相当一部分是写给朋友和论及同时代人的。其形式或赠答,或酬唱,或思念,或劝勉,或赞颂,或批评,各尽其意,其情感则无一不宽厚通达,和善仁爱,千载之下细读仍令人唏嘘。同时代的诗人,老杜写得最多的是李白,一人就有二十多首,高适、岑参、王维、孟浩然等也各有篇目不等。同时代或前后的名人,老杜也多有名篇咏颂,如《饮中八仙歌》《观公孙大娘弟子舞剑器行》《江南逢李龟年》。当然,老杜更多的作品还是写与普通朋友交往的,其中也有不少名作,如《赠花卿》《赠卫八处士》。

老杜的诗歌,还有相当一部分为歌咏历史人物。文人如屈原、宋玉、李陵、苏武、司马相如、扬雄、陶渊明、谢灵运、鲍照、庾信、阴铿、何逊、初唐四杰等,历史上取得丰功伟绩的英雄如诸葛亮等;历史上有着特殊地位的人物如王昭君等。

另外,杜诗不仅写人,还大量咏叹其他生命。这些主要包含在其咏物诗中。杜甫的咏物诗繁多,据统计达到三百多首。其中咏动物的诗歌如咏马、咏雁、咏鹰、咏凤、咏鱼、咏鹏、咏鹿、咏鹘、咏鹭、咏蟋蟀等,数量占据其咏物诗的大半。

除此之外,杜诗还大量描写自然山水风光、乡村田园风景、城市风土景物。对赖以生存的壮丽大自然和人类家园,老杜从来就没有吝啬过笔墨。其足迹所到之处,山川风物皆入画卷,尽成文章,广泛传达了对自然宇宙的"泛爱"之情。由于老杜观察入微,笔墨准确,不同地域的风物人情在其笔下呈现不同风貌,宇宙万类在他的笔下各得其所,后人能够从中一一辨别出所谓的"夔州诗""秦州诗"来,后人便尊称他这类诗歌为"图经"。

老杜还有其他类型的诗歌,譬如题画诗、谈艺诗、节令诗等,但如从本文角度分类,亦可将这些诗歌归入上述各项内容。

以上是对老杜诗歌内容作出的一个简要考察。将这些考察综合起来看,我们会发现其中的关联,即杜诗虽然"浑涵汪茫,千汇万状",却不是一盘散沙,它是由儒家推己及人思想所形成的一个完整的艺术世界,这个世界的基本范畴包括:自我—妻子—兄弟姐妹—朋友—历史人物—邻居—同胞—国家—其他民族—动物界—生命界—大自然,这些范畴既具有鲜明的层次感,又具有显而易见的内在统一性。

老杜诗歌借助儒家推己及人思想,形成了自己推己及人甚至整个世界的朴素观念,并由此构筑出一个包罗万象的完整人文世界!我们称杜诗是"年谱",是"图经",固然是把它说小了,称杜诗是"诗史""自传""忧国忧民""高度的人民性",也不过如盲人摸象,只说中其中一部分。老杜的诗歌世界,从关注自我出发,一直到描写自然宇宙,其恢弘壮丽,在中国文化史上是罕有的!

三 老杜的诗歌精神

了解了老杜的诗歌世界,理解了其朴素的推己及人的人生观念,就不难探讨其诗歌的核心精神。

老杜的诗歌世界包括以下内容:自我—妻子—兄弟姐妹—朋友—历史人物—邻居—同胞—国家—其他民族—动物界—生命界—大自然,这些内容所要表现的情感态度有:自爱—敬爱妻子—孝悌兄弟姐妹—敬信朋友—敬重古人—和爱邻居—热爱同胞—爱戴国家—尊重其他民族—同情生命—和爱自然万类,这些情感态度之间显然存在着一以贯之的思想,这个思想就是我们民族最宝贵的精神遗产之一,孔子所提倡的"仁"。

我们可以说,老杜发扬了孔子的"仁"。他在诗歌中宣扬以"仁"的精神对待自己,对待妻子,对待家人,对待朋友,对待历史,对待同胞,对待国家,对待生命世界,对待宇宙万类。在他的脑海中,个体与生命世界相连成一幅完整图画,生命与生命和谐共济,相生相成,息息相关。任何破坏这种和谐共济、相生相成的情况,都会导致生命遭受损害,都是对"仁"的违背,是老杜所不愿见到的。其中,尤以国家的破坏,人民的流离,最使老杜痛心疾首,不能自已。终其一生,老杜都在为此奔走呐喊,控诉呼吁。老杜就是这样一位理想主义的"仁者",是"仁"的精神的发扬者和切身实践者。站到"仁"的高度才能理解杜甫不可思议的一生,才能理解杜甫不可思议的圣徒般的思想和行为,才能理解杜诗不可思议的深度和广度。

四 老杜对孔子思想的突破

老杜对孔子的"仁"不是简单的继承,而是在继承中发展,下面探讨这个问题。

孔子讲学,讲仁,讲礼,讲中庸,其思想诚为博大,这里单讨论他的"仁"。孔子讲仁集中见于《论语》,有一百多处,概括起来说,讲了三层意思:(一)仁者爱人;(二)己所不欲,勿施于人;己欲立而立人,己欲达而达人;(三)克己复礼为仁。

第一层讲的是仁的普遍原则,也就是"泛爱众";第二层讲的是仁的具体方法,一为消极的,最低限度不能违背的,是"己所不欲,勿施于人",后来这个意思被法国启蒙主义者拿去做了理性主义的座右铭。一为积极的,要与整个世界沟通才能达到的,也就是孔子对子路所说的"修己以安人""修己以安百姓",凡能做到"修己以安百姓"的,就可称为"圣",后来这个意思被《大学》发挥为修齐治平理论;第三层讲仁与政治、与"礼"的关系——孝(对父母)、悌(对兄弟)、信(对朋友)、忠(对国家)因而被纳入"仁"的范畴。

孔子虽然讲"仁者爱人""泛爱众",但这种"仁"其实有一个约束范围。从孔子对"仁"的讨论中,我们可以找出这种范围。根据《论语》所讲,我们拟出下列线索:修己—孝父母—友兄弟—信朋友—安百姓—忠国家—齐天下,大概可以概括孔子"仁爱"思想的基本范围。

我们再拈出杜诗"仁爱"精神的基本内容：自爱—敬爱妻子—孝悌兄弟姐妹—敬信朋友—敬重古人—和爱邻居—热爱同胞—爱戴国家—尊重其他民族—同情生命—和爱自然万类。

将两者进行对比，不难看出：一、老杜主要接受了孔子"仁"的思想的核心部分——"仁者爱人"；二、老杜对"仁者爱人"有明显的发挥和突破。结合《论语》和老杜诗歌作详细考察，我们能清楚看到突破点所在。概括起来讲，老杜对于孔子"仁"的思想，有三个重要的突破：（一）将仁爱精神推及"小人"；（二）将仁爱精神推及"女性"；（三）将仁爱精神推及其他生命及整个自然界。

下面分别考察之。

（一）将仁爱精神推及"小人"

老杜与孔子眼中的"小人"，是不一样的。

"小人"概念，在我们现在，已经成了形容词，不过在孔子和老杜的年代，却并不是。老杜的年代，"小人"主要是指下层民众，大约相当于孔子时代"小人"与"民"的集合体。对于"小人"——民众的认识，老杜与孔子的差别实在很大。大致而言，孔子讲仁爱，并不怎么包括"小人"，就是施惠给"民"，也还很有保留态度；而老杜的仁爱精神，却是爱及所有人，包括"小人"、民众、地位最低贱的下层百姓——已经很接近于我们现在讲的博爱了。老杜是真正突破孔子的等级观念，将仁爱范畴扩大到全部民众，且身体力行的第一人。

下面来仔细分析这种突破。

孔子对于"小人"的认识和评价极低。在孔子的时代，"小人"是指比自由民还低的一类人，主要是奴隶、仆人一类。《论语》关于"小人"的论述，有二十几处，多与君子对举。孔子对于"小人"是很讨厌的，各种不好的品质，他都安放在"小人"身上。他在《为政第二》中说"君子周而不比，小人比而不周",在《里仁第四》中说"君子怀德,小人怀土;君子怀刑,小人怀惠""君子喻于义,小人喻于利",在《雍也第六》中说"女为君子儒,无为小人儒",在《述而第七》中说"君子坦荡荡,小人长戚戚",在《颜渊第十二》中说"君子成人之美,不成人之恶。小人反是""君子之德风,小人之德草",在《子路第十三》中说"君子和而不同,小人同而不和""君子易事而难说也……小人难事而易说也""君子泰而不骄,小人骄而不泰",在《宪问第十四》中说"君子而不仁者有矣夫,未有小人而仁者也""君子上达,小人下达",在《卫灵公第十五》中说"君子固穷,小人穷斯滥矣""君子求诸己,小人求诸人""君子不可小知,而可大受也;小人不可大受,而可小知也",在《季氏第十六》中说"君子有三畏:畏天命,畏大人,畏圣人之言。小人不知天命而不畏也,狎大人,侮圣人之言",在《阳货第十七》中说"色厉而内荏,譬诸小人,其犹穿窬之盗也与""小人有勇而无义为盗"。唯一一句不太坏的话出现在《子路第十三》:

> 子贡问曰:"何如斯可谓之士矣?"子曰:"行己有耻,使于四方,不辱君命,可谓士矣。"曰:"敢问其次。"曰:"宗族称孝焉,乡党称弟焉。"曰:"敢问其次。"曰:"言必信,行必果,硁硁然小人哉!抑亦可以为次矣。"曰:"今之从政者何如?"子曰:"噫!斗筲之人,何足算也。"

然而这也绝算不上什么好话。孔子对下层老百姓的不屑由此可见一斑。如果上面这些讲法中"小人"在概念上还有些含糊的话,那么《公冶长》中的这段话则可以很清晰地证明孔子对下层人的态度:

> 樊迟请学稼,子曰:"吾不如老农。"请学为圃。曰:"吾不如老圃。"樊迟出。子曰:"小人哉,樊须也!上好礼,则民莫敢不敬;上好义,则民莫敢不服;上好信,则民莫敢不用情。夫如是,则四方之民襁负其子而至矣,焉用稼?"

这态度明摆着是看不起普通稼穑之人。孔子虽然说过"泛爱众""四海之内皆兄弟"的话,不过"小人"——下层奴隶、仆人显然是很难入他的法眼,而成为他泛爱的对象。

对于民—自由民—普通百姓,孔子的认识则要积极些,但他的态度也很有保留。《论语》中讲"民"的地方不少,不过大都讲怎么"养民""使民""务民""教民",并没有流露多少孔子对"民"的看法。但是,孔子却说了一句直接评价如何"使民"的话:"民可使由之不可使知之。"这句话出自《论语·泰伯》,如果按传统断句解释的话,就应该是"民,可使由之,不可使知之",则这句话真是坏透了,十足的愚民思想。那么,由此推测孔子对"民"的态度,也就不会好到哪里去。"仁"之于"民",是要"施行"还是要"缓行","泛爱众"能不能成为"泛爱民",在孔子那里,真是一件很值得商榷的事情。

反观老杜,他对于"小人"——民众的情感态度,则真正做到了无差别的"仁爱"。

老杜创作《三吏》《三别》《兵车行》《北征》《自京赴奉先咏怀五百字》等鸿篇巨制,揭露"朱门酒肉臭,路有冻死骨"的悲惨现实,为老翁、老妪、新妇、征夫、疲兵、寡妻、瘦男等普通百姓的悲惨命运吞声悲歌,泣血呐喊,以期引起社会的注意,这些描写对象已不再是抽象的"民",而是活生生的民众个体。至于他将如椽的大笔伸向社会的最底层,描写幽居深山的弃妇,孤独无依的老邻,不畏艰险的从仆,淳朴粗放的田父,或讴歌,高声赞颂,或同情,为之垂泪,则更是将生命放在平等的天平上考虑。这些下层的小百姓与"王孙""贵妃""玄宗"的确已经平等地站到了老杜的诗歌中。尊重每一个体,尊重普通民众,"泛爱众",与他人同呼吸,共命运,只有到了老杜这里,才真正成为一种实在的思想观念。

对"小人"的尊重和发自内心的热爱同情,这是老杜对孔子"仁"的思想的第一个突破。

(二)将仁爱精神推及"女性"

孔子对女性的态度,因为记载太少,我们不敢贸然评价。但就《论语》中仅有的一句记载来看,孔子的看法却实在不太高明。这句"唯女子与小人为难养也,近之则不孙,远之则怨"(《论语·阳货》),其中隐含的对女性和"小人"的轻视,是很明显的。虽然我们并不知道孔子说这话时的背景,没准他只是一句玩笑,被他的弟子很认真记载了下来,但是仔细分析起来,我们仍然不能轻易放过这句话。在那样一个男尊女卑、女人如同衣服的时代,孔子这话再正常不过。事实上,在整个传统社会,女性的地位都不高,对女性的歧视是必然的。这种情况由孔老夫子说出来,再由他的弟子记录下来,代代流传,是很正常的事——但这句话说得实在不高明。

孔子对女性的根本态度已不复深考,但老杜对女性的态度却明明白白,有证可查。老杜实在是中国第一个平等尊重女性的人——他的"仁"的态度引导他这么做——往后才是吴敬梓、曹雪芹,中间已隔了千年。老杜对女性的态度可以从其诗歌中得到明证。

杜诗言及的女性,大概有这样四类:一是妻子杨氏;二是自己的姐妹;三是遭遇不幸的普通女性,如《石壕吏》中的婆媳、《新婚别》中的新妇、《佳人》中幽居空谷的佳人、《又呈吴郎》中无食无儿的邻居妇人、《负薪行》中丧乱不嫁的负薪女等;四是皇妃宫女、歌女舞妓类,如《即事》中的舞妓、杨贵妃姐妹、公孙大娘、王昭君等。其中写及妻子杨氏的最多,有单篇的也有随篇赋及的,有几十处;其次是写及杨贵妃的,有三四处,写及自己姐妹的,也有几处,其他的则都是单篇。

老杜咏叹妻子杨氏的诗歌,充满着对妻子的爱怜、感恩和尊重,最能见出老杜对女性的平等态度和仁厚风范,上文已作过分析,这里不重复。

老杜写及姐妹的诗歌,比较零散。单篇如《同谷七歌》中的第四歌:"有妹有妹在钟离,良人早殁诸孤痴。长淮浪高蛟龙怒,十年不见来何时。扁舟欲往箭满眼,杳杳南国多旌旗。呜呼四歌兮歌四奏,林猿为我啼清昼。"此篇以哀痛的笔调描写兄妹阻隔,表现因困于乱离而对遭遇不幸的亲人爱莫能助的绝望情绪,字里行间流露出对妹妹不幸遭遇的深深同情。

老杜表现普通女性遭遇不幸的诗歌较多。这些诗歌大都是述其遭遇,寄寓同情,流露出作者的"泛爱"倾向。如《石壕吏》写到战乱中的婆媳,一家三男,两个战死,家里只剩下老头、老妪与守寡养孙的儿媳,这个儿媳贫困到连一件衣服也没有,却仍然要面临被抓壮丁的危险,老头早已吓得躲起来,只好由老妪站出来,"请从吏夜归"——字里行间充满了对战乱中女性命运的同情。《佳人》写到"绝代有佳人,幽居在空谷……天寒翠袖薄,日暮倚修竹",刻画出一位不幸被夫家抛弃、只能幽居空谷艰难度日、却仍然坚守高洁情操的绝代佳人形象,显示了老杜对妇女不幸命运的深切关注以及对女性自尊自重的深切理解。《又呈吴郎》描写到一个为生存而迫不得已扑枣于邻的老寡妇,通篇借一妇人,说明官吏的剥削和战乱在民间引起的惨况,杜甫以其"民胞物与"的胸怀,真实再现了"已诉征求贫到骨"的老寡妇形象。老寡妇被残酷的剥削压榨逼向了啼饥号寒之境,老诗人禁不住为之恻隐,为之落泪,并语重心长地告诫朋友不要阻止她前去打枣——这是她唯一的生路与活路。老诗人的告诫给读者带来了仁爱的暖流。《负薪行》则写到一位因丧乱不能出嫁的夔州妇人悲惨艰辛的负薪生活,控诉了战乱给女性带来的深刻伤害。上述这些篇目都是反映最下层劳动妇女的命运,寄寓作者同情和悲悯的名篇。《新婚别》对妇女的描写则另有特点,这篇诗歌写到一位新婚妇女面对即将出征的丈夫,表现出嗔怨、依恋、不舍、自勉、劝慰等种种复杂的情感和行为,突出刻画了中国妇女深明大义的胸怀品格,显示了老杜对中国女性深刻的观察和独到的理解。

老杜还有一些写及皇妃宫女、歌女舞妓类的诗歌。这些诗歌虽然思想内容复杂,但态度是一致的严肃,情感是一致的温柔敦厚。如《即事》中写及舞妓:"百宝装腰带,真珠络臂鞲。笑时花近眼,舞罢锦缠头。"寥寥数句就将舞女的神情笑貌、翩翩舞姿展露到读者眼前,作者的态度既是欣赏的,又十分客观,既无故作高深之笔,亦无轻佻之言,从这种态度中可以看出老杜对女性的尊重。《观公孙大娘弟子舞剑器行》则以赞叹的笔调描写了宫廷侍女剑舞大师公孙大娘的舞蹈造诣,老杜以敏锐的眼光对女性艺术家的杰出艺术创造给予了高度评价,对梨园子弟聚散如烟的命运感到深深的遗憾和惆怅,这与后代那些将女艺人视为娼妓乞丐的看法有天壤之别。《咏怀古迹》写王昭君:"群山万壑赴荆门,生长明妃尚有村。一去紫台连朔漠,独留青冢向黄昏。画图省识春风面,环佩空归月夜魂。千载琵琶作胡语,分明怨恨曲中论。"以刚健的笔调刻画出一个独守黄昏、思念故国、幽怨悱恻的不幸宫女形象,对和亲政策的利弊进行了深刻的反省,批判的矛头直指最高统治者。《丽人行》则刻画出杨贵妃姐妹"炙手可热势绝伦,慎莫近前丞相嗔"的权贵形象;这大概是老杜少有的写女性带有批判色彩的诗篇,尽管这样,老杜对杨贵妃,也不是一棍子打死,如杨贵妃被赐死后,老杜作《哀江头》诗,写及"忆昔霓旌下南苑,苑中万物生颜色。昭阳殿里第一人,同辇随君侍君侧。辇前才人带弓箭,白马嚼啮黄金勒。翻身向天仰射云,一箭正坠双飞翼。明眸皓齿今何在,血污游魂归不得。清渭东流剑阁深,去住彼此无消息。人生有情泪沾臆,江水江花岂终极",对杨贵妃的不幸遭遇流露出了极大的同情。从这个例子也可以看出,老杜的"仁爱"精神的确达到了一种无差别的地步,他始终是从尊重生命的角度去看待生命,所以在他眼中,无食无儿的妇人值得同情,保不住自己爱人的玄宗也值得同情,以色邀宠、作为权贵势力代表的杨贵妃固然可恨,但作为无法抗拒悲惨命运的受害者的杨贵妃却值得同情。同理,男性需要尊重和理解,女性也需要尊重和同情,"仁"的对象不分贵贱,不分男女——老杜诚然作出了榜样。

上面我们依次考察了老杜咏叹女性的诗歌。从中我们能够看出,老杜以仁爱精神关注天下,自然也以这种精神关注女性。老杜既不像大多数中国文人那样,对女性避而不谈,也不像一些轻薄文人一样,写一些艳诗媚众邀宠,更不像后来的曹雪芹那样,为女儿发痴发狂。老杜有一种很博大的胸襟,很醇厚的态度,他诚挚地热爱着自己的妻子,关心着孤寡无依的邻居妇人,同情着老不出嫁的陌生女性,为被抛弃的女性鸣不平,对被损害的宫女发表意见,对有才华的女艺术家则毫不吝啬自己的赞美。在老杜的诗歌中,看不到任何对女性的不尊重和轻浮,女性与男性获得了同等的关注和尊重。

老杜将仁爱精神贯彻到对女性的关注中,故而能够以平等的眼光来看待女性,尊重女性,为女性呼号呐喊,鸣不平。老杜对女性的态度,延续了他一贯的"仁爱"精神,对孔子思想来说则是巨大的突破。

(三) 将仁爱精神推及其他生命及整个自然界

孔子的"仁爱"思想,最大范围也就是"泛爱众",始终没有脱离人类的范畴。孔子一生关注人事和人伦,似乎很少对其他现象发表意见,他本人虽然对大自然有着极高的欣赏能力,他虽然也说过"君子远庖厨"之类的话,但大自然并不是他的关注范畴。

老杜则以诗人特有的敏感,将仁爱精神扩展到了人类社会以外的生物界和整个自然界。老杜虽没讲过"万物有灵"的话,但实际上,他对于宇宙生命的自然感受却在支持这句话。可以说,对任何一位诗人而言,花草树木、鸟兽虫鱼都是有灵性有感情的,他们与人类有着天然的联系,是人类实实在在的朋友——对老杜这样敏感的诗人更是如此。老杜一生写了三百多首咏物诗以及大量的山水诗,这些诗歌绝不能仅仅只从象征角度欣赏。尤其是对老杜的咏物诗,那些倡导寄托的诗评家一定会遗漏掉很多东西。花草树木、鸟兽虫鱼是"个体—亲朋—民众—国家"这个诗歌链条的自然延展,是老杜诗歌世界必然存在的一环,老杜以"仁爱"的立场去看待动物、植物、生命和自然,对于老杜而言,这些对象之间的差别仅仅只是类别不同。从人的角度来看,一只鸟的价值当然不能与人等量齐观,不过,老杜告诉我们,那些大雁、老马,那些病柏、垂柳,比我们曾经认为的要重要,他们同是"生命",同属于"万类"的一员,同有生存的权利,也同有独立的价值和意义。所谓"物微意不浅,感动一沉吟",它们虽然与人类不同类别,但从"生命"的角度看,却实在是与我们人类具有同等的价值,值得我们人类去尊敬、热爱,与之交朋友,同它们和谐共处。

热爱并善待生命和整个大自然,是老杜"仁爱"精神的最末一环,也是意义最深远的一环,是老杜对孔子"仁爱"思想的最大突破。这种突破直到现在还在启发着人类,对整个人类有着重大的意义。孔子的"仁爱"只及人,老杜的"仁爱"施与万物——当代的动物保护主义者和生态保护者们,一定能够从《白小》《观打鱼》这些诗歌中,找到对人类有用的精神资源。

上面我们分析了杜诗对孔子"仁爱"思想的三个突破。如果我们再深入分析一下,还会看到老杜的"仁"与孔子的"仁"具有深层的不同倾向。孔子的"仁"虽然具有潜在的普遍意义,但由于时代和阶级局限,"仁"不及"小人","礼"不下庶人,具有明显的等级性质,倾向于等级礼制。老杜的"仁"则由于其空前的普遍性,极大降低了"礼制"的可能性,而倾向于平等观念。

五 杜诗接受滞后的原因

老杜诗歌对孔子"仁爱"思想的三个突破,可以解释本文开头提出的问题:为何老杜身前身后名声差别巨大。

身前身后名声的差异,是因为诗歌接受的差异,我把发生在杜诗身上的这种接受现象,称为接受滞后。杜诗的接受滞后,可以找到许多原因,如杜诗沉郁风格与盛唐的高蹈不合;如杜诗写作年代横跨战乱,传播受到影响。但最基本的原因,本文认为,还是在于杜诗本身的特性:第一,体系太庞大;

第二，精神太超前。老杜以一种全新的精神建立起了一个庞大的诗歌世界，这种新精神对于当时来说太超前了，这个诗歌世界对于当时来说太雄伟了，正是这两点直接导致了接受过程的漫长。

不是这样的吗？老杜创造性发展了儒家"仁"的学说，发扬了其中关于"仁爱"的积极部分，把"仁"的精神发展到了宏括世界的本体论高度，直到现在，我们还在受其膏泽。孔子的"仁爱"思想已经足够伟大，"修己以安人""修己以安百姓"，但是老杜突破了它，而且是如此大胆、如此"润物细无声"地突破了它。孔子说"唯小人与女子为难养也"；老杜则告诉我们，"小人"一如君子，须以"仁爱"精神平等待之！"女子"一如男性，须以"仁爱"精神平等待之！孔子从不言天与性；老杜则告诉我们，自然界的生命，花草树木、鸟兽虫鱼，一如人类，得天地之灵气，沐宇宙之精华，也都须以"仁爱"精神平等待之！——这些思想难道不是足够伟大、足够光辉、足够超前？这些思想难道不是因为其深邃宽阔而需要时间理解？你只要看看人类千年之后还在呼吁什么——民主运动、女权运动、野生动物保护运动、生物圈保护运动——你就不难明白这一点。新儒家牟宗三曾说孔子的"仁"对当代世界仍有极大的意义，他说的那个"仁"恐怕早已不是孔子的"仁"，而是被老杜发展成带有宇宙本体意味的那个"仁"了。

更何况这些思想还不是直接表述出来，而是蕴涵在老杜那"浑涵汪茫，千汇万状"的巨大诗歌世界中！不是对诗歌有高超的欣赏眼光，不是对现实有通透的理解能力，没有足够的艺术敏感和广阔的艺术视野，如何能够从这样庞大的艺术世界中理解这样深刻的艺术创见？而要使这一切条件具备，没有两三代甚至更长时间的积累如何可能？老杜晚年曾慨叹"百年歌自苦，不闻有知音"，并说"永夜角声悲自语，中天月色好谁看""此生饮罢无归处，独立苍茫自咏诗"，他对自己诗歌的性质和命运是有着清醒认识的。

六　还在延续的结论——诗圣

在关于老杜的所有评价中，以"诗圣"最为崇高，也最为准确深刻。而"诗圣"称号恰可以说是对老杜创造性发展孔子仁爱精神的最高褒奖。

子贡问孔子，如果有博施于民而能济众，是不是可以称为仁，孔子说做到这点，不仅可以称仁，而且可以称圣。从老杜的诗歌世界所展现出来的精神面貌看，从老杜穷其一生对"博施济众，仁民爱物"的大力倡导和身体力行来看，老杜的思想和行为已经达到了"圣"的境界。经过几代甚至几十代人的漫长阅读接受，人们终于认识到老杜的文化意义，从而将"诗圣"这一崇高桂冠戴到老杜头上。"诗圣"最后成为杜甫的专称，这是由杜诗性质决定的。

简单地说，老杜以地负海涵的笔力，创造性地发展了孔子"仁"的思想中的积极部分——"仁爱"精神，将这一精神推广到宇宙本体的深度和广度，并以这一精神为依托，观照整个生命世界，为我们塑造出一个囊括"自我—妻子—兄弟姐妹—朋友—历史人物—邻居—同胞—国家—其他民族—动物界—生命界—大自然"诸要素在内的雄伟艺术世界，向我们展现了由儒家"仁爱"精神培育出来的完美道德境界：自我修养—敬爱妻子—孝悌兄弟—敬信朋友—敬重古人—和爱邻居—热爱同胞—爱戴国家—尊重他族—同情生命—和爱自然。由于老杜诗歌雄伟的艺术世界所倡导的道德境界与孔子提出的"圣人"道德境界指向合一，由于老杜终其一生以坚定不移、百折不挠的精神意志去实践这一伟大境界，还由于老杜在诗歌艺术技巧上也达到荟粹百家、开启万世的成就，符合"圣"的另一层含义——"集大成"的含义，而历代对老杜其人其诗的评价中，"诗圣"称号最足以表彰老杜在人格精神和诗歌艺术上取得的双重伟大成就，最足以解释出现在老杜诗歌中的各种文化现象,最足以概括后人对老杜其人其诗的各种评价,因此,"诗圣"这一称号因其空前的丰富性和深刻性,成为对老杜其人其诗最好最全面最深刻最准确的概括。

最后,再点评前人关于老杜的几个观点,作为讨论的结束。梁启超提出"情圣"观点,的确独具只眼,他看出了老杜"仁爱"精神中多情的一面,但是他的提法有两个问题:一是没能道出老杜情感的中国特色;二是他的解释也不够完整。鲁迅的观点则比较有趣,他说杜甫似乎还活在今人堆里,那就是说杜甫还没过时,我想他的判断大致是不错的,老杜对于女性、"小人"、生命现象和自然界的认识——这些都是他对孔子思想的突破,直到现在还具有发人深省的现实意义。还有一个观点,就是钱穆说,老杜是唐代儒学的代表人物,我想本文已经在支持他的看法了。让我们再一次重温闻一多先生的评价:杜甫是四千年中国文化史上一道最庄严、最瑰丽、最永久的光彩!诚然,如果我们不否认儒家文化是中国文化的核心,如果我们不否认"仁爱"思想是儒家思想的核心,如果我们不否认老杜创造性地发展了孔子的"仁爱"思想,的确将"仁爱"精神推广到了宇宙本体论的高度的话。

李贺诗中的"谁"

靳 欣

李贺,字长吉。一般认为是中唐时期的浪漫主义诗人,被称为"诗鬼"。宋代的宋祁称"太白仙才,长吉鬼才"。宋人钱易曾在《南部新书》中说过这样一番话:"李白为天才绝,白居易为人才绝,李贺为鬼才绝。"

李贺的家乡在福昌昌谷,今河南省洛阳市宜阳县三乡镇。他的文集称为《昌谷集》,他也因之被称为"李昌谷"。

《旧唐书》和《新唐书》都有李贺的传记,另外,李商隐撰李长吉小传、杜牧为李贺诗集作序,以及《太平广记》《剧谈录》《幽闲鼓吹》《云仙杂记》《因话录》《谈荟》等笔记中也都有所提及。但是,对于李贺短短二十六七年的生平事迹大家还是觉得云里雾里,文献资料有限,借助诗作寻找线索也不尽然。

今人闵泽平先生编著《李贺全集》(崇文书局2015年版),对很多资料进行了汇编整理,收录李贺诗247首。该书前言写到:

> 李贺的诗篇,杜牧《李长吉歌诗叙》以为232首。董氏诵芬室影印北宋宣城本《李贺歌诗编》(简称宣城本),收录长吉诗242首。续古逸丛书影印宋蜀刻本《李长吉文集》(简称宋蜀本),收录长吉诗219首。上海涵芬楼影印瞿氏铁琴铜剑楼藏蒙古宪宗六年赵衍刻本《李贺歌诗编》(简称蒙古本),收录长吉诗219篇。这次整理,共收录李贺诗247

首,断句5则,《楚辞》评语16则。逸诗、断句来源以及16则《楚辞》评语的真伪,题解均有说明。整理时以王琦《李长吉歌诗汇解》(上海人民出版社1977年版《李贺诗歌集注》有收录)为底本,参校宣城本、宋蜀本、蒙古本以及曾益注《昌谷集》(上海商务印书馆1937年《国学基本丛书》本)、姚佺《昌谷集句解定本》(丘象随西轩刻本)、姚文燮《昌谷集注》(桐城光氏龙眠丛书本),同时充分借鉴当代学人成果,如叶葱奇《李贺诗集》(人民出版社1959年版)、刘衍《李贺诗证异》(湖南出版社1990年版)、吴企明《李贺歌诗编年笺注》等。版本间文字的差异,只作提示,不作辩白。

李贺的诗,据杜牧序,是李贺自己编后交由集贤学士沈子明保存的,凡233首(有说是232首),包括四卷加《外集》23篇(22篇)。宋以后,始则传诗四卷220首(古今学者均少作一首误计219首)。那么涉及的数字就有219、232、233、242、243、247等。有些作品是有争议的,不确定是否为李贺的作品。

李贺的诗,数量不在多少,内容涉及相当广泛,总想要找一个切入点去解读。

于是,笔者在李贺的诗里(包括个别存疑的作品)找到了41个"谁"字(不知道是否还会有新发现),涉及34个题目之下的38首诗作,于是就此陆续写了32篇赏析文章(其中有10个"谁"是写在4篇文章里的)。主要针对38个"谁"进行与以往不同角度的解读。另外有3个"谁"(《浩歌》中的一句和《听颖师弹琴歌》中的两句)我不写的原因是觉得我的老师和同学已经写了很好的文章,打算汇总的时候借来一用,以飨读者。

如上所说,这41个"谁"涉及李贺诗34题38首40句。其中五言诗18题22首22句,七言诗16题16首18句,含部分杂言。分别是:

五言的《铜驼悲》《送韦仁实兄弟入关》《房中思》《始为奉礼忆昌谷山居》

《汉唐姬饮酒歌》《苦昼短》《崇义里滞雨》《申胡子觱篥歌》《〈咏管〉》,《感讽六首》其三、其四,《谢秀才有妾缟练,改从于人,秀才引留之不得,后生感忆。座人制诗嘲诮,贺复继四首》其一、《京城》《春归昌谷》《巴童答》《秋凉诗寄正字十二兄》《七月一日晓入太行山》,《马诗二十三首》其一、其七、其十三、其十四,《月漉漉篇》《蜀国弦》。

七言的《许公子郑姬歌》《高轩过》《仁和里杂叙皇甫湜》《致酒行》《浩歌》《荣华乐》,《酬答二首》其二,《听颖师弹琴歌》《神弦别曲》《夜坐吟》《艾如张》《送沈亚之歌》,《南园十三首》其十二,《酒罢张大彻索赠诗时张初效潞幕》《秋来》《白虎行》。其中包括两个"谁"字的有《许公子郑姬歌》《听颖师弹琴歌》《白虎行》。

显然,这 38 首诗最多占到李贺全部诗作(尽管有些存疑)的六分之一左右。李贺有些名篇,如《雁门太守行》《李凭箜篌引》《老夫采玉歌》《苏小小墓》《贝宫夫人》《金铜仙人辞汉歌》等都不在其中。即使篇目所及,但是具体诗篇,如《马诗二十三首》之五和《南园十三首》之五都是不在其范围之内的脍炙人口的名篇。

也就是说,这 38 首诗所涉及的内容是非常片面的,而我们仅就这 38 首诗的内容做一个简单的梳理。不是要以点带面,而是管窥一斑。

一 诗之内容

1. 生年

李贺经历了德宗、顺宗、宪宗三朝。《旧唐书》称"卒时年二十四";《新唐书》称"卒年二十七";李商隐撰《李长吉小传》称"长吉生时二十四年"。若干资料显示:《旧唐书》从李商隐;《新唐书》从杜牧。《太平广记》的说法是:不幸未壮室而终。

杜牧的序写得比较具体:"(唐文宗)太和五年(831),贺死后凡十有五年。贺生二十七年死矣。"由此推定李贺卒于唐宪宗元和十一年(816),再推出,李贺生于唐德宗贞元六年(790)。但是还有一种比较强势的说法,认为李贺生于贞元七年(791)。

李贺到底生于790年还是791年,卒于816年还是817年,这都是有争议的。笔者倾向于李贺属马,享年二十七岁是虚岁。

李贺的《马诗》有23首,一般作为一组,但历来认为非一时一地所作。也有人认为公元814年,适逢马年,李贺感慨万千,一气呵成。上述诗篇中有《马诗二十三首》其一、其七、其十三、其十四,不是因为李贺写了23首马诗,并且写得很好就认定李贺属马。笔者只是倾向于属马的李贺对马有着特殊的关注和特别的情感,对于有关马的典故比较注意,而且经常联想到有关马的素材,所以陆续写下这些以马为题材的诗,应该是他有感而发的创作。如果李贺属马,很可能生于790年(庚午正月以后)或者791年(庚午腊月以前)。

2. 相貌

关于李贺的相貌,据各种记载,有如下特征:"长爪郎""纤瘦,通眉,长指爪""细瘦,通眉,长指爪"。

在上述《巴童答》这首诗里写道:"巨鼻宜山褐,庞眉入苦吟。"

有人认为这是巴童自述,更多人认为这是写的李贺。"巨鼻"一般没有争议,"庞眉"说法不一。庞眉,也写作尨眉,基本意思是眉毛黑白杂色。形容老貌。而巴童和李贺显然都不是老年人。于是就有人解释为李贺的眉毛比较粗重,联系李商隐说的"通眉",认为李贺的面貌基本特征就是大鼻子,浓眉毛。

还有《高轩过》这首诗,李贺写道:"庞眉书客感秋蓬,谁知死草生华风。"

也提到庞眉。

3. 身份

关于李贺的身份历来有皇室宗亲的说法。比如：宗室郑王之后、系出郑王后、唐诸王孙也、宗人、宗孙。

李贺姓李，唐代的皇帝也姓李，《旧唐书》称李贺为"宗室郑王之后"，曰"宗室郑王"而不名；《新唐书》谓"系出郑王后"，亦不名。

新、旧《唐书》记载的"郑王"有很多：高祖武德中，封皇子元礼为郑王，追封高祖兄洪为郑王，追封李神通之父亮为郑王；太宗贞观十年徙郑王元礼为徐王，滕王元懿为郑王；元懿之子璥，上元初封为嗣郑王，神龙初，又封璥嫡子希言为嗣郑王；天授中，追封杨士达为郑王；睿宗第四子范初封郑王，寻改封卫王；宝应元年，益昌郡王邈进封郑王；亦有王世充之郑王与安庆和之伪郑王。

郑孝王李亮，是高祖李渊的叔父，隋海州刺史，武德初年进封郑王。（《旧唐书》列传第六十称"淮安王神通，高祖从父弟也。父亮，隋海州刺史，武德初追封郑王"。）

郑王元懿，高祖第十三子，贞观十年，改封郑王，《新书》称元懿为郑惠王，"惠"者，元懿谥也，又谓唐时称元懿后为小郑王后，亦曰惠郑王后，以别郑王亮。

一般说到"郑王"指的是大郑王（唐太祖李虎第八子李亮，李渊的叔父）和小郑王（唐高祖李渊第十三子李元懿）。而李贺的先祖是大郑王李亮。

朱自清就"郑王"一事有专门的考据。我们只是简单认同李贺是大郑王李亮的后代即可。

李贺自称"陇西长吉"，因为李氏郡望在陇西，李贺是大郑王的后代，乃陇西一脉，意思是自己出身高贵。

李贺在《金铜仙人辞汉歌》序自称"唐诸王孙李长吉"。上述李贺的诗有

《仁和里杂叙皇甫湜》"欲雕小说干天官,宗孙不调为谁怜",自称"宗孙"。《许公子郑姬歌》有"为谒皇孙请曹植"之句,虽然这里明写曹植,但其实李贺是以皇室后人自居的。

4. 科考与官职

李贺之科考失意在他很多诗篇里都有反映。大文豪韩愈专门为此写了《讳辩》。笔者以为,让李贺出于避讳考虑不要参加科考的声音肯定有,但是否得到官方的支持却难以采信。

关于李贺在京城担任的官职,《旧唐书》和《新唐书》显然都写错了,李贺的诗《始为奉礼忆昌谷山居》,明明白白写着"始为奉礼",这里李贺明确提到奉礼郎这个官职,而不是有些文献认为的协律郎。另外他还有"奉礼官卑复何益"等诗句。李贺担任的奉礼郎是从九品上(赞礼),"掌朝会祭祀君臣之版位";而协律郎是正八品上,"掌和六吕六律,辨四时之气,八风五音之节"(《旧唐书·职官志》)。

虽然有人提出李贺可能兼任两职,但是没有任何相关记载。我们还是认为他只担任过三年的奉礼郎。

5. 家人

(1) 父母

李贺的父亲——李晋肃,杜甫有《公安送李二十九弟晋肃入蜀,余下沔鄂》;刘禹锡有《送李二十九员外赴邠宁使幕》,认为这些为官的文人之间是有交往的。而且,推断李晋肃跟李贺年龄相差悬殊,李贺的诗中没有提到过父亲。而李贺十五六岁的时候因为父亲的去世要守孝三年,首次失去了参加科考的机会。

第二次经历科考无果,是避讳一说。因为他的父亲"晋肃"与进士谐音。《仁和里杂叙皇甫湜》这首诗里写道:"大人乞马癯乃寒,宗人贷宅荒厥垣。"

"大人"有的说是李贺的母亲,有的说是皇甫湜,有的说泛指长辈。这两句也可以理解为倒装的句式,乞马于大人,贷宅于宗人。当然,乞可以当给予讲,大人把马给李贺用,乞的马瘦弱寒酸。宗人是李氏宗族的人,贷有借的意思,本义也有给予的意思,这里还是作借用讲合情合理,贷的宅院断壁残垣,院墙荒芜、残缺。

其他相关文献提到李贺母亲比较多,比如心疼他"呕心沥血"等。

(2) 妻与子

李贺是否娶妻,是否有后代,都是没有明确答案的问题。

杜牧的《李长吉歌诗叙》中提到:"贺复无家室子弟得以给养恤问。"

李贺在上述《始为奉礼忆昌谷山居》一诗中写道:"犬书曾去洛,鹤病悔游秦。"关于"鹤病"一词,一般指妻子在家生病。《古诗》:"飞来双白鹤,乃从西北方。十十五五,罗列成行。妻卒被病,不能相随。"因为这个词,普遍认为李贺是有妻子的,只是先他病故了。杜牧的说法指的是李贺在去世时无妻无子。

当然,"鹤病"还有另外的说法,指如鹤垂翅,志屈难伸。郑启《严塘经乱书事》:"鲲为鱼队潜鳞困,鹤处鸡群病翅低。"但是这个说法一般鲜被采纳。

(3) 兄弟姊妹

据说李贺有姐有弟,虽然诗中没有明确提到,但有人也发现了若干线索。

在这些诗里,明确提到的有他的一位族兄。

《秋凉诗寄正字十二兄》,正字,是一从九品的小官,属于秘书省,掌图书,校雠经籍、刊正文章。十二兄,是家族的排行,即李贺的族兄。

6. 师友

这几首诗中指名或者道姓明确提到的友人有如下几位:

(1) 韩愈和皇甫湜

李贺在诗中多次提到这两个人。

李贺最先为韩愈所知。元和中,韩吏部亦颇道其歌诗。

《高轩过》的副标题写道:"韩员外愈、皇甫侍御湜见过,因而命作。"诗中称他们是"东京才子,文章巨公"。

韩愈是唐代古文运动领袖,且居高官(时任员外郎),名重一时,皇甫湜是韩门弟子,也是著名古文家,时任侍御史。这二人闻知李贺诗名,特来一会,并要他就眼前情景当场赋诗。

据王定保撰写的《唐摭言》卷十载,李贺年七岁,名动京师。韩愈、皇甫湜听说以后感慨:"若是古人,吾曾不知。若是今人,岂有不知之理?"二公因诣其门。李贺总角荷衣而出,二公命面赋一篇,就是这首《高轩过》。

周容的《春酒堂诗话》认为是"二公闻其七岁时已能词章,是追言之,非赋高轩时也"。

黄之隽的《痦堂集》卷五提及此事,分析韩愈和皇甫湜二人的为官经历,否定了李贺七岁写此诗的说法。

姚文燮的《昌谷集注》也提出质疑。经朱自清等人考证,定该诗写于元和四年(809),李贺是个初出茅庐的青年。

张固的《幽闲鼓吹》也有相关说法。

《仁和里杂叙皇甫湜》明确写到皇甫湜。皇甫湜(777—835),字持正,睦州新安(今浙江淳安)人。宰相王涯的外甥,引发"牛李党争"的人物之一。他是韩愈的学生,比韩愈小9岁,与韩处于师友之间。一说,唐宪宗元和元年(806),皇甫湜进士及第,授陆浑(今河南嵩县)县尉。一说,元和三年(808),他跟随牛僧孺、李宗闵参加制科考试,猛烈抨击时政,引起宰相李吉甫不满,被贬为陆浑尉。累迁殿中侍御史、内供奉,坐事免官。

皇甫湜比李贺大十几岁。韩愈和皇甫湜都很赏识李贺,算是理解他的知音,也是关怀他的长辈。

(2) 沈亚之

《送沈亚之歌并序》写道:"文人沈亚之,元和七年以书不中第,返归于吴江。吾悲其行,无钱酒以劳,又感沈之勤请,乃歌一解以送之。"

首句的"吴兴才人"指的就是沈亚之。沈亚之(781—832),字下贤,吴兴(今浙江湖州)人。工诗善文。他初至长安,曾投韩愈门下,与李贺结交,与杜牧、张祜、徐凝等友善。举不第,贺为歌以送归。元和十年(815)第进士。泾原李汇辟掌书记,后入朝为秘书省正字。长庆元年(821),补栎阳尉。长庆四年,升任福建团练副使,后累迁至殿中丞御史内供奉。太和三年(829)为德州行营使柏耆判官。耆贬,亚之亦谪南康尉。后终郢州掾。

沈亚之著有文集三卷,集中有传奇小说《湘中怨辞》《异梦记》《秦梦记》三文。李贺这首诗或曰《追和柳恽》,为沈亚之作。杜牧有诗《沈下贤》。有《沈下贤集》10卷。《新唐书·艺文志》有他的传记。

(3) 韦仁实

《送韦仁实兄弟入关》诗中写道:"韦郎好兄弟,叠玉生文翰。"至于"韦仁实兄弟",有人说是这兄弟二人都是李贺的同乡友人,还有人说韦仁实与李贺称兄道弟。

《旧唐书·王播传》提到韦仁实,时任"补阙",原文是:"长庆四年,补阙韦仁实伏延英殿抗疏,论播厚赂贵要,求领盐铁使。"长庆四年是824年,那时候李贺已经逝世,而韦仁实一直在朝廷为官。

(4) 张彻(张大彻)

李贺有诗《酒罢张大彻索赠诗(时张初效潞幕)》,张大彻就是张彻,排行老大。

韩愈有《答张彻》五古长诗。张彻是韩愈的门生,又是他的侄女婿。李贺与韩愈交谊较好,据说他在公元813年正式辞去奉礼郎的官职(也有人认为他是前一年辞职的),从家乡昌谷北上,投奔在潞州(治所在今山西长治一带)担任节度使属官的张彻。

根据韩愈写的《故幽州节度使判官赠给事中清河张君墓志铭》,张彻,清河人,排行老大。元和四年(809)潞州进士及第,累官范阳府监察御史。长庆元年(821),死于幽州军乱。

(5) 申胡子(朔客李氏)

李贺有诗《申胡子觱篥歌》。诗前面的小序写到:

> 申胡子,朔客之苍头也。朔客李氏,本亦世家子,得祀江夏王庙,当年践履失序,遂奉官北郡。自称学长调短调,久未知名。今年四月,吾与对舍于长安崇义里,遂将衣质酒,命予合饮,气热杯阑,因谓吾曰:"李长吉,尔徒能长调,不能作五字歌诗,直强回笔端,与陶谢诗势相远几里。"吾对后,请撰《申胡子觱篥歌》,以五字断句。歌成,左右人合噪相唱。朔客大喜,擎觞起立,命花娘出幕,徘徊拜客。吾问所宜,称善平弄,于是以弊辞配声,与予为寿。

申胡子,一位姓申而多须的人,是李朔客的仆人。

朔客,指北方边地的将领。姓李,与李贺在长安崇义里住对门。这位李氏也是大唐宗室,是江夏郡王李宗道的后裔。

(6) 谢秀才(缟练)

缟练原来是谢秀才的妾,不确定李贺是否见过。谢秀才是李贺的朋友,他在《五粒小松歌》的序言里面提到过。谢秀才的妾改嫁了,谢秀才想留不住。这件事过去多久不得而知。估计在某次友人聚会的酒席宴间旧话重提,于是在座的朋友作诗嘲笑谢秀才。李贺也就势写了四首诗。

(7) 许公子、郑姬

许公子看上去像个"富二代",郑姬是位姓郑的歌女,是许公子的情人或者小妾。这"贵客"郑姬应该是远道而来,在洛阳香名远播。许公子神魂颠倒，赠花赠金，千金博美人一笑。许公子邀请众人酒聚，郑姬在园中献歌。李贺是应邀赴宴的客人之一，应歌女之请而赋此诗。他先写许公子出身高贵，气场了得，在繁华的铜驼街宴乐众人。接着赞美郑姬，清音难得，名扬京洛。公子爱慕佳人，于是双宿双飞、恩爱缠绵。之后李贺写了此诗的写作缘由，司马相如早已不在，只有自己堪比写作《洛神赋》的曹植，况且自己也是宗室皇孙的身份。

（8）巴童

巴蜀来的童子，是李贺的书童。

《巴童答》是李贺以巴童的口吻回答自己的赠诗。具体也可以指答《昌谷读书示巴童》。

李商隐的《樊南文集》里收录了他给李贺写的小传："恒从小奚奴，骑距驴，背一古破锦囊，遇有所得，即书投囊中。及暮归，太夫人使婢受囊出之，见所书多，辄曰：是儿要当呕出心乃已耳。上灯，与食，长吉从婢取书，研墨叠纸，足成之，投他囊中。"

这里涉及了锦囊贮诗的有名写作方式，还有"呕心沥血"这个成语。

这个"小奚奴"应该是李贺的书童，不知道是不是"巴童"。

李贺的诗里还提到了很多古人，不一一列举了。

7. 行旅

历来有南下北上的说法，因为李贺的诗里有《苏小小墓》之类的题材，认为他到过江浙一带。但是从时间上来讲，李贺很难有南下的经历，而所谓写的南方风景，如《月漉漉篇》，也很可能是他故乡昌谷的风貌。

有两处地方是李贺宦游所及的。一个是都城长安，一个是北上潞州一带。

李贺离开家乡到长安任职是比较明确的，比如《崇义里滞雨》《京城》等。崇义里，唐代长安的某个坊里的名字。宋敏求《长安志》提到朱雀街东第二街,有九坊,崇义里是其中之一。

一种说法,元和九年(814),李贺正式辞职,重回昌谷"归卧"。然后取道宜阳、洛阳,经河阳,入太行,过长平、高平,秋天到达潞州(今山西长治)。张彻是韩愈的侄女婿,当时所在的幕府在潞州一带。李贺在潞州张彻的荐举下,做了近三年的幕僚,为昭义军节度使郗士美的军队服务,帮办公文。元和十一年(816),因北方藩镇跋扈,分裂势力猖獗,郗士美讨叛无功,告病到洛阳休养,友人张彻也抽身回长安。李贺无路可走,只得强撑病躯,回到昌谷故居,整理所存诗作,不久病卒。北上潞州一带,在诗中反映得比较明确,如《七月一日晓入太行山》等。

8. 故乡

李贺多次写到昌谷,《春归昌谷》《始为奉礼忆昌谷山居》《南园十三首》等,南园在李贺的故乡昌谷。另外还有"北园"。

李贺写到"山居"。三乡一带地处连昌河冲积谷地,故名昌谷。它西有锦阳,东有连昌,南对女几,北倚熊耳。锦阳山、女几山、熊耳山,连绵起伏。李贺的家在这山脚下。

而《月漉漉篇》所描写的景致有江南说,也有昌谷说。一种认为写的是浙江绍兴镜湖的风光,石帆就是石帆山。比如曾益注《昌谷集》卷三:"此篇有慕镜湖而作。"还有一种认为这首诗写的就是李贺的家乡昌谷。比如姚文燮《昌谷集注》卷四:"此贺昌谷山居,秋夜泛湖作也。"

诗中既写到"听讲依大树,观书临曲沼"的乡居生活,也描写了他居住的环境,比如"我在山上舍,一亩蒿磽田。夜雨叫租吏,春声暗交关",可读可信,但不必太过当真。

除了昌谷,李贺的诗中还多次提到洛阳。

如《铜驼悲》写洛水岸边:"谁作送春曲,洛岸悲铜驼。""桥南多马客,北山饶古人。"

据陆机《洛阳记》载:"铜驼街有汉铸铜驼二枚,在宫之南四会道头,高九尺,头似羊,颈似马,有肉鞍,夹道相对。"王琪注引俗语云:"金马门外聚群贤,铜驼陌上集少年。"曰:"言人物之盛也。"

《许公子郑姬歌》写的是在洛阳铜驼街宴客:"铜驼酒熟烘明胶,古堤大柳烟中翠。"

《送韦仁实兄弟入关》之"野色浩无主,秋明空旷间""谁解念劳劳,苍突唯南山"。

《仁和里杂叙皇甫湜》写到洛阳之仁和里。仁和里,就是洛阳城内的仁和坊。《河南志》引韦述《两京记》:"此坊北侧数坊,去朝市远,居止稀少,唯园林滋茂耳。"这个地方不是繁华闹市,甚至有些荒凉。

《荣华乐》,一作《东洛梁家谣》,是写东汉贵族梁冀的。东汉的都城是洛阳。"谁知花雨夜来过,但见池台春草长"和"当时飞去逐彩云,化作今日京华春"。今日京华,李贺身处其中,深感荣华享乐一如过眼云烟。

二 "谁"之意味

这里要讲的不是诗句的意思,也不是所谓文字背后的意义。言有尽而意无穷,这无穷的意味却是最难解读。34题,38首,40句诗,41个"谁"。显然,这些诗句无法进行类别的切割,以下三个方面的解读也只是看取的角度有所侧重而已。

1. 天地之回响

李贺之写景,写出了天地之回响,这正是内心可以听到的乾坤宇宙的声音。

(1) 谁解念劳劳,苍突唯南山。

这是《送韦仁实兄弟入关》一诗的最后两句。借南山之苍突,写自己的劳劳之念,以及提问谁是那个天地之间的解人。

《孔雀东南飞》有"举手长劳劳,二情同依依","劳劳"之情意似是一种无法描摹的牵挂。

南山,不能确指是昌谷一带可见的哪座山。想到陶渊明的"采菊东篱下,悠然见南山",那是一种"心远地自偏"的境界。悠然所见之南山,可遇不可求。相应,其实是幽微的内省。向外求,永无止境。

李白的"众鸟高飞尽,孤云独去闲。相看两不厌,只有敬亭山"。

辛弃疾的"我见青山多妩媚,料青山见我应如是"。

念,可以是名词,也可以是动词。这劳劳之念,其实何须求个解人?

谁解?难道只有南山才是知音?

当下,南山苍突,本来如此,就在那里,不必寻找,不在念,不在解。

缚者,劳劳之念,求解的、能解的,这解的过程,又何尝不是绳索?

"青山依旧在",南山也还是如此。

念念迁流之中,谁明白了这个道理?你或者我?抑或无你无我。相应之时,你我又何尝不是这眼前的南山?谁能够跳出来观照广阔无尽的宇宙人生?哀而不伤,却别有一番滋味在心头。南山无语,天地之间惟此而已。

(2) 谁知花雨夜来过,但见池台春草长。

这是《荣华乐》一诗中的两句。

长,不是生长,是已经生长完成。

"随风潜入夜,润物细无声。"夜来风雨,只有敏感的心才能够觉察。

"知否?知否?应是绿肥红瘦。"你是否有颗敏感的心正在静听天地的回响?

不是所有夜雨都是为催花而来。"三月休听夜雨,如今不是催花。"池台春草生长之中,春天的一切美好也将随之逝去。雨过花飞,夜来朝去,了无踪迹。

这里写的是花雨,不是风雨。难道是落花如雨?

夜里的花雨不是你看到的,甚至不是你听到的,是需要你锐感之心的觉知和观照。

池台春草长。池台生春草。那是已然的结果。

暮春时节。寒食之夜。心上仿佛有花雨掠过。

"晓来风,晚来雨,夜来烟。是他酿就春色,又断送流年。"

此夜,谁知我心?谁知我心上正花雨飘零?

过去的就让他过去吧。人生是萍水相逢,让它萍水般错过。

池台春草,绿得触目惊心,"长",是地久天长吗? 相看处,昨夜花雨之后,正好绿意盎然,繁华过眼,是什么常驻我心?

彩云易散,谁能把花雨握在掌中?

还好,彩云散去,春天还在。

洛阳的春光里,草长莺飞,你是否依然?

花知,雨知,夜知。

天地间,竟有谁知?

(3) 谁能看石帆,乘船镜中入。

这是《月漉漉篇》一诗中的两句。

这么动态的句子,有人读到时却偏偏会怔住。

石帆乘船? 石帆入镜? 这个镜,大多都解释为镜湖,景美、人美,如在镜中游。

也会不由自主地想到镜花水月。

船上的帆居然是石帆,义无反顾地向着镜中而去。

人在船上,人在岸上? 人在镜中,人在镜外?

这句,或许只适合反复读,反复回味,不解释,也没法解释。

想到"东山水上行"的公案:有人问云门文偃禅师说:"如何是诸佛出身处?"禅师答:"东山水上行。"

谁在这动的瞬间静止?谁能如此不顾而前行?

只管看。只管行。

(4) 谁遗虞卿裁道帔,轻绡一匹染朝霞。

这是《南园》组诗中的第十二首的后两句。

谁遗(仄声),有的版本是谁为(仄声)、谁遣。此处有赠与的意思,应该是遗。

虞卿,战国时赵国的上卿,善于游说赵孝成王。《史记·平原君虞卿列传》:"虞卿非穷愁,亦不能著书以自见于后世云。"有人说此或以虞卿称邻人之虞姓者。还有人认为是李贺自比虞卿失意于梁园。

裁,有的版本是"藏"。道帔,道士穿的衣服。

绡,生丝。一匹,有的版本是"一幅"。

以朝霞染一匹丝织品,剪裁作为虞卿的道服。抑或是虞卿所裁道服的颜色可以点染朝霞。

方扶南的《李长吉诗集批注》认为这首写的是"不如入道"。

道帔一领,即使仙风道骨,其实未必与道教或者道家有什么关系,李贺所写的就是一份挥洒天地的自在。

南园在李贺的昌谷。在故乡,李贺是有归属感的。一切是新奇的,又是熟悉的,本来存在的。山山水水,走到哪里都有所发现,又倍感亲切。

一提到"谁"就似乎是个沉重的话题。李贺在这里却于凝重之中写出了轻盈,写出了充满希望的绚烂。

但是,这一匹可染朝霞的轻绡或者染就了朝霞色彩的美轮美奂的丝织品到底是谁赠与的呢?

似乎只有着道帔之人配得上身披一抹霞光吧。

天边的启明星,一如似染的朝霞,一直都在那里。谁会于你的眼前点亮呢?

天地任你剪裁,朝霞也只是你手中的轻绡,无需刻意,却又会在不经意之中悄然错过。

谁遗?谁让你如此轻盈无碍?谁能够潇洒如你?

管他虞卿是谁,管它道帔是怎样的款式,管它朝霞的颜色,轻绡一匹,任你剪裁,任你挥洒。

谁是你的主宰?谁是造物主?谁赋予你一切的一切?

问谁呢?谁在问?

(5)蜀江风澹水如罗,堕兰谁泛相经过。

这是《神弦别曲》一诗中的两句。

这两句是随着上面的诗句押韵的,"过"读平声。

经过巫山巫峡,自是蜀江。江风平缓,波澜不兴,水波有如轻纱。

堕,掉,落。

兰,本义就是香草。这兰在落入水中的瞬间竟然香气弥漫了时空,甚至千年之后犹在眼前,犹在鼻尖。

泛,漂浮。"泛彼柏舟,亦泛其流"(《诗·邶风·柏舟》)。

也许那兰花,甚或只是兰之清香,只是掉落在水中,漂浮而过,却在谁的心上起了波澜?

相,暗含着一种互动。

经,有经过、经历的意思。

过,再次强调,云飞水逝,无法挽回。

最近有一首很流行的歌,有几句歌词大意是:我吹过你吹的风,这算不算相拥?我走过你走的路,这算不算相逢?

人生所有的美好都是曾经。

少年一段多情。留下几多梦影？

谁能够留下曾相经过的堕兰？留下兰花兰草，留下香氛，留下泛起的波澜？不是堕兰在水面泛着涟漪，是一染而过的心再也回不到从前。

你以为"谁"就是你自己吗？你已经浅污了堕兰的沁人心脾的芬芳，而那神女也因为这一波缠绵而不再是曾经的自己。

李商隐说："神女生涯原是梦。"

风过处，到底谁的曾经？到底谁泛？是谁回首烟波里？是谁孑孑于天地之间？

是你？是我？

那是一场戏，唱着《神弦别曲》。听着天地的回响，当下一起醒来。

(6) 谁揭赪玉盘，东方发红照。

这是《春归昌谷》一诗中的两句。

赪，浅红色，红色。赪玉盘，指太阳。

大旱不雨，烈日炎炎。是谁在操作呢？这番苦乐到底是谁造成的呢？

真有一只揭开赪玉盘的大手吗？十个太阳突然在天空升起，期待着神箭手后羿射下九个，让生产生活恢复正常。

"东方发红照"的确是太阳，但是它的运转并非人为控制的，也不是故意作为灾难出现的。不是它直接造成了大家心中的烦恼。

李贺在诗中叙述了自己的一番经历和心灵的感悟。

在春归昌谷之际，百思百感。唯独问了这一句。

这一切到底是如何发生的呢？

是他在问，还是天地发此一问，或者这一问在天地间久久回响着，挥之不去。

2. 主客之交融

李贺之写人,找不到我相、人相、众生相、寿者相。有对境的呈现,却没有二元对立的存在。

主体与客体显然不一定发生在人与人之间。不仅景语皆情语,也不仅六根互用之通感,而往往你既是主,也是客。或者说本来没有这个所谓的"你""我"之分。

(1) 谁作送春曲,洛岸悲铜驼。

这是《铜驼悲》一诗之中的两句。

谁送春?春送谁?谁在洛水岸边?谁为铜驼悲哀?洛水送铜驼之悲,铜驼作送春之曲?到底是谁呢?谁立在风中?谁陪铜驼看着春来春去?谁听洛水送春的曲声?谁悲?悲谁?

谁看花开花落,谁看夕阳西下?春无可送,洛水昼夜不息,铜驼只是铜驼。谁在那里?送也罢,悲也好,多情的是谁?

铜驼悲,悲铜驼。这句的主语难道是"铜驼"吗?也许不是。那么是谁?是谁见到、感知、想象、写下了这"铜驼夜来哭"呢?是"厌见桃株笑"的那个人吗?

铜驼悲也许恰是对于悲铜驼的无奈吧。为落魄的人,为东家的花,为桥南、北山的繁华与荒凉,为杯中的酒,为桃株的笑,为送春的曲,为风,为烛,为春,为生世,为夜来,为自己,洒泪一哭。

已经冷眼惯看多少秋月春风,在某一个凝然的瞬间,夜色之中,还是会泪洒双肩。

为谁哭?哭者谁?

谁都不是旁观者,原来都是眼中人。

可怜身是眼中人(王国维词句)。

李贺诗中的"谁"

(2) 不知船上月,谁棹满溪云。

这是《始为奉礼忆昌谷山居》一诗的最后两句。

宋蜀本是"不如船上月",《全唐诗》写作"知"。

船上之月,曾载之;溪上之云,曾棹之。棹,划船的一种工具,形状和桨差不多。这里还是名词动用。想到徐志摩的《再别康桥》:撑一支长篙,向青草更青处漫溯;满载一船星辉,在星辉斑斓里放歌。

李贺的诗空灵。这尾联两句,可以做各种排列组合来读。船上月不知?满溪云不知谁棹?月不知船上谁?

也许,在某个夜晚,在昌谷的连昌河,有人撑船,船上有月,水中满是天上的云彩,一轮明月耀天心,那月亮是远远的旁观者,还是那个变幻了满溪云彩的棹杆?那船是要渡向彼岸吗?我不知月,月不知我。

一个声音自遥远处传来。谁的心起了波澜,那是连昌河月下的波澜。

月在天心,月在波心。一棹无声,向着彼岸。

波光云影自徘徊。

(3) 两事向谁道? 自作秋风吟。

这是《京城》一诗的后两句。

"两事",姚文燮的《昌谷集注》认为是功与名。如此说来,世间的"两事"实在太多了。最初读"两事向谁道"的时候,会联想到"生死",生与死,一体之两面,哪个都无法回避。后来想,这也过于质实了。

如果表面看来,"出门意"和"长安心"是明摆着的"两事"。当然,意非本意;心,也不是初心。

今天的话:理想很丰满,现实很骨感。

向谁,有的版本是"谁向"。

总之,心事不可以语人。

自作,自作自读,自作自解,自作自受。

秋风吟。又回到伤春悲秋的传统。于秋风之中吟哦,聊以自解。

有分别就有痛苦,有对立就有烦恼。驱马出门意与牢落长安心,无法统一,纠结复纠结。向谁道? 于是,想要表达的那个你和对象的"谁"之间又出现了一道鸿沟。

不道也罢。自作秋风吟。自作在于接受这样或者那样的一个结果。无所待而游于无穷,在秋风之中是否可以获得自由? 而秋风是否便是自由本身?

秋风吟是自己的心声,是自己无条件接受的一切。

哪里还有"两事"? 哪里还有"谁"?

哪里还有秋风? 哪里还有那个吟哦的"我"?

就那样一心一意。

(4) 谁知泥忆云? 望断梨花春。

这是《谢秀才有妾缟练,改从于人,秀才引留之不得,后生感忆。座人制诗嘲诮,贺复继四首》之一的首联两句。

横空出世的一问。

李贺多次问过"谁知",但是惟一只有这首诗第一个字就是"谁"。这世上,谁与谁不是云泥阻隔? 谁与谁没有隔着最遥远的距离?

"你一会儿看我,一会儿看云。我觉得,你看我的时候很远,看云的时候很近。"这是当代顾城的朦胧诗。

泥土,或许是你的宿命。忆之念之,是否将来必定得以见之呢? 见了以后呢? 你如何分辨谁是云,谁是泥?

陶渊明说"实迷途其未远,觉今是而昨非"。世间万事万物又岂不是都在云泥霄壤之间呢? 有些事情或许永远遥不可及。

忆又何妨? 望又何妨?

"梨"有时候会想到"离",有时候只是觉得春天里的那一片纯白,漫无边际。梨花虽春，不我属矣。

你分明就在这春日梨花之中，为什么还要望断？

你以为春天在自己身外，可望而不可即。

有些事情明知不可而为之，"为"很多时候只是内心的造作，比如"泥忆云"，比如"望断梨花春"。

人生的无明烦恼从此而起，谁知？

（5）非君唱乐府，谁识怨秋深？

这是《巴童答》一诗的后两句。

乐府，真实反映民生疾苦的作品，可以理解为李贺呕心沥血写作的诗歌。

伤春悲秋，人之常情。深，则意味无穷。

如果不是你，不是你的诗句，谁识，谁清楚明白，谁认识理解？怨，不一定如怨恨那般充满了负能量，也许只是一种更为深刻的触动。这人生的无尽深邃，几度秋凉？几多感慨？

这是巴童的回答。昌谷是他的老家，他在老家抱病读书。有人说这两首诗写于元和七年（812），他从长安回来以后。

李贺对巴童相伴相守的这份情感无以为报，赋诗以赠。并假托巴童之口道出一份更深的怀抱。言有尽而意无穷。

偏要耗尽心力，绝唱于天地之间，万古千秋，自有永恒的价值。

我们习惯了借助外力，去观、去看、去照、去了那个实相。尽管实相非相。

李贺啊，也难怪呕心沥血。如果不是你，谁知你是谁？

文字有时可以作为舟楫，到了彼岸，船自然应该放下。何况文字？

李贺的诗，李贺的人，李贺的昌谷，昌谷的风雨，昌谷的一切，梦幻泡影。

如秋虫，如灯光，或者还有弥漫的药气，还有宵夜的清冷。在或者不在。

你的生命,在几句诗,在每一个秋日,在生命的每一天,在念念之间。

"布被秋宵梦觉,眼前万里江山。"(辛弃疾词句)

一点心头血,平常几句诗。

如果不是你,谁识怨秋深?

一个"谁"字在虚空回响,融入了无尽的虚空,融入了无数个你我。

(6)两马八蹄踏兰苑,情如合竹谁能见。

这是《许公子郑姬歌》一诗中的两句。

骑马共踏兰苑不是不可以,但是如果解释为并辔的宝马拉着车乘游赏,似乎更合情理。

合竹,谓如符竹之相合。符竹,即信符。据《说文》:符,信也,汉制以竹,长六寸,分而相合。

这种珠联璧合的和谐无法描述。

还记得临济宗圆悟克勤的开悟诗吗?

金鸭香销锦绣帷,笙歌丛里醉扶归。

少年一段风流事,只许佳人独自知。

圆悟克勤在五祖法演座下参禅,碰到部使者解印还蜀,诣五祖禅师问道。五祖禅师曰:"提刑少年曾读小艳诗否?有两句颇相近:频呼小玉元无事,只要檀郎认得声。"提刑应诺诺。五祖禅师曰:"且仔细。"克勤适归,侍立次,问曰:"闻和尚举小艳诗,提刑会否?"五祖禅师曰:"他只认得声。"克勤曰:"只要檀郎认得声。他既认得声,为甚么却不是?"五祖禅师曰:"如何是祖师西来意?庭前柏树子聻。"克勤忽有省。遽出,见鸡飞上栏杆,鼓翅而鸣,复自谓曰:"此岂不是声?"遂袖香入室,通所得,呈偈曰:(见上)。

情如合竹谁能见?只许佳人独自知。

能见者是谁?不能见者是谁?

佳人是谁？知什么？

到底是谁？见什么？

3. 自我之反思

李贺的诗，每一个谁，既是天地之回响，也是主客没有斧痕的交融，字里行间，满是自我之反思，却永远不要用意识思维去找一个答案。

李贺的诗，擅于起承转合的结构安排。转，不是反转到另一面，呈现另一番景象，讲述另一层道理。李贺的诗在这个环节总是以诗句或者关键的字词引读者向内反观。他引导你提起疑情，觑向那里，不顾一切去追那个超越了一切的究竟。

真相就在那里。道理上谁不明白？识，不是智慧，是认知以及随着认知引发的结果。

我们习惯了判断好不好、对不对、值不值，却不理会是谁在分别计较。放下，承担。仅此而已。接受它。一切都接受。

（1）试问酒旗歌板地，今朝谁是拗花人？

这是《酬答二首·其二》一诗的后两句。

解读李贺的诗，颇有动人心处。一个"谁"字，经常会让人停顿在那里，山河大地原来可以瞬间不在，又永恒在它的所在。歌哭笑骂，只是千古同然的感发之力，没有自己，没有眼前的对境。而这所见所感，仿佛李贺当时不过如此，心有戚戚焉。

即使没有见过李贺，只是读过他的诗句。在这个花开花谢的春天感受着他的一切。

千载之下，今朝，当下，谁是这拗花人？谁又在这诗句里心动与哭泣？

曾经读一行禅师的书：《与生命相约》《活得安详》。观察着一朵花、嗅它的芬芳，忽然感到：花落春犹在。

那花朵、那春天，那一切外在的美好原来都与自己永远在一起，不离不弃。那是,你内心的投影。

莫失莫忘。

今朝,谁有如此风采?谁如此潇洒而率性?

有人还说酒旗即酒星,指太白也。又说"拗"有"傲"的意思。不多想。

旧地犹存,但是当年一花在手的风流人物何在?

风景依旧,伤心人别有怀抱。

秦少游的词:柳外画楼独上,凭阑独捻花枝。放花无语对斜晖,此恨谁知?

此恨谁知?

"数风流人物,还看今朝。"今朝,谁是拗花人?尽虚空,遍法界,乾坤尽在掌中啊。

在酒旗歌板之地,在喧嚣之外,在自然之中,拈花与微笑浑然一体。

"一朝尘尽光生,照破山河万朵。"

拗花人是谁?

到底是谁?

　　(2)谁能事贞素,卧听莎鸡泣。

这是《房中思》一诗的尾联两句。

蓦然回首,这便是灯火阑珊处的妙不可言。

谁能做到?事贞素。事,奉行。贞,贞节,贞洁,坚定不移,多指意志或操守。素,本义是没有染色的丝绸,纯白,引申为本质、本性。

躺下,没有说孤枕难眠,更没有说坐卧不安。

听,为了声调和谐,有仄声的读法。这里可以读去声。

莎鸡,纺织娘,一种小虫子。想到现代闻一多的《死水·我要回来》:"我回来了,乘流萤打灯笼照着你,乘你的耳边啼着莎鸡,乘你睡着了含一口沙泥,我回来了。"

如泣如诉的声音传到耳边。回来找自己的心。

听,即是根尘相接之际。听到了,觉知觉照起用,但是并未因此产生分别计较。就那样。听,仅限于听。知道是纺织娘如泣如诉的叫声。仅此而已。

如果你奉行一个原则,虽然也可以勉强做到,但那是表面的,不能持久的。

如果那是自己内心的持守,是自己的本性、真心。它不需要人为的造作、努力。自然而然,法尔如是。

贞素就是本来的自己,如如不动。外物照样缤纷变幻,自心却能够不为外境所转。

"卧看牵牛织女星",固然表达得很好。"鸟鸣山更幽",有动才有静。卧听莎鸡泣,这样幽微的外境,更加衬托内心的平静。

"世间安得双全法,不负如来不负卿。"

心外无法,如来和卿都不是外境。外求两全而不得,只心一处,从来不负。

但是,谁能?谁可以打破这二元的对立?

不是心乱如麻,也不是心如死灰。心如止水,映万物于其中,而不以动怀。止,不是死寂的,不是停止的。止水,它是浪花回归大海的状态。它可以涵盖乾坤、截断众流、随波逐流、顺其自然。

活泼泼的当下就呈现在那里,但是你却没有多余的念头。贞素,不是要你去奉行怎样的执念,只是真心呈现,回到原点,无去无来,本性湛然,皎洁澄澈。

"换我心,为你心,始知相忆深。"

你是谁?将心来。

(3)庞眉书客感秋蓬,谁知死草生华风?

这是《高轩过》一诗中的两句。

当你心灰意冷、心乱如麻的时候,岁月的沧桑随之而至。百无一用是书生,书客庞眉,秋风蓬草,落寞而无助。

谁知死草生华风?起死回生,无外力可借,亦无外力可知。知道不知道又怎么样呢?你的生死在你的手中,在你的心心念念之中,与旁的人原本无关。

李贺又接着写道:"我今垂翅附冥鸿,他日不羞蛇作龙。"

无所谓,谁知。

无所谓,我。

无所谓,他日。

无所谓,天空翅膀的痕迹,当下只管去飞。

无所谓,蛇龙的转化,"腾蛇乘雾,终为土灰。"

这个"羞"会让人想到韦庄的词"春日游,杏花吹满头。陌上谁家年少,足风流。妾拟将身嫁与,一生休。纵被无情弃,不能羞。"

《说文解字》:"羞,进献也。"

就这样义无反顾。死生契阔,死生一体。华风本在死草的生命之中,掠过,抑或永恒。知与不知,感与不感,羞与不羞。

谁只管知?谁只管看?谁只管想?

没有意义。

(4)少年心事当拏云,谁念幽寒坐呜呃。

这是《致酒行》一诗的尾联两句。上面两句是著名的"我有迷魂招不得,雄鸡一声天下白"。

无论主父偃还是马宾王,都是一段纠结。如果把这几句看作对话,那很像是客人所描述的对境,遥远,却有着千丝万缕的联系。

下面是"我"的回答。

无人也就无我,我是谁?我是主体吗?其实那更像是"我"之投影,一个忽而清晰的影像。

有。"有"之外是"无"吗？十二因缘里，今生关键的一环就是"有"，因"爱"而"有"。断掉一环，恚然而解。却不能试图把这些文字"想"明白。

迷魂。什么是迷魂？什么不是迷魂？

招。这个词实在是太关键了。也许总说招魂、招魂，太耳熟能详了，很容易就把这个"招"字忽略了。正是在这点上着力，但是又轻描淡写，如风掠过。费尽心力，却全然没有痕迹。

不得。不得是个无言的结局吗？是也不是。在过程中，它是一个片段的终结，但是过程还远远没有尽头。不得，再招，再不得，还是招。反反复复，但是那又并不是一个完全重复的过程。在这个过程中，迷魂会有无穷无尽的呈现。

招，便做不到不理。不得，就该停顿在空中。

我，究竟该不该主动采取行动呢？而"迷魂"却不是一个实实在在的对境。

那迷魂是因"我"而"有"吗？

不是思考，不是念叨，说内省，说反观，都像是在说概念。

"上穷碧落下黄泉。"穷之。三际穷之。未穷，再追，再招。

"雄鸡一声天下白。"

是看到的？是听到的？也许都不是。就是感觉上的一声爆破。那个瞬间痛快淋漓。

真是不白不足以呈现啊！

白，不是明白，不是纯白无色，也许，在那一刻，山河大地赫然呈现，又一无所有。

雄鸡一声，忽然又想到听鸡叫开悟的圆悟克勤禅师。当然，与那声鸡叫本身或许也没啥关系。

该干嘛干嘛吧。少年人胸怀壮志,举手即可拿云。云在天上吗?忽然想到徐志摩的《偶然》:我是天空的一片云,偶尔投影在你的波心。

偶然的瞬间,瞬间的偶然,你能否拈起放下?你能否愿意把握这一切?千江水里,除了月影,还有云影啊!在万千的变幻之中寻一个心安的所在。

拿云没错,飞在高空的心念又回到当下。毕竟冬至这天黑夜最是漫长,寒冷的侵袭也最是刻骨铭心。

坐,有因为的意思。"停车坐爱枫林晚,霜叶红于二月花。"

呜呃,一般解释为悲叹。

念,这个词的解释也多,需要自己体会。有人解释为顾念。

谁?

念。

幽且寒。

坐,有人依它的本义,即止息的一种方法。有人理解为因呜呃而导致了幽寒。幽寒是拿云的境,毕竟,高处不胜寒啊。

拿云也罢,幽寒也罢。"少年一段风流事"而已。

(5) 谁家红泪客,不忍过瞿塘?

这是《蜀国弦》一诗尾联的两句。

谁家?有家,便是有所属之人。只是不识家乡所在。

"红泪客"用了晋代王嘉年《拾遗记》的一个典故:魏时女子薛灵芸和父母分别时依依不舍,泪下沾衣,途中用玉唾壶承泪。到京师,壶中泪凝如血。

想到了武则天的一首诗:"看朱成碧思纷纷,憔悴支离为忆君。不信比来长下泪,开箱验取石榴裙。"

有人把"红泪"解释为血泪,恐怕太吓人。脂粉和泪成了红色,更加符合女子的特征。

瞿塘峡,西蜀门户,三峡最关键的要塞。所谓咽喉要道。

不忍,不忍看,不忍行,还是不忍在心上经过?

无论是出、是入,就是得迈过那个门槛。

过去了,岁月静好,波澜不惊,凉月生光?也许全然不是。也许只是万古荒凉。

我们以为现世安稳,却红泪难尽,心有不甘。

我们以为瞿塘难越,也只是心里隔了千山万水。

不忍不是不敢,但是因为不敢直面,不敢承当,不敢接受,所以不忍一试。

不忍的,也许以为自己只是一名看客,却无法回避红尘的一滴清泪。原来谁都不是看客。

过去之后又怎样?如果没有过去又怎样?没有答案,只是千古一问。

明知不忍,何妨一试?

这首诗的"诗眼"大概是"不忍",前面几句都在蓄势,最后一提、一顿,直抵人心。

(6) 蛾眉自觉长,颈粉谁怜白?

这是《汉唐姬饮酒歌》一诗中的两句。还有人说这首诗"伪在粗疏"。存疑不辩。

唐姬自知自己年轻貌美,蛾眉、粉颈都是美女的特征。

当然,由粉颈也可以联想到其他的决绝方式。

这首诗有的说是李贺为映射永贞宫廷政变写的。其实李贺的诗即使看似就事论事,但传递的信息也都是深邃而广阔的。

如果但看"颈粉谁怜白"这句,一开始会想到"本来面目"。每个人,终其一生,只是认取这个本来面目而已。

白,不仅是我们惯常夸赞一个人的肤白貌美,还是一种澄澈与纯粹。

唐姬的清醒便是李贺的清醒。

即使自知美好,但是别人很少能够见识真正的美好。

即使自伤至极,也没有人可以真正体会。

生命终究是一个人的旅程。自己有一份不变的持守不是为了什么,"昭阳意"不是单薄的承诺,不是海誓山盟,不是心哀至死。

只是外境无论怎样已经不为心动。繁华之处也不过世事变迁。

李贺也许不是心如止水那种状态,但是他不唱高调,没有任何颓废,也从来不把美好的事物故意毁灭了给人看。他只是问你,只是指给你看。

颈粉谁怜白?

谁能够见识你的本来面目呢?

(7) 筝人劝我金屈卮,神血未凝身问谁?

这是《浩歌》一诗中的两句。

以下是我的导师叶嘉莹先生在她书中的一段解读:

"神血未凝身问谁",这个话很值得深究,什么叫神血未凝?后面也有注解,"神"就是精神、灵魂,"血"就是血肉,是你的身体,神和血凝结起来就有你的身体,神和血没有凝结起来就没有你的身体,你的精神跟身体的血肉合起来了才有你的生命,"神血未凝"的话,你的精神跟血肉没有结合在一起,那就是你的身体都没有了。你知道你的身体吗?生以前在哪里?死以后在哪里?你都不知道。当你的精神和你的身体分离,不能够结合在一起,不能够有一个血肉的生命,也就是"神血未凝"的时候你究竟是谁?所以你看他的想象,写人的生命是无穷的,又是短暂的,"筝人劝我金屈卮,神血未凝身问谁?"

"神血未凝",可以是父母未生之前,可以是尘归尘土归土之后,也可以是每个魂不守舍的瞬间,在没有找到本来面目的那个混沌的时空里,所有无力把握的转瞬即逝的当下。

读李贺的诗,往往会觉得好到无法解释,所谓妙不可言。李贺寻觅的、反复提问的,或许就是一个自己不敢面对的本来面目。而有人甚至从李贺的诗中读出悲伤与消极。良不可解。

李贺的诗,有一种感发的力量。这力量会引着你,向内看。追寻的过程是个永恒的现在进行时。

心之力,不可思议。

千载之下,在李贺的故里——宜阳昌谷,只想轻轻读诵这 40 句诗,问一句:是谁?

看洛水的倒影,那是心的涟漪,"渠今正是我,我今不是渠。"听山谷的回音,那是心扉的开启。从此涵盖乾坤,从此截断众流。随波而去,逐浪而去。

原来,无去无来。

晚唐洛阳文人的宅园吟咏与洛阳城市意象的构建

刘艳萍

在唐代洛阳建筑中,宅园是一道独特的彰显城市文化特色的景观,宅园指居所以及与之相连的园池亭阁、竹木泉石等景观,可供日常起居和游赏。洛阳文人群体不仅通过宅园营造实现了诗意地栖居,而且对之进行了大量文学吟咏。美国学者凯文·林奇在《城市意象》一书中认为:"一个可加工的意象首先必备的是事物的个性,即其与周围事物的可区别性,和它作为独立个体的可识别性,这种个性具有独立存在的、惟一的意义。其次,这个意象必须包括物体与观察者以及物体与物体之间的空间或形态上的关联。最后,这个物体必须为观察者提供实用的或是情感上的意蕴。"[①]以此来考察唐代洛阳便会发现,晚唐时期的宅园已成为洛阳引人注目的城市意象。

一 晚唐洛阳文人的宅园营构

唐代达官贵人、士大夫文人在城市、郊野或山林中营建各种规模的园林

[①] (美)凯文·林奇著,方益萍、何晓军译《城市意象》,北京:华夏出版社,2011年,第6页。

别业蔚然成风。宋代张舜民《画墁录》言:"唐京省入伏假,三日一开印,公卿近郭皆有园池,以至樊杜数十里间,泉石占胜,布满川陆。"①但这种别业多作为假日里的居游之所,与日常住宅有所不同。此时东都因其地理位置优越、环境优美及帝王时常巡幸、政治地位较高等因素而成为一些贵族权臣构建宅第的首选之地。如宋代李格非《洛阳名园记》后论所言:"唐贞观、开元间,公卿贵戚开馆列第于东都者,号千有余邸。"②但直到晚唐洛阳文人纷纷在此营建宅园,在其中游赏、雅集,并写作了大量诗歌,洛阳宅园景观才成为真正意义上的城市意象,并产生深刻影响。晚唐洛阳文人群体中,裴度、牛僧孺、白居易、崔群、张仲方、李仍叔、皇甫曙等人都在洛阳建有宅园。裴度宅园在集贤里,午桥也有名为"绿野堂"的别墅,《新唐书·裴度传》载:"乃治第东都集贤里,沼石林丛,岑缭幽胜。午桥作别墅,具燠馆凉台,号绿野堂,激波其下。"③牛僧孺则"洛都筑第于归仁里。任淮南时,嘉木怪石,置之阶廷,馆宇清华,竹木幽邃"④。刘禹锡《和思黯南庄见示》言:"丞相新家伊水头,智囊心匠日增修。"白居易宅园在履道坊,其间"十亩之宅,五亩之园,有水一池,有竹千竿。"(白居易《池上篇》)崔群宅园也在履道里,与白居易宅相邻;李仍叔宅园在履信坊,有樱桃池,刘禹锡曾作有《和乐天宴李周美中丞宅池上赏樱桃花》。

首先,宅园的营建拉近了文人们与城市的距离,使文人们更能在城市中找到认同感与归属感,更易于以城市中的一份子或主人自居,而不再是城市中的过客,其在城市中的心态也会从容平和许多,减少焦虑和疏离之感。同时,宅园的营建也体现了山林田园生活方式对城市生活的渗透。在古代,文人士大夫喜爱山水林泉是很普遍的事情。文人们少年时代多生活于乡村田

---

① (宋)张舜民《画墁录》,《宋元笔记小说大观》,上海:上海古籍出版社,2007年,第1551页。
② (宋)李格非《洛阳名园记》,《长物志·洛阳名园记·艮岳》,上海:商务印书馆,1936年,第18页。
③ (宋)欧阳修、(宋)宋祁《新唐书》卷一七三,北京:中华书局,1975年,第5218页。
④ (五代)刘昫《旧唐书》卷一七二,北京:中华书局,1975年,第4472页。

园之中,那种宁静淡泊悠闲的生活氛围与舒缓的生活节奏是他们所熟悉的。成年之后,由于求学应举、入仕为官等原因而来到城市,或者辗转于不同城市,城市在他们眼中常常是实现政治理想、追逐权力与荣耀的地方,但城市人口密集,生活节奏相对较快,私人生活空间较为狭小,与乡村田园生活方式存在着巨大差异,他们身在其间很难找到轻松适意的感觉,而官场中复杂的人事关系又往往使他们心生厌倦。加之古代一直具有隐逸文化传统,上古的巢父、许由便被人视为高士,道家任从自然的思想及儒家孔子"道不行,乘桴浮于海"的名言则为文人们的隐逸行为提供了理论依据。所以,历朝历代选择隐于山林者都不乏其人。而唐代也有文人将城市生活与山林隐逸生活作了折衷化的处理,于城市之中或城郊营建园林别业,于散朝之后或休沐之日隐居休憩于此,体验山林泉石之趣。如王维在《暮春太师左右丞相诸公于韦氏逍遥谷燕集序》中描绘在逍遥谷的生活是:"不废大伦,存乎小隐,迹崆峒而身拖朱绂,朝承明而暮宿青蔼。"①这些都道出了隐于园林别业的好处。至晚唐时代,时局的混乱使士人深感再难挽狂澜于既倒,扶大厦之将倾。衣食之享、声色之乐成为他们日常生活中重要的一部分,他们无法彻底归隐山林田园。白居易《中隐》一诗言:"大隐住朝市,小隐入丘樊。丘樊太冷落,朝市太嚣喧。不如作中隐,隐在留司官。似出复似处,非忙亦非闲。不劳心与力,又免饥与寒。终岁无公事,随月有俸钱。"想法虽不免庸俗和缺少个人持守,却是那个无所作为的时代其内心的真实表白,道出了很多人的心声。宅园的营建,是其"中隐"生活的物质基础,它为文人们在红尘都市中开辟出一块私人生活空间。

其次,晚唐洛阳文人群体在营建宅园之时,为宅园注入了更多人文内涵。他们更多关注在此间的日常活动和生活情趣,而非以门馆之华丽宏大炫耀身份之显贵。在文人们看来,宅园的意义正在于主人生活其中感到遂

---

① (清)赵殿成《王右丞集笺注》,上海:上海古籍出版社,1998年,第338页。

性适意,心灵舒展愉悦,而非权力与富贵的炫耀、标榜。如果不能在其间居住和欣赏,再高大华丽的池馆也是枉然。白居易《自题小园》一诗说:

> 不斗门馆华,不斗林园大。但斗为主人,一坐十余载。回看甲乙第,列在都城内。素垣夹朱门,蔼蔼遥相对。主人安在哉,富贵去不回。池乃为鱼凿,林乃为禽栽。何如小园主,拄杖闲即来。亲宾有时会,琴酒连夜开。以此聊自足,不羡大池台。

那些高门大宅虽门馆豪华,占地广阔,装饰华丽,可是,其身为将相的主人却终生不曾在此居住,其池无异于为游鱼开凿,其林无异于为禽鸟而栽,终不如自己作为小园主人随时可以拄杖前来游赏,且可以在此亲宾相聚,通宵听琴饮酒。白居易《履道居三首》其一说:"莫嫌地窄林亭小,莫厌贫家活计微。大有高门锁宽宅,主人到老不曾归!"表达的是同样的旨趣。

另外,从景物布局来看,晚唐洛阳文人的宅园景物多由池、泉、滩等水景及堆叠的石、山等景观,种植的竹、桃、松、莲等花木以及亭、楼、阁、桥、台等建筑构成,精心布置,巧妙安排,体现了对闲逸超远意趣的追求。水池常常是不可或缺的,也是宅园的灵魂所在,如崔群宅园中有池,白居易《题新居寄宣州崔相公》一诗题下注:"所居南邻即崔家池。"诗中也说:"门庭有水巷无尘。"李仍叔的宅园中也有池,池上有樱桃岛,白居易《樱桃花下有感而作》题下注曰:"开成三年春,李美周宾客南池者。"张仲方的宅园中也有池,白居易《张常侍池凉夜闲宴赠诸公》一诗说:"留连池上酌,款曲城外意。"牛僧孺的宅园中有池,刘禹锡曾在诗中言其南庄"水底远山平似雪,桥边平岸草如烟。"(《和牛相公游南庄醉后寓言戏赠乐天兼见示》)裴度集贤里宅园有开阔的平津池,白居易《裴侍中晋公以集贤林亭即事诗二十六韵见赠猥蒙征和才拙词繁辄广为五百言以伸酬献》一诗说:"三江路千里,五湖天一涯。何如集贤第,中有平津池。池胜主见觉,景新人未知。"认为三江五湖都十分遥远,不如平津池景色清新优美。午桥庄别墅中则是"春池八九曲,画舫两三艘"。

白居易的履道里宅园也是以池为中心布置景物,他在《池上篇》并序中说:"地方十七亩。屋室三之一,水五之一,竹九之一,而岛树桥道间之。"池中栽莲栽菱,水上可以泛舟、观鱼、垂钓,围绕池设置亭、台、桥、岛等,水边林下可以纳凉闲步。

宅园中亦多有泉。文人们常在园中人工引泉,并在泉中置石,泉流石上,其声潺潺,悦耳动听,更增添了水边林下的意境,带给人超然世外之感。白居易《引泉》一诗说:"静扫林下地,闲疏池畔泉。伊流狭似带,洛石大如拳。谁教明月下,为我声溅溅。"泉流石上之声更可增添山林之氛围,让人忘却凡尘俗世中的烦恼,"泉石磷磷声似琴,闲眠静听洗尘心。"(白居易《南侍御以石相赠助成水声因以绝句谢之》)"碧玉班班沙历历,清流决决响泠泠。"(《滩声》)泉声似琴,闲眠静听,可以让人清心。文人们还充分利用宅园周围的自然水景,来营造独特景观供其欣赏。如白居易《西街渠中种莲叠石颇有幽致偶题小楼》一诗说:"雇人栽菡萏,买石造潺湲。"诗人买石放置清流之中营造潺湲水声,雇人在水中栽莲以供观赏。《亭西墙下伊渠水中置石激流潺湲成韵颇有幽趣以诗记之》说:"嵌巉嵩石峭,皎洁伊流清。立为远峰势,激作寒玉声。"诗人精心在伊水渠中放置峭石,并将其立成具有美感的山峰之势,亦让流水冲击形成寒玉般的水声。裴度的宅园中也引泉较多,白居易《奉和裴令公新成午桥庄绿野堂即事》中说"引水多随势"。牛僧孺的宅园中也有泉和石。牛僧孺的下属知其极爱美石,于是纷纷献瑰纳奇,于是"东第南墅,列而置之"(白居易《太湖石记》)。

宅园的营建本是一项琐碎事务,但文人们并不以为苦,反倒觉有无限乐趣在其中,建成之后,主人还往往不断对它进行完善,使之更加与自己的审美追求相契合。白居易宅园先作池东粟廪,又作池北书库、池西琴亭,加石樽,其后,"乐天罢杭州刺史时,得天竺石一,华亭鹤二以归,始作西平桥,开环池路。罢苏州刺史时,得太湖石、白莲、折腰菱、青板舫以归,又作中高桥,通三岛径。"①可见,其宅园既为实用,也为审美娱情,并根据实际需要和情趣追求不断增加景观。平日宅园中的很多琐碎杂务、修葺劳动等也被赋予了雅的情趣,成为他们诗意栖居的一部分。白居易《葺池上旧亭》一诗说:"苔封旧瓦木,水照新朱蜡。软火深土炉,香醪小瓷榼。"讲的是修葺园池中旧亭。《池畔二首》说:"疏理池东树""持刀间密竹",记疏理池边之树、竹之事。《春葺新居》言:"平旦领仆使,乘春亲指挥。移花夹暖室,徙竹覆寒池。"记春日葺园中新居、移药、徙竹之情景。事事精心,亲自打理,在这些劳动中,诗人的心情是愉快而惬意的,园中的一石一亭、一草一木似乎都蕴含了诗人的感情。

二 晚唐洛阳文人的宅园吟咏与洛阳城市意象的构建

晚唐洛阳文人宅园建成后,不仅是他们起居游赏的私人空间,也成为他们邀请友朋雅集的诗意场所。他们写作了大量以宅园为题材的诗歌。这个诗歌世界中的宅园既是生活中宅园的写实,同时又增添了更为丰富的蕴涵。正如迈克·克朗在《文化地理学》一书中所说:"文学作品不能被视为地理景观的简单描述,许多时候是文学作品帮助塑造了这些景观。"②文人们在其间的诗意生活和文学书写,使洛阳宅园及其营造的闲适氛围、优美空间得以彰显于世,成为典型的城市意象留存在世人记忆中,正所谓"夫美不自美,因人而彰"。(柳宗元《邕州马退山茅亭记》)再美的景观也需要有人去欣赏和发现才能显现出它的价值。李浩先生在《唐代园林别业考论》一书中说:"园林虽是形胜佳丽的荟萃,但其价值必须经过观赏才得以实现,观赏者主体的

---

① (唐)白居易著,谢思炜校注《白居易诗集校注》卷三七,北京:中华书局,2006年,第2846页。
② (英)迈克·克朗著,杨淑华、宋慧敏译《文化地理学》,南京:南京大学出版社,2003年,第55页。

体验、创造对于开拓园林意境也起着很大的作用。换言之,园林的观赏是一个对各种审美信息的接受过程,接受者的艺术心理(包括认知、体验、联想、想象)使园林的意蕴更加丰富,更加细腻,更富有个性。"①洛阳文人的宅园景观也是如此。

  首先,诗人在诗歌吟咏中强化了宅园的清幽、超越尘俗的特质,时而亦会引发具有哲理意味的思考。园中景观可以让人修身养性,获得心灵的平静与安适。白居易宅园的境界是清幽的,如:"东南得幽境,树老寒泉碧。池畔多竹阴,门前少行迹。"(白居易《洛下卜居》)"地与尘相远,人将境共幽。"(白居易《履道新居二十韵》)"寂无城市喧,渺有江湖趣。"(白居易《闲居自题》)"门前便是红尘地,林外无非赤日天。"(白居易《池畔逐凉》)裴度和牛僧孺的宅园是清幽的:"池馆清且幽,高怀亦如此。"(白居易《和裴侍中〈南园静兴〉见示》)"便成林下隐,都忘门前事。"(白居易《奉和思黯相公〈雨后林园四韵〉见示》)刘禹锡的宅园中亦是充满幽趣:"池榭堪临泛,翛然散郁陶。步因驱鹤缓,吟为听蝉高。林密添新竹,枝低缒晚桃。"(刘禹锡《酬乐天晚夏闲居欲相访先以诗见贻》)文人们在清幽之境中获得了和官场迥然不同的内心的悠然和平静。牛僧孺在宅园中"台上看山徐举酒,潭中见月漫回舟"(刘禹锡《和思黯南庄见示》)。不再匆忙,不再忧虑,充满了散淡与随意。白居易《池上竹下作》一诗说:"水能性淡为吾友,竹解心虚即我师。"水之性淡,竹之心虚,淡与虚,恰恰都是道家所倡导的自然状态,故可为我友,为我师。"飞沉皆适性,酣咏自怡情""鱼跳何事乐,鸥起复谁惊。莫唱沧浪曲,无尘可濯缨。"(《春池闲泛》)眼前的宅园便是一个浓缩的自然世界,鸟飞鱼沉,皆各适其性,人之酣咏亦是怡情。"眼尘心垢见皆尽,不是秋池是道场。"(《秋池》)在白居易看来,宅园中的小池可以涤除眼中之尘、心中之垢,让自我的世界一片澄明。"鱼鸟人则殊,同归于遂性。"(《春日闲居三首》其二)鱼、鸟、人虽

---

① 李浩《唐代园林别业考论》,西安:西北大学出版社,1996年,第67页。

是不同的事物,而在宅园之中,三者都能适性,获得自由。在宅园中静观景物的同时,诗人亦获得了充满哲理意味的领悟。再如白居易《池上寓兴二绝》:

　　濠梁庄惠谩相争,未必人情知物情。獭捕鱼来鱼跃出,此非鱼乐是鱼惊。

　　水浅鱼稀白鹭饥,劳心瞪目待鱼时。外容闲暇中心苦,似是而非谁得知。

《庄子·秋水》载:"庄子与惠子游于濠梁之上。庄子曰:'鲦鱼出游从容,是鱼之乐也。'惠子曰:'子非鱼,安知鱼之乐?'庄子曰:'子非我,安知我不知鱼之乐?'"①诗人在宅园中面对小池,神思游骋:庄子与惠子游于濠梁之上,关于鱼之乐的争论在诗人看来也许只是一种枉然。因为人情未必知晓物之情。獭捕鱼而使鱼跃出,此非鱼之乐而是鱼惊;水浅鱼稀,饥饿的白鹭劳心瞪目等待着鱼的出现,看似悠闲,其实内心凄苦,如此个中情形又有谁能得知?池水、游鱼、飞鸟,让诗人游心骋目,生发无穷的具有哲理意味的联想。

其次,文人们在宅园吟咏中,通过类比与联想,使原本有限的宅园象征了遥远空间中的很多景物,寄寓了诗人的美好回忆和诗意想象。文人们一生宦游四方,观赏过多种自然景观,也必然有些风物和景观在心中留下美好回忆,让他们在离开后念念不忘,为了不断重温那份美好,他们常会将其中一些风物或景观布置于宅园之中。白居易一生曾在杭州、苏州等江南城市任职,江南风光是其记忆中抹不去的绚丽风景,所以其洛阳的宅园中布置了多种江南风物,诸如青雀舫、白莲花、青石笋等。他在欣赏园中景观与风物的时候自然便联想到了千里之外的江南风光。如:

　　洛下林园好自知,江南景物暗相随。净淘红粒署香饭,薄切紫鳞烹

---

① (清)郭庆藩《庄子集释》,北京:中华书局,2004年第2版,第606—607页。

水葵。雨滴篷声青雀舫,浪摇花影白莲池。停杯一问苏州客,何似吴松江上时?(《池上小宴问程秀才》)

白藕新花照水开,红窗小舫信风回。谁教一片江南兴,逐我殷勤万里来。(《白莲池泛舟》)

在诗人看来,洛下林园之佳处在于有江南景物暗暗相随,红粒罾香饭、紫鳞烹水葵、青雀舫、白莲,这些江南风物使诗人仿佛又回到了吴松江上,内心因而获得了些许慰藉,并通过不断吟咏从各个角度将这种慰藉强化,从而求得心灵的满足与适意。采莲、采菱、泛舟等也是江南地区常见的活动,既体现出"一片江南兴",而又没有江南恶风浪。有时,宅园景观也会令人观之而联想起平生经历的那些印象深刻的情景,牛僧孺宅园中的泉石小滩就令白居易想起在南方时所听巴峡之声与所见松江之色,其《题牛相公归仁里宅新成小滩》一诗言:

与君三伏月,满耳作潺湲。深处碧磷磷,浅处清溅溅。碕岸束呜咽,沙汀散沦涟。翻浪雪不尽,澄波空共鲜。两岸渑濒口,一泊潇湘天。曾作天南客,漂流六七年。何山不倚杖,何水不停船。巴峡声心里,松江色眼前。今朝小滩上,能不思悠然?

宅园中小滩于盛夏之时,满耳潺湲之声。深处碧波磷磷,浅处清流溅溅,波冲碕岸,自有呜咽之声,水散沙汀,退去片片涟漪。风吹水面,有时翻起层层雪浪,澄澈的水面映衬着纯净的天空,眼前的小滩不禁令白居易思绪悠然。

诗人在宅园吟咏中也融入了对生活的诗意想象。宅园的意趣常在于一种浓缩,寓无限自然风光于方寸之间,不同空间地域的风物可以同置一园。文人们观之可以神思飞越,想象着千里万里之外的景观。如白居易《池边即事》:

毡帐胡琴出塞曲,兰塘越棹弄潮声。何言此处同风月,蓟北江南万里情。

毡帐胡琴本是蓟北风物,由之而联想到昭君出塞的悲凉之曲。兰塘越棹则是江南景观,由之而联想到钱塘弄潮之声。小小宅园让人情通万里,胸中开阔。《池上作》说:"澄澜方丈若万顷,倒影咫尺如千寻。"小小的水池在想象中可化作万顷碧波,池中咫尺倒影则恍若千寻。《累土山》亦言:"堆土渐高山意出,终南移入户庭间。"面对眼前堆成的土山,诗人想象将终南山移入了庭院之中。

再者,通过宅园吟咏,诗人将其与传统隐逸文化相融合,营造一种身处江湖之远或归隐田园的氛围体验。水在中国文化中往往和隐逸文化相联,和适性逍遥的主体意识相联。垂钓于江湖水边的隐者形象在《庄子》中便曾出现过,《楚辞·渔父》一篇中,渔父"避世隐身,钓鱼江滨,欣然自乐"[①],与屈原之苦心用世恰成对比,其所高唱的一首"沧浪之水清兮,可以濯我缨;沧浪之水浊兮,可以濯我足"更具有高蹈出世的意味。因而,渔父自由自在、潇洒出世的形象深刻地印在了历代文人心中。历史上另外一位为文人津津乐道的垂钓者是严光,其事见《后汉书》。在后世文人心中,严光既有君臣遇合的机会,被帝王无上尊宠,又保有不慕荣利的名节,拥有独立自由的人格,是一个既获高名而又生活潇散自适的隐者形象。而晚唐洛阳文人则致力于在日常生活中,在自己的宅园中通过池、小舟、钓竿等的布置,实际扮演渔翁的形象,体验到江湖垂钓之乐,也使其宅园池滩与隐逸传统中的江湖融而为一。白居易《新小滩》一诗言:"石浅沙平流水寒,水边斜插一渔竿。江南客观生乡思,道似严陵七里滩。"将自家小滩比作严光的七里滩;《秋池独泛》一诗说:"半酣箕踞坐,自问身为谁。严子垂钓日,苏门长啸时。"将自己比作悠

---

① (宋)洪兴祖《楚辞补注》,北京:中华书局,1983年,第179页。

然垂钓的严光和傲然长啸的孙登。同时,白居易在宅园书写中对自家的池、滩、小舟及垂钓等日常活动给予了更多肯定,如《池上夜境》说:"但问尘埃能去否,濯缨何必向沧浪。"宅园中构建的林下与滩头便是隐逸的世界,可以濯去世俗的尘埃。在唐代,陶渊明及其草庐已成为一个隐逸文化的符号,陶渊明曾在诗歌中说:"众鸟欣有托,吾亦爱吾庐。"(《读山海经》)又说:"方宅十余亩,草屋八九间。"(《归园田居》)因而晚唐洛阳文人也很喜欢将自家或友人的宅园与陶渊明宅园相比,或直接将宅园称作"陶庐",体现了对陶渊明隐逸思想、人格和生活方式的认同。白居易《和裴令公南庄一绝》一诗题下注:"裴诗云:'野人不识中书令,唤作陶家与谢家。'"白居易《自题小草亭》言:"陶庐闲自家,颜巷陋谁知?"《春日闲居三首》其一说:"陶云爱吾庐,吾亦爱吾屋。"刘禹锡也将白居易宅园称为"陶庐":"陶庐树可爱,潘宅雨新晴。"(《和乐天闲园独赏八韵前以蜂鹤拙句寄呈今辱蜗蚁妍词见答因成小巧以取大哈》)

总之,晚唐洛阳文人通过对宅园的书写构建了一个宁静、悠远、远离尘嚣的诗意世界,它以现实生活中的宅园为基础,同时又获得了某种丰富与升华,它是文人追求丰富人文蕴涵,追求多样生活情趣的内心世界的折射,同时也弥补了他们现实生活的缺憾。在宅园这个优美的世界中,他们可以体验庄子所言的逍遥之境,可以体验渔翁江湖垂钓的自得洒脱,可以体验夏日林下水边独行闲吟的清凉舒展,可以体验雪天毡帐中红泥小火炉把酒言欢的温馨惬意。可以与严光、陶渊明等古代隐士高人进行心灵的对话。

古代文人隐居的目的是远离红尘俗世中的功名利禄追逐,远离官场的人事纷争、街市的喧嚣扰攘,拥有一份宁静悠远,保持内心的自由适意。当这样的环境、这样的生活在城市中可以拥有的时候,他们便也无需远离城市而回到山林田园了,所以,从这种意义上也可以说,城市住宅的诗意化、园林化拉近了文人与城市的距离,使文人可以自由愉快地隐居其中。但是,从城市发展的角度而言,这一点并不意味着文人内心对城市的完全接受与认同,甚至恰恰相反,开放性与人群的聚集、对话,商品交易的高度发展,社会分工的细化才是城市生活的典型特征和城市发展的趋势。晚唐洛阳文人群体宅园化的生活模式及其体现出的隐逸情趣一定程度上是田园生活模式与生活理想在城市中的延伸。

论宋代骚体赋的复与变

景红录

骚体赋源于楚辞,以抒情言志为基本内容,以"兮"字句为基本形态。自汉初贾谊创作《吊屈原赋》以来,历代不乏作家作品,是古代辞赋创作中较为独特的一种文学样式。宋代辞赋题材丰富,样式众多,既有文赋,也有骚体赋、律赋等。骚体赋既非宋人所创,则宋人创作必然存在对前代的模拟和学习,然而,毕竟时代不同,文学创作风气不同,宋人的骚体赋创作也必然要创造出属于这个时代的新特点。这种既继承又创新的创作现象,即"复"与"变"的问题。"复",即复古,侧重于对传统的模拟和继承;"变",即新变,侧重于对传统的颠覆和突破。宋代骚体赋中就存在着"复"与"变"对立统一的矛盾状况和创作倾向。本文欲从此角度来考察宋代骚体赋的创作状况,探讨其创作的成就和不足之处,以求对其有全面、深入的认识和理解。

一 宋代骚体赋在题材内容上的复与变

据《宋代辞赋全编》所录统计,宋代骚体赋约有二百四十篇,数量可观,超越前代,而且题材多样,内容丰富,可谓集前代骚体赋之大成。凡前代骚体赋所能表现的题材内容,在宋人的创作中都得到了继承和发扬,可谓能复古人之能事。同时,宋人又在复古之中时有新变,不仅开拓了一些前人未涉及的新的题材领域,而且即使相同的题材内容,其所表达的思想立意、情感指向也多有不同,体现出宋人的文化性格和思想价值倾向。

首先,骚体赋既源于楚辞,故自与屈原有着不解之缘。一些作者有感于屈原忠贞遭贬,故作赋代其自抒心中之不平,或伤悼其遭际之坎坷,给予极大的同情,如贾谊的《吊屈原赋》、东方朔的《七谏》等。在伤悼和凭吊屈原之外,后世文人也用骚体赋的形式来书写自己的人生遭遇,倾吐生平志向和内心牢骚,如班婕妤的《自悼赋》、柳宗元的《闵生赋》等。前者为悼骚赋,后者为拟骚赋。这两种骚体赋在宋人笔下都得到了继承和发扬,成为他们抒情言志的重要手段。苏轼的《屈原庙赋》即为前代悼骚赋之继响。苏轼有感于屈原被放逐之遭遇,认为"人固有一死兮,处死之为难",揣摩屈原被贬时心中矛盾之情状:欲远游归隐,但顾念国家君主之安危;欲挽救国家,却无处用力,唯悲伤憔悴而已。苏轼以己心体贴屈原之心境,反映的是他们在仕隐之间、报国与独善之间共有的心理矛盾。苏辙的《屈原庙赋》为同时之作,想象屈原之神灵遨游天地,申述他为国而死的高尚情操。文笔空灵而飘逸,不同于苏轼的深刻峻切。宋代祝尧的《古赋辨体》云:"公尝与兄子瞻同出屈祠而并赋,愚谓大苏之赋如危峰特立,有崭然之势;小苏之赋如深溟不测,有渊然之光。"其他如邹浩的《愤古赋》、周紫芝的《哀湘累赋》、王灼的《吊屈原赋》等,皆为追悼屈原而作。宋代拟骚赋数量众多,成就突出。如晁补之的《求志赋》,自叙仕宦经历和求学问道的心路历程。他欲有所作为,但又不愿如世俗之竞逐;朝廷虽举贤而授能,自己却困守乡里。于是他远探古人之行事,明白"士生各有遇兮,吾何为侘傺乎此时",决定"修忠信以抑躁兮,夫安知余时之后",加强自身修养以等待时机。又陆游的《自闵赋》,抒发自己空有报国壮志却无处施展的悲愤情怀:"登高以望兮,慷慨涕流。画策不见用兮,宁钟釜之是求。"词气慷慨,笔力雄壮。张耒的《遣忧赋》感慨世无知己,仕途坎坷,唯有以达观之心态,享乡居之清闲,表现出用达观、超脱态度来消解人生苦难和矛盾的倾向。其他如刘攽的《遂志赋》、刘敞的《写忧赋》、宋祁的《悯独赋》等,亦自抒人生忧患和牢骚。

其次,许多文人往往借助于对自然季节变化、山水田园景物的描述来表白心迹、寄托情感。如潘岳的《秋兴赋》、柳宗元的《囚山赋》等。还有的骚体赋专注于吟咏某一具体之物,从花草虫禽、风霜雨雪到生活器物,借以表达自我性情或寄寓某种情感,如曹植的《蝉赋》、杨炯的《幽兰赋》等。宋代骚体赋中延续了这两种题材内容并加以发扬。前者中有写人生悲愁的,如张嵲的《续囚山赋》,接续柳宗元之作,抒写自己困居山林而难有作为的幽愤,所谓"仰天俯地了不见其隆宽兮,怀壹郁而增忧。嗟余生之不辰兮,偶托迹而淹留"是也。张耒的《暮秋赋》、宋祁的《岁云秋赋》等,皆属此类。有写山水田园悠游闲适之情的。如崔敦礼的《闲居赋》写自己乡居生活:"迟余步乎东畴兮,或嘉蔬之葱蒨。撷杞菊而将瓜芋兮,袖雨露之微泫。"颇有田园诗悠然恬淡的情趣。朱熹的《感春赋》、张侃的《春风赋》等情调相类。还有写家国情怀的,如郑思肖的《泣秋赋》抒写国破家亡的深悲巨痛,激荡着爱国志士的血泪呼号:"每泣血涟如兮,为大耻未报;誓挺空拳兮,当四方驱驰!⋯⋯金可销兮铁可腐,万形有尽兮此志不可移!"表现出慷慨不屈的报国志向和人格品质。后者中有咏物寄怀的,如陆游的《虎节门观雨赋》描写风雨纵横的壮观场景:"雨势飘忽兮,其阵堂堂;甚锐且整兮,遇者辟易而莫当。翻江倒海兮,沃除骄阳;天地晦冥兮,日月翳光。如天战之初酣兮,壮士颜行;飞白羽之箭兮,攒绿沉之枪。既散复合兮,奇正靡常;乘高督战兮,吾气甚扬。"用激烈的战斗场景来形容雨势,寄寓自我报国杀敌的胸怀。杨万里的《中秋月赋》、高似孙的《幽兰赋》等亦各有所寄。也有借物托讽或寓言垂戒的,如朱熹的《梅花赋》,假托宋玉因楚襄王爱梅而进谏。"君性好而弗取兮,亦吾命其何伤",暗讽君王好名而无实。又如刘克庄的《诘猫赋》《劾鼠赋》和《遣蠹鱼赋》三篇赋作,以游戏之笔发郑重其事之论,于嬉笑无稽之中寓愤世嫉恶之心。《诘猫赋》谓猫饱食终日而不捕鼠,责之曰:"嗟尔以捕为职分,狞面目而雄牙须。于所当捕分卵翼之勤劬,于所不当捕分踊跃而殴除。"即暗讽是非不分、妄加弹劾的言官。刘敞的《斗蚁赋》、陈傅良的《戒河豚赋》等亦有借物说理以寓鉴戒之意。

最后,汉唐骚体赋中有行旅赋,以作者的远游行旅为主线,或写离乡远游的见闻和心境,或写滞留他乡对故园的思念和悲伤,皆从游子自身境况而生发感慨。如班彪的《北征赋》、蔡邕的《述行赋》、王粲的《登楼赋》等。宋代骚体赋中有写远游行旅的,如邢居实的《南征赋》、李纲的《续远游赋》、蒋之奇的《北游赋》等;有写身在他乡,登高望远的,如秦观的《黄楼赋》,连文凤的《登高赋》,及文同、苏辙、张耒同题的《超然台赋》等。邢居实的《南征赋》叙述自己随父南行途中所见各地的景物,感怀曾经的人事变化,申诉自己的人生志向,最后以静心养志为旨归。清代浦铣《复小斋赋话》卷下说:"宋邢居实《南征赋》,有仲宣、安仁笔意,以其生趣之足动人也。"正见出其学习前人而又自具情怀的特点。秦观的《黄楼赋》,明代胡应麟以为"此赋颇得仲宣步骤,宋人殊不多见"(《诗薮》),而赋中"悦登临之信美兮,又何必乎故丘",正是对王粲《登楼赋》"虽信美而非吾土兮,曾何足以少留"的反驳。赋铺叙楼之雄伟及周围形胜,简述作楼之缘由,感叹古今变化,苦乐不同,认为唯哲人能参透世理,所往而皆宜。情调从容而悠闲。《超然台赋》以苏辙之作为最。赋中叙登台纵目所见与心中之所感:"倚轩楹以长啸兮,袂轻举而飞翻。极千里于一瞬兮,寄无尽于云烟。"虽感叹人生变故无常,但"诚达观之无不可兮,又何有于忧患"? 表现出宋代文人淡泊、通达的人生哲学和处世态度。其他如苏辙的《登南兴寺楼赋》、方岳的《秀锦楼赋》等,亦多抒发登临时闲散愉悦之情。

从上述言志、咏怀、咏物、述行、登临等题材内容,可看出宋代骚体赋与前代创作之间的密切关系。虽然因为时代和文人境况变化,宋人在这些赋作中描写的内容,或表达的思想情感,与前人多有不同,但总体上并没有超出前人的创作范围。不过,宋代骚体赋在学习前代创作的基础上,结合当前的社会和生活现实,在题材内容上也作出了新的开拓和发展,表现出复古之外的新变趋势。

首先,言志咏怀类骚体赋以往重在抒写个人政治失意的悲愤,而非专对朝政得失、国家治乱的批评。而"开口揽时事,论议争煌煌"(欧阳修《镇阳读书》)是宋代文人士大夫的喜好和擅长。在骚体赋中,他们也要议政论事,或颂美官僚政绩,或批评官场风气,或关注民生风俗,表现出强烈的儒家济世情怀和社会责任意识。这是宋代政治环境下文人参政议政热情高涨、政治意识强化反映在文学领域的必然结果。胡寅的《原乱赋》即是一篇推究国家治乱之根源的政论性骚体长赋。作者观今追古,又由古及今,详细论列了宠女色而乱纲纪、兴土木而民流离等六种致乱根源。至于宋代朝政混乱的原因,则直指王安石、蔡京等主政者,痛斥他们"饰六艺以文奸言兮,假皇威而敷之。示好恶以同俗兮,蒙一世而愚之",于是寄希望于新君:"伟哲王之英达兮,拨乱世而反之正。求豪杰与之驰骋兮,扫旧迹于邪径。"此赋可谓是讨伐北宋变法派的一篇政治檄文。又王回的《事君赋》和《责难赋》重在阐述儒家的政治思想。前者强调选贤任能是事君根本,后者突出以仁义引导君主是臣子之责任。王十朋的《民事堂赋》论述政治措施于民生之利弊,涉及灾荒、节用、榷酤、兼并等,颇见为政为民之仁者情怀。曹彦约的《尽心堂赋》以"尽心"为核心,论述前代刑法治国之得失,以为当今正本清源之龟鉴。又有刘敞的《诋风穴赋》指责风穴为害之甚,希望上天能为民除害。文同的《石姥赋》写民众惑于石姥,暑旱求雨,希望皇天将其摧毁,为民造福。张嵲的《吊丛冢赋》针对民间停棺于寺、久而不葬之弊发表议论,希望当政者能体恤民情,祛弊扬仁。这些赋作皆因某些具体民生之事有感而发,是宋代政论中关注现实民生的具体体现。至于王象祖的《寿台楼赋》、范纯仁的《喜雪赋》等,或颂朝廷爱民,或赞官员勤政,皆以颂美为目的,意义不大。

其次,宋代骚体赋还有的借古讽今,在对古人古事的议论中引出对现实政治以及世道人心的某种希望或借鉴。这种咏史怀古类的题材内容也是宋人的一种新开拓。如苏过的《思子台赋》,因汉武帝杀戾太子之事,又引晋惠帝、秦扶苏、曹操之事,说明帝王信谗嗜杀之危害,希望引起后来统治者的警醒。《古赋辨体》卷八云:"《思子台赋》,则自首至尾,有韵之论尔。文意固不害其为精妙,而去六义之赋远矣。""有韵之论""去六艺之赋远",正是它脱离传统、追求新变的结果。又张耒的《涉淮赋》有感于五代时南北割据而终归统一的历史往事,说:"嗟百年之几时兮,山川俨其如新。忽人事之几变兮,抚墟庙而湮沦。"颇有"人世几回伤往事,山形依旧枕寒流"的意味,富有怀古诗的思绪和情韵。薛季宣的《吴墟赋》凭吊东吴故墟,感慨其末期之混乱,追想初创之辉煌,有不胜今昔盛衰之感。吴镒的《义陵吊古赋》凭吊被项羽所杀之义帝,又从秦皇、汉祖先兴后亡之遭遇,感慨生死有常,富贵难恃。刘敞的《在陈赋》认为孔子当年困于陈蔡,非智不足以知危险,而是坚持信念,临危不惧:"所贵松柏之特操兮,非以其在春夏而青青。必将历岁寒而后凋兮,斯可以见天地之炳灵。"困境中更见出人的精神品格。李焘的《南定楼赋》"俯仰千载怀诸葛",认为诸葛亮竭心尽力,不负昭烈,感慨现实中无如此人物,借古讽今,忧在国事。罗颂的《鹦鹉洲赋》和罗愿的《鹦鹉洲后赋》重在为祢衡鸣不平,认为其可以和屈原、贾谊并列。又有钱鳃、陈岩肖、徐梦莘、滕岑、王炎的同题《钓台赋》和范浚的《述严赋》,皆论东汉严光事迹。孔武仲的《双庙赋》赞叹唐代张巡、许远,周紫芝的《醉三贤赋》赞美白居易、苏轼和林逋,狄遵度的《凿二江赋》赞扬李冰父子。这些咏史怀古之骚赋,或批评以引为教训,或褒扬以表达敬仰,或辩驳以显明是非,或感叹以抒发情怀,皆体现出宋代文人的历史认知和价值取向。

再次,宋人在骚体赋中还论学说理,阐发道学思想。宋代理学兴盛,许多文人既吟诗作赋,也研究经典,故在用散文阐述学术思想之外,也会用到骚体赋这种文学形式。尽管汉代扬雄的《太玄赋》、张衡的《思玄赋》已开了玄理骚赋的先河,但都不如宋人普遍而透彻。他们广泛摘取经传术语,详尽阐释深言奥义,思辨性强,学术味浓,除了形式上是骚体,内容则与一般说理论文无异。如陈普的《太极赋》和《三才赋》多用《易经》中语,阐述阴阳变化之理和天地人三才之道。赵湘的《正性赋》从正反两方面阐述以仁义扶正性情的重要性,反对道、法、墨等异端思想。王回的《爱人赋》重在发挥儒家"忠恕以爱人"的思想,强调加强个人道德修养的重要性。袁甫的《觉赋》说:"厥初生民兮,通天地之性情。名之曰觉兮,为万物之最灵。此灵此觉兮,匪自外生。"又《鹿野赋》说:"山因人高兮,山何怪奇?水随人洁兮,水何清漪?山水契予之心兮,不惠不夷。"主要是阐述心学的基本思想。时少章的《征玄修赋》阐述遵从仁义养性保真的道理,则是融合了儒、道两家思想于一体。张栻的《遂初堂赋》言上天赋予,万善充足,人当去欲存理,以遂其初心。又周孚的《归愚堂赋》写自己鉴于往昔竞进之艰难,遂退守故园,以守愚退缩为人生之归宿。王迈的《六野堂赋》阐述"野"的内涵,认为穷则以野善其身,达则以野救斯世,"此野之为义其大"矣。陈仁子的《求初堂赋》写自己难容于世,于是筑室山中,回返初心,抱朴养真。杨简的《南园赋》于自然万物变化中感悟其道理,以为"斯妙兮可言而不可语,惟可弄明月兮歌清风"。这四篇骚赋虽亦言理,但颇多叙事与写景,不似专谈性理者之枯燥乏味。其他如朱熹的《白鹿洞赋》、方回的《石峡书院赋》,以阐发理学家的治学思想为主。葛长庚的《龙虎赋》《紫元赋》《鹤林赋》全是道家炼丹之言,殊乏意味。

另外,宋代骚体赋中还有抒写友情的,如范成大的《惜交赋》;有写男女情感的,如薛季宣的《坊情赋》;有伤悼离世亲朋的,如李处权的《悼亡赋》;有记述梦境的,如晁补之的《梦觐赋》;有题咏书画的,如方回的《山水图赋》等,可见出宋代骚体赋题材内容之丰富,远超前代之创作。

总的来说,宋代骚体赋在题材内容上对于前代创作既有复,亦有变,既继承和发扬了前代已有的题材类型,同时又开拓和创造了不同于传统的新的创作领域。这种新变扩大了骚体赋的表现范围,拓展了其表现功能,使得骚体赋既可以抒情言志、写景状物,又可以论政说理、咏史怀古,像散文一样无意不可入,无事不可写。所以,从扩大骚体赋的题材内容、增强其表现功能的角度来说,宋代骚体赋的复与变是相得益彰的。有复无变,难以超越传统题材的局限获得大的发展;有变无复,则失去了骚体赋的传统文学功能和本质特性。复变结合,才大大丰富和拓展了骚体赋的题材领域和表现功能。但是,从骚体赋的文学特性而言,传统的抒情言志、写景咏物是适合的题材范围,而宋代用以论政、论史、论学,则并没有加强其文学色彩。《古赋辨体》卷八说:"尝谓自汉以来,赋者知赋之当丽,而不知赋之当则。自宋以来,赋者虽知赋之当则,而又不知赋之当丽。"宋人以骚体赋论政、论史、论学,做到了思想内容的新颖、充实、规范、正确,但却忽略了骚体赋本身的文学特性和美感功能,所以这些赋作尽管思想纯正,道理深刻,却少能给读者以情感激发和心灵触动。因此,宋代骚体赋在题材内容上的新变也存在一些缺陷和不足。这体现出复与变之间的矛盾对立性。

二 宋代骚体赋在艺术表现上的复与变

复与变的共存与对立不仅体现在宋代骚体赋的题材内容上,也体现在其表现形式和创作方法上。宋人进行骚体赋的创作,自然要遵循在楚辞和汉唐骚体赋中已形成的文体规范,沿用已有的表现形式和艺术手法,不然则不能称之为骚体赋。所以,"复"是必然的、必须的。但在遵循和沿用已有规范和手法的基础上,宋人仍要表现自己时代的文学特点,把在诗歌与散文方面的创作经验和习惯延伸、贯彻到骚体赋的创作中来。宋代自欧阳修倡导诗文革新以来,在诗歌、散文的创作上继往开来,蓬勃发展,取得了很大的成就。这种革新精神和文学趋向势必深入到骚体赋的创作中来,给这种注重传统艺术规范的文体带来新的变化。所以,"变"也是宋代骚体赋在艺术上的必然选择。

首先,骚体赋既以赋为名,在表达方式上自然以铺叙为主。无论是叙事、抒情、写景、状物,都以铺排描写为主要表现手段,对外界事物和内心活动展开细致、有条理的叙述和描写。在叙述和描写的过程中,情感的抒发与景物的刻画相互交织在一起,有时又伴随着想象的飞跃,以虚幻的游仙描写来烘托和渲染气氛,给人以似真似幻、虚实相映的感觉,具有强烈的浪漫主义色彩。宋代文人从模仿楚辞入手,把屈原作品中的香花美草描写融入自己的赋作中。如姚勉的《兰国赋》中铺写兰国的美丽景象:"缭夫容以为池兮,扈江蓠以为城。建薜荔而为门兮,合百草使实庭。荪壁桂栋兮菊椒成堂,辛夷为楣兮蒻之为房。芷葺荷盖兮,橑之杜衡。户素枝而赤节兮,家绿叶而紫茎。"模拟的是《湘夫人》中"筑室兮水中,葺之兮荷盖。……合百草兮实庭,建芳馨兮庑门"一段描写,全用香花美草来点缀和装饰。他们还学习屈原作品中的游仙描写,营造一种似真似幻的浪漫气氛。如苏辙的《屈原庙赋》"鼓桂楫兮兰为舟,横中流兮风鸣厉"一段描写屈原之神灵遨游情景。而张九成的《述志赋》中"朝饮蓝桥之云液兮,夕餐月殿之落英。制芙蓉以为裳兮,纫兰芷以为佩。蹑天风余上征兮,将以朝于玉帝。朝发轫于泰华兮,夕余叩乎天阊。览瑶台珠阁之突兀兮,骖苍虬彩凤以骏奔。吾与群仙遨游兮,曰蓬瀛乎此焉处"一段,则是描写自己四方遨游的情况。这是继承和学习楚辞艺术表现手法的结果。他们又学习魏晋六朝赋铺排描写山水田园景物,以精巧之笔传自然景物之神韵。如苏辙的《登真兴寺楼赋》描写登楼所见景色:"牛羊相从而下来兮,孤烟特起于苍茫。南望连山之参差兮,奔走相属而腾骧。桀嶪峩其雄高兮,惟太白与终南。林阜蔚以扶拱兮,浩合沓而穰穰。"情景相生,形神兼备,宛如工笔描绘的风景画一般。铺排描写也用以刻画人物容貌服饰或心理境况。如薛季宣的《坊情赋》描写女子的美丽:"彼美人兮婉且都,容闲闲兮艳春华。髻堆云兮鬟蝉翼,瑳皓颈兮凝酥。瞬目兮秋波,步弓玉兮飞凫。束素佩兮琼琚,冠集翠兮芙疇。独立兮墙隈,顾景兮徘徊。笄丹葩兮柳绿,寄芳情兮青梅。"细腻生动,描画真切。

无论是写游仙,还是写景写人,宋代骚体赋都继承和发扬了铺叙和描写的表现手法,既婉转细腻,又情景相生,给人以直接真切、形象生动的艺术美感,极大地增强了作品的文学色彩,可谓善于复古,得其优长。但宋代骚体赋在表现手法上不止于此,在铺叙和描写之外,更突出的是大量议论的运用,又有其新变之处。

严羽曾批评宋诗"以议论为诗",而某种程度上说,宋代骚体赋也存在"以议论为骚赋"的特点。骚体赋中运用议论并非自宋代始,但却至宋代渐成主要的表达方式,在作品中大量使用,已成一代之风气。前面所提到的那些以论政、论史、论学为主的赋作自不必说,议论在其中是基本的目的和手段,这些作品都可以当作论说散文来看待。就是一般的言志、咏怀、写景、咏物、述行之作,在铺叙和描写之后,也往往以议论来揭示思想观点或创作主旨,充分体现了宋人写文章好议论、爱说理的特点。如苏轼的《屈原庙赋》,前面叙事,简单几笔交代行程,点出屈原当时之处境。至"悲夫!人固有一死兮,处死之为难",则开始大发议论。先提出观点,再分析屈原当时的心理矛盾,然后对照现实中为臣者之世故圆滑,反衬出屈原精神之可贵。最后用几句赞语总结全文,点明主题。《古赋辨体》卷八评曰:"虽不规规于楚辞之步骤,中间描写原心,如亲见之,末意更高,真能发前人所未发。"说他"发前人所未发",正说明其以议论而见长;说他"不规规于楚辞之步骤",正说明其表现手法上不同于前代之传统。又如苏辙的《超然台赋》,先叙述超然台所居之地,再描写登台见闻及感受,接着就展开议论,阐述人生面对是非荣辱秉持达观心态的重要性,如此才能脱离困苦获得快乐,此即"超然"命意所在。前面的铺写都是为了引出后面的议论,表达自己的人生感悟。其他赋作大体亦如此,在铺写之后总要归之于议论,阐明作者要表达的思想理念。铺叙是手段,议论才是重点,起画龙点睛的作用。但是若议论过多,铺叙和描写不足,则会极大地损害作品的文学性,其弊端也是显而易见的。

其次,骚体赋在外形上最显著的标志就是虚词"兮"的使用。在楚辞中,"兮"字在句子中的位置有三种:一是在两句之间、上句之末,如"帝高阳之苗裔兮,朕皇考曰伯庸";二是在一句之中,如"袅袅兮秋风,洞庭波兮木叶下";三是在两句之末,如"后皇嘉树,橘徕服兮"(《橘颂》)。这三种句式为后来骚体赋所继承,尤以前两种最为常见。宋代骚体赋也不例外,如"嗟余志之莫就兮,哀天时之不予谋。"(张耒《暮秋赋》)"望幽篁兮隔水,愿一见兮君子。"(杨冠卿《君子亭赋》)"长虹流电,光烛天兮。"(苏轼《服胡麻赋》)基本承袭前代成规。宋代骚体赋在句式上与前代真正的不同,在于句子的长短变化。传统骚体赋的基本句型是四字句或六字句,如"恭承嘉惠兮,俟罪长沙。"(贾谊《吊屈原赋》)"挟清漳之通浦兮,倚曲沮之长洲。"(王粲《登楼赋》)宋代骚体赋有的秉承传统,以六字句结构全篇,颇为整齐,如张耒的《后涉淮赋》、秦观的《黄楼赋》、方岳的《秀锦楼赋》、范纯仁的《秋风吹汝水赋》等。也有全用四字句的,如苏轼的《服胡麻赋》、刘敞的《栟榈赋》,但比较少。更多的情况是以六字句为主,杂用四字、五字、七字、八字等句式,如晁补之的《求志赋》、朱熹的《感春赋》、胡寅的《原乱赋》等即是如此。这些都体现着宋代骚体赋在句式上对前代规范的遵循和继承,是句式上的复古。但是,宋人既能以散文之议论用之于骚体赋,自然也能以散文之句式用之于骚体赋,突破成规,大胆创新，造成骚体赋句式的散文化，即欲长则长，欲短则短，长短不齐，错综变化；语句相连，意脉贯穿，婉转曲折，自然流畅。虽为骚体，却极具散文自由挥洒之精神和气韵。如刘克庄的《柳州白水瀑泉赋》中说：

> 昔列子夸吕梁之悬水兮，太白诧香炉之瀑布。后得西淙千丈之瀑于吾里兮，尤澎湃而奔注。谓天下之美尽于是兮，惊喜而为之赋。晚逢蜀珍兮，乘轺而南骛。班荆而坐兮，倾盖而语。曰宇宙间殊尤诡异之观兮，显晦有数。曩吾拥麾兮，天下之穷处。义帝之故都兮，莽荆榛而伏狐兔。吾披山而通谷兮，忽奇境之呈露。亘古今之咏瀑兮，假玉虬白虹以设喻。下垂三十仞兮，流沫数百步。铿鏦铿鞳如瓠子之决兮，胥涛之怒。莫不托之于雄辞兮，曾未极其幽趣。

句式完全随意之所至，自由变化，长短不齐，语句前后衔接紧密，起承转合，意脉连贯，极具散文自由抒写、曲折变化而又自然顺畅的特点。苏辙《巫山赋》、陆游《虎节门观雨赋》、郑思肖《泣秋赋》、杨简《南园赋》、刘克庄《谴蠹鱼赋》等作品的句式也多属此类。这些骚体赋尽管依然押韵，用"兮"字，但与一般散文已差别不大。若去掉"兮"字，即是山水散文和寓言散文。

最后，宋代骚体赋在字词语言的使用上也存在复与变的问题。骚体赋以楚辞为典范，不仅模仿和学习其题材内容和艺术手法，而且也继承和模仿其字词用语。这在宋代骚体赋中主要有两种情况：一是直接化用屈原、宋玉等前人辞赋中的语句和字词。如时少章的《遂性赋》有句"长太息以掩涕兮，马踯足而不移"，上句直用《离骚》中成句。杨冠卿《君子亭赋》有句"愿鹈鴂兮不鸣，恐蕙草兮先秋"，化用《离骚》中"恐鹈鴂之先鸣兮，使夫百草为之不芳"句。李洪《双鹤赋》"冠切云而佩陆离兮，袭蒪芷而纫蕙兰"，上句化用《涉江》"带长铗之陆离兮，冠切云之崔嵬"，下句化用《离骚》"扈江蓠与辟芷兮，纫秋兰以为佩"。陈普《远行送将归赋》"憭栗兮远行，登山临水兮送将归"直接用宋玉《九辩》中句。至于一些常见词语如"羌""矧""謇""嗟""怳"等更是承楚辞而来,堪为骚体赋的标志用语。另一种是模拟和学习楚辞的用语习惯和语言风格,多用典雅而生僻的书面语,语意艰深而修饰性强。如张嵲的《憎雨赋》云:"皇天不容于昭明兮,白日不容于显融。恶堪舆之清朗兮,好云霓之晻霭。"薛季宣的《春霖赋》云:"遭霖霪之嫣绵兮,窃独悲此众芳。氛祲郁其缤纷兮,蔽皇苍之溴淰。"文同的《石姥赋》云:"上嶜崟之飞泉兮,披荟蘙之榛莽。骬倦郄而膺喘兮,穷其巅于绝岨。"如"显融""晻霭""嫣绵""氛祲""溴淰""嶜崟""荟蘙"等词语,皆典型书面语,生涩艰深,需借助字书方能明确其义。这种用语习惯和语言风格颇有"以文字为骚赋"和"以才学为骚赋"的倾向,把作赋看作是显示才学广博和文字功夫深厚的一种手段。这样的文字语言看起来典雅深奥,古色古香,但读起来佶屈聱牙,意义晦暗不明,反成了理解文章主旨和作者用意的障碍。这种倾向既是对前代传统继承和学习的结果,也是宋代一种文学创作风气。宋代一些作家本身就好以艰深之语文饰浅易之说,刻意追求一种深奥典雅、精致雕琢的语言风格,如宋祁的多篇骚体赋即属此类。其《岁云秋赋》云:"露既肃其早凄兮,霜又申以凝冷。号阴虫之夕韵兮,流腐磷之宵景。病晚馥于菊涯兮,委孤秀于兰町。矧梧楸之脆根兮,与蒲柳之残境。"又如陈仁子的《求初堂赋》云:"緊鸿灵之幽纷兮,肇勋华之淑轨。凿混沌之氛氲兮,滋末叔之疮痏。蹑崆峒而骋怀兮,抚垓埏而遹曬。"措辞较为典雅,用字极力雕琢,意思表达也较为隐曲。其他如薛季宣、周紫芝、刘攽、刘敞等的一些作品,也表现出相近似的语言风格。

当然,有追求雕琢雅致的,自然也有追求浅俗明白的,前者为复,后者为变,是宋代骚体赋在语言文字上的两极表现。文字以浅俗明白为主的,有前述刘克庄的骚赋及陆游的相关作品,又如李纲的《江上愁心赋》云:"横中流而吊古兮,凭此江以为阻。不修德而恃险兮,咸奔亡而系虏。彼六朝之三百年兮,竟江山之谁主。历隋唐而混一兮,迄五季而割据。惟真人之龙翔兮,削僭乱而奠区宇。漠然但见山高而水清兮,垂二百年不复识旗帜而闻金鼓。"感今怀古，文字朴实而有力，浅显而明白。又谢逸的《感白发赋》末云："君之阁深且远兮，曷不上书而陈事？公侯之门高而峨峨兮，亦有长裾之可曳。胡不驾言而远游兮，四海岂乏乎兄弟？沧浪之水清兮，可以漱濯乎污人之腻。"亦文字爽朗，意思显豁。但若文字过于浅显通俗，显然不合于骚体赋的传统语言风格，不能体现其形式美特点，故在艰涩与浅俗之间，在复与变之间，宋代一些作家合其两长，各弃其短，在语言文字上追求既不过深又不过俗的新风格，形成了清新精致、自然秀丽的语言特点。如张耒的《游东湖赋》首云：

> 纷不知吾之所如兮，独漫漫而若狂。乘醉饱之余力兮，遂陟巘而缘冈。惟大冬之栗烈兮，莽川泽之茫茫。农功休乎场圃兮，平陆散夫牛羊。悯大木之百围兮，惨赤立而无裳。鹳鹤群鸣而下上兮，杂篁竹之青黄。忽平陆之既穷兮，渐积水之汪洋。

写冬日所见之景，既叙又描，勾勒情境，文字平实明白，又精当简练。又如秦观《黄楼赋》云："发哀弹与豪吹兮，飞鸟起而参差。怅所思之迟暮兮，缀明月而成词。"李处权的《乐郊赋》末云："惟受性之拙疏兮，乏趋时之周旋。委穷达于造物兮，问行藏于彼天。凛岁寒之孤操兮，固久久而弥坚。拟登高之能赋兮，托余思以终篇。方俯仰而自得兮，尚无愧于昔贤。"无论抒情还是议论，语言也精丽雅洁，明白而自具光彩。苏辙《超然台赋》、张耒《暮秋赋》《涉淮赋》等中的词句，也属此类。

　　总的来说，无论是题材内容还是艺术表现手法，宋代骚体赋都存在复与变的矛盾。从发展的角度来说，"复"是遵循根源，坚守传统；"变"是开拓变化，突破成规。从文体的角度来说，"复"即是尊体，"变"即是破体。尊体要求按已形成的体制、规范进行创作；破体则要突破已有的规范，求新求变。《古赋辨体》卷八云："《秋声》《赤壁》等赋，以文视之，诚非古今所及；若以赋论之,恐教坊雷大使舞剑,终非本色。"即主张遵守赋体本色。但宋人既能"以文为诗""以诗为词",打破诗文词之间的界限,自然在骚体赋的创作上也不会墨守成规,也要打破骚赋与散文的界限。所以尽管有争议,但依然发生着"以文为骚赋"的破体现象,使得宋代骚体赋突破了传统的格局,呈现出散文化的特点。在这里,复与变之矛盾体处于相对立的状态,各自向相反的方向发展,使宋代骚体赋呈现出复变并举、各具特色的创作面貌。从"复"的方面说,优点是保持了骚体赋的抒情特质和形式美感,但一味地"复古"则会抱残守缺,泥古不化,变得僵死衰落;从"变"的方面说,优点是给骚体赋带来了新内容和新形式,使其更贴近时代思想和艺术追求,但一味求变也会取消骚体赋的本质特点,使其文学性和艺术性受到损害。当然,处于矛盾体内的复与变之间,除了对立之外,也有相互渗透、相互融合的一面。在这种渗透和融合中,它们各去其弊,合其两长,既保持了骚体赋的文学本质特点,又融合了新时代的思想情感和艺术追求;既避免了其僵化单一、古奥艰涩的弊病,又避免了过于自由放纵、枯燥乏味的不良倾向。这种复变相融、古今相生的道路才是宋代骚体赋创作中的正确选择。事实上,宋代骚体赋的一些优秀作品,如苏轼的《屈原庙赋》、秦观的《黄楼赋》、张耒的《暮秋赋》、陆游的《自闵赋》、苏辙的《超然台赋》、朱熹的《感春赋》、晁补之的《求志赋》等,正是实践这一创作道路的结果。

《西河》词调考辨
——兼论三家和周词

潘 玲

一 《西河》词调溯源

周氏之存词,据今人孙虹校注、薛瑞生订补之《清真集》,共110调184阕[1]。其中自创者52调57阕,承袭前人者58调127阕。清真词调中,最为人所关注者,乃拗怒奇崛之长调也。龙沐勋《清真词叙论》云:"清真词之高者,如《瑞龙吟》《大酺》《西河》《过秦楼》《氏州第一》《尉迟杯》《绕佛阁》《浪淘沙慢》《拜星月慢》之属,几全以健笔写柔情,则王灼以'奇崛'评周词,盖为独具只眼矣。"[2]所提及者,其中《瑞龙吟》《西河》《绕佛阁》为清真所创之三迭长调,尤宜重视。而三者两较,《西河》更以拗怒之调写怀古之情,可谓声情

---

[1] 按:孙虹校注、薛瑞生订补《清真集校注》,北京:中华书局,2002年。然该书辑佚部分收录《青房并蒂莲》(醉凝眸)一阕,不肯定是否清真所作,见第407页。考《全宋词》注:"案此首又见《阳春白雪》卷四,题王圣与作,注云:'明本误附美成集后。'所云明本,殆指明州所刊《清真集》二十四卷。此书刊于嘉泰中,王沂孙时代较晚。此词是否周邦彦作,尚未可知,但亦非王沂孙作。"见唐圭璋编《全宋词》卷二,北京:中华书局,1999年,第622页。则此词并无定论,本文从严而不计入。
[2] 龙榆生《龙榆生词学论文集》,上海:上海古籍出版社,2009年,第351页。按:其中《瑞龙吟》《大酺》《西河》《氏州第一》《绕佛阁》《拜星月慢》为清真创调。

相合之典范,故择而议之。

如何考辨《西河》词调之声情？曰:可循以下两途:一为考察当时人之记载;二为研究其作品声调组织,并参考后人知音者之效作。对《西河》之调名、来历、音乐特色记载最详之古籍,唯《碧鸡漫志》也,其卷五"西河长命女"条曰:

> 《西河长命女》,崔元范自越州幕府拜侍御史,李讷尚书饯于鉴湖,命盛小丛歌,坐客各赋诗送之。有云:"为公唱作西河调,日暮偏伤去住人。"《理道要诀》:"《长命女西河》,在林钟羽,时号平调,今俗呼高平调也。"《脞说》云:"张红红者,大历初,随父歌匄食,过将军韦青所居,青纳为姬,自传其艺,颖悟绝伦。有乐工取古《西河长命女》加减节奏,颇有新声。未进间,先歌于青,青令红红潜听,以小豆数合记其拍,绐云:'女弟子久歌此,非新曲也。'隔屏奏之,一声不失。乐工大惊,请与相见,叹伏不已。兼云:'有一声不稳,今已正矣。'寻达上听,召入宜春院,宠泽隆异。官中号记曲小娘子,寻为才人。"按此曲起开元以前,大历间,乐工加减节奏,红红又正一声而已。《花间集》和凝有《长命女》曲,伪蜀李珣《琼瑶集》亦有之,句读各异。然皆今曲子,不知孰为古制林钟羽并大历加减者。近世有《长命女令》,前七拍,后九拍,属仙吕调,宫调、句读并非旧曲。又别出大石调《西河慢》,声犯正平,极奇古。盖《西河长命女》,本林钟羽,而近世所分二曲,在仙吕、正平两调,亦羽调也。[①]

根据以上这段话,我们可知以下几点:

一、《西河长命女》为古调,唐代已有,"起开元以前,大历间,乐工加减节奏,红红又正一声",然至王灼之时代,此古调存否已不可知,故与本文所论之《西河》应无大涉,唯疑其命名之由或与此有关,姑备此以溯源。

---

① (宋)王灼著、岳珍校正《碧鸡漫志校正》,成都:巴蜀书社,2000年,第129页。

二、五代时和凝、李珣均撰有《长命女》曲,"然皆今曲子",而非古调。考和凝词,双调三十九字,前段三句三仄韵,后段四句三仄韵,其词如下:"天欲晓。宫漏穿花声缭绕。窗里星光少。　冷雾寒侵帐额,残月光沉树杪。梦断锦帏空悄悄。强起愁眉小。"①李珣《琼瑶集》已佚,查《全唐五代词》不见其《长命女》词,盖已失考。

三、以上所述者皆令词也。其所属宫调,古调"《西河长命女》,本林钟羽","时号平调",即宋时"俗呼高平调也"。而王灼所谓"近世"之"《长命女令》,前七拍,后九拍,属仙吕调"。按:仙吕调为俗称,即夷则羽也。换言之,古调《西河长命女》属羽调中之林钟羽(俗称高平调),而宋时流行之《长命女令》,属羽调中之夷则羽(俗称仙吕调),故王灼言"宫调、句读并非旧曲",然"亦羽调也"。

关于高平调与仙吕调之声情,《中原音韵》所言或可窥得端倪:

> 仙吕调清新绵邈,南吕宫感叹悲伤,中吕宫高下闪赚,黄钟宫富贵缠绵,正宫惆怅雄壮,道宫飘逸清幽,大石风流酝藉,小石旖旎妩媚,高平条拘滉漾,般涉拾掇坑堑,歇指急并虚歇,商角悲伤宛转,双调健捷激袅,商调凄怆怨慕,角调呜咽悠扬,宫调典雅沉重,越调陶写冷笑。②

我们亦可参考《碧鸡漫志》所言"为公唱作西河调,日暮偏伤去住人"及上引和凝词,大致可猜测其曲调之情感,然小令之《西河长命女》并非吾等考辨之重点。

四、本文研究之对象,乃清真首创之长调《西河》。即王灼所谓"又别出大石调《西河慢》,声犯正平,极奇古"。首先,此为"慢"曲,此慢曲在音乐上

---

① 见曾昭岷等编著《全唐五代词》上册,北京:中华书局,1999年,第472页。
② (元)周德清《中原音韵》,《四库全书》第1496册,上海:上海古籍出版社,1987年,第695页。

是否与《西河长命女》小令有所关联,因材料匮乏,不敢臆测。然以其三迭长调推算,音乐当比小令更为繁复,是毋庸置疑的。再则,更重要的,此调乃"犯"调。张炎《词源》云:

> 迄于崇宁,立大晟府,命周美成诸人讨论古音,审定古调,沦落之后,少得存者。由此八十四调之声稍传。而美成诸人又复增演慢曲、引、近,或移宫换羽为三犯、四犯之曲,按月律为之,其曲遂繁。①

清真是否曾提举大晟府,其所撰曲是否为古调,此乃题外话。但清真擅长增演慢曲,创作犯调,却是不争之事实。然则何为犯调?吴熊和先生曰:"即一曲而用两个以上宫调。不同宫调之间,音高不一致,演奏时会发生冲突,所以称为犯调。"②关于犯调之来源,陈旸《乐书》卷一六四曰:

> 乐府诸曲,自古不用犯声,以为不顺也。唐自天后末年,剑气入浑脱,始为犯声之始。剑气宫调,浑脱角调,以臣犯君,故有犯声。明皇时,乐人孙处秀善吹笛,好作犯声,时人以为新意而效之,因有犯调。亦郑、卫之变,削而去之,则声细者不抑,大者不陵,而中正之雅庶几乎在矣。

下又有附注云:

> 五行之声所司为正,所欹为旁,所斜为偏,所下为侧,故正宫之调正犯黄钟宫,旁犯越调,偏犯中吕宫,侧犯越角之类。③

如此则知犯始于唐,当时视为新声,且有正、旁、偏、侧等不同犯法。至于如何相犯,姜夔在《凄凉犯》序中说明:

> 凡曲言犯者,谓以宫犯商、商犯宫之类。如道调宫上字住,双调亦

---

① (宋)张炎《词源》卷下,《词话丛编》第一册,北京:中华书局,1986年,第255页。
② 吴熊和《唐宋词通论》,北京:商务印书馆,2003年,第111页。
③ (宋)陈旸《乐书》,《四库全书》第211册,第747页。

上字住,所住字同,故道调曲中犯双调,或于双调曲中犯道调,其他准此。唐人乐书云:"犯有正、旁、偏、侧;宫犯宫为正,宫犯商为旁,宫犯角为偏,宫犯羽为侧。"此说非也。十二宫所住字各不同,不容相犯。十二宫特可犯商、角、羽耳。①

据姜氏之言,住字相同方可犯。所谓"住字","就是'结音',是一个调式的基音、主音。所住字同,就是不同宫调之间有个共同的主音为基础,这样就可以相互联结或组合成一曲。"②

使用犯调可使音乐繁复,腔调韵美。姜白石自云:"予归行都,以此曲示国工田正德,使以哑觱栗角吹之,其韵极美。"③犯调非知音者不可为。上述《碧鸡漫志》称清真此曲为:"又别出大石调《西河慢》,声犯正平",大石调即黄钟商,属商调;而正平调即中吕羽,属羽调。据此推论则乃以商犯羽也。考张炎《词源》,辟有"律吕四犯"一条,分为"宫犯商、商犯羽、羽犯角、角归本宫"四类④,惜"商犯羽"究竟在音乐上如何相犯,已不得而知。

曲调相犯之后,对于其声情造成何等影响,因旧曲亡佚,典籍阙如,吾等亦不可妄作解人。上引《中原音韵》虽有提及"大石调"之大致特色,却并无"正平调"之记载,因当时"止六宫十一调,视张炎所列者,已损去一宫一调。盖元时以高宫并于正宫,又以中吕、仙吕、黄钟三调与六宫复,故去之,妄易以宫调、角调、商角调;更缺一正平调,故存六宫十一调也"。⑤事实上,我们以后出之曲书,论词之声情,已可商榷。而将千百种词调,定于一端,亦有以偏概全之虞。故词学家对《中原音韵》之论述,有正反两种意见。肯定者如詹安泰先生:"此虽为曲立论,与词不无出入;然取较现存曾注宫调之词,其

---

① (宋)姜夔著、陈书良笺注《姜白石词笺注》,北京:中华书局,2009年,第108页。
② 吴熊和《唐宋词通论》,第111页。
③ (宋)姜夔著、陈书良笺注《姜白石词笺注》,第108—109页。
④ (宋)张炎《词源》卷下,见《词话丛编》第一册,第252页。
⑤ 詹安泰《论音律》,作者著《詹安泰文集》,北京:商务印书馆,2003年,第76页。

声情所属,所差亦觉不远。"①然亦有研究者持怀疑态度,如吴熊和先生以为:"说六宫十一调声情各自不同,理论上容或如此,实际上却与作词并无关涉。……宫调仅以限定乐器用音的高下。同一宫调的曲调,其声情仍因曲而异,并不因宫调相同而声情归于一律。"②

笔者则持折衷意见,首先,此书所言甚简略,不可拘泥。因宫调仅十多种,而词调则有数百数千之多,不可能毫无差异。如《九宫谱定总论》所言:"凡声情既以宫分,而一宫又有悲欢、文武、缓急等,各异其致。"③但从另一角度看,其所言载必有所据,其所论声情,或为该宫调之基本情形,然随音乐之发展,可在此基础上加以变化,尤其犯调更宜谨慎。《清真集》中,有的犯调径以"犯"命名者,如《侧犯》《花犯》《倒犯》《玲珑四犯》。有的则虽不以"犯"命名,实亦犯调也,《西河》《瑞龙吟》即是。无独有偶,《瑞龙吟》也与正平调相关,据黄升《花庵词选》注曰:

> 今按此词自"章台路"至"归来旧处"是第一段;自"黯凝伫"至"盈盈笑语"是第二段,此谓之"双拽头",属正平调。自"前度刘郎"以下,即犯大石,系第三段。至"归骑晚"以下四句,再归正平。④

由此可知,《瑞龙吟》此调非但如"瑞龙"之声,更由正平犯大石,再归正平,其曲律之繁复动听,可以想见。《西河》与《瑞龙吟》皆属三迭名调,无乃巧合乎?

虽然以上考辨并无定论,然《碧鸡漫志》所载"极奇古",指的当是调情,而非文意。换而言之,我们可以大胆推知:《西河》乃是当时新声,或在旧曲上增益而成之慢曲,为商犯羽之犯调,音乐繁复而美听,且其声奇古。

---

① 詹安泰《论音律》,第 76 页。
② 吴熊和《唐宋词通论》,第 397 页。
③ (清)查继佐《九宫谱定总论》,任中敏辑《新曲苑》,台北:中华书局,1970 年,第 181 页。
④ (宋)黄升《花庵词选》,上海:中华书局,1958 年,第 112 页。

再来看近人之考证,龙榆生先生认为《西河》是个"适宜怀古的曲调,音节是凄壮沉郁的""是一个悲多于壮的长调,但声情还是郁勃的"①,而其方法,乃从考察声韵组织中而来,诚如他在《研究词学之商榷》中所言:

> 然则吾人欲确定某一曲调之为喜为悲,为宛转缠绵,抑为激昂慷慨,果将以何为标准乎? 曰:是当取号称知音识曲之作家,将一曲调之最初作品,凡句度之参差长短、语调之疾徐轻重、叶韵之疏密清浊,一一加以精密研究,推求其复杂关系,从文字上领会其声情;然后罗列同一曲调之词,加以排比归纳,则其间或合或否,不难一目了然。②

由对声韵组织之爬梳抉剔,辅以前人之记载,两相印证,或可得声情之大概。今笔者乃应龙先生之倡,欲细致、深入勘察之,或对词调之研究,有一二裨益,先从"曲调之最初作品",即清真两首《西河》开始。

二　从清真两首《西河》考辨其声韵特征

清真《西河》两首,皆三段一百五字,先对勘比较如下③:

其一	其二
佳丽地。南朝盛事谁记。 ○●●　○○●●○●	长安道,潇洒西风时起。 ○○●　○●○○○●
山围故国绕清江,髻鬟对起。 ○○●●●○○　●●●●	尘埃车马晚游行,霸陵烟水。 ○○○●●○○　●○○●

---

① 龙榆生《词曲概论》,北京:北京出版社,2004年,第258—259页。
② 龙沐勋《研究词学之商榷》,《词学季刊》创刊号,台北:学生书局,1967年,第5页。
③ 按:清真词版本从孙虹校注、薛瑞生订补《清真集校注》,第287—288、291—292页。

其一	其二
怒涛寂寞打孤城，风樯遥度天际。 ●○●●●○○　○○●●○●	乱鸦栖鸟夕阳中，参差霜树相倚。 ●○○●●○○　○○●●○●
断崖树，犹倒倚。莫愁艇子曾系。 ●○●　○●●　●○●●○●	到此际。愁如苇。冷落关河千里。 ●●●　○○●　●●○○○●
空余旧迹郁苍苍，雾沉半垒。 ○○●●●○○　●○●●	追思唐汉昔繁华，断碑残记。 ○○○●●○○　●○○●
夜深月过女墙来，赏心东望淮水。 ●○●●●○○　●○○●○●	未央宫阙已成灰，终南依旧浓翠。 ●○○●●○○　○○○●○●
酒旗戏鼓甚处市。 ●○●●●●●	对此景、无限愁思。 ●●●　○●○●
想依稀、王谢邻里。 ●○○　○●○●	绕天涯、秋蟾如水。 ●○○　○○○●
燕子不知何世。 ●●●○○●	转使客情如醉。 ●●●○○●
向寻常、巷陌人家， ●○○　●●○○	想当时、万古雄名， ●○○　●●○○
相对如说兴亡、斜阳里。 ○●○●○○　○○●	尽是作往来人、凄凉事。 ●●●●○○　○○●

首先我们来看两首之基本体式，《词谱》以第一首"佳丽地"为正体，"三段一百五字，前段六句四仄韵，中段七句四仄韵，后段六句四仄韵。"又曰："此调以此词为正体，若辛词之少押一韵，陈词之句读小异，周词别首之少押一韵、又句读参差，刘词之添字，王词之减字，皆变格也。"而列另一首"长安道"为又一体，"三段一百五字，前段六句三仄韵，中段七句五仄韵，后段六句四仄韵。"①

---

① （清）王奕清等《钦定词谱》，北京：中国书店，2010年，第624页。

细考之,以韵位论,两首皆共押十二韵,唯第一首在起句"佳丽地"的"地"字多押一韵,而第二首则改在第二迭起句"到此际"的"际"字多押一韵而已,两首皆共押十二韵也。故《词谱》旋又于"又一体"下补充曰:"此与'佳丽地'词同,惟前段起句不用韵,中段换头多押一韵异。"①需要注意的是:"长安道"一首重押一"水"字。(按:"霸陵烟水"与"秋蟾如水"也。)两首相较,"佳丽地"一首每迭四韵,显得整齐有致,又无重韵现象,以韵位之安排而言,较为严谨。

　　以句法论,两词每句字数皆同,唯个别句子节奏略有小异。(按:第三迭第一首作七言句:"酒旗戏鼓甚处市",而第二首作折腰句:"对此景、无限愁思。")由此可见,始倡者因知音识律,在体式上原可稍作通融,非比后来者固执拘泥也。

　　与韵位、句式相比较,声调之经营更为重要,此与《西河》之声情息息相关。前已述及,此为拗怒之调。王国维先生《清真先生遗事》云:"故先生之词,于文字之外,须兼味其音律。……今其声虽亡,读其词者,犹觉拗怒之中,自饶和婉,曼声促节,繁会相宣;清浊抑扬,辘轳交往。两宋之间,一人而已。"②何为拗怒?谓多拗句也。四声中何种声调最重要?曰:去声及去上连用也。古人论去声之重要者,如沈义父《乐府指迷》:"腔律岂必人人皆能按箫填谱,但看句中用去声字最为紧要。然后更将古知音人曲,一腔三两只参订,如都用去声,亦必用去声。"③又如万树《词律·发凡》云:"更有一要诀:曰名词转折跌荡处多用去声,何也?三声之中,上、入二者可以作平,去则独异。故余尝窃谓,论声虽以一平对三仄,论歌则当以去对平、上、入也。当用去者,非去则激不起。用入且不可,断断勿用平上也。"④两仄相连,以

---

① (清)王奕清等《钦定词谱》,第625页。
② 附见孙虹校注、薛瑞生订补《清真集校注》,第467页。
③ (宋)沈义父《乐府指迷》,《词话丛编》第一册,第280页。
④ (清)万树《词律》,上海:上海古籍出版社,1984年,第15页。

去上或上去为佳。这由于同调仄声迭用,其音不美,应尽量避用。如万树《词律·发凡》曰:"盖上声舒徐和软,其腔低;去声激厉劲远,其腔高。相配用之,方能抑扬有致,大抵两上两去在所当避。"①李渔《窥词管见》云:"最忌连用数去声,或入声,并去入亦不相间,则是期期艾艾之文,读其词者,与听口吃之人说话无异矣。"②而"去声由高而低,上声由低而高,必上去或去上连用,乃有累累贯珠之妙"。③

由上述可见,《西河》词调当留意其拗句与去声、去上连用处。以拗句论,"佳丽地"一首有八句,"长安道"一首有五句,大都出现在起、结、换头及上下相对应处,而六言拗句之作用十分突出④。"平平平仄平仄"之拗句句式在两词中均出现两次,即第一迭与第二迭结句,第四字在三平之间,均用去声振起,即"佳丽地"一首"风樯遥度天际"之"度"字,"赏心东望淮水"之"望"字;"长安道"一首"参差霜树相倚"之"树"字,"终南依旧浓翠"之"旧"字。然"佳丽地"一首又多"平平仄仄平仄"之六言拗句两句,即第一迭第二韵之"南朝盛事谁记"与第二迭第二韵之"莫愁艇子曾系",两两对应。至于第三迭之七言句式亦甚特别,或作拗句,如"佳丽地"一首,"酒旗戏鼓甚处市"为五仄脚句,一字一顿,更能体现悲凉之情绪,"戏鼓"又为"去上",有抑扬之美。或作前三后四之特别句式,如第一首之"想依稀、王谢邻里",后面之四言句为一平一仄句,"谢"字在两平之间,故以去声振起;相类似,第二首

---

① (清)万树《词律》,第 15 页。
② (清)李渔《窥词管见》,《词话丛编》第一册,第 558 页。
③ 夏承焘《唐宋词字声之演变》,作者著《唐宋词论丛》,香港:中华书局,1985 年,第 60 页。
④ 按:区别拗句之原则,从王力先生:"词的句子,方面说,大致可分为律句、拗句两种。律句就是普通的诗句,例如仄仄平平仄,拗句就是古风式的句子,例如仄平平仄。非但五言、七言有律、拗之别,连三言、四言、六言也有律、拗之别,三言等于五、七言的下三字,所以平平仄和平仄仄是律,仄平仄和仄仄仄是拗。四言等于五、七言的上四字,所以仄仄平平,平平仄仄,平平仄仄和仄平仄仄是律,平仄平仄和仄仄仄仄之类是拗。六言等于七言的下六字,所以仄仄平平仄仄是律,平平仄平平仄之类是拗。平脚的句子由此类推。"见王力《王力诗律学》,太原:山西古籍出版社,2003 年,第 84 页。又,该书第六节至第九节详述词句之平仄,可参看。

之"对此景、无限愁思",前面为三仄逗,后面亦为一平一仄句,"限"字在两平之间振起。而全词之结韵,又为音律之吃紧处,无论是第一首之"向寻常、巷陌人家。相对如说兴亡、斜阳里",还是第二首"想当时、万古雄名。尽是作往来人、凄凉事",均是特殊句法,在音节上,此十六字实蝉联不断,一气贯底。总之,此调多作拗折,而又真气流转,悲壮慷慨,在传统词人中实属罕见。比较而言,"佳丽地"一首拗句前后照应更为突出,更能体现此调之声情,《词谱》以其为正体,也甚有道理。

《词律·发凡》曰:"美成造腔,其拗处乃其顺处。"由上分析可见,《西河》实为"拗调涩体",后人不可任意改拗为顺,使声情相违。而两首中"佳丽地"体式更整饬,更为拗怒,方、杨、陈三家均有和词。(按:"长安道"一首三家并无和词。)下一步,即遵龙沐勋所云之罗列后世作者"同一曲调之词,加以排比归纳",以察其"或合或否"也。

三 和韵:方、杨、陈三家《西河》之声韵分析

先将周、方、杨、陈四家《西河》罗列如下,为省篇幅,不再详注平仄,唯以符号标示宜留意之字句:

周邦彦·西河①

佳丽地。(韵)<u>南朝盛事谁记</u>。(韵)山围故国绕清江,髻鬟对起。(韵)怒涛寂寞打孤城,风樯遥度天际。(韵)

断崖树,犹倒倚。(韵)<u>莫愁艇子曾系</u>。(韵)空余旧迹郁苍苍,雾沉

---

① 按:清真词字句、句读从孙虹校注、薛瑞生订补《清真集校注》,第 287—288 页。然此词"向寻常、巷陌人家"句,景宋本、吴钞本、毛扆校本注、宛钞本、朱刻本作"入",《全宋词》订为"入寻常、巷陌人家"。见唐圭璋编《全宋词》卷二,北京:中华书局,1999 年,第 612 页。谨此说明。

半垒。(韵)夜深月过女墙来,赏心东望淮水。(韵)

酒旗戏鼓甚处市。(韵)想依稀、王谢邻里。(韵)燕子不知何世。(韵)向寻常、巷陌人家,相对如说兴亡,斜阳里。(韵)

方千里·西河①

都会地。(韵)东南王气须记。(韵)龙盘凤舞到钱塘,瑞烟回起。(韵)画图彩笔写西湖,波光溶漾无际。(韵)

翠栏最宜半倚。(韵)柳阴骏马谁系。(韵)鳞差观阁接飞翚,衡庐万垒。(韵)倒空碧浸软琉璃,云收天净如水。(韵)

夕阳照晚听近市。(韵)沸笙箫、欢动闾里。(韵)比屋乐逢尧世。(韵)好相将载酒寻歌玄对。酬答年华莺花里。(韵)

杨泽民·西河②

形势地。(韵)岳阳事见图记。(韵)因山峭拔耸孤城,画楼涌起。(韵)楚吴巨泽圻东南,惊涛浮动空际。(韵)

半天楼栏翠倚。(韵)记人凤舸难系。(韵)空余细草没章华,但存故垒。(韵)二妃祠宇隔黄陵,精魂遥接云水。(韵)

蟹鱼橘柚渐上市。(韵)是当年屈宋乡里。(韵)别有老仙高世。(韵)袖青蛇屡入,都无人对。唯有枯松城南里。(韵)

陈允平·西河③

形胜地。(韵)西陵往事重记。(韵)溶溶王气满东南,英雄闲起。(韵)凤游何处古台空,长江缥缈无际。(韵)

---

① 按:三家词版本从《全宋词》,此词见唐圭璋编《全宋词》卷四,第2504页。
② 唐圭璋编《全宋词》卷四,第3015页。
③ 唐圭璋编《全宋词》卷五,第3129页。

石头城上试倚。（韵）吴襟楚带如系。（韵）乌衣巷陌几斜阳，燕闲旧垒。（韵）后庭玉树委歌尘，凄凉遗恨流水。（韵）

买花问酒锦绣市。（韵）醉新亭、芳草千里。（韵）梦醒觉非今世。（韵）对三山、半落青天，数点白鹭，飞来西风里。（韵）

承上所述，清真拗调犹老杜拗律，乃其特色，声情中寓抑郁不平之气也。故我们对勘四家，看拗句、去声（包括去上）、韵位、句式等，方、杨、陈诸子是否谨守。

先探讨六言拗句之使用。众所周知，诗中句式以五、七言为主，词中乃可经营六言，此词可为典范也。此词六言拗句可分两种：其一为"平平仄仄平仄"调式，分别出现于第一迭与第二迭之第二韵，两两对应，一句为"南朝盛事谁记"（平平仄仄平仄），另一句为"莫愁艇子曾系"（仄平仄仄平仄）。调式相同，唯首字平仄有异。《词谱》亦特意指出："前段第二句、中段第三句，例作平平仄仄平仄，或仄平平仄平仄"①，指的即是此两句也。为清晰比较，罗列周词及三家和句如下：

周1：	南朝盛事谁记（平平仄仄平仄）	周2：	莫愁艇子曾系（仄平仄仄平仄）
方1：	东南王气须记（平平平仄平仄）	方2：	柳阴骏马谁系（仄平仄仄平仄）
杨1：	岳阳事见图记（仄平仄仄平仄）	杨2：	记人凤舸难系（仄平仄仄平仄）
陈1：	西陵往事重记（平平仄仄平仄）	陈2：	吴襟楚带如系（平平仄仄平仄）

三家中，陈氏与清真平仄全同，方氏第一句第三字"王"为平声，杨氏第一句第一字"岳"为仄声，与清真不同。盖两人认为此两字为单数字，非节奏点，可不拘也。

其二为"平平平仄平仄"调式，分别出现于第一迭与第二迭之结句，首字亦是一平一仄，即"风樯遥度天际"（平平平仄平仄），与"赏心东望淮水"

---

① （清）王奕清等《钦定词谱》，第624页。

(仄平平仄平仄)。尤可注意者,因结句为音律吃紧处,故此两句又讲究去声之运用,第四字在三平之间,故用去声振起,即"度"字与"望"字也。现亦将周词及三家和词相关词句排比如下:

周1:	风樯遥度天际(平平平仄平仄)	周2:	赏心东望淮水(仄平平仄平仄)
方1:	波光溶漾无际(平平平仄平仄)	方2:	云收天净如水(平平平仄平仄)
杨1:	惊涛浮动空际(平平平仄平仄)	杨2:	精魂遥接云水(平平平仄平仄)
陈1:	长江缥缈无际(平平仄仄平仄)	陈2:	凄凉遗恨流水(平平平仄平仄)

由比较可见,此处以方氏守律最谨,两去声井然有序,可谓得清真之妙。杨、陈二家均只守得一处。又,三家于首字、第三字平仄亦均有通融处,如上一例然。

除了六言拗句外,此调之七言拗句亦十分瞩目。首先为第三迭起句:"酒旗戏鼓甚处市"(仄平仄仄仄仄仄),为五仄脚句,可谓大拗之句。《词谱》亦特意指出:"后段起句,连用五仄声字,陈允平和词亦然。"①而其中"戏鼓"又为"去上"连用,有抑扬之美。再看下一句:"想依稀、王谢邻里",为折腰句,而"王谢邻里"(平仄平仄),亦拗句也,"谢""里"两字为去上,隔平相望②。此两句置于换头,必也有关音律。亦罗列三家和句如下:

周1:	酒旗戏鼓甚处市(去上连用) ●○●●●●●	周2:	想依稀、王谢邻里(去上对举) ●○○　○●○●

---

① (清)王奕清等《钦定词谱》,第624页。
② 按:本人曾点检《清真集》中押上声韵之"○●○●"调式共十句,第二字必为去声,作"平去平上",无一例外。这十句分别为:京兆眉妩(法曲献仙音)、风韵娴雅(塞垣春)、奔竞尘土(黄鹂绕碧树)、高映孤馆(绕佛阁)、清漏将短(绕佛阁)、偏爱幽远(绕佛阁)、花气清婉(绕佛阁)、音韵先苦(宴清都)、嬉笑游冶(解语花)、王谢邻里(西河)。

续表

方1：	夕阳 照晚 听近市（去上连用） ●○ ●● ●●●	方2：	沸笙箫、欢 动 间 里（去上对举） ●○○ ○●○●
杨1：	蟹鱼橘柚渐上市 ●○●●●●●	杨2：	是当年屈 宋 乡 里（去上对举） ●○○●●○●
陈1：	买花 问酒 锦绣市 ●○ ●● ●●●	陈2：	醉新亭、芳草千里 ●○○ ○●○●

由上可知，三家中还是方氏守律最谨，不但平仄均同，去上连用、对举亦一处不漏。杨、陈各有一处去上连用或对举。《全宋词》将杨氏"是当年屈宋乡里"订为七字句，而不是三、四折腰句，余以为体例未谨，观其句式，亦三四句式也，当与其他两家同。唯"屈宋乡里"为"仄仄平仄"句，笔者认为亦可挑剔。盖据笔者点检，清真词中，"仄仄平仄"与"平仄平仄"句效果不同："平仄平仄"句中，两仄字用去上对举，能在两平声字中振起。而"仄仄平仄"句，则可经营四声句①。故《词谱》于此句第一字，仍标注作"平"声，而非平仄均可也。再考其他词人，吴潜和作"耆旧州里"，王奕和作"东巷西里"，皆"平去平上"，可证。

而全词最可关注者，乃结句也。然清真此处之韵位、句式，诸家理解各异，先排比四家之无句读版：

周：	向寻常巷陌人家相对如说兴亡斜阳里 ●○○●●○○○●●○○●○○●
方：	好相将载酒寻歌玄对酬答年华莺花里 ●○○●●○○○●●○○○○●●

---

① 按：仄仄平仄之四声句，如《浪淘沙慢》之"雾隐城堞"（去上平入），《解连环》之"手种红药"（上去平入），《应天长》之"满地狼籍"（上去平入），《兰陵王》之"月榭携手"（入去平上）等。

续表

杨：	袖青蛇屡入都无人对唯有枯松城南里 ●○○●●○○○●○○○●○
陈：	对三山半落青天数点白鹭飞来西风里 ●○○●○○●●○○●○○●

首先宜考辨者,为清真之韵位也。方、杨两家均以为"对"字为韵位,故于此字断句,增一韵。然考清真"长安道"另一首,结句为"算当时万古雄名尽是作后来人凄凉事",则明显此处非韵位也。且方、杨两家于此处断句,大破清真句法。然则清真此句当如何读?《周词订律》曰:

"入寻常巷陌人家相对如说兴亡斜阳里"句,千里、泽民、梦窗、玉田俱读为上三下六之九字句,或一四四之九字句,于"对"字用叶,下接七字句。但以美成本词而论,则当读为上一下六之七字句,下接上六下三之九字句,于"对"字不叶。①

据杨易霖所云,清真此句宜订为"入/寻常巷陌人家/相对如说兴亡/斜阳里",方、杨明显不合,唯陈氏正确。《周词订律》赞赏曰:"西麓'对/三山半落青天/数点白鹭飞来/西风里',履斋(按:即吴潜)'问/昔年贺老疏狂/何事轻寄平生/烟波里',是也。"②

按:笔者前引四家词,清真从《清真集校注》,然《全宋词》断句与其相同(唯此句首字为"人",而非"向"字),方、杨、陈三家词则从《全宋词》。虽《全宋词》句读与杨易霖先生之理解亦有所不同,然无可否认,此处陈氏句法最接近清真原句,且最后九字一气流转,情景交融,深得清真妙法。余谓陈氏最善结韵,非妄言也。唯一可挑剔者,清真原句"相对如说"乃"平仄平仄",而陈氏"数点白鹭"为四仄,考其由,乃因见清真另一首"长安道"结句为"算当时万古雄名尽是作后来人凄凉事",相同位置四字"尽是作后"为四仄,而

---

①② 杨易霖《周词订律》卷八,台北:学海出版社,1975年,第11页。

从之也。从宽而言，不为违律。然从严而论，最好谨守原句四声，盖结句乃全词最关键处也。

由此可见，守律实非易事，往往得于此而失于彼。首创者原可通融，赓作者却必须株守，此亦无可奈何之事也。如清真两首，"佳丽地"一首第一句起韵，"长安道"一首却不起韵，反于第二迭换头时（即"到此际"）增一韵。由此可见，起句、换头为音韵重要处，不押原可，但再增一韵可更美听。然始创者知音识律，自可得其环中，后人填《西河》者，则最好依正体，不可妄改也。

四　和意：方、杨、陈三家《西河》之词艺探析

清真乃词学大家，所谓千章万户，皆由其出。后人学其词，非徒"守律"两字而已，而欲兼学其字句章法、格调气格。然戛戛乎难哉！《西河》乃怀古名调也，清真一首写金陵，一首写长安，以奇崛之调写怀古之情，不亦宜乎？词中怀古名作不多，太白之"西风残照，汉家陵阙""关千古登临之口"，惜太白非以词名家。东坡"大江东去"，词境阔矣大矣，然东坡非以声律擅场。清真以前，咏金陵而为人称道者，唯王安石《桂枝香》一首而已。然卓人月《古今词统》引徐士俊评清真词曰："介甫《桂枝香》独步不得。"何故？盖《桂枝香》，双调词也；《西河》则三迭词也。词中三迭者，亦可谓极致矣！安排不停当，便散漫。力不够大，便气不流转；气不流转，又何来境界？欲声情、字面、章法、气格兼得，何其难也？

愚以为：怀古词者，须参以诗法，方觉古拙朴厚。历代诗人，怀古诗实以刘禹锡擅场。其金陵数章，真可睥睨古今也。清真乃檃栝之高手，此词即深谙诗法，陈廷焯《词则·放歌集》云："此词以'山围故城''朱雀桥边'二诗作

蓝本,融化入律,气韵沈雄,音节悲壮。"[1]此真的评也,下即释之。

此词写金陵,却不明用"金陵"二字,然句句是金陵也。第一迭起韵:"佳丽地,南朝盛事谁记",用谢朓诗"江南佳丽地,金陵帝王朝"暗点金陵。接着全力写景:"山围故国绕清江,髻鬟对起。怒涛寂寞打孤城,风樯遥度天际",妙用刘禹锡《石头城》前半首"山围故国周遭在,潮打空城寂寞回",化诗语为词语,浑然无痕。而"绕"者,"对"者,"打"者,"度"者,竭力炼动词,笔势顿挫,格调沉雄。

次迭乃重在写事(典故)。"莫愁艇子曾系",呼应起句"佳丽地"也。"莫愁"者,金陵人也;"半垒"(白石垒、药垒)者,金陵物也;"淮水"者,金陵景也,而皆有典故在。"犹"也,"空余"也,则景物依旧,人事已非也。次迭结句"夜深月过女墙来,赏心东望淮水",继续点化刘禹锡《石头城》后半首"淮水东边旧时月,夜深还过女墙来",与上迭结句,互相呼应交融。如此檃栝全诗而人不觉其重者,乃笔力纵横,文气流转也。风樯雾垒尚在,清江怒涛依旧,树犹倒倚,明月依旧,唯莫愁也,佳丽也,南朝盛事也,今又何在?今昔交融,真不知今夕何夕也!一片化境中,遂逼出第三迭:"酒旗戏鼓甚处市",今也,实也;"想依稀、王谢邻里",古也,虚想也。末又融化刘禹锡诗句,绾合古今:"燕子不知何世,向寻常、巷陌人家,相对如说兴亡,斜阳里。"则今时燕也?昔时燕也?不知也,徒见淮水悠悠,千古兴亡,真神品也!

再来看三家和作。方氏写钱塘,全无怀古意,泛泛胜地词也。起句"都会地,东南王气须记",平平。从第一迭下半段,到第二迭全部,再到第三迭前半,俱以直笔铺写今日景,何来章法?"画图彩笔写西湖,波光溶漾无际","倒空碧浸软琉璃,云收天净如水"几句,似也能写出西湖丽景,然中间忽插入"鳞差观阁接飞甍,衙庐万垒",却与以上几句,颇不相伦,盖为和一"垒"

---

[1] (清)陈廷焯《词则·放歌集》卷一《西河》(金陵怀古)批语,上海:上海古籍出版社,1984年,第7—8页。

字,牵凑成文也。再看第三迭换头:"夕阳照晚听近市,沸笙箫、欢动闾里。"语不通顺,又是趁韵,甚惜之。最大败笔乃在结句:"比屋乐逢尧世,好相将载酒寻歌玄对,酬答年华莺花里。"不但大破清真句法,"好相将载酒寻歌玄对"实颇费解,且作颂圣语,尤恶俗也。吾非谓诗词不可写盛世风光,如柳永《望海潮》(东南形胜)道钱塘繁华,亦传为千古佳作。然两相比较,方氏差远矣。

杨氏写岳阳,略有怀古意。惜笔力不能到底,一迭不如一迭也。首迭最有气势:"形势地,岳阳事见图记。"明点岳阳,虽"形势地",措语稍勉强,然"因山峭拔耸孤城,画楼涌起。楚吴巨泽坼东南,惊涛浮动空际",不失风云之气,在杨氏和词中甚难得。此迭结句从老杜"吴楚东南坼,乾坤日夜浮"来,惜化用较拙。老杜原句"吴楚东南坼"力拔万钧,杨氏添两字凑成七言句:"楚吴巨泽坼东南",化警动为平庸,而倒"吴楚"为"楚吴",明显为牵就平仄。"乾坤日夜浮"变成"惊涛浮动空际",更是点金成铁矣。信知融化唐诗,非易事也。首迭写景,第二迭亦仿清真写事。然换头句:"半天楼栏翠倚,记人凤舸难系。"仍是为韵强和。"空余细草没章华,但存故垒",泛泛。"二妃祠宇隔黄陵,精魂遥接云水"用湘妃典故,虽"精魂遥接云水"稍不稳,然尚算扣上题面,唯气势已逊上迭。再看第三迭,可谓强弩之末矣。"蟹鱼橘柚渐上市",真令人绝倒!盖写至此,已无可言者,东拉西扯,敷衍成篇而已。结韵"别有老仙高世。袖青蛇屡入,都无人对。唯有枯松城南里",与整篇文意全不相接,笔已不知飞往何处,真可谓虎头而蛇尾矣!信知三迭词难为,末段无力,则全篇倾颓矣。

陈氏依然咏金陵,可谓大胆也,盖好语已被清真说尽,又如何争胜?此亦和韵兼和意者之难事也。观陈氏此词,气力全在三结句中,深得清真融化之妙。首迭结句:"凤游何处古台空,长江缥缈无际。"乃用太白"凤凰台上凤凰游,凤去台空江自流",造语比杨氏高明。第二迭仍用刘禹锡《乌衣巷》诗,结句"后庭玉树委歌尘,凄凉遗恨流水",则来自杜牧"商女不知亡国恨,隔江犹唱后庭花"也,亦用得自然而浑成。全词最后之结韵:"对三山、半落青天,数点白鹭,飞来西风里。"前已述及句法甚佳,再看语意,亦从李白"三山半落青天外"诗句来,与第一迭遥相呼应,又化太白之雄豪为旷逸,寄寓一己之情韵,真善学者也。盖和词不可拘泥原词之意,须翻出自家面目方好。然陈词可论美轮美奂乎?非也,盖每迭前半较平庸,如"形胜地。西陵往事重记。溶溶王气满东南,英雄闲起",泛泛;"石头城上试倚,吴襟楚带如系",造句也仅合格。第三迭虽有旷逸情怀,与前二迭之语意,却不够浑然一体。诸上种种,皆因拘于和韵;然胜于方、杨,则显而易见。

五 小结:关于订律与撰写和词的一些思考

以上仅以《西河》一例,论述清真词调之声韵特征,并进而考辨三家和词之得失。当然,仅研究一个词调,是远远不够的。笔者曾遍考清真所有词作,将其声调韵式一一归纳,并对三家和周氏创调词作过细致之对勘与辨析。因篇幅关系,不在此展开,仅将考察过程中得到的一些感悟,与《西河》词调有关者,冒昧祈教于诸方家:

1. 校词、订律宜谨慎

人皆共知,和词于校词、订律很有价值。然周词版本纷繁,三家所见版本已不尽相同;而其人对清真句式、韵位之理解,亦各有所囿;兼千载而后,三家词自身之版本又有可争议者;故情况十分复杂,考辨时须十分谨慎。三家词为后出,以后出之和词校原词,若无确凿之版本依据,不可冒然更改,以免误导后人也。

不同版本之间的对勘,自有专家贤者在,不在此赘述。然当不同版本间出现分歧争议时,学者们往往借助于声韵考辨,即版本勘误与声韵辨析实际上是息息相关的。然亦宜谨慎,必须有强有力之版本依据,熟谙两宋之律韵常识,又须了解清真用韵度声之特色方可。如上引《西河》词,既然三家皆为次韵词,以理推测,所押韵字当与清真相同;然清真结句"向寻常、巷陌人家,相对如说兴亡,斜阳里",其中"对"字不当韵,更不宜在此处断句。方、杨两家却均以为"对"字为韵位,于此字断句,增一韵,唯陈氏没有押韵。若不加详审,则以为方氏以守律闻名,必方、杨胜而陈氏疏漏,转而误订清真此处为韵位矣!幸清真《西河》作有两首,另一首"长安道"句法与此相同:"算当时、万古雄名,尽是作后来人,凄凉事",则知原系方、杨误而陈氏正确矣!反向思之:若此调清真未曾作有两首,则后世之人必从方、杨之作,岂非以讹传讹?故订律宜慎之又慎矣!

又如北宋词不避重韵,清真词中有重韵者共五例,不可谓失误①。《西河》(长安道)中即两押"水"字。后人若不明重韵之理,往往妄改原词,转误后人。最大之重韵公案当为《侧犯》(暮霞霁雨)一词。此词上阕曰"人静",下阕曰"酒垆寂静",重押一"静"字。传世之主要版本皆同,然后人如《历代诗余》之编纂者因不明重韵之理,据三家和词而妄改原词,将清真"酒垆寂静"句改作"酒垆深迥"矣。纵如杨易霖氏,格律大家也,撰《周词订律》,亦误从《历代诗余》,将此句订为"酒垆深迥"。其理由曰:"各家刊本皆作'寂静',从《历代诗余》。按:方、杨、陈三家皆和'迥'字。"②然《历代诗余》之版本甚不可靠,俞平伯先生即反驳曰:"夫《历代诗余》,子谓晚出之书,良难保信,奈何今又可据改此各家刊本相同之字乎?"③而杨易霖所谓另一所据者,即三家和词也。考方氏两句分别和作:"风静""小园路迥";杨氏和作:"幽静""夜

---

① 除《西河》(长安道)、《侧犯》(暮霞霁雨)外,清真词中《红窗迥》(几日来)重押"醉"字,《锁阳台》(山崦笼春)重押"春"字,《花心动》(帘卷青楼)重押"就"字。
② 杨易霖《周词订律》卷四,第13页。
③ 俞平伯《论诗词曲杂著》,上海:上海古籍出版社,1983年,第682页。

深人迥";皆避重韵。而陈氏和句则有不同版本,朱孝臧先生辑校《彊村丛书》本《西麓继周集》,及唐圭璋先生所编《全宋词》,均将陈氏和句订为"娇懒"和"后堂深静",并非和作"迥"字①。然朱孝臧先生于《西麓继周集校记》中云:"'深静',秦本'静'作'迥'。"②但因陈氏于"娇懒"处落一韵,无论是"后堂深迥",还是"后堂深静",均无重韵之虞。由此笔者推测:重韵于北宋并不为病,在南宋反加密,填词者尽全力避之,以免为他人所讥也。《清真集校注》引郑文焯校曰:"元本、《草堂》本诸刻并同,惟丁刻改作'深迥',未详所据……宋人词上下阕例不忌复韵,如集中《花心动》两押'就'字,《西河》两押'水'字可证。"③此即以"未详所据"之本妄改传世之本之例,并妄执于和词也。俞平伯先生曾详辨曰:

> 清真决无误押,此不必然者也。和作叶均必与原作字字符合,亦不必然者也。传刻本固未可尽信,而臆想之不可信也,当尤甚。若假定清真重押"静"字,方、杨以下知其然,改押"迥"字,何碍其为继声,于理有何不合。杨君似不知古人有此和韵之法,故动辄周章。……清真重押"静"字,算误押否,不得而知,即谓疏于律,亦非甚误。(后之南北曲皆不忌重韵)三家并和"迥"字,不必本于周,殆有应求之感。《历代诗余》作"深迥"者,则后人以三家妄改《清真》。④

信哉俞氏之言!难哉辨体考律也!

2. 关于"四声说"

以上所议,仅为字句、韵位,吾等更可关注者,乃"守四声"之说也。如何看待"四声"说?曰:不可全信,又不可不信也!不可全信者,言不可迷信古

---

① 按:见陈允平《西麓继周集》,收入朱孝臧辑校《彊邨丛书》,扬州:江苏广陵古籍刻印社,1989年,第1211页;唐圭璋编《全宋词》,第3116页。
② 朱孝臧《西麓继周集校记》,朱孝臧辑校《彊邨丛书》,第1224页。
③ 孙虹校注、薛瑞生订补《清真集校注》,第64页。
④ 俞平伯《论诗词曲杂著》,第682—683页。

人,当破四声之执也。此又可以从以下数端辨之:其一,若言清真词调,必当每字皆守四声,如何其集中清真一调数首者,无两首四声皆同者,甚至有韵位、句式、平仄皆不同之处欤?前《西河》两首一证也。事实上,当守者乃音律要紧处,而非每一字必须株守。夏承焘先生于《唐宋字声之演变》中云:"四声入词,至清真而极变化;惟其知乐,故能神明于矩矱之中。今观其上下片相同之调,严者固一声不苟,宽者往往二三合而四五离。是正由其殚精律吕,故知其轻重缓急。"①此言颇当。前人所谓三家和词,无一字四声相违者,实属夸张之谈。万树《词律》所云"但观清真一集,方氏和章,无一字而相违,更四声之尽合"②,邵瑞彭序《周词订律》曰:"观夫千里次韵以长谣,君特依声而操缦,一字之微,不爽累黍,一篇之内,弗紊宫商。"③皆律谱学家炫夸之辞耳。冒鹤亭先生《四声钩沉》曾取清真同调数首之词,及三家和词一一对勘之,得出结论曰:"几无一韵四声相同者。"④又云:"《清真词》传世者一百九十四首,千里和者九十三首,未和者一百一首,其四声之不同者,凡一千一百十五字。"⑤其实,清真所创词调,三家并非首首皆有和作。笔者遍检《全宋词》,考得三家俱和之清真创调词,共28调29首,即:《隔浦莲近拍》、《解蹀躞》、《四园竹》、《侧犯》、《红林檎近》(2首)、《蕙兰芳引》、《华胥引》、《塞翁吟》、《扫花游》、《塞垣春》、《玲珑四犯》、《丁香结》、《锁窗寒》、《渡江云》、《氐州第一》、《花犯》、《宴清都》、《齐天乐》、《庆春宫》、《忆旧游》、《瑞鹤仙》、《倒犯》、《还京乐》、《西河》、《丹凤吟》、《大酺》、《瑞龙吟》、《六丑》也。而细细对勘后发觉,三家中无一首与清真四声皆合者。杨氏律最疏,最不可据;陈氏尚可;方氏号称最守律,然亦偶有平仄不同,关键句去声不守者。考

---

① 夏承焘《唐宋词论丛》,第76页。
② (清)万树《词律》自叙,第5页。
③ 杨易霖《周词订律》邵序,香港:太平书局,1963年,第1页。
④ 冒广生著《冒鹤亭词曲论文集》,上海:上海古籍出版社,1992年,第111页。
⑤ 冒广生著《冒鹤亭词曲论文集》,第152页。

其由,一是势所不能也。试想和百阕之多,既要韵字相同,又要四声尽守,又要语句妥溜,如何能兼顾?纵有神仙之力,恐亦难为。二者,如清真词中浊上字,当视为"上声"乎?"去声"乎?若云上去均可,即漫无依归,又何来严格之"守四声"之说?①

然"守四声"之说,又不可不信,此话何解?诚如《周词订律》云:"良由宋世大晟乐府,创自庙堂,而词律未造专书,即以清真一集为之仪埻,后之学者,所宜遵循勿失者也。"②清真出而词律始严,笔者于此大量笔墨,即论证清真妙用四声,实有其事也。唯不可与方千里般,胶泥固执,因律害意也。然何处当守?曰音律之紧要处也,起韵、结句、换头处也,以去声发调处也,有意用拗句处也,等等。又,大体而言,小令较松,慢词宜严。而词调不同,所须紧守之地方亦不同,故宜辨调审词也。因清真之词调甚多,每调之声情又尽不同,故不可一概而论。辨析和词之声调,实颇有助于周律之考订。唯吾等当明了,虽方氏最严,亦偶有疏漏反不及杨、陈处,故杨、陈两家之词亦不可废也。除此外,再排比后来格律谨严者之作,庶几可得周词每调声律之大概。然理虽如此,无旷日持久之功,穷尽周氏之调,恐亦难事矣!

或又有云矣,君所述及者,《周词订律》已备矣,又有何憾?曰:《周词订律》兀兀穷年,诚属不易。然此书仅是排比四声,似乎周词四声字字皆宜守,与事实不符。后来者学填周词,持此一卷,仍是漫然无头绪,不知何处当守,何处可通融矣。余深惜吾国之谱律之学,如《词律》《词谱》者,对于周律之审订、学词者之指导,均尚不足。如《词谱》于周调之平仄通融处甚多,盖其参校诸家词,然诸家有谨者,有不谨者,若一一排比,此作平而彼为仄,此为上

---

① 按:浊上作去之现象,宋时已出现,然《广韵》中尚列为上声,如"是"字《广韵》在上声"纸"韵。清真词中之浊上字,南宋诸子或和为上声,或和为去声,理解各异。盖从韵书,乃恪守旧规也;用作去声,乃便于唇吻也,如此造成浊上字之情形甚为复杂。而《词律》有时将浊上字断为去声,有时又视作上声,体例未谨。近人杨易霖撰《周词订律》,凡周词浊上字,正文中均标作上声,然在注释中又曰"上去均可"。

② 杨易霖《周词订律》邵序,第1页。

而彼作去,参差错落,势必处处通融。无奈中罗列太多"另一体",亦是徒炫人耳目矣。而《词律》对于"某处宜去""某处宜上"之论述,并无科学之统计,沦于印象式之标注,读来仿似神秘,学词时又不知何处入手。故迄今为止,并无一本理想之"周词谱",指示人学周门径,今人之学填周调者,仍仅执一《词谱》,甚或坊间简易版词谱,但求平仄不差,于周词四声之妙处,鲜有顾及,亦一大憾事也!

3. 如何诠次和词?

诠次和词,不外乎"和韵""和意"两方面也。吾以为:词中之"和韵",亦指四声之经营、调式之参悟也,概言之,兼指守律也。然则如何"和意"?大致有三种也。一为恪守原题之题目,即原作者赋杨花,吾亦赋杨花;原作者咏春,吾即不咏夏之类也。此为严格之和意。然此种和意,若才力不足,易堕入模袭之流。若才力高迈,则可与原作者一较高下也。东坡和杨花词所以为后人称道者,即勇于直犯题目,又能高原作一头,此本色当行之和作也。二为稍荡开一层,原作赋春,我不妨赋秋,然不失为节令;原作咏梅,我则桃花,皆咏物也;如此等等,既不与原作正面相犯,学习揣摩,又可稍出己意,此种和法在难易之间,故多为作者所喜。三则全借此韵抒彼意,此种作品,亦有优劣之别。高者虽题面不类,然神韵尽得,所谓形不似而神似,此亦佳作也;或有一己之风韵、寄托,名为和词,实抒己情,亦不失为妙品。然若题面不似,格调又低下,则又易为识者讥也。

厘清"和韵"与"和意"之概念后,现可论三家词。汪东《唐宋词选评》曰:"和清真者三家,千里守律谨严,斯可为法。若以词论,则次于西麓,高于泽民,视美成犹滕、薛之于晋、楚也。"[1]此言与笔者之考析,甚相符合。以"和韵"(守律)论,三家自以方氏为首,此乃古今共识也。而方氏之"和意",乃荡开一层法也,即上述所云之第二种,如本篇《西河》,清真咏金陵,千里则写钱

---

[1] 汪东《唐宋词选评》,《词学》第二辑,上海:华东师范大学出版社,1985年,第83页。

塘,集中其他和词,亦大抵如此。惜其人太拘执于守律,气力全在押韵、声调间,实无余力兼顾神韵、境界,故往往转曲折为直述,化奇崛为平淡,鲜有佳作。然其人精于考律,能将清真作品,一一谨守声韵,诚属不易。词虽平直,然无明显趁韵处,写景亦间有佳句;层次虽薄,却也大致通顺。世上通才难得,吾辈也不宜苛求。方氏和作,也有其一定之价值矣!

再看杨氏,丁绍仪《听秋声馆词话》评曰:"宋杨泽民有《续和清真词》,后人合美成、千里,作为《三英集》,其词远不如方,无论乎周,然亦有数阕颇佳。"[1]三家中,杨氏格律最疏,往往当守处而不守,为方家所讥。而其"和意",此阕《西河》咏岳阳,亦属第二种荡开一层法,尚算合格,然笔力较弱。事实上,杨氏大部分之和词,与原题面切合得较少,接近上述第三种和意法。其用笔甚粗疏,除"数阕颇佳"外,未能成一家面目,故在三家和词中名列榜末。

最后探讨陈氏。前人皆称誉陈氏者,因其和词,在三家中最本色当行也。以"守律"论,陈氏不如千里谨严,然该守处基本上皆能守之,故少因律害意之病。而以"作意"论,陈氏最恪守原词题面,即清真赋梅,他亦赋梅(如《花犯》);清真赏雪,他亦赏雪(如《红林檎近》);清真咏金陵,他亦咏金陵(如《西河》)之类。不但如此,清真旖旎,他也力求绮丽;清真沉郁,他亦愁苦……如此非拘泥也,乃尊贤学习之道也。因其创作态度认真,显然揣摩过清真之句法、章法、调情,故虽气格不类,浑厚未臻,却大致上不过不失,斯所谓"取法于上,而得乎中"矣!

综上所述,方氏律谨而意平平;杨氏律疏,俗词太多,间有一二佳者;陈氏重和意,工稳之作多,律在方、杨之间。学和词者从中悟入,或有所得焉。

---

[1] (清)丁绍仪《听秋声馆词话》,《词话丛编》第三册,第 2687 页。

《鲁拜集》与七绝体

孙华娟

树荫下放着一卷诗章,
一瓶葡萄酒、一点干粮,
有你在这荒原中傍我欢歌——
荒原呀,啊,便是天堂。①

这是一首广为人知的波斯诗歌,郭沫若的译文也赫赫有名。诗作者奥马尔·海亚姆是古波斯的著名诗人、学者,此诗出自他的诗集,中文译名一般作《鲁拜集》(图1、2)。

一 《鲁拜集》、鲁拜体与波斯四行诗

《鲁拜集》的作者奥马尔·海亚姆(1048—1122),也译作莪默珈音,是11世纪波斯塞尔柱王朝统治时期的诗人。海亚姆的主业是学者,时人的记

---

① 郭沫若译《鲁拜集》,长春:吉林出版集团,2009年,第26页。此诗张鸿年《鲁拜集》译作:"一罐红酒,一卷诗章,一块大饼,填饱诗肠。我与你在荒原小坐,其乐胜过帝王的殿堂。"长沙:湖南文艺出版社,2001年,第74页。

图 1　郭沫若译本《鲁拜集》　　　图 2　张鸿年译本《鲁拜集》

载中甚至没有提到他是一个诗人。他是当时著名的数学家、天文学家、哲学家和医学家，是第一个提出代数三次方程式理论的人，甚至有人称他为整个伊斯兰时期最杰出的数学家。他还参与哲拉里历的确立、建立天文台、绘制星图。关于他改订历法，《鲁拜集》也有涉及（第 57 首，此为通行菲兹杰拉德英译本中的序号，下同）。海亚姆生活的时代，波斯处于突厥人统治之下，他追求科学和真理，反抗当时占主导的中世纪神学。《鲁拜集》总体是理性主义的诗歌，反抗宗教的霸权，在体认生命的无常与幽玄、命运的不可知与不可更改之后，歌唱现世的适意从心；既反对现世的荣华声名，更反对宗教应许的虚妄的天堂及其所禁断的享乐。一切现世的安慰中，蔷薇与葡萄是最热烈的欢畅，故而诗中最高声歌咏的就是葡萄美酒以及尽情的沉湎。生如灯前幻影（68）、棋局（69）、毯戏（70），美酒则如同荒漠中的甘泉（48），是天赐的福佑（61），又如点金术士，将生之铅矿点化成金（59）。个人的生命则如酒中泡沫、海中抛石，倏忽存亡，层出不穷，万汇毁变皆如此般，而真宰永存。人尽可以发为天问，探索生命的幽玄，然而真宰不但无言、不答（33），更是自演自观、视一切如戏剧(52)。《鲁拜集》显得既冷峻又热烈,充满理性与诗性的纯真和至美。

鲁拜体是波斯四行诗的一种,又译为柔巴依,"鲁拜""柔巴依"在阿拉伯语中的意思是"四",这里指两行一组、构成一首四句的诗体。在海亚姆之前的鲁达基(858—941)时代,波斯不但早已有了四行诗,而且已经比较成熟。大体上,四行诗的产生是与伊朗本土的达里波斯语文学创作同步的,其"两联诗""鲁拜"术语约形成于9世纪后半期,相当于我国的晚唐时期①。最早把波斯诗歌带到中国的可能是丝绸之路上的使者,新疆曾出土摩尼的诗歌,而14世纪的摩洛哥旅行家伊本·白图泰在杭州居然听到一位中国歌手用波斯文演唱萨迪(另一位波斯诗人,《蔷薇园》是他的名作)的抒情诗②。

张鸿年《波斯文学史》论四行诗(鲁拜、柔巴依)称:"许多伊朗诗人甚至文人都喜欢利用这种形式表达自己的瞬间感受和某些即时的思想。""与四行诗相似的还有一种诗体名都贝堤(两联诗),也是四行,也可如鲁拜一样,一、二、四行协韵,第三行不协韵,也可上下行协韵,即前两行一韵,后两行一韵。"③都贝堤协韵与鲁拜一致,在格律上略有不同。一说鲁拜和两联诗所指基本相同,不过前者为阿拉伯语名称。穆宏燕《再谈波斯四行诗的产生》指出,鲁拜、柔巴依、两联诗,其波斯语名称又作"塔兰涅"(Taranneh)或"塔朗内"(Tarana),意即绝句,是一种民间曲调的名字。伊朗学界多认为四行诗源于波斯民族自身的民歌塔朗内,但作为民歌的塔朗内,其概念内涵远大于四行诗,入乐演唱的四行诗是塔朗内,但不是所有的塔朗内都是四行诗,很多并非四句一段的形式,而是各种段落形式都有。在波斯诗人看来,作塔

---

① 穆宏燕《再谈波斯四行诗的产生》,作者著《波斯札记》,开封:河南大学出版社,2014年,第275页。
② 张鸿年《鲁拜集》译本序,长沙:湖南人民出版社,2001年。
③ 张鸿年《波斯文学史》,北京:昆仑出版社,2003年,第52页。

朗内的要诀在于"平易、轻盈、鲜活",其调式属于民间俚曲。尽管四行诗可以入乐演唱,但使四行诗脱离民间俚曲的性质,成为诗人们的努力目标,与苏非神秘主义在波斯的盛行有关。在其他抒情诗体和叙事诗体兴起之前,苏非诗人大多采用四行诗体来抒发情感和阐发哲理,因为四行诗体制短小,适合抒发刹那间的修行感悟和体验,苏非诗人们尤其喜爱用来抒发神爱之情。海亚姆则拓宽了四行诗的思想境界,上天入地,探讨生命真谛,宇宙奥秘,感叹生命苦短,抨击世间的不公和宗教伪善等,具有博大精深的内涵,但海亚姆信奉的是理性主义哲学,游离于波斯正统的文化传统和宗教精神之外,所以在其国内的影响很长时间里不如其他大诗人[1]。

以两联诗为重要形式的波斯四行诗,与汉语的七言绝句体颇为相似,比如波斯四行诗和中国的绝句都有"联"的概念,尤其是波斯的两联诗。不过,波斯文是拼音文字,其四行诗无平仄,也无固定字数,但仍有格律要求。以 U 为短音标识,以"—"为长音标识,四句的格式从右至左依次为:—|U U——|U U——|U U——。在其基本格上又产生 11 种变体,共计 12 格。四行诗的四句可以是同一格,也可以四句分别采用这 12 格中的任何一格,不算出格[2]。

二 《鲁拜集》的几种典型七绝体汉译

自 1859 年英国诗人菲兹杰拉德将《鲁拜集》101 首诗作译为英文后,从此海亚姆在世界上的诗名日盛,菲译所采用的这种诗节形式甚至成为英语四行诗节的一种变体,被称为"奥马尔诗节"[3]。

---

[1] 穆宏燕《波斯札记》,第 270—281 页。
[2] 穆宏燕《波斯四行诗与唐绝句之比较及其可能联系》,作者著《波斯札记》,第 243 页。
[3] 聂珍钊《英语诗歌形式导论》,北京:中国社会科学出版社,2007 年。

《鲁拜集》在中国先后有过郭沫若、吴剑岚、李霁野、黄克孙、黄杲炘、柏丽、张晖、邢秉顺、张鸿年、眭谦(伯昏子)等人的译本,染指一部分的就更多。其中张晖、邢秉顺、张鸿年的译本自波斯文直接译出,其余大多从菲兹杰拉德的英译本转译而来。郭沫若、黄杲炘等人的译文皆为语体,而黄克孙、柏丽、眭谦等人译本皆采用七绝形式,近年甚至还有用集唐人诗句为七绝来翻译的。总之,百年来国内对鲁拜的汉译,大致有白话自由体、文言七绝体和白话格律体三种,分别以郭沫若、黄克孙和黄杲炘为代表。

　　我们要谈到的汉译本《鲁拜集》也大多是从菲氏的英译版转译而来。虽然据英国东方学者艾伦的校勘,菲氏英译101首译作中有49首出于意译,44首是综合了两首以上原诗而意译,但菲译在精神上可以说是忠于原作的,语言可能较原文更为精致华丽。

　　下文中,我们将以《鲁拜集》中几首诗歌的不同译文为例,重点看一看七绝体在翻译这种与之体式不无相似的"奥马尔诗节"时有何优势与劣势。为便于比较,我们同时列出英文、郭沫若译以及黄克孙和眭谦的七绝译文。郭译虽是自由体,但在文学性上最接近菲氏英译的文采,对那种"秾缛而荒怪的东方色彩"(闻一多语)的传达颇为成功,可作为我们所选旧体诗译文的对照。另外,李霁野的译文有时采用五言绝句,我们在各首后面也一并附上,但李译并不都是五绝,更多的是七绝体。以七绝体来翻译的,另外还有柏丽的《怒湃译草》,比起黄克孙,其衍译的色彩较淡,追求对原文的信实,但整体上风格与黄译还是比较相近,所以我们这里不再列举。眭谦的译文入选,是因为风格上与已有的其他七绝译文差异较大,可作为探索七绝遣词造语的另一典型样本。另外,20世纪80年代还曾有过黄杲炘的译文[1],虽可作为齐言白话格律体的代表,但因为本文重在讨论七绝译文,所以这里也不备举。

---

[1]　黄杲炘《柔巴依集》,上海:上海译文出版社,1982年。

1. Fitzgerald 的英译①	郭沫若译

WAKE! For the Sun, who scatter'd into flight
    The Stars before him from the Field of Night,
    Drives Night along with them from Heaven, and strikes
The Sultan's Turret with a Shaft of Light.
	醒呀！太阳驱散了群星，
	暗夜从空中逃遁，
	灿烂的金箭，
	射中了苏丹的高瓴。

黄克孙译	眭谦译
醒醒游仙梦里人，残星几点已西沉。 羲和骏马鬃如火，红到苏丹塔上云。	醒罢东君逐夜还，纷纭列宿逝阴关。 赫戏万丈光如箭，正射君王宫阙间。
李霁野译	
君乎速觉醒，星夜变清晨。 试看日光彩，灿然耀王廷。	

12. Fitzgerald 的英译	郭沫若译

A Book of Verses underneath the Bough,
    A Jug of Wine, a Loaf of Bread—and Thou
Beside me singing in the Wilderness—
    Oh, Wilderness were Paradise enow!
	树荫下放着一卷诗章，
	一瓶葡萄酒、一点干粮，
	    有你在这荒原中傍我欢歌——
	荒原呀，啊，便是天堂。

黄克孙译	眭谦译
一箪疏食一壶浆，一卷诗书树下凉。 卿为阿侬歌瀚海，茫茫瀚海即天堂。	一片干粮一卷诗，一壶美酒傍疏枝。 荒原有汝歌清发，爰得乐郊无尽时。
李霁野译	
树下读诗章，干粮美酒尝。 君歌妙意曲，旷野即天堂。	

17. Fitzgerald 的英译	郭沫若译

Think, in this batter'd Caravanserai
    Whose Portals are alternate Night and Day,
How Sultan after Sultan with his Pomp
    Abode his destined Hour, and went his way.
	天地是飘摇的逆旅，
	昼夜是逆旅的门户，
	    多少苏丹与荣华，
	住不多时，又匆匆离去。

---

① 本文所列《鲁拜集》译诗序号皆据菲氏第 4 版英译本的顺序编号。各译文来源：菲兹杰拉德英译、郭沫若译《鲁拜集》，长春：吉林出版集团，2009 年。黄克孙译《鲁拜集》，台北：启明书局，1956 年。眭谦译《我默绝句集译笺》，上海：华东师范大学出版社，2016 年。李霁野译《俄默绝句集》，见《李霁野文集》第八卷，天津：百花文艺出版社，2004 年。

续表

黄克孙译	眭谦译
乾坤寥落一穹庐,日夜循环起太初。 多少英雄来复去,锦衣华盖尽同途。	逆旅千年想弊穿,阴阳递转户枢圜。 列王隆贵今安在,时命相追鹤驭烟。
李霁野译	
大地一逆旅,日夜为门户。 苏丹随苏丹,人间仅小住。	

18. Fitzgerald 的英译	郭沫若译

They say the Lion and the Lizard keep
The Courts where Jamshyd gloried and drank deep;
    And Bahram, that great hunter — the Wild Ass
Stamps o'er his Head, but cannot break his Sleep.
	蒋牟西宴饮之宫殿
	如今已成野狮蜥蜴之场;
	    好猎王巴朗牟之墓头,
	野驴已践不破他的深梦。

黄克孙译	眭谦译
华表丹墀一例空,荒凉台榭走蛇虫。 虎踪今遍英雄墓,无复惊闻李广弓。	野驴驰践羿王元,犹梦黄粱伏草宛。 荒殿人皇曾醉卧,长蛇封豕守无言。
李霁野译	
棘生石虎殿,鹿走姑苏台。 昔日猎狮者,千呼醒不来。	

33. Fitzgerald 的英译	郭沫若译
Earth could not answer; nor the Seas that mourn In flowing Purple, of their Lord forlorn; Nor rolling Heaven, with all his Signs reveal'd And hidden by the sleeve of Night and Morn.	大地不能言;披着紫衣的海洋 只是哀哭她见弃了的主上; 滚滚的太空,连他十二宫的星辰 隐现在晨夕的衣袖内也不作声响
黄克孙译	眭谦译
遍访乾坤总惘然,天垂日月寂无言。 海涛悲涌深蓝色,不答凡夫问太玄。	陆不言兮海哭号,紫波失眷竞相逃。 星躔隐现阴阳界,默运璿玑天意韬。

79. Fitzgerald 的英译	郭沫若译
What! from his helpless Creature be repaid Pure Gold for what he lent him dross-allay'd — Sue for a Debt he never did contract, And cannot answer — Oh the sorry trade!	甚么话哟! 造物借烂铁于人 要人偿以纯金 这是几时定下的合同? —— 啊,这种交易是何等不平!

续表

黄克孙译	眭谦译
天赐人间自在身,形骸放浪是元真。 此生那有他生债,未向苍天借一文。	予人熔淬帝何忒,反索真金偿彼值。 逋债何来本不知,此般贸物凭何则。
李霁野译	
借来杂色锭,收回索纯金。 无债强讨债,天公何不仁?	

  菲氏的英译很注意保留原诗的音乐美,全集用的都是较严格的抑扬格五音步韵律,基本押 aaba 的尾韵,与波斯语原诗一致。由于我们要讨论的郭、黄、眭译皆从此英译本译出,可以将菲译视为准原文。就语言的华丽来说,郭译与菲氏的英译相若,传达基本准确,精神的表现也很精彩,但郭译采用的是白话自由体,韵式和格律上并不完全忠于原文。黄杲炘以白话格律诗的形式翻译《鲁拜集》,一、二、四句押韵,每行五音组、每句十二字,兼顾韵式、音步和字数,但文采的飞扬可能就微逊英译与郭译。从译文的影响来说,黄克孙等人以七绝形式来翻译,很符合中国读者的接受习惯,也满足了我们内心以格律诗来对应翻译格律诗的自然倾向。当然,有时黄克孙的译文也免不了是一种"衍译",即增衍演绎的意译,但这常常是为了在难以完全遵照原文的情况下让译文更流利、畅达,黄克孙译本也因此比较接近我们熟悉的唐代七绝风格。据说叶嘉莹先生曾多次在讲课中吟诵黄克孙先生所译的第 33 首,甚至认为鲁拜只能用七绝来译,①其实跟黄克孙译本是更彻底的归化式翻译、审美上更靠近传统有关。

  对比菲译及以上七绝译文,第 5、17 首主题近于中国传统的怀古咏史,天地一逆旅的观念又为中国自古就有,故黄译、眭译皆得心应手,但其中第 17 首黄译稍觉流易有余、具象不足,似晚唐诗,眭译则有意新警,近于宋诗。以怀古咏史笔法来翻译的还有第 18 首。同样地,黄译倾向于改词而译、靠

---

① 柏丽《诗译工夫诗外多》《海涌珠飞九译波》,见作者著《怒湃译草》,北京:中国人民大学出版社,1990 年。

近传统意境,缺点在于添加了较多原文没有的字句,风格也较圆熟,有时就略显陈旧。眭译多倾向直译,为传统意境带来生新之风,此首采用的"长蛇封豖"为古典成词,但在网上流传的眭译某一版则作"雄狮巨蜥",对原作表达沿用不替,而又语象宛然,似更生动,现译法可能是考虑到平仄而更改。

第79首黄译更接近于传统七绝的语感,流利而简要,但部分地牺牲了直译的精确,比如这里的第一、二句,至少从菲译来看是没有直接对应的诗句的。眭译句子对应比较精确,但付出的代价是词繁意奥,离七绝经典风格语感更远一些。但两种译法第三句都是忠于原文的,都采用了反问句,承担了转折之职。

黄译有的过于求语意的流利、当然时见华彩篇章,如第12、33首,但因过于本土化、传统化,整体上属于异域文化的新异色彩并不多,原诗中的哲思色彩有所淡化,有的改译太甚,失了原意,有的句子完全以己意添加。整句全出己意添加的情况在眭译中较少见,说明眭译以直译居多。眭译以七绝体式、尽量忠于原文,但导致的是其译文比其他任何译本都要更依赖于其自注去笺明诗意,较难以成为自足的文本。换言之,眭译较之别的"衍译"成分较多的七绝译文晦涩得多,这一方面与其译文中往往容纳进了较多异域语汇,从而导致语意压缩比较厉害直接相关,也属于蹈空易奇、征实难巧之列;另一方面又力图无一字无来历、在中国的古典中找到更多语汇的根据,因此造成意象纷杂、语多构结而义多深奥,较之菲氏英译,虽同样精致考究,但失了英译的流利清通,又别是一种风格了。再如第8首"命如茜酒渗将尽,枯箨永飞归故根"(The Wine of Life keeps oozing drop by drop, The Leaves of Life keep falling one by one.)也是如此。不过眭氏以此种风格来译《鲁拜集》,也跟《鲁拜集》原本就富含哲思与历史感有关,若专力传达此点,容易出现深奥的作风。

一旦原文意思过于复杂,则两种经典七绝式的译法都陷入或晦涩或词不达意的境地，如第 98 首（此处未列）。这说明鲁拜体虽然大致相当于七绝在中国古典诗歌中的地位，但要完全用七绝体来精确翻译、传达也并不容易，两者在词汇、意象、意境方面皆有不小差异。

从词汇方面来看，一些在传统七绝中不常用的词汇，如"爱"（love）（99），"时间"（time）(22)，多换译为别的表达；"智慧"（wisdom）（28），黄译为"希夷妙道"，眭译为"智种"，皆增字为译。

较易翻译、并可以为译诗增添异域气息的专名词汇，以双音节为主，如"苏丹"（Sultan），黄直接音译（1、45），或意译为"英雄"（17）；眭译则为"君王"（1），或"列王"（17）。"摩西"（Moses），黄译、眭译皆直译。"耶稣"（Jesus），黄直译，眭译某一版曾译为"人子"，是意译而接近于直译。"葡萄"（Wine），grape 或 grape-wine，葡萄一物汉代已从西域传入中国，语汇久已本土化，眭译"蒲桃"（5），黄泛译为"野花"（5），或出衍译，或是没有意识到它是专指。"天堂"（Heaven）、"地狱"（Hell），黄、眭皆直译（66、67）。

可以在传统语象中寻找到直接对应物的词汇，换译起来也比较简单，如"太阳"（sun）：黄译"羲和"，眭译"东君"（1）。

属于专名、音节和意义难以翻译的词汇，多用泛名或另寻中国的相似专名来代替：如"大卫德"（David），黄译仅作"歌人"（5），眭译意译作"韩娥"。更专门的以及音节更长的常常只好省略不译，如 Pehlevi（6），即 Pahlavi，巴列维语，约在公元 3 世纪至 8 世纪的伊朗语，黄、伯皆略而不译。又如 Naishápúr、Babylon 这两个城市名，且二者同时出现于一句之中时（8），黄省略，眭换译为"双城"。

但黄译、眭译中也有一些虽经译为汉语、但失去了特定意义的词汇，如 Tavern，菲氏英译原本就将首字母大写，可见是特指，在英语中意指酒馆、客舍，诗中通常用来借指现世。眭一译"酒肆"（2），一译"茅店"（3），黄一不译，一译"客舍"（2)，皆失去特指意。唯郭沫若译为"逆旅"，就既合于原意，又贴合中国古典诗本来的习惯表达,浑然天成。晋张翼有《咏德诗》:"一世皆逆旅,安悼电往速。"陶渊明《杂诗》也有"家为逆旅舍,我如当去客。去去欲何之,南山有旧宅"的名句,李白《怀古》更有"天地一逆旅,同悲万古尘"之句。可见翻译中原本也不乏一些契若合符的可能,只要在译者的深厚学养基础上艰苦探求,就可能妙语辄来,如同偶得天成。

总之,如果这些专有名词可以译为双音节词,一般就可以直接进入七绝,并增添译诗的异文化色彩、浪漫色彩。这一方面是由七言句式的包容性,另一方面也是因为七绝原本与古民歌有较强的联系,可以容纳更多俗词、新鲜词的缘故,就像各代七绝体竹枝词往往可以运用较多非传统语汇和意象。但一般而言,这种容纳也有一定限制,音节超过两个的外来语汇不容易大量在古典诗中出现,即便是在包容性较强的七绝中。如果不直译这些专有名词,或将其大而化之,如黄译以"红花"译蔷薇、以"落英"译风信子,则更易进入较普泛化的中国古典诗歌传统情境,但这通常是以意象的欠缺为代价的。有时较多的意思被压缩到一句之中,意繁语密,译者又不得不增衍原文所无的句子和意思来接榫转圜,最终成为与原诗异趣的新文本,如黄译第 28 首的前两句完全为新添出来,说是为了趁韵也不为过。

限于篇幅,这里我们并未列出所有绝句体译文,如柏丽《怒湃译草》也采用了七绝体,在忠实于原文上胜过黄译,而在风格的清通流畅上又超过眭译,较得中庸之道。不过,也正像她在《译后札记》中所说,"纵然菲译的英国四行诗与我国七言绝句在押 aaba 尾韵、讲究轻重抑扬(平仄)上颇相类似,但诸多选词用韵及音节、双关等技巧,的确无法移译。又要信达雅,又要数着字数译,不能多也不能少,又要推敲平仄,查核尾韵,实在顾此失彼,捉襟见肘,拙译对上述诸多音律之妙也就只好颇有'贪污'了。"

鲁拜体与中国的绝句体在情韵和形式上多有相似,它是四行的格律诗体,基本是一、二、四句押韵,其英译诗节每行五个抑扬格音步,音步、节奏上比较接近七绝。七绝通常是四顿或说四拍、四个音组,最后是半拍加上休音,五绝则只有三顿,如果用五绝来译,就与原诗音步、节奏相去较远,且不足以容纳原作的全部诗意。五绝容易简净,而较难于丰富、热烈,更加上字少意省,若采用五绝来译,就不得不对原诗的题旨和意象多加删略,也难以容纳进更多异域语汇,这大概是很少有译者全部采用五绝来翻译《鲁拜集》的原因。即便以七绝翻译鲁拜体,有时也会显得促迫、较难以完全容纳进原诗的全部意思,这时候就不得不成为"衍译"。当然衍译不见得不是好翻译,即使著名的菲氏英译,有很多地方也正是衍译。可以说,原诗与译作格律上依旧存在参差,这使得不少绝句体译文成为一种基于原诗的新创作,也为白话体和自由体译文留下了许多重译的空间。

总体而言,以七绝译鲁拜,仍然属于"以我为主"的归化式译文,体现了诸多转译者译诗择体的匠心。但归化式译文为迁就目的语的诗学规范,往往不免犯不忠实于原文的毛病,且审美效果有时与原诗形式和意境距离较远。也正因为要对原作有更完美的呈现以及格律冲动的驱使,很多方家前赴后继地以绝句尤其是七绝翻译《鲁拜集》,并在这一过程中去试探绝句表现新的情境和思想的各种可能性。

三 鲁拜体起源补说及七绝汉译的其他思考

国人常常愿意用绝句的形式来翻译《鲁拜集》,一方面固然是因为中国古典的绝句尤其是七绝与波斯四行诗在形式上诸多相似之处,而这种相似也常常被追溯到其起源上。意大利学者包沙尼认为四行诗可能源于我国唐代的绝句,其产生或晚于唐绝句或与其同时,通过与唐代文化关系密切的突厥文化传入阿富汗和波斯一带,或者也可能与唐代绝句同出一源。杨宪益相信:"突厥人于公元一〇三一年越过阿姆河,从东方侵入波斯境内,并在一〇四一年占领了莪默的出生城市尼沙波尔,这正是莪默出生前八年。鲁拜体既然可能起源于民间歌谣,很可能是由西突厥从中国传播过去的。"[1]但是伊朗学者大多认为波斯四行诗就是起源于本民族的歌曲,是一种地道的本土诗歌形式。

日本学者小川环树《〈敕勒歌〉的原语及其在文学史上的意义》一文所追溯的历史线索恰好相反,他认为五到七世纪时的北歌影响了唐代七绝的生成,如《敕勒歌》原本是突厥语歌曲,斛律金演唱用的应该是其本部族的敕勒语,即高车语。高车也称狄历、敕勒、铁勒,其语言为突厥语的一支,因内迁已久,已受鲜卑语影响。鲜卑语本身就很可能属于突厥语系,因而鲜卑人可以理解敕勒语的歌唱。夷歌汉译,正是为了与传入的突厥歌曲相配合演唱,隋唐由此产生了整齐的六言、七言形式的绝句。如西凉音乐曲调,唐绝句多与之相配[2]。小川氏认为,正是中亚和北亚民歌尤其突厥音乐和突厥语系歌曲的传入,影响了唐代绝句的发生。我们从史书的记载来看,隋和唐的确是受到突厥文化的深刻影响。那么,说七绝的流行可能受到北歌的影响也不为无因[3]。

不论是波斯四行诗影响中国绝句,还是中国绝句影响波斯四行诗,突厥语系的歌谣都很可能在其中扮演了重要的介质角色。不过我们的动机不在于追溯波斯四行诗的起源、把它说成中国绝句的后裔,或者反过来去考证波斯诗歌才是唐代绝句的源头。不管当初产生的情形究竟如何,这种诗体很

---

[1] 杨宪益《波斯诗人莪默凯延的鲁拜体与我国唐代诗歌的可能联系》,《文艺研究》1983 年第 4 期,第 25 页。
[2] (日)小川环树撰、周先民译《风与云:中国诗文论集》,北京:中华书局,2005 年,第 43—56 页。
[3] 《突厥语大词典》所引用的大量突厥语歌谣,其中很多是七个音节,所以其译者也多用七绝来译。至于突厥语诗歌,则很可能又受到波斯诗歌的影响,有学者即持这一看法,如日本东京外国语大学菅原睦教授 2017 年 3 月在新疆大学人文学院讲座"古代突厥语诗歌韵律的发展",主要关注《福乐智慧》《突厥语大词典》《胡斯饶与西林》等文献中的诗歌韵律特点、正字法与韵律的关系以及波斯诗歌格律对于古代突厥诗歌韵律的影响。

久以来便存在于包括波斯语、突厥语在内的一些东方语言文学中。在我国塔吉克族、维吾尔族文学中,这种诗体通常被称为"柔巴依",一直就是一种古典诗歌形式。"尽管这种诗歌形式在时间上前后跨越近千年,在地域上传播到万里之外,但在经过辗转翻译之后,居然仍能保持其一些固有的特色,而且至今仍有很多诗人用这种形式写诗。这也许说明了这种诗体的强大生命力吧。"①的确还有生活在新疆的当代汉语诗人采用"柔巴依"的形式去写作新诗,譬如沈苇。当代作家王蒙曾下放新疆十六年,通维吾尔文和乌兹别克文。他见到过当地流传的从波斯语译为乌兹别克语的海亚姆诗,当时这些诗还曾在新疆广为流传②。王蒙自己也曾译过十几首鲁拜,但其所译数首都不见于任一版本的菲氏英译,应该是来自菲氏所未译出的波斯原诗。王蒙译文或采用五绝,或采用语体,有齐言也有杂言,但大多为 12 或 13 字、五顿或四顿的较为整齐的诗行,他也承认"鲁拜的韵比中国的绝句复杂多了,每一行都要押三韵,也就是首韵、腰韵和尾韵,很容易顾此失彼;有时连一韵都押不上"③。这也提醒了我们,不应过于强调波斯四行诗受中国绝句影响的一面以及二者之间的相似,也要看到它们之间在形式上的重要差异。

除了情韵和形式,四行诗和绝句还有其他方面的相似之处。伊朗文学家伏鲁基说:"在伊朗的学者中,具有诗人天赋的人很多。大多数学者都或多或少写诗。学者写诗并不利用一切诗歌形式……鲁拜是难以驾驭的诗歌形式,它只有两联,可发挥的余地不多。要做到言之有物,要求诗人有很高的才能,才足以把丰富充实的内容以如此短小的形式表达出来。鲁拜的特点要求把这首诗的精华在一个短句中,即第四个短句中表达出来,前三个短

---

① 黄杲炘《从"鲁拜"谈到"柔巴依"》,《中国翻译》1987 年第 2 期,第 33 页。
② 波斯语属印欧语系,乌兹别克语属阿尔泰语系突厥语族,维吾尔语和乌兹别克语相近,维文使用阿拉伯字母,所以可以记下乌兹的译诗。但苏联时期的中亚,乌兹别克改用斯拉夫字母,新疆也改用了新维文,也就是拉丁字母,已别于用阿拉伯字母的旧维文了。
③ 童元方《论〈鲁拜集〉的英译与汉译》,《外语与翻译》2000 年第 2 期,第 16 页。

句是第四个短句的铺垫。""他（海亚姆）所一心关注的只是表达既定的内容。他的鲁拜的诗意是通过对时间流逝的感悟而体现出来的。"[1]也即，海亚姆以深沉凝重的语言风格，表达对死亡的如影随形、人生的短暂一瞬、世事无常的持久关注与思考。伏鲁基认为，这种语言特点决定了海亚姆不可能是很高产的诗人，虽然现在归入其名下的诗作有一千来首，但可靠的不到两百首，甚至不到一百首。其他诗作很可能出自仿效者之手，或者是将一些与其思想格格不入的鲁拜也说成海亚姆的诗作了。可见，鲁拜体轻巧易作，形式上不难被模仿，这与中国的绝句颇为相似，但它们也都是易作而难工的诗歌体式。伊朗学者爱用鲁拜体写诗，爱用它起承转合的结构在最末一句呈现奇思和妙句的华彩，这也与中国诗人和学者爱用七绝来怀古咏史、即景抒情甚至论诗的情形如出一辙。这两种诗歌体式皆短小精悍、格律谨严，又充满哲思的灵光和妙语警言，既华丽又深刻，如同锋利的匕首，最便随身携带、随时取用，又直抵核心。

正因如此，尽管有着我们前文中提到的龃龉之处，绝句尤其是七绝仍络绎不绝地被用来翻译《鲁拜集》，并被视作最为合宜。当然，大多数译文是从菲氏英译而非从波斯原文转译为汉语，二者韵式上虽有参差，但皆以四行诗节为基本形式，以绝句来翻译鲁拜体，尤其对中国这样一个被古典的齐言格律诗哺育得太久的国度，是相当自然的选择。《鲁拜集》众多的七绝体汉译，也暗合了七音节四行诗在不少地方皆曾流行、可能曾相互影响的历史事实。海亚姆的《鲁拜集》作为波斯四行诗的杰作，其七绝体汉译广受关注，正是这种联系的集中显现。

总之，波斯四行诗与七绝体的确颇为相似，但是否存在着直接关联却很难确证，中国学者和伊朗学者常常各执一词。本文的焦点不在于二者间的渊源关系，而是近一个世纪来《鲁拜集》的汉译所反映的七言绝句的活力、包

---

[1] （伊朗）伏鲁基《内沙浦尔的哲人海亚姆》，见张鸿年译《鲁拜集》附录一，第82、84页。

容性,即便是现代或异域的事物、情境乃至思想,也常常能以之来表现。七绝体译文也有它的局限性,所以也不断有人另以齐言语体新格律诗的形式去翻译,这也暗合了多年以前林庚先生就提出过的中国新诗的发展方向。《鲁拜集》的汉译,无论七绝体还是语体,格律体还是自由体,完全可以继续并行不悖、异体而争辉。

最后,让我们以海亚姆一首鲁拜的不同译文作为本文的结束:

> A moment guess'd — then back behind the Fold
> Immerst of Darkness round the Drama roll'd
> Which, for the Pastime of Eternity,
> He doth Himself contrive, enact, behold.(菲氏英译,第52首)

一瞬显现兮瞬即深藏,舞台周遭兮暗黑无光,彼自登场兮彼自观赏,自作消遣兮为乐无疆。(郭沫若译)

浩荡天门瞬息开,千秋蝼蚁浪疑猜。云山几度成沧海,造化红尘游戏来。(黄克孙译)

闲看片刻已收幕,连折戏文沉暗雾。自作喜悲仍自观,流光排遣无尽数。(眭谦译)

刹那恍参悟,依然闷葫芦。神灵隐幕后,永恒自欢娱。(李霁野译)

此诗读来惊心动魄,其创造力和表现力则既来自原作者海亚姆,也来自英译者菲氏与诸位汉译者。诸人诸作既异代异体,又同其灵心,合力从存在的深渊中,探取来那诗意的骊珠,永远辉耀于读者眼前。

诗画内外

——(传)乔仲常《后赤壁赋图卷》解读

薛 磊

宋神宗元丰三年(1080)初,苏轼因乌台诗案被贬黄州,全家在江边废弃驿亭临皋安顿下来。两年后又在城内东坡置书斋"雪堂"。黄州期间虽然生活艰辛,但也成为苏轼文学创作的高峰期。其中前后《赤壁赋》是最为脍炙人口的篇章,且因其情景交融、意境清远,成为历代画家青睐的题材。今天仍然可以看到的宋金时期的作品就有(传)乔仲常作《后赤壁赋图卷》(美国纳尔逊·阿特金艺术博物馆藏)、(传)马和之《后赤壁赋图》(北京故宫博物院藏)、(传)武元直《前赤壁赋图》(台北故宫博物院藏)、无款《赤壁图》册页(台北故宫博物院藏)等数种,且表现各异、开启了后世不绝如缕的《赤壁赋》图绘传统①。其中《后赤壁赋图卷》目前公认为是现存有关赤壁赋图绘的最早之例,更以其诗(赋)、书、画合一的形式,被誉为"文人画"之滥觞②。

---

① 赤壁图像的演变,见赖毓芝《文人与赤壁:从赤壁赋到赤壁图像》,《卷起千堆雪:赤壁文物特展》,台北故宫博物院,2009年,第244—259页;Jerome Silbergeld, "Back to the Red Cliff: Reflections on the Narrative Mode in Early Literati Landscape Painting," *Ars Oriental* 25, 1995, pp. 19-38.

② 有关《后赤壁赋图卷》流传经过,见杨仁恺《国宝沉浮录》,沈阳:辽海出版社,1999年,第83—97页;赵雅杰《传乔仲常〈后赤壁赋图卷〉递藏考略》,《中国美术馆》2014年第1期,第68—79页。《后赤壁赋图卷》图版最早出版于谢稚柳《唐五代宋元名迹》,上海:古典文学出版社,1957年,图23—33。最近展览图录见上海博物馆编《翰墨荟萃:细读美国藏中国五代宋(注转下页)

值得一提的是，这些画作今天看来可以作为文学作品"插图"欣赏，但是在当时，都是为特定场合而作，完成之后也是秘藏公私之家，只有少数相关人士才有机会目睹。这与后世面对普通大众的印刷书籍插图有本质的不同。因此在所体现的内容与诗意之外，制作与观看的具体情境也是了解这些画作的重要因素。本文以《后赤壁赋图卷》为中心，探讨其对赋文的图绘表现方式，并推测该画卷制作的特殊历史情境[①]。

《后赤壁赋图卷》由九段画面构成，以抄录其上的九段赋文分割（图一）。这种图文安排很容易令人联想起同样著名的传为顾恺之作的《洛神赋图卷》，更可以远溯到"左图右史"的古老传统[②]。据日本学者板仓圣哲考证，卷首原来应有一段描绘东坡雪堂的画面，不知何时割去，然而并不影响现存画卷的构图完整性[③]。一开卷读者的视线就被树丛和坡陀引到江畔。身形高大的苏轼转身与两位友人说话，右手则指向岸边的渔翁。一位小僮正从渔翁手中接过鱼。与此场景对应的，是上方的一长段赋文（图二）。令人好奇的是，赋文里提到的获鱼其实是倒叙此前发生的事，画卷中却被安排在了同一个场景，一方面当然是为了充分利用画面空间，另一方面也是画家有意按照赋文叙述的次序排列意象。这个场景另一个有趣的细节是地上的人影。中国古代绘画并无描绘影子的传统。但也是因为赋文特别强调了"人影在地"，画家便在这里特意添加。这两个细节都表明了画家为了忠实地再

（续上页注）元书画珍品》，北京：北京大学出版社，2012 年，第 284—295 页。近年相关图像解读见李军《视觉的诗篇——传乔仲常〈后赤壁赋图〉与诗画关系新议》，《艺术史研究》第 15 辑，广州：中山大学出版社，2013 年，第 281—320 页；张鸣《文学与图像：北宋乔仲常〈后赤壁赋图〉对苏轼原作意蕴的视觉诠释》，《国学学刊》2017 年第 4 期，第 83—98 页；王一楠《意义阐释与图式变体：传乔仲常〈后赤壁赋图〉新论》，《中国美术研究》2020 年第 3 期，第 63—71 页。

① 本文部分内容改写自笔者英文论文 Lei Xue, "The Literati, the Eunuch, and a Memorial: The Nelson-Atkins's *Red Cliff* Handscroll Revisited," *Archives of Asian Art* 66, 2016, pp. 25 - 49.
② 有关《洛神赋图卷》及叙事画传统，见陈葆真《〈洛神赋图〉与中国古代故事画》，杭州：浙江大学出版社，2012 年。
③ （日）板仓圣哲《乔仲常〈后赤壁赋图卷〉の史の位置》，《国华》1270，2001 年，第 9—22 页。

现原文意境,不惜打破常规、另辟蹊径。

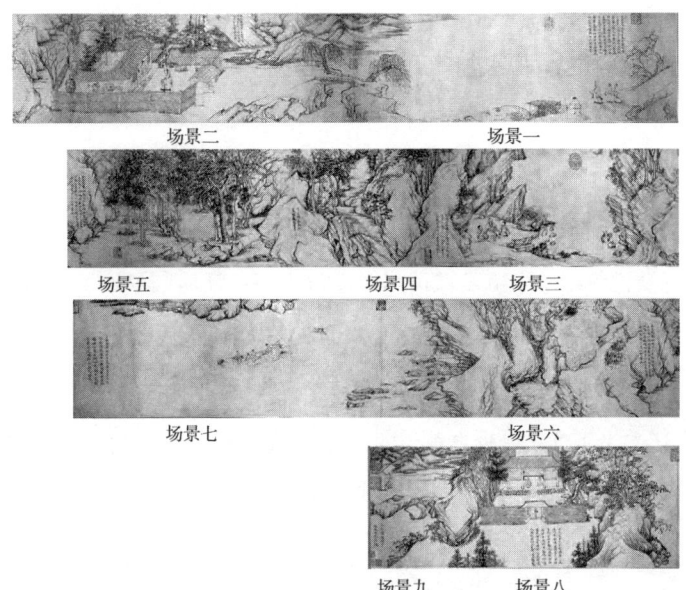

图一　(传)乔仲常《后赤壁赋图卷》,约 1123 年,纸本水墨,29.5 厘米×560.4 厘米。美国纳尔逊·阿特金艺术博物馆藏。

图二　场景一局部

画卷第二段场景表现的是篱笆围成的临皋亭宅院(图三)。庭侧有巨大的古松一株,下有两块磨盘状石磴。前庭中间苏轼左手提鱼,右手提酒壶,正欲离开,却回首望向站立于台阶之上的妻子。此段赋文"写"在背景的崖壁之上,让人联想起宋代文人流行的题壁风气。临皋亭正对观者的侧房,可见有马厩一间,一匹马正对观者,被系在两柱间,不得动弹,一位中年马夫则倒在厩前席上酣睡,眉目清晰可见。此内容不见于赋文,画家为何添加在此?此前研究众说纷纭。今检东坡黄州时期诗作,有《迁居临皋亭》一首,其中有句云:"幸兹废弃余,疲马解鞍驮。全家占江驿,绝境天为破。"[①]"疲马"与"鞍驮"在画面中都清晰可辨,正好对应诗句。换句话说,画家在创作时,不仅忠于原赋,还参考了苏轼其他在黄州的诗文,并将其转化为视觉形象,融合在画中,这是本画卷"诗画合一"的一个重要特点,我们还将在其他场景中看到。

图三 场景二局部:临皋亭

第三段场景描绘的是赋中的名句"山高月小,水落石出"(图四)。画家以倾斜夸张的角度表现"山高",与今日狭窄街道上仰视摩天大厦的视觉效

---

① (宋)苏轼撰,(清)王文浩辑注《苏轼诗集》卷二〇,北京:中华书局,1982年,第1053页。

图四　场景三局部

果颇为相似。苏轼与两位友人坐在大石上饮酒。第四段开始,节奏逐渐加快,相对应的草木的描绘笔触也更加急促。画家显然不再满足于描写物像,开始用更丰富的视觉语言来表达人物情绪。比如在苏轼攀登一节时,画家没有把人物放在右侧的大道上,而是置于逼仄的拐角处,被五株树干围困其中。是苏轼当时的政治处境的隐喻(图五)。此后五、六两段,赋文描述苏轼

图五　场景四局部:"摄衣而上"

在山顶所见所感,但是画面中苏轼形象消失了,似乎此刻观者已经与苏轼的视角合二为一,穿行于密林怪石丛中。

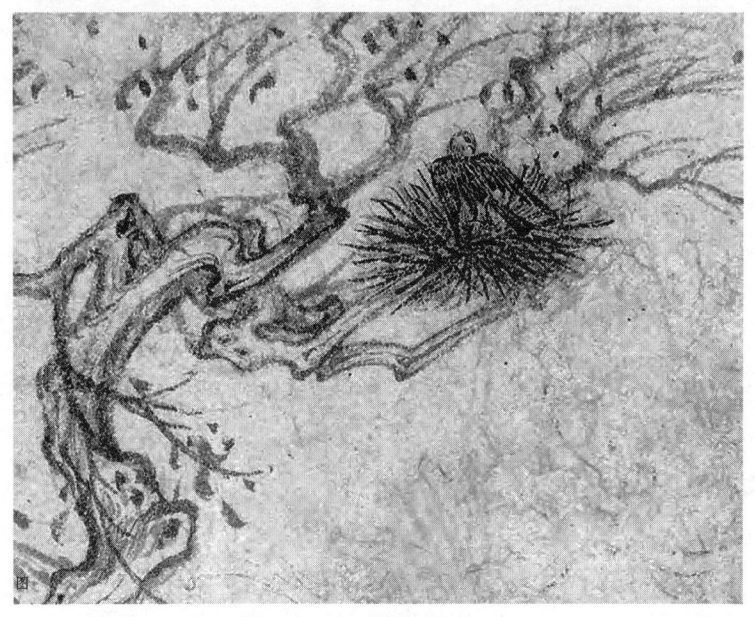

图六　场景六局部:鹘巢

第六段中特别引人注意的一个细节是"栖鹘之危巢"(图六)。原赋只是一句带过,烘托气氛。但是画家显然非常重视,以放射状的线条,吸引观者的眼光。从构图角度看,这提供了一个"画眼",让观者设身处地,想象在危巢中俯瞰激荡的江水。但是此外或许也有更深的一层寓意。鹘的意象曾经数次出现在杜甫的诗文里,例如著名的《义鹘行》《画鹘行》就是赞扬鹘为了保全友朋不惜牺牲自己[1]。不管苏轼本人在赋中是否自比于"义鹘",通过画家的强调,熟读杜诗的宋代观者应该不难联想,这是暗喻苏轼在乌台诗

---

[1]　(清)仇兆鳌《杜诗详注》卷六,北京:中华书局,1997年,第474—478页。

案中坚守节操①。此段戛然止于崩裂的崖岸和遍布的乱石(图七),仿佛是在图示《念奴娇·赤壁怀古》中的名句:"乱石崩云,惊涛裂岸,卷起千堆雪"(后世版本多作"乱石穿空""惊涛拍岸"。从所描绘的形象看,当时画家所据版本更可能是前者)②。这是画家再次将苏轼黄州时期的诗文融入画卷中。

图七　场景六局部:江滩乱石

正如交响乐的结构,在经历了此前快板的高潮后,第七段由一片平静的江面缓缓展开(图八)。移动画卷,可以看到一只白鹤正要掠过江中的小舟,舟上坐着苏轼和两位友人。小舟仿佛驶在虚空之中。江岸的大石被置于画面上方边缘,犹如浮云。仔细检视小舟,船头处有似是随意、实则精工描绘

---

① 乌台诗案牵涉苏轼友朋众多,审讯过程中苏轼本人的表现其实并无史料可征。相关史料研究见朱刚《"乌台诗案"的审与判》,《北京大学学报》2018 年第 6 期,第 87—95 页。
② 参见邹同庆、王宗堂《苏轼词编年校注》,北京:中华书局,2002 年,第 398—399 页。

的一卷缆绳(图九)。这是又一个精心安排的"诗画谜":"身如不系之舟"(苏轼《自题金山画像》)①。

图八　场景七局部:"放于中流"

图九　场景七局部:缆绳

《后赤壁赋图卷》的最后两个场景被安排在一个空间单元中(图十)。回到临皋亭寓所,苏轼在梦中见到两位道士来访(赋文版本有"一道士""二道

---

① 《苏轼诗集》卷四八,第2641页。

诗画内外　175

图十　场景八、九

士"两种异文,据画面可知画家所据应是"二道士")①。奇异的是,苏轼自己也化身为二,卧者为真、坐者为梦。三位坐谈者都施了淡墨,似乎以此来区分梦境与实境(图十一)。此处临皋亭寓所的前庭是从正面视角描绘,但是

图十一　场景八局部:坐谈

① 相关讨论见衣若芬《谈苏轼〈后赤壁赋〉中所梦道士人数之问题》,载作者著《赤壁漫游与西园雅集》,北京:线装书局,2001 年,第 5—25 页。

后院却呈俯视角度①。此外,仔细对比第二段场景中临皋亭的细节,观者会发现树木、篱笆等都挪移了位置或改变了形状。这些怪异现象是因为画家的疏失?还是特意表现梦境带来的扭曲?只能由观者去猜测想象了。最后,苏轼梦醒出门的一幕被置于左上方的局促角落里,仿佛远离观者而去,与卷首所见迎面而来的高大形象成鲜明对比,似在呼应赋中所表现的怅然情绪。

综上所述,《后赤壁赋图卷》不仅对赋文的每个情节进行了忠实的描绘,而且还用心良苦地融合了苏轼其他诗文中的意象,并用各种巧妙手段以视觉形象阐发甚至丰富了原作的意境。因此即使在群峰矗立的宋代画坛,也堪称独树一帜的作品。许多研究者将此卷归于李公麟的白描叙事画传统②。的确,该画卷的立意、构图和许多细节都可以在李公麟名下的作品中找到类似之处(例如美国国家亚洲艺术博物馆藏《归去来兮》、北京故宫博物院藏《山庄图》、台北故宫博物院藏《山庄图》等)。但是平心而论,《后赤壁赋图卷》的人物和建筑,无论是结构轮廓还是线条笔触,都常见犹豫含混处,与上述李氏作品中所见的精熟造型技巧不似③。另一方面,其树木和山石的描绘则或遒劲有力、或洒脱奔放,却在李公麟绘画中少见。而这些树石题材也恰好都是北宋其他文人画或"士大夫画"的专长。譬如传为苏轼的《古木竹石图》(私人藏,图十二)中的枯枝和奇石,与《后赤壁赋图卷》相应细节(见图五、图六所示)就颇多相似之处。这种矛盾现象使得创作背景更加扑朔迷离:在什么样的情形下、什么人会创作这样的画?这个问题可能只能到画面之外去寻找线索了。

---

① 其图像志渊源,见李军《视觉的诗篇》的讨论,第 299—303 页。
② 见范如君《乔仲常〈后赤壁赋图卷〉研究——兼论苏轼形象与李公麟白描风格的发展》,台湾大学艺术史研究所硕士论文,2001 年;Richard Kent, "Ch'iao Chung-ch'ang's Illustration of Su Shih's 'Latter Prose Poem on the Red Cliff': Pai-miao (Plain Line Drawing) as Heuristic Device,"台湾大学《美术史研究集刊》11,2001 年,第 95—132 页。
③ 也有论者质疑这种特殊风格是因为后世作伪所致,见丁羲元《乔仲常〈后赤壁赋图卷〉辨疑》,《朵云》31,1991 年,第 29—37 页。

图十二 （传）苏轼《古木竹石图》，纸本水墨，26.3厘米×50厘米。私人收藏。

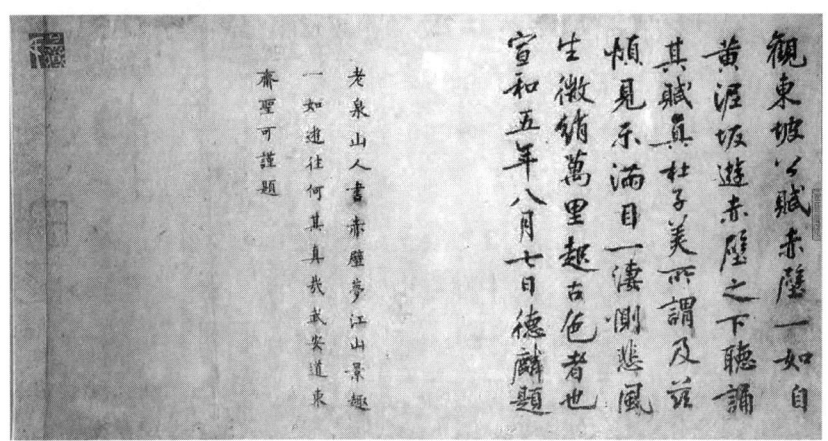

图十三 （传）乔仲常《后赤壁赋图卷》卷后现存题跋

卷后原有题跋十段、现存两段（图十三），其他八段不知何时割去，后为故宫博物院所收。第一首为赵令畤（1064—1134）跋："观东坡公赋赤壁，一如自黄泥坂游赤壁之下，听诵其赋。真杜子美所谓'及兹烦见示，满目一凄恻。悲风生微绡，万里起古色'者也。宣和五年八月七日德麟题。"赵氏作为苏轼的忘年交，曾备受后者器重[①]。据落款可知画卷本身应该创作于宣

---

① 赵氏生平研究见陈佩君《赵令畤及其〈侯鲭录〉研究》，台湾大学硕士论文，2010年。

和五年(1123)或之前。(按:赵跋与原作内容非常贴切,然而检视原件可知曾经多处修补,且书法与其他赵氏书迹不类,或为后世补书。)其他题跋作者大多无考,内容则与赵跋相似,都是表达观画后对苏轼的怀念①。(其中一条称此为"仲常之画",因此前人定为乔仲常之作。然而乔氏生平只有零星记载,唯知与李公麟同乡,或曾从后者学画。)②

值得注意的是,此时距苏轼去世只有二十年左右,所有题跋者很可能都认识苏轼本人,甚至如同赵令畤一样与苏轼有过密切交往。因此可以推论,这幅画卷并非如一般文学题材的绘画那样,为清娱赏玩或寄托怀抱而作(如前举《洛神赋图》《归去来兮图》等),而是具有非常明确的纪念功能。从设计、绘制到题跋,应该经过认真的安排,且有熟悉东坡诗文的文士顾问。更吊诡的是,1123年前后恰好是北宋历史上著名的新旧党争处在非常微妙敏感的时期。宋徽宗此时对苏轼所属旧党及其子弟的态度有所反复③。另一方面,苏轼的诗文仍然在被禁之列,苏门后代也处在党禁之中。在这个特定的时间节点上制作这样一幅纪念苏轼的绘画,意义就非同寻常了。

画面上有十三枚大小不等的骑缝章,均属徽宗朝权倾一时的内臣梁师成(约1063—1126)。梁笃好收藏书画,因此前人研究通常只把梁师成作为收藏者考虑。然而,收藏这样具有特殊的纪念性的作品,似乎不能简单地解释为附庸风雅。细考梁师成的经历,更合理的解释,恐怕这幅画卷就是由他亲自订制的。

梁师成在徽宗朝的政治和文化活动中扮演了极其重要的角色。他以书法进身书艺局,后领睿思殿文字外库,负责宫内的文书抄写。美国艺术史学

---

① 录文见《石渠宝笈》卷三二,《四库全书》本,第824册,上海:上海古籍出版社,1987年,第51页上。
② 有关乔仲常最早记载见(宋)邓椿《画继》,载于安澜《画史丛书》,上海:上海人民美术出版社,1963年,第29—30页。
③ 有关宋徽宗此时期的心理,见 Patricia Ebrey, *Emperor Huizong*, Cambridge, MA: Harvard University Press, 2014, pp. 107 - 119.

者毕嘉珍(Maggie Bickford)、伊沛霞(Patricia Ebrey)等人最近的研究都注意到他也曾长期管理大内的书画收藏和复制,很可能是《宣和书谱》《宣和画谱》的实际负责人①。梁氏以文士自命,甚至为自己破例获得进士身份。又"以翰墨为己任,四方俊秀名士必招致门下,往往遭点污。多置书画卷轴于外舍,邀宾客纵观。得其题识合意者,辄密加汲引"②。跟本画更有关联的是他与苏轼的渊源。这一度是两宋间朝野的热门八卦。据本传,他曾自称是苏轼的"出子"(即没有名份的妾所生之子)。传中还特别记载,"是时,天下禁诵轼文,其尺牍在人间者皆毁去,师成诉于帝曰:'先臣何罪?'自是,轼之文乃稍出"③。这里没有记载徽宗的反应。但是应该是默许了梁师成的请求。徽宗对苏轼的态度本来就很含糊,作为他的近臣,梁应该是知道底线的。与之相印证的,是野史笔记中津津乐道他跟苏轼后辈,尤其是三子苏过(1072—1123)的密切交往。朱熹就曾绘声绘色描述,梁曾经指示账房"苏学士使一万贯以下,不须覆"④。这些传闻或有夸张之处,但基本可以确定的是,他至少是苏门后代的核心人物和主要赞助者。因此,牵头订制这样一幅纪念苏轼的画作,应该是合情合理的。

从另一方面考虑,梁师成也具有充分的条件订制这样一幅作品。上文已经简介了本画所参考的前代作品。绘画资源不如文字易得,画家需要经由收藏家才能接触到一手材料。但是梁师成恰好有充分的资源可以利用。他本人就收藏了大量李公麟的绘画,其中与本画有千丝万缕联系的《山庄图》原本就是他的私藏⑤。此外,根据《宣和画谱》可知,他主管的宫廷收藏中有多达

---

① 见 Maggie Bickford, "Huizong's Paintings: Art and the Art of Emperorship," in *Emperor Huizong and Late Northern Song China*, ed. Patricia Ebrey et al., Cambridge, MA: Harvard University Press, 2006, pp. 453 - 516, esp. 503 - 509; Patricia Ebrey, *Accumulating Culture: The Collections of Emperor Huizong*, Seattle: University of Washington Press, 2008, pp. 133 - 134.
②③ 《宋史》卷四六八,北京:中华书局,1985 年,第 13663 页。
④ (宋)黎靖德《朱子语类》卷一三〇,北京:中华书局,1988 年,第 3119 页。
⑤ (宋)周必大《文忠集》卷四七,"题李龙眠《山庄图》"条,《四库全书》本,叶一九正。

107件李公麟的作品。更有意思的是，史载他曾经招募两位李公麟的弟子孙玠和赵广到自己主管的书艺局供职①。具体做什么，已无从考辨，想必也是临摹或创作类似于《后赤壁赋图卷》的李公麟白描风格的作品。本画的假设作者乔仲常或也在招募之列，只可惜于史无征。总而言之，《后赤壁赋图卷》中的各种借鉴和原创，在梁师成主管的宫廷画院中可以找到最合理的情境。

根据这些蛛丝马迹，以及梁师成在卷上留下的这十三方印章，足使我们把梁师成的所有活动和这卷《后赤壁赋图》联系起来。这幅画不仅是他收藏，而且很可能是在他和其他苏门文士的共同策划下，由在书艺局或其他宫廷绘画部门供职的画工制作的。另外一个有意思的细节是，画卷中《后赤壁赋》录文并没有署名。书法非常工整细巧，与著名的宋徽宗的瘦金体也不无相似之处（图十四）。联想到梁师成从小被训练为宫廷抄手，长期模仿徽宗字迹，或许这就是他的亲笔，也不无可能。

图十四　（传）乔仲常《后赤壁赋图卷》抄录赋文局部（参见图八）

---

① （宋）张澂《画录广遗》，卢辅圣《中国书画全集》第1册，上海：上海书画出版社，1993年，第726页。

我们还可以推论,这幅画对于梁来说,简单的层面,或许是表达对"生父"苏轼的怀念。更具有政治意味的,或是用这幅画卷,证明他与士人阶层的密切关联,进而在北宋末年诡谲多变的政治环境中寻求同盟。我们甚至可以想象:这幅画曾是他招揽文士、举行书画赏鉴的重头戏,置于他收藏的苏轼的其他作品之前,解释他的文人志向和趣味的由来。如果这个假设成立,所有的题跋,应该都是在梁的要求下写的。其中赵令畤的题跋,在这样的背景下重读,显得别有深意。跋中所引的诗句是杜甫写给一位宦官朋友的(《殿中杨监见示张旭草书图》)①。这应该不是巧合,而是借此为自己和梁师成的关系正名吧②。

图十五　马和之《后赤壁赋图》及其局部,绢本水墨,25.9厘米×143厘米。故宫博物院藏。

最后,回到画面本身,苏轼在画中一共出现了五次。五官轮廓前后相当一致:剑眉高耸,颧骨突起。考虑到梁师成、赵令畤等人都熟知苏轼本人,而

---

① 《杜诗详注》卷三,第 1338—1340 页。
② 有关宋代士人与内臣关系之研究,参见 Jennifer W. Jay, "Song Confucian Views on Eunuchs," *Chinese Culture* 35, no. 3, 1994, pp. 45 - 51;张邦炜《北宋晚期的士风》,载作者著《宋代政治文化史论》,北京:人民出版社,2005 年,第 206—225 页。

且作为一幅纪念性的绘画,画中的苏轼样貌,应该与本人相去不远,否则观者不会接受。因此可以推论,这是存世最可靠的苏轼写真。此外,在南宋宫廷的另一件传为马和之的《后赤壁赋图》中(图十五),也可以依稀辨认出类似的五官特征,二者或出同源。千载之后,我们犹可因此得睹东坡先生真容,可谓幸甚!

后记

我1996年有幸成为赵先生的硕士生,专攻唐宋文学方向,在老师悉心指导下完成了学业,并发表了人生第一篇学术论文。后来转行从事艺术史,研究两宋绘画,也时时得益于此前老师的教诲。犹记当年第一次见到《后赤壁赋图卷》时,就情不自禁想起老师。不仅因为是老师引领我初窥东坡诗文的无尽藏,画中气宇轩昂又若有所思的东坡形象,何尝不是赵先生气质的写照!值此赵师八十寿辰,重检画卷、恭作小文,为先生寿!

把非物质文化遗产的保护与教育、旅游相结合*
——以钦州坭兴陶、丰塘炮期为例

黄桂凤

依据《钦州日报》消息,钦州近期有6项非物质文化遗产项目列入广西自治区非物质文化遗产代表性项目名录。入选的项目分别为民间文学:刘永福传说、冯子材传说;民间舞蹈:浦北舞青龙;传统戏剧:浦北鹩剧;传统手工制作技艺:小江瓷器手工制作技艺;民俗:灵山丰塘炮期习俗①。

我国民族英雄刘永福,广西钦州人,1837年10月出生在一个贫苦农民家庭,曾当过雇工和带引水路的滩师。刘永福青年时代,正是太平天国运动蓬勃发展的时期,饱受清朝政府压迫和地主阶级剥削的刘永福,毅然投身于反抗清朝统治的洪流。1857年,刘永福参加广西农民起义军。1865年,刘永福率领队伍参加吴亚忠所领导的起义队伍,先任前敌先锋,后为左翼大帅。刘永福有勇有谋,曾多次立下战功。这些事迹在一般的历史教科书上都有记载,但是关于刘将军独创"虎"字这样的文化事迹,历史书上恐怕就没有,但是他的手迹仅存七幅。民族英雄冯子材,故居在广西钦州市宫保街,

---

* 广西高校人文社会科学重点研究基地民族地区文化安全研究中心课题"广西少数民族文化传承与创新发展研究"(编号:2015YJJD0002)研究成果之一。
① 《钦州日报》2012年5月23日。

也有文章说,冯子材祖籍是广西博白①,本文不参与此争论,但是冯子材是广西的民族英雄却是大家认可的,其奋勇杀敌,永不屈服的民族精神是我们很可贵的民族非物质文化遗产,永远值得我们研究、学习和继承②。至于钦州其他的非物质文化遗产,如民间舞蹈:浦北舞青龙;传统戏剧:浦北鹩剧;传统手工制作技艺等,我们不一一讨论其如何开展保护活动,本文仅以钦州坭兴陶、丰塘炮期为例,看看钦州是如何开展非物质文化遗产保护活动的,其中有哪些值得我们学习和推广的地方。

一　非物质文化遗产的保护与学生的暑期实践活动相结合

按照教育部的要求,高校教育要求增多学生的实践时间。除了专业技能实践,还有社会实践。专业技能实践,学生可以在实验室和实验基地完成,比如师范生专业技能,在学校微格教室练习上课,实际操作基本在实习学校完成。但是,高校的学生参与什么样的社会实践,是各个高校在思考的问题。在钦州学院,他们就想到了很好的暑期实践的内容:让学生在暑期实践中了解和参与当地的非物质文化遗产的教育、保护,甚至开发成旅游资源。

比如,为了解丰塘镇"炮期"活动,2012年7月19日至22日,钦州学院数学与计算机学院非物质文化遗产调研团就走进灵山县丰塘镇川心村探访村民,了解丰塘炮期习俗。据了解,炮期习俗又被村民们称作丰塘十八炮,

---

① 廖宗麟、张壮强《民族英雄冯子材祖籍考》,《玉林师范学院学报》2007年第1期,第106—109、126页。
② 廖宗麟《冯子材与其麾下的抗法萃军》,《钦州学院学报》2009年第5期,第5—9页;廖宗麟《抗法名将冯子材带兵人数考》,《钦州学院学报》2010年第5期,第25—28页;梁芷铭《冯子材、刘永福爱国精神内涵及其当代启示》,《学理论》2011年第26期,第42—43页。很多文章讨论到冯子材将军的爱国英雄事迹,此不赘述。

是当地人的一大盛事,已有300多年的历史。在每年农历正月初五至二十之间举行,由原来的制、放彩炮,避山臊恶鬼的习俗发展而来,以做炮、送炮、祭炮、放炮活动为主要内容,古称"炮圩",又名"炮会",炮期活动内容除了祭炮、迎炮、送炮,燃放大小花炮外,其间还举行传统武术、球赛、田径等体育活动和外出创业人员座谈会、招商引资会、敬老爱幼座谈会、扶助贫困学童、奖励优秀学子仪式,以及进行八音队、腰鼓队、钱鞭队、花扇队、八仙队、狮龙队等传统民间表演。丰塘炮期主要分布于该镇各个村委、社区,全镇共有17个炮期节日,如农历正月初五清村,初六五楞村,初八平岭村,初九沙塘村,初十根竹村,十二塘陂村、华龙村、华兴村,十三大池村,十四陆屋村,十五潭龙村、英榜村等,直至正月二十的睦村,五月十三的丰塘街(社区)。丰塘炮期以其独特的民俗魅力和丰富的文化底蕴造就了它独有的神韵,长盛不衰,是钦州市非物质文化遗产之一。"炮期"是村里的重大节日(图1),在外的游子都会归家参加,远方的亲朋也会来访,还能吸引不少外来游客前来观赏,增加旅游收入。

图1 炮节当天的情形

当地的村支书告诉学生们,说通过举办这样的一个节日可以为村里带来风调雨顺的一年。搞这个炮节大概需要准备两个星期。炮节当天活动相当丰富,上面所说到的八音、舞龙、舞狮、喜迎十八炮、民间舞蹈等都有,他们这些活动大部分都是村里的人自行开展排练的,很注重非物质文化遗产原生态的保护。

作为钦州市非物质文化遗产之一,丰塘炮期得到了很好的发展和继承,根据团队成员的考察和调研,针对丰塘炮期现时期的情况,村民普遍认为应该从下面几个方面进行加强保护和管理。

一是要建立比较完备的保护制度,尽快形成较为完善的保护体系;二是要改进传播方式,对于丰塘炮期的过程和仪式,要改变靠"口传心授"的这一特点,因为这种传播方式的不足之处是:传承效率低、传承速度慢、受传人数少,在传承手段、媒介不断丰富和发展的今天,要扩大传播途径是解决这一问题的关键;三是可以考虑在钦州学院建立与非物质文化遗产保护相关专业,培养专门人才,从根本上解决人才的来源问题。

通过这个暑期实践,学生更进一步了解钦州的非物质文化遗产的生存状态,也提出了他们对如何更好地保护当地的非物质文化遗产的看法。这是很好的非物质文化遗产保护与高校教育以及当地旅游相结合的例子。

二 非物质文化遗产的保护与高校专业建设相结合

非物质文化遗产的保护与高校教育以及当地旅游相结合的范例,还可以与地方高校的专业建设相结合。比如,钦州的坭兴陶,是广西钦州的非物质文化遗产之一,现在与钦州学院艺术学院的专业建设相结合,艺术学院目前申请了一个专业方向:艺术设计(现代陶艺与装饰雕塑方向),今年的本科教学工作水平评估的时候,这个专业方向就作为一个办学特色作了重点汇报,得到评估专家们的好评。

坭兴陶古称越陶,民国九年(1920)城东七十里平心村农于山麓发现逍遥大冢,内藏宁道务陶碑一方,旁有陶壶一个,此碑刻有唐开元二十年(732)字样。迄今(2006)已历1274年,民国二十八年夏,醴江处士林绳武对宁道务陶碑进行了考证:

> 此志民纪九年出土,于钦江上游距城七十里之平心村,质为陶土,初出土时,异常松脆,破为大小十块,村人任意分藏,无人辨别其朝代及人物。十七年,武因总纂县志,遍搜金石,始发现为陶刻,既而汇集块片,合读首尾,始知为唐刻,且知为宁越郡(现钦州市)第五世刺史宁道务墓志……吾国数千年志著录,未曾有千言以上之陶刻,此志乃达千六百余言……而道务乃中国第一陶刻也,今国人渐知钦县陶产,远迈宜兴……①

钦州坭兴陶制作工艺是世代相传的。艺人们运用具有很强可塑性的泥质,在器皿坯体上雕刻诗文和绘画,诗文内容高雅,绘画主要以山水花鸟为题材,富有中国画白描风格。坭兴陶制作工艺精巧奇特,功能独特:(1)细:泥质细腻。坭兴陶原泥的分子结构较江西宜兴紫砂紧密,原泥往往经过十几道工序才能制成坯泥,坯料可塑性好,质地光滑细腻,其细腻程度迥异于其他陶器,可以在陶坯上施展多种雕刻手法,如浮雕法、圆雕法、平雕法、捏雕法等。各种刻字手法均可充分发挥,具有良好的艺术表现力,其精细的雕刻艺术效果是其他陶瓷难以匹敌的。(2)精:精致的浮雕。浮雕是坭兴陶艺品的主要装饰工艺,绝无堆塑、粘贴之作,全凭手工直接在泥坯上雕塑而成,刻画准确、精致、传神。刻人物,栩栩如生,尽显个性;刻山水,错落有致,如临其境;刻花鸟,深入浅出,鸟语花香。(3)变:独特的窑变。陶瓷都有窑变,但没有哪一种能像钦州坭兴陶那样变幻无穷,自然谐趣,故有"中国一绝"之

---

① (民国)林绳武《钦县志》,台北:铜鱼文教发展基金会,1990年。

称。以前,生成的窑变陶数量很少,可谓"火中求宝,难得一件,一件在手,绝无类同",有极高的艺术价值和收藏价值①。

工人们在坭坯上按预先设计好的图样雕刻,如仙女散花、桂林象山、水月洞、八仙过海或各种花、鸟等,刀法老辣、古拙,工艺精湛,运刀如运笔。坯体上刻出花纹后,再在刻痕中填上另一种坭料,例如填以白色坭料,趁坭湿时填充融合,可以烧出红器白花、白器红花的效果,使坭兴陶在单纯古朴中透露出一种又醇又浓的人文味,是一种雅致的工艺品,又具有较高的实用价值,博得了人们的喜爱。

钦州坭兴陶的"窑变"技术,堪称"中国一绝"。在传统技术上说,坭兴陶发展到一定阶段之后,要想有所突破,必须另辟蹊径。

出路在哪里呢?

(一)品牌建设

《从坭兴陶的功能价值看其潜在市场与客户》一文提到:

> 坭兴陶目前虽然拥有很多自然、历史的禀赋,有较好的潜在市场及客户前景,但目前欠缺的是强大的营销能力和得到营销渠道的高度合作,即营销观念落后,营销人才缺乏。在市场经济的条件下,只有充分进行市场运作才能高度体现坭兴陶的自然历史禀赋,才能把潜在的市场及客户前景变为现实。因此,坭兴陶应当根据所确定的目标市场、产品状况、竞争对手的市场地位等环境条件和内部条件对营销手段进行科学地选择组合,使其相互配合。在强手如林的陶瓷产业里,钦州坭兴陶如果能实施"以品牌建设为核心,精确市场细分定位,鲜明品牌个性塑造,统一整合传播实施"为主的营销手段,全方位引入市场营销思想,在政府的扶持下,大力推行产权维护战略和标准化战略,加强品牌维

---

① 李伊、吴小玲《从坭兴陶的功能价值看其潜在市场与客户》,《钦州学院学报》2007年第4期,第104—107页。

护,利用精品优势,面向高端市场定位,必能提高其产品竞争力,彰显品牌核心竞争优势,赢得更多的市场及客户,使坭兴陶事业得到大发展。①

这里看到了坭兴陶发展过程中的一个不足,就是继续发展的经费缺乏。品牌建设是一个办法,是通过提高坭兴陶的市场竞争力来赢得发展。因为这样才有经费来保护非物质文化遗产。通俗点说,坭兴陶有销路,工人们才有饭吃,才会继续从事这个行业,这种传统手工艺才能得以发展。

(二) 专业建设

另外一个路子就是把坭兴陶的发展保护与当地高校的专业建设相结合,这个在前面已经提到。本人认为,这也是一个好办法。钦州坭兴陶是地方特色很浓厚的传统手工艺品,要使得这种手工艺不至于失传,甚至还能有所发展,必须具备以下几种条件:1. 土地资源是首要的。钦州有制作坭兴陶的特定土壤,别的地方是没有的,这是得天独厚的条件。但是,这必须要有计划地开采,还需要勘探清楚其土壤的储藏量和分布,确定下一步开采目标。2. 开发市场作为依托。上面所说到的品牌建设,是一个开拓销路的方法,另外,与旅游结合,也未尝不是一个好的路子。比如在旅游景点作为一种工艺品推销,或者作为一个旅游项目,让游客参与制作坭兴陶,享受这个制作的成果与喜悦。还可以考虑进一步探索如何打开国外市场。因为有市场才能有发展。3. 开发人才资源。人才资源是第一生产力,产业要发展,人才最关键。所以,我们必须进行坭兴陶产业人才资源的开发。可以从培养和引进入手,为保护和发展坭兴陶提供人才保障。这几个条件,土地资源无可替换,其他都是可以操作的。而人才资源又是最重要的,下面我们谈谈开发人才资源的设想。

---

① 李伊、吴小玲《从坭兴陶的功能价值看其潜在市场与客户》,《钦州学院学报》2007年第4期,第107页。

目前解决钦州坭兴行业人才匮乏、青黄不接的问题,需要采取现代化的科学教育手段与传统的拜师学艺相结合的教育方法,需要培养与引进人才的措施。人事、劳动、教育等部门,一要调查了解清楚钦州坭兴从业人员的职称、学历、年龄、专业等各方面的结构和人才需求情况,制订培养和引进人才的规划和具体计划及做法,争取在3至5年,建设一支结构合理、适应钦州坭兴行业发展的设计和工艺制作技术队伍;二要采取优惠政策,积极创造条件,稳定高级坭兴技艺人才,引进工艺美术设计人才。现在这个想法也在实施。如对不同职称级别的技术人员实行政府津贴、带徒传艺补助,对引进的人才提供优越的生活和工作条件;三要建立理论研究和人才培养、培训基地。应以钦州学院为基地,在学院的美术系举办相应的专业或在相关专业三、四年级的学生中进行陶艺培训学习,培养高级坭兴技艺人才。同时,成立研究所,开展坭兴文化的研究,包括对钦州坭兴的继承、创新、理论体系的研究;四要采取行政措施和鼓励政策,促进和支持企业组织有潜质、有一定基础的坭兴陶技艺骨干与大师、名家、高工结对挂钩,拜师学艺,或到艺术院校进修,培养坭兴行业的领军人物;五要实施钦州坭兴从业人员培训制度,普遍提高现有从业人员文化艺术素质,用几年时间对学历、职称较低者有针对性地分批进行文化的、工艺的培训,如专业知识和理论的学习,雕塑、陶刻、成型制作等技能训练。今年,钦州学院已经成立了相关专业方向:艺术设计(现代陶艺与装饰雕塑方向),这便是一个具体措施。

三 钦州非物质文化遗产——坭兴陶的美好未来

钦州坭兴陶工艺属于传统手工艺技能的非物质文化遗产,它是乡土的和民族的。钦州坭兴陶艺是优秀的非物质文化遗产,保护和弘扬坭兴陶文化,是历史赋予我们的责任,是延续和保持民族精神血脉与民族基因的具体措施。如果现在没有意识到这一点,没有担负起这历史责任,没有做好工作,坭兴陶艺在我们这里衰落、失传、消亡了,我们就将成为历史的罪人。因此,我们要保护坭兴文化,传承坭兴文化,还要做强坭兴行业。在过去的很长一段时间内,坭兴陶工艺处于停滞、自生自灭的状态。人们对坭兴陶也缺乏整体性的认识,包括对久远传承的制作工艺的认识,以及对它作为传统文化遗产价值的理解。没有认识,没有理解,就很难主动地去保护它,开发利用它。目前,在钦州不仅一般人对什么是非物质文化遗产不清楚,就是坭兴陶业内人士也不甚了解,对把坭兴陶技艺作为非物质文化遗产去保护与传承的意识自然就十分淡薄。因此,我们必须采取措施,通过各种渠道,让人们对坭兴陶有一个全面的整体的认识,对坭兴陶制作的艺术技巧,从民族精神文化层面上去理解,强化人们对非物质文化遗产保护利用的意识,从而积极参与保护和开发利用钦州坭兴陶的活动,促进钦州坭兴陶产业的发展。一个民族如果能将文化视为自尊,才是保护的最高境界。我们要使人们真正理解和懂得保护坭兴陶艺这一非物质文化遗产,不仅是认识、研究、总结,还要弘扬、传承和振兴。

评述编

发纤秾于简古　寄至味于淡泊
——赵仁珪先生的学术道路

杜丽萍

赵仁珪先生真正走上古典文学研习之路,始于1978年考上北京师范大学中文系古典文学研究生班,成为启功先生门下第一批硕士研究生。在其后的30多年间,他以唐宋文学研究这一领域为核心,潜心教学、科研与诗文及书法创作,曾出版专著、教材、选集40余部,发表论文及各类文章约200篇,并于2012年出版了个人的古体诗文集《土水斋诗文选》。在"启功研究"方面,赵仁珪先生先后出版相关专著及整理文稿10余种,更有筚路蓝缕之功与中流砥柱之用。赵仁珪先生曾任职北京师范大学文学院教授,博士生导师,中华诗词研究院顾问,中华诗词学会常务理事,并于2003年被聘为中央文史研究馆馆员。

一　宋代文学研究

赵仁珪先生的古典文学研究主要围绕宋代文学展开,对苏轼、欧阳修、辛弃疾、周邦彦等人的研究颇有建树。这一时期的研究成果主要反映在他的《宋诗纵横》《论宋六家词》《禅学要义》等著作中。

20世纪90年代,分体断代式的文学史写作方兴未艾。赵仁珪先生所著《宋诗纵横》以独特的体例,准确地勾勒了宋代诗歌的清晰风貌。该书上卷为"横篇",从时代风习、诗史因革、禅学浸润、理学沾溉、诗话互动五个角度展现宋诗多方位的存在形态,侧重对宋诗发展的外部环境的介绍。这五个角度本身又是一个纵横交织的体系:既有唐诗传承、诗话崛起的纵向轨迹,也有宋代世风、士风对诗风的横向交织;既有禅宗的先天滋养,也有理学的后天补益,放在一起,以广阔的视角阐释了一代诗风的成因与特色。下卷"纵篇"则分八个章节梳理两宋诗歌发展的基本历程,在掌握繁富的材料基础上,以点带面,既突出了一代大家如欧阳修、梅尧臣、苏舜卿、王安石、苏轼、黄庭坚、陆游、杨万里、范成大等在诗坛的成就与影响,也对不同阶段诗人群体的审美追求和文学风格进行了精到的叙述。这种崭新的架构,"避免了以往文学史撰写在整体与个别、纵深与宽广诸对立面上顾此失彼、捉襟见肘的缺失,是一种值得推崇的文学史新范型"[1]。这种写作方法,多为后来学者所借鉴。

对宋诗作品谙熟到信手拈来,对宋诗评语细致到字斟句酌,是《宋诗纵横》的特色,也是赵仁珪先生治学上体现出的名家风范。全书在一个经过认真设计的大轮廓下,又展现出处处落实、绝无虚语的钻研态度和学术智慧。试举二例:一是在论述苏轼诗歌的修辞运用时,仅就比喻这一手法,他就细分为"长喻""博喻""倒喻""复喻""曲喻",其精深处令人惊叹。二是在就唐宋诗异同比较讲宋诗价值时,作者就宋诗的"小结裹"进行了阐述,令人豁然开朗、印象深刻。何为"小结裹"?赵仁珪先生称宋诗中"犹画工小笔精心创作的新、透、细、活、奇、巧等特色,都可以称之为'小结裹'"。至于这种"小结裹"产生的原因,赵仁珪先生也深得其中三昧:"宋诗的这些特点很大程度上是被唐诗逼出来的。譬之于棋,唐诗好像是布局与中盘,可以唯意所向,宋

---

[1] 《新书架·宋诗纵横》,《古典文学知识》1996年第2期,第41页。

诗好像是收官,只好在一目半目上争奇斗艳。"①在这部分论述中,概念、文献、阐述、例证一丝不苟,又展示出平易和形象的语言特征,可见赵仁珪先生对宋诗的玩味之久与浸润之深。

赵仁珪先生的词学研究则更显出不凡的创见与细致的功力。宋词研究为当世显学,描述宋词的发展历程多为鸿篇巨制,赵仁珪先生的《论宋六家词》却仅以三章析之:柳永与周邦彦、苏轼与辛弃疾、姜夔与吴文英。这六位具有里程碑意义的词人,在宋词的发展史上都起到划时代的作用。这样的安排颇见思力,既利于合其同,又便于别其异。本书的精审处不亚于《宋诗纵横》,而亮点之处笔者窃以为过之,试分举如下:首先,引入现代结构方法分析宋词创作,新颖而又贴切。如以柳永词为"直线结构",以周邦彦词为"曲线结构",以吴文英词为"窗口式结构"。赵仁珪先生甚至细分周邦彦词的"曲线结构"为"獭祭堆垛、缺乏新意者""平铺直叙、直线展开者""顿挫变化、曲线结构者""痕迹消融、暗线结构者",将最困扰人的周词结构清晰地呈现出来。其次,深入细致地辨析出同类词人的不同风格。如论定苏轼词的典型风格为"旷达",这是因为"旷达风格既是他独创的,又是大量的,甚至是贯穿于他全部重要作品中的特点"。而辛弃疾词的主调是"豪放",这是因为苏轼虽然开创了豪放风格,但创作数量有限,直到辛弃疾才采用这种风格创作了大量的作品。这就简单明晰地解释了苏、辛词的同中之异与异中之同。最后,赵仁珪先生在学术界首倡"骚雅词派"。对于南宋后期以姜夔、吴文英等为代表的词人,学术界始终没有统一的认识,既可称为"姜派",也可称为"格律派",甚至称为"典雅派""风雅派""雅正派""淳雅派"等。赵仁珪先生则明确提出,"骚"与"雅"两字最能概括这一派的特点。从人品、文学主张和创作实践来看,姜夔等人的"雅"是毋庸置疑的,而通过对这一派作家的作品

---

① 赵仁珪《宋诗纵横》,北京:中华书局,1996 年,第 43—44 页。

内容进行细致分析,有别于"风","骚"字最见此派气骨。赵仁珪先生认为:"我们可以明显看出这派词人确实善于以诗人笔法入词,而这个'诗'决不属于客观性描写的'风'类,而属于充满'屈宋之心'的主观描写的'骚'类。因而他们都属于骚雅派词人。"[1]这类闪光的思想珍珠,已经散在各种文学史和文学研究专著中,成为词学理论的基础性认知。

研究宋代文学,禅宗是无法躲避的问题。赵仁珪先生禅学研究的心得,见于《禅学要义》一书。既名为"禅学要义",自然存在一个内在的悖论:禅宗是"不立文字"的,用著作去阐释它,岂不是犯了它最大的忌讳？作者为了面对这个问题,特意放置了一个别出心裁的"题解与前言",以作者与"某大德"对话的形式,回应了读者心中可能都会涌起的对书名"禅""学""要""义"四个字的疑惑,如其借"大德"之口对"禅"的质疑:

> 禅之宗旨乃"不立文字,教外别传,直指人心,见性成佛"。"不立文字",即不能用语言文字表达,今却偏要成书,岂不大谬？"直指人心,见性成佛",乃纯心灵感受,神奇莫测,冷暖自知,岂他人闲言语所能道？岂不闻当年南岳怀让云:"说似一物即不中";丹霞天然云:"禅可是你解底物？"

作者回应道:

> 禅虽为不可进入之绝对本体,不可说,不可知;但非不能接近,亦非不能说,不能知。其法曰"绕路说禅","谈而不谈"。再者,禅虽很神秘,亦很平常;虽很深奥,亦很简单;虽很玄虚,亦很实在。岂不闻马祖云:"平常心是道","行住坐卧,应机接物,尽是道"乎？禅既非常道,亦非非常道;故既不可道,亦可道。[2]

---

[1] 赵仁珪《论宋六家词》,北京:北京师范大学出版社,1999年,第229页。
[2] 赵仁珪《禅学要义》,北京:光明日报出版社,1996年,第313页。

一问一答间,禅宗的机锋与机趣尽在其中。这样的安排和设计,既是实际需要,也是文艺创造。篇末一偈又总括了全书之意:"禅而曰学虽荒唐,又曰要义岂敢当?聊借假名从门入,得意忘名又何妨?"在这本书中,作者在与传统佛教和老庄思想的比较中阐释禅宗的基本特征,在从初祖达摩到六祖慧能及后期的高僧和宗派的评述中梳理了禅宗的发展历程,最后以文学艺术及思想的影响为核心,全面概括了禅宗与中国文化的复杂关系。

除了宋代诗、词等研究方面的专著和论文外,20世纪90年代,赵仁珪先生还编写了《中国古代文学史长编》(宋辽金卷)、《中国文学史》(隋至中唐诗歌部分)等,深受古代文学教育界的好评。所编著隋唐五代至宋辽金时期文学史及作品选多部,在唐宋文学教学方面做出了突出的贡献。

二 "启功研究"

对于如何转向"启功研究",赵仁珪先生曾专门著文描述自己的心路历程:

> 起初我把主要精力都投入到古典文学的教学与研究之中,每遇困难或疑问都向身边的这位"百科全书"请教,久而久之,我逐渐感受到先生的博学洽闻、治学方法比很多古代的大师更博大精深,与其研究死了的古人不如研究活着的先生,而作为先生的研究生本来就应该好好地研究先生。于是自20世纪90年代中期以后,我把研究的课题转向"启功研究"。[①]

由此可见,赵仁珪先生是把"启功研究"当作一项专门的课题来研究的。

赵仁珪先生积极整理相关文献,成为学术界进一步研究启功先生最可

[①] 赵仁珪《启功研究丛稿》,北京:北京师范大学出版社,2006年,第1页。

信的基础性材料。这些基础性的工作包括为启功先生的《论书绝句》和《启功韵语集》作注释,在经过启功先生亲自审定之后,都准确地反映了先生的原意。也协助启功先生整理了《启功口述历史》,为我们提供了关于启功生平经历弥足珍贵的资料。这项工程起步于 2003 年,当时启功先生已经 91 岁高龄。赵仁珪先生说:

> 我经常提着录音机到启先生家里去,听启先生记述亲历的历史,他每次一般讲述一个多小时,有时候讲上两三个小时,我回家后根据录音进行整理,再去时读给启先生听,进行必要的修正,直到先生首肯。①

这样往返了几十次,书稿才基本完成。《启功口述历史》一书 2004 年 7 月由北京师范大学出版社出版,引起强烈的社会反响。

对启功先生学术成就以及诗词创作的研究,反映了赵仁珪先生的理论思考。对于启功先生的学术思想,赵仁珪先生准确地概括为"艺术的学术化和学术的艺术化"。对于启功诗词创作的成就,赵仁珪先生在《启功先生诗词论》系列文章中总结为"嘲戏与幽默""典雅与寄托""性情与智慧"三方面。这三方面既充分阐释了启先生诗词创新和继承的辩证关系,又深入地抓住了启先生诗词的根本特征。对启先生旧体诗新作法的研究,也为当代人学习旧体诗创作提供了可以遵循的途径。

自 1978 年考入启功先生门下,直到 2005 年启功先生去世,赵仁珪先生与之相交二十七年。赵仁珪先生以亲身所见所闻,为我们展示了一个亲切鲜活的启功先生形象。《坚净居主人——话说启功》《书画鉴定家启功》《启功先生诗词论》《作为老师的启功先生》《启功先生的文化价值》等文章,展现了启功先生高尚的道德品质、严谨的治学精神和教书育人中的感人事迹。2004 年,赵仁珪先生撰写了《诗人启功》系列文章,包括《启先生背诗》《启先

---

① 靳欣《赵仁珪——翩翩学者 国学情怀》,《人民日报》2007 年 2 月 26 日,第 007 海外版。

生论诗》《启先生作诗》《启先生解诗》《启先生改诗》五篇,则着力展现了诗人启功的不同侧面。2005年6月30日,启功先生仙逝,赵仁珪先生除了组织葬礼事宜,还和他自己的多位博士研究生,编辑了《启功先生悼挽录》和《启功先生追思录》,赶在启功先生逝世百日出版。此后几年,赵仁珪先生继续整理启功先生的作品,相继有《启功隽语》《启功诗词赏析》等著作面世。读赵仁珪先生追忆祭悼启功先生的文章《恸哭元白吾师》《绵绵无绝期的追思》《恩师元白公周年祭》,字字情真意切,虽不曾身临其境亦感动于衷。

三 古体诗文创作

赵仁珪先生的古体诗文创作,也得益于启功先生的大力支持和鼓励。对此,赵仁珪先生满怀深情地回忆道:

> 余于课下,尚喜吟诗填词,偶有芜陋之作便呈先生晒正;而先生得此,则喜过于收到一篇论文,必悉心指导。盖先生一贯力持研究古典文学必须亲予创作,如此方能知其中甘苦与深浅,方能敬畏前贤,尚友古人。……先生或读或听,每遇较佳之处,或以手拍案,或鼓掌击节,时而竖起右手之拇指,由胸前向外翻出,连连称好,以示鼓励;若遇不妥处,先生常以铅笔划出,或注明此处"宜作"如何,以示商讨而非强制之意;若遇余以痴愚之常理解诗论诗时,先生亦尝仿其师陈援庵先生伸出食指警戒曰"尔又迂也",以示棒喝之意。①

在繁忙的教学科研工作之余,赵仁珪先生始终坚持旧体诗词文创作,并于2012年结集出版《土水斋诗文选》。

---

① 赵仁珪《土水斋诗文选》,北京:线装书局,2012年,第3页。

"土水斋"是赵仁珪先生的书斋名。赵仁珪先生命名由来：

> "土水斋"者何也？余师启功元白先生终前于某文曾郑重称余为"朋友"，并引利玛窦之言曰："朋友非他，我之半也。"先生之书斋曰"坚净居"，乃取所藏康熙之砚铭"一拳之石取其坚，一勺之水取其净"。余爱取"坚"之小半"土"，"净"之小半"水"，而命余之斗室曰"土水斋"。余于先生万不及一也，更不敢真以先生之半而自居，命此名者，仅表追慕之深、自励之坚也。[1]

这部选集是作者在 30 余年时间中所创作的 400 多首诗词、数十篇文中甄选出来的，共有 160 首诗词，19 篇文。在内容上，既有细到"挂号"的琐屑小事，也有大到为"九鼎"篆铭的鸿文巨制，而风格也各具特色，姿态横生。

诗选方面，分为旅游诗和杂题诗两组。旅游诗多作于旅途之中，足迹遍及祖国大江南北以及韩国、欧洲等。"每遇奇观惊四顾，辄寻佳句费三思。"（《旅游书怀（代旅游诗之总序）》）最能代表赵仁珪先生旅游途中的心情。杂题诗中《论诗诗二十题》各效法其最擅长之体裁，分别评价了唐宋十位大诗人、十位大词人的创作，直接承继了杜甫、元好问以来的传统，代表了赵仁珪先生长期从事唐宋文学研究的感性心得。赵仁珪先生的创作也继承了启功先生格调幽默的特点，例如《自嘲》(《车祸住院杂咏二首》之一)：

> 平时影视见如常，今日亲经惊断肠。出似蛟龙腾浪涌，终如老兔搏鹰翔。追星直取戴安娜，归队欲投邓朴方。但恨凡夫非龙种，沉吟三月卧绳床。[2]

这是 1998 年 2 月赵先生作于京石高速公路上遭遇车祸之后的病榻之上。"老兔搏鹰翔"一语最为形象生动，讲的是汽车四轮朝天，如老兔翻身，与鹰

---

[1] 赵仁珪《土水斋诗文选》，第 1 页。
[2] 赵仁珪《土水斋诗文选》，第 126 页。

搏击,其苦中作乐的心态跃然纸上。出于自身多年诗词创作的体会,赵仁珪先生曾经提出要建立"诗词创作学",目的是长远解决因诗词理论和创作实践两者脱节而导致的诗词作品水平普遍不高的问题。对于这门研究的内容,赵仁珪先生将之概括为诗人特质、作品意境、经典的生成、传播、影响机制等问题①。这方面的工作正有待后学的继续努力。

文选方面,有赋铭赞七篇、序跋六篇和祭悼文五篇,另有家史一篇。为北京师范大学106年校庆所作《京师赋》,已成为高校校庆赋作之典范;为韶关市纪念开元名相张九龄诞辰1330周年而作《韶关梅岭古道赋》,雅然而深有古意。最动人者,仍属《抗战八年与我家三代》一文,篇末云:

> 我是想说,我们中华民族在八年抗战中建立了卓越的功勋,没有愧对我们的祖先和子孙,我们全体人民为它付出了惨痛的用财产、鲜血和生命铸就的代价,这是应该永远牢记的。当然,我更有权力对我的子侄们说:"你们的祖辈为你们树立了优秀的楷模,如果再有国难当头,你们应该学习你们的祖辈,即使赴汤蹈火、马革裹尸也要在所不辞。要切记这一点,忘记就意味着背叛。"②

书香门第和抗战家庭培养起的忠诚情感和浩然正气,是永远能给我们教育和激励的。

最后要提及的是赵仁珪先生的书法艺术。赵仁珪先生研习书法多年,但未尝以此名家,退休以后,他把更多的时间和精力花在了书法创作上,其字体温润秀洁,雅正而内含风流。相信随着时间的推移,赵仁珪先生的书法造诣会愈加精深,其书法作品的价值也会不断被发现和提升。

---

① 王小宁《赓续传统,守正容变——赵仁珪先生谈当代旧体诗词创作与普及》,《人民政协报》2012年4月2日,第1版。
② 赵仁珪《土水斋诗文选》,第244页。

赵仁珪——心力全抛为国学

靳　欣

近两年来,"国学"渐热,几成普及化趋势。士当以天下为己任,作为一位倾毕生心力研究中国古代文学的学者,是如何看待这个问题的？又将如何坐而言、起而行？

有机会联系到北京师范大学文学院的教授、博士生导师赵仁珪先生,他是北师大惟一的中央文史研究馆馆员(目前全国不足 30 位),在文史研究领域颇有建树。

走进赵先生位于北师大院内一座老式的六层砖楼的家,除了书和书桌,空间之狭勉强容身。进门后,见地上铺着厚厚的报纸,据说卫生间正在漏水,好多天修不好。他的家才刚进行了简单装修,而不得不装修的原因是太多书籍杂物实在放不下、找不到。

赵先生年在花甲和古稀之间,气质儒雅,风度翩翩。他一边麻利地收拾着眼前正在审阅的为非文学专业的大学生编写的唐宋诗词教材的打印稿,一边平和地叙说着最近颈椎的问题很严重,经常头晕目眩。

一 "国学"不能解决所有的社会问题

开门见山,直说"国学"热。

赵先生说道:"昨天在中央文史馆开会,还提到这个问题呢,说打算搞个'国学'的高峰论坛。希望不要泛泛而谈,最好能解决一些实际的问题,更好地弘扬传统文化。'国学'热应该说是好事,至少受到了大家的广泛关注,而且这也是必然趋势。"

接下来,赵先生谈到大众的精神需求问题。大家需要这样一种自身的慰藉,一种社会人际的和谐,试图在传统文化中找寻心灵的归宿,求解现实的困惑。当原本被视为高深晦涩的传统文化以一种亲和的与社会现实紧密结合的面目出现时,既高雅又平实,就很容易被大家所接受。

"听说近来连小学生都读四书五经,说那就是国学的精髓。海外研究国学的机构好多都叫'孔子学院',甚至认为国学就等于儒家的理论。从某个角度去看,这些做法可能不错。但是我们不能片面地理解国学,以为国学就是四书五经,甚至就是儒家经书的某一部分。其实我们历来都是多元的文化,儒家的经书是传统文化的一部分,有精华,也有糟粕,不能盲目地奉为经典。"

赵先生的意思是要辩证地认识和接受国学,而且国学是一个广泛的领域,不能一叶障目。国学固然博大精深,但赵先生一再强调:"国学不能解决所有的社会问题。"

"国学"热起来了,从众心理或许还会使之升温,也就有些人把国学当成了包治百病的灵丹妙药,似乎一切社会问题、个人问题都可以通过宣讲国学迎刃而解。国学当然不应该被打倒、被砸烂,但也不宜过分夸大它的功用。

"您觉得现在存在的主要问题是什么?"

"我想应该是师者的素质。这传道授业解惑之人的头脑很重要,要正确看待国学,传授国学的精髓。"

弘扬传统文化其路漫漫,任重道远。

二 赋到沧桑句便工

在学界,赵先生这个年纪的学者恰是中流砥柱,阅尽沧桑,积淀丰厚,博学广识,治学谨重,受到广泛尊重,而他们的经历又实在令人扼腕。

1949 年,新中国建立,赵先生成为新中国的第一批小学生,他入的是北师大第一附小,当时并不知道日后与北师大结下如此深厚的情缘。6 年后,他以班上第一名的成绩考取了北京最好的中学——北京四中。1958 年初中毕业,历经风雨飘摇,1963 年报考北师大,却由于"出身问题"而失之交臂,于是入北京师范学院(现首都师范大学)俄文系,入学不久,学业即遭荒废。

大学毕业后,他接受了两年多的"再教育",然后被分配到北京郊区密云县的半山区里教中学。那时候,他总想着自己早晚有一天要从这山沟里出来,不是说不安于现状,而是觉得自己应该在更合适的领域为社会释放更多的光和热,做更多的贡献。

赵先生说:"我当时用一根麻绳捆上行李去了郊区,心里就暗想:等有一天我还要用这根麻绳再把行李捆回来。"

志向归志向,希望毕竟渺茫。赵先生自幼酷爱中国古典文学,可是却从未接受过正规的科班教育。于是他一边教书,一边抓紧一切业余时间读书、学习,虽说条件所限不能博览群书,但是他把能够找到的好书都如饥似渴地研读。也幸亏有一位好妻子，默默承担了几乎全部的家务，使他可以心无旁骛，安心治学。

1978年国家恢复研究生学历制度，他偶然翻报纸看到这个消息，先是有种"漫卷诗书喜欲狂"的感觉，然后怀着忐忑不安的心情报了名，想着即使名落孙山，也要再接再厉，绝不放弃。有心人，天不负，终于待到金榜题名时，他顺利考取了北京师范大学中文系的研究生，成为"文化大革命"后首批研究生。赵先生又用那根麻绳把行李捆上，运到了北师大，开始了为期3年的系统的古代文学专业的学习。他有幸师从启功、郭预衡等大家，不仅学到了丰厚的学识，也培养了治学精神和学者风范，可谓获益终身。

1981年毕业后，因为品学兼优，赵先生留在了北师大中文系任教。这些年来，他致力于中国古典文学的教学、研究，先后出版了《宋诗纵横》《论宋六家词》《禅学要义》等学术专著，编著了《中国古代文学史》等教材，选编了《唐诗选》等30余部作品，发表论文100余篇，他还曾长期在中央电视台的一些栏目讲授古诗词，也曾几次登上"百家讲坛"，深受广大电视观众好评。

三　与启功先生的师生情谊

赵先生从1978年考入启功先生门下，直到2005年启功先生去世，27年间，这份师生之谊已经近于父子之情。

有事弟子服其劳，而赵先生是启功先生"文革"后的首批研究生，应该算是"大弟子"，许多事情自然责无旁贷。多年来，赵先生整理启功先生的学术思想，为启功先生编书，如《启功讲学录》等，还为启功的《论书绝句》和《启功韵语集》作注。

其中编《启功口述历史》是颇费心力的一项浩大工程。为了留下一份宝贵的资料，早在10多年前，赵先生就想协助启功先生整理一本类似自传性质的书，虽然困难重重，但赵先生一直不甘作罢。2003年，启先生终于答应，但他已经91岁高龄，目疾严重，不能执笔，只能口述。

"您是怎样进行记录和整理的呢？"

赵先生说："我经常提着录音机到启先生家里去，听启先生口述亲历的历史，他每次一般讲述一个多小时，有时候讲上两三个小时，我回家后根据录音进行整理，再去时读给启先生听，进行必要的修正，直到先生首肯。"

"大约这样去了多少次？"

"几十次总是有的。"

《启功口述历史》一书2004年7月由北京师范大学出版社出版，引起强烈的社会反响。

为这，赵先生填了三首《虞美人》词，题为《为启先生整理三书随感》：

为《启功韵语集》作注

八分六法称双绝，诗笔更清越。缘何弱管有神功，心画心声总自性情中。　多蒙绛帐传诗要，怜我差堪教。不须立雪沐阳春，拾得吉光片羽作家珍。

听启先生口述往事

本期心静如池水，一石涟漪碎。荡开多少旧时情，恰似扁舟一叶浪中行。　任人评说功与过，我自求真我。何须转语作轻言，往事如烟还是不如烟。

整理《讲学录》有感

每翻笔录每回忆，情景犹昨历。恰如旧照逐张翻，廿五年前风采尚翩翩。　纵横捭阖谈今古，如指家珍数。通才何处觅仪型，此卷博观约取足为征。

2005年6月30日,启功先生逝世,一直在医院守护的赵先生赶回北师大,他亲自参与布置灵堂,撰写挽联,接受各类媒体的采访。在那个挥汗如雨的暑假,赵先生组织启先生和他自己的10位博士研究生,编辑了《启功先生悼挽录》和《启功先生追思录》,赶在启功先生逝世百日出版,寄托无尽哀思。

赵先生拟写的几幅挽联被认为是最能概括启先生的生平事迹,体现启先生的精神风骨。寥寥数字,既表现出"庭催大树,国失重器"的怅恨,又体现了"巨星陨落,万众同悲"的沉痛。

身为皇族子孙 长于孤裔家庭 受业大师门下 执教名牌学府 先生之生平行状 可谓荣哉 曲哉 犹如传奇哉 痛哉 一夕归河汉;

手执书坛牛耳 名列画林巨擘 口吟华采诗篇 手挥宏肆文章 先生于学艺研修 可谓博矣 精矣 不可复进矣 伟矣 千秋树楷模。

评书画 论诗文 一代宗师 承于古 创于今 永垂鸿业标青史;

从辅仁 到师大 两朝元老 学为师 行为范 不息青衿仰令仪。

天丧斯文长已矣,我失其怙且偷生。

四 致力于诗词创作学的研究

赵先生不仅在古典文学的研究领域卓有成就,而且他诗词创作的功底也非常深厚。

古人往往讲究创作与研究相结合,而今人却往往忽视其一,在诗词领域尤其如此。写作诗词的往往把这作为业余爱好,研究诗词的往往无暇或不屑于创作。在高校,目前尚未专门设立诗词创作学这个学科,硕士、博士们也极少把这作为论文的选题,对诗词创作学的深入研究更是微乎其微。

赵先生不仅特别强调诗词的创作与研究相结合,而且特别重视对诗词创作学的研究。他把创作学分为鉴赏之学与写作之学,认为鉴赏之学是对别人创作之学的体认,是一种再创作,是对前人创作的延续与创新。写作之学是作者自己对创作理论科学而具体的实施,既有自己的心得甘苦,更有对前人经验的总结运用,既是实施,又是接受。

"只有对鉴赏之学和写作之学都有深刻的体认才可以谈创作之学。"赵先生特意强调。

"为什么称之为'创作学',而不简单地称为创作?"

赵先生说:"创作学是指从创作的认知到实践的一系列完整的、符合创作规律的、既有科学性又可实际操作的观念和理论,而不仅是某些片面的写作经验或某些机械的理论教条。"

赵先生还强调把作者、作品、读者三者联系起来,去感知和发现诗词创作中的某些规律,不要孤立地进行研究。

他自己也通过种种方式践行这套理论。2006年暑假,他因病稍稍得闲,于是以诗词论唐宋最有影响的诗人、词人20位,以其最擅长之体裁和词牌,各拟一二首以赞之。

比如咏吴文英,用的是吴文英的名篇"黄蜂频扑秋千索,有当时、纤手香凝"的《风入松》词牌:

> 梦窗词似梦窗名。碎"梦"小"窗"萦。循规蹈矩由他舞,予独喜、剑走偏锋。独立词坛怅触,千年难觅同声。　　迷离惝恍苦经营。只为太钟情。西湖碧水苏州柳,总勾连、倩影娉婷。何似"窗"前凝望,任他痴"梦"频惊。

吴文英号梦窗,他的词历来颇多争议,以为七宝楼台眩人眼目,碎拆下来,不成片段。其实他的词并非线性结构,而是窗口式的布局,不能按照传统方式解读。据考证,梦窗有二痴情者,一在杭州,一在苏州,即词中"西湖碧水苏州柳"。王国维曾拈梦窗词句"映梦窗,凌乱碧"来概括梦窗词特色。

2004年,北京师范大学为著名学者叶嘉莹先生庆祝八十寿辰,并召开学术思想研讨会,赵先生作了《叶嘉莹学术"兴发感动"说的诗学意义和启示》的重要发言,探求"兴发感动"给予"创作学"研究的启示。

赵先生打比方说:"批评家可以不把文学创作当作主要目的,但是不能毫无创作的经验和实践。就好比美食家可以不必是专业的厨子,但是如果从来都没有下过厨房,确实有些不可思议。"

五　桃李不言　下自成蹊

赵先生执教30多年,从中学到大学,在本校范围内教过的本科生,指导过的硕士、博士研究生就数以千计,其中不乏各行各业的人才。

曾遇到赵老师多年前的学生谈论赵先生,也曾在网上见到学生写赵先生的文章,最突出的两点就是:"学问好！人好！"

道德文章不可分,教书不是空泛死板的说教、灌输,还在于人格魅力的影响,精神力量的感召。

赵先生由衷爱着自己的事业,不仅倾毕生心力于此,同时也肩负着传承的使命。他由于颈椎的问题,一旦过劳就会出现头晕的症状,而且他还有1000多度的近视,看纸本的文字和电脑都非常吃力,可是他除了认真完成授课任务,并且多有著述之外,每年都至少要看十几本论文,认真提出修改和评审意见。

在校内,他除了指导硕士生和博士生之外,还一直坚持给本科生上课,虽然可以种种原因推掉,但他没有。赵先生讲文学史,讲诗词鉴赏,还教学生进行诗词创作,专门为本科生创作的诗词结集,留作纪念,鼓励他们走创作和研究相结合的路。

在传道、授业、解惑之外,赵先生还发自内心地关心他的学生们。他的家虽然简陋狭小,却温暖恬适,身心疲惫的时候,学生们随时到赵老师家中,谈人生、谈学问,如沐春风。

在学生眼中,赵先生具有儒雅、沉稳的学者风范,具有真诚的学术精神和崇高的学术追求,他学识渊博,治学严谨,高山景行。在日常交往中,赵先生又常常显露出天真的一面,与学生们畅所欲言,谈到兴浓处,笑容灿烂,不失赤子之心。

2006年5月18日——世界博物馆日,失传数千年,象征东方文明起源、华夏冠国之宝的"中华九鼎"在中国国家博物馆举行了隆重的揭幕仪式,近300位各界知名人士参加了此次盛会。镌刻在九鼎的底座,由中国国家博物馆永久收藏的"中华九鼎"铭文,就专门约请了赵仁珪先生撰文并手书,并由他在揭幕式亲自读诵。

学为人师,行为世范。赵先生以他扎实卓著的学术成果和高远深邃的学者风范赢得学界普遍尊重;他还擅长写作骚赋、骈文、诗词,旁征博引,文采飞扬;其书法既保有先师启功先生的风格,又自具个性。

在赵先生的学术研究、文学创作和学术品格中体现着一种感发生命的力量,这力量与他的胸襟、意志、修养、人格相结合,传承、弘扬着中国精神文化最宝贵的遗产,愿抛心力,无怨无悔。

赵仁珪先生的启功研究述略

赵晓辉

吾师仁珪先生的《宋诗纵横》、《论宋六家词》、《禅学要义》等著作，早在学生时代我就认真拜读过且熟稔于心。赵仁珪先生真正走上古典文学涵咏研习之路，始于1978年考入北京师范大学中文系，成为启功先生门下第一批古典文学专业硕士研究生。其后数十载，先生致力于古典文学的教学、研究与创作，出版专著、教材、选集40余部，论文及各类文章约200余篇。尤值得注意的是，先生后来的学术兴趣逐渐转向"启功研究"，且在这方面用力甚勤，发掘甚广，倾注了大量心血。先后出版的相关著作及整理注释的文稿便有十余种，其中包含：《启功评传》、《启功口述历史》、《启功讲学录》、《启功韵语集》（注释本）、《论书绝句》（注释本）、《启功隽语》、《启功诗文选赏析》、《启功研究丛稿》、《启功先生悼挽录》、《启功先生追思录》，这些书籍或全面评传，或注释整理，或研究纪念，可谓巨细靡遗，莘莘大观，其对于启功研究的价值和意义也是丰富宏阔的，既有史料价值，又兼具学术意义。众所周知，启功先生的文化成就贯通文史哲艺几大领域，其才学识力在很多方面都堪称绝诣，在古典文学、文献学、考据学、史学、小学、红学、敦煌学、佛学、民俗学等皆有广泛涉猎，几乎可谓无所不能，无所不精，乃名副其实的全能型学者、诗人、艺术家，其学养之厚，品德之高，足令人缅想高风，高山仰止。对这样一位人所共知的名家巨擘进行深入研究，不仅能起到授人以渔、嘉惠后学的作用，对于后辈学人也具有极大的激励作用。我有幸从先生受业，一直想为老师写点什么，此愿久存怀抱，可惜言说匪易，落笔尤难，于是沉吟至今。现在，我想就仁珪先生在启功研究的内容、价值与意义等方面，阐说一点肤浅的论见，尚祈知音君子，不吝批评指正。

一 《启功评传》：身历其世，面接其人

《启功评传》（北京出版社，2017年版）是一部全面系统的评传性著作，全书共41万字，是赵仁珪先生在饱览了大量文献材料，又结合自己多年所见所感，历时一年多写成的重要著作。众所周知，仁珪先生是启先生关系最近的弟子之一，追随启先生二十余年，有许多登堂入室、謦欬相闻的机会，对启先生的生平、为人、学术、生活等方面，可谓如数家珍，极其了解。因此，当有人建议先生写一部《启功评传》时，先生慨然应允，欣然命笔，全身心地投入此书的写作中去。综合言之，《启功评传》堪称启功研究的集大成者，作者将一个全面、立体、生动、真实的启功栩栩如生地还原到读者面前，并且慨叹启功先生就"像一座取之不尽、用之不竭的宝库"，其文章给人以"常读常新，历久弥新"之感。我认为，此书至少包含以下几方面的价值和意义：

首先，《启功评传》具有丰富的史料价值，乃启功研究的集大成者。《启功评传》一共七章，脉络井然，娓娓道来，其章节分为"三部曲启功""坚净翁启功""书画家启功""鉴定家启功""诗词家启功""学问家启功""教育家启功"，作者钩沉史料，摭拾往事，运用大量第一手资料丰富详实地评述了启功先生的生平、为人、学术、艺术等多方面成就，能使读者了解到一位全面立体、丰富可感的文化大师形象。应当说，作为第一部启功评传，它在启功研

究的系统性和完整性方面,均超越了以往研究成果。《启功评传》不但在纵向上梳理了启功先生的生平行止,尤其在横向上对启功先生的人格、书画、鉴定、诗词、学问、教育等方面进行了细致完整的分析与评价,既有宏观书写,也有微观分析,点面结合,材料详实,真实可信,不为空言,体现了仁珪先生一贯严谨的治学风范。

兹以书中"诗词家启功"这一章为例,作者先从"三分人事七分天:天赋与学力"入手,指出作诗取决于一个诗人的才气、构思和知识储备。而后从启先生背诗、论诗、作诗、解诗几个角度,细致分析了启先生在诗歌方面的才华与功力。接下来,水到渠成地论述了启功先生在当代诗词创作与研究的语境中如何"生面果然开一代",即在诗词创作方面的探索与创新,集中体现为一种"谐谑风趣,自成一家"的风格态势,以及"语言创新,自如表达"的胆识勇气。但是世人如果以为启先生只会写那些俳谐幽默的诗,那就大错特错了。是书又抽丝剥茧地深入分析了启功先生继承传统、意境醇雅的那类作品,其要旨在于"为有源头活水来:继往与传承",作者拈出"雅语数典,对仗工巧;格调神韵,意在言外"的特质对启先生这类古色古香、典雅华赡之作进行具体赏析,读完以后,足令人感慨其用典之精妙,义旨之精微。启先生诗词的魅力是多重的,如赵仁珪先生所云:"人们在赞美贤达时常以道德、文章并称,能兼具者即堪称伟大;但伟大的人并不见得都可亲可爱,只有在道德、文章之外兼具性情,或曰情味,才能别具魅力,启先生正是这样的人。这一点很像魏晋风度、禅宗境界及东坡性格。"①是书又围绕启先生诗词中那些感人至深、智慧出众之作展开论述。此种性情,源自诗人之胸襟,也即清人薛雪《一瓢诗话》中所谓"有胸襟然后能载其性情智慧,随遇发生,随生即盛。……生意各别,无不具足"。第五节"诗笔常因画笔开:题画与艺论",则是从取材的眼光加以论述,启先生的诗词又是具有书画修养的诗词,既有诗

---

① 赵仁珪《启功评传》,北京:北京出版社,2017年,第336页。

画关系的精见,传神达意的体认,又有大量有关书画诗词独到深刻的品评。"因而启先生的诗词是学者的、才人的、艺术家的诗词,也是当代诗坛独具一格,不可替代,具有深远影响的诗词。"①这样的结论不作浮泛肤廓之论,而是信而有征,句句落实,令人心悦诚服。

这部评传撷拾往事,娓娓道来,读来令人颇生往事悠悠、新愁冉冉之感。纵观启先生的一生,品性坚净,命途多艰。先生幼时孤露,中年坎坷,晚年则如"梅花香自苦寒来",迎来事业鼎盛期。如赵仁珪先生所云:"他的家族曾经见证了晚清很多重大的历史事件,他们的所见所闻,有的可以印证这些事件,有的甚至可以补充史书的缺载。启先生的成长曾受教于当时一大批一流的学者和艺术家,如傅增湘、陈垣、溥心畬、溥雪斋、贾羲民、吴镜汀、戴姜福及齐白石等诸先生,这些交往本身就具有宝贵的近代艺术史、学术史的史料价值,更使我们明白一个天才的出现,背后要有多少巨人的支撑。这些特殊的价值是在读一般的名人传记中读不到的。"②当我读到启功先生那些艰辛的往事时,不禁咨嗟叹息,读到那些趣闻逸事时,也充分感受到启先生的乐观旷达,能使阅者靡不解颐。

其次,《启功评传》令人深刻领会到启功先生茹古涵今,无有涯涘的学问背后的深厚渊源,这与其早年得天独厚的艺术熏染、文化涵咏的经历密切相关。这关乎文化传承的机遇,环境的潜移默化以及诵读涵咏、师徒授受等传统教育方式的深刻影响,对我们今天如何进行综合的素质教育,培养文史哲艺的人才,都有很好的借鉴意义。

譬如在书画鉴定方面,启功先生鉴定字画,所凭的完全是博古通今的见识与经验。王宁教授说:"启先生看过的东西,文史馆就敢买,启先生没看过的,则绝对不敢买。有一次,美国白宫要买一幅文徵明的字,不明真假,就请

---

① 赵仁珪《启功评传》,第361页。
② 赵仁珪《启功研究丛稿》,北京:北京师范大学出版社,2006年,第111页。

先生做个鉴定。启先生看完,提笔写了个方块大小的鉴定,白宫立马掏了高价。"[1]放眼今天,文物鉴定几成绝学,启先生写过很多文物鉴定的文章,这门学问的成就建立在大量"经眼"的基础上。启先生当年与几位鉴定大师一起经眼过数以万计的古代书画,积累了不可再得的经验。诸如启功先生曾跟随贾羲民先生习书画。那么这学习的过程是怎样的呢?《启功评传》中透露了这些细节与秘辛。贾先生经常在每月的一、二、三日带启先生去故宫欣赏书画展品。在参观时,贾老师结合具体作品,边看边给启先生讲有关画史及书画鉴定的知识。"反复去故宫观摩,使启先生对绘画史上的一些名作几近烂熟于心,一直到晚年,他闭起眼睛还能清晰地想象出它们当时挂在什么位置,每张画画的是什么,画画的具体布局如何,以至《溪山行旅图》树丛的什么位置有'范宽'两个小字,《早春图》什么地方有'郭熙笔'的图章,什么地方有注明某年所画的题款等,都记得一清二楚。"[2]抗战胜利后,在沈兼士的推荐下,仍在辅仁大学任教的启先生又兼任了故宫博物院专门委员,在文献馆和古物馆审阅论文、鉴定书画。原来,溥仪在被冯玉祥逐出故宫之前,曾将一些卷册名画以赏赐名义由其弟溥杰带出宫去,这些故宫藏品被带到长春后流散开来。抗战胜利后,这些书画又被书画商贩运回北平,故宫博物院因此召集了许多专家来鉴定、选择、收购其中一些重要作品。启先生受邀参与其中。在鉴定会上,启先生不仅大饱眼福,还能亲手展观翻阅,这一经历,对于启先生书画鉴定方面知识与能力的提升,意义非凡。参会的多是学有专长的前辈宿儒,聆听他们的议论又远非昔年参观展览时听身旁人的评点可比。譬如,第一次收购古书画的鉴定会是在故宫博物院院长马衡先生家里召开的,与会者除了启先生外,还有马衡、陈垣、沈兼士、张廷济、邓以蛰、

---

[1] 王宁《先生研修博矣》,见赵仁珪编《启功先生悼挽录》,北京:北京师范大学出版社,2005年,第73页。
[2] 赵仁珪《启功评传》,第21页。

张大千、唐兰等人。此前,张大千先生在翠锦园与溥心畬合作绘画时曾见过侍立旁观的启先生,他认出了启先生,并主动结合作品和启先生谈论了一些自己的见解。如今,仅仅是列出这些大艺术家的名字,就足以让我们感到他们在艺术史上的价值与分量。如此,如果我们追问启先生是如何成为一位杰出的书画鉴定家的?《启功评传》用大量丰富详实的史料给出了答案:他拥有那个时代不可再得的成长经历和环境熏染。启功先生博通百家,转益多师,除了勤学苦练,投入大量精力心追手摹古人之作,还有大量"经眼"的实践过程。这种超出常人的勤奋,以及经眼观摩,成就了他绝无仅有的书画鉴定功力。

在《启功评传》中,我们看到,启功先生得到了那个时代最优秀的一批艺术家贾羲民、吴镜汀、溥心畬、溥雪斋、齐白石等人的悉心指点和言传身教。溥雪斋认为书画艺术当以诗为先,提倡学画先学诗的主张,深刻影响了启功。溥先生家的一次艺坛盛会上,启先生目睹了时称"南张北溥"的两位大画家是如何合作绘画的,不仅眼界大开,而且对绘画的理解也更上层楼。《启功评传》中对这次艺术盛会有生动细致的描写:"那次是著名画家张大千先生应约来到溥先生的翠锦园。二人见面并无多话,在大堂中间摆上一张大案子,面对面各坐一边,一人拿起画纸画两笔即丢给对方,对方也同样。接过对方丢来的画稿,这方就根据原意再加几笔,然后再丢回去。如此,不到三小时就画了几十幅,中间还给旁观的人画了几幅扇面,启先生当时得了张大千先生的一幅。最后溥、张两人各分了一半,拿回去题款钤印,没画好的再补完。这一现场表演最令人称奇的是,张、溥二人既没有事先的商定,也没有临时的交谈,完全根据对对方笔意的理解合作生产了一批作品,而且幅幅都是神完气足、浑融一体,看不出任何拼凑的痕迹。启先生此前学画,受到《芥子园画谱》一类成法束缚,下笔之前总想着什么皴什么点、哪一家哪一派,这次看到张、溥二人信手拈来、挥洒自如的创作,不禁茅塞顿开。"此外,《评传》中还有诸多书画雅集、分韵作诗、围坐聊天等艺术活动的描写,这都使启功先生获益良多。赵仁珪先生认为:"这正是启先生后来能成为一般人难以企及的文化大师,能成为一个难以复制的全才艺术家兼学者的重要原因。"①此说良是。

再次,《启功评传》严谨真实地刻画出启功先生坚韧刚毅、旷达超脱的风骨品性。从评传写作的角度来看,笔者以为,评传是传记的一种特殊类型。它既是传记,有补于史,有对传主生平的考证钩稽和客观叙述,因而下笔须有客观性、严谨性,但它又同时强调"评",又具有一般传记所不包含的评论深度和广度。《启功评传》便是这样一部优秀的评传著作,既凸显了传主的人格特质与精神内涵,又显示出评论者的真知灼见、思想深度。

纵观《启功评传》,俯仰古今,溯洄身世,它勾勒出近百年的历史中,一位文化大师"艰难困苦,玉汝于成"独特而艰辛的经历。面对世事艰虞与人生坎壈,启功先生的坚韧与自强令人肃然起敬。天行健,君子以自强不息。启先生幼时孤露,早年家中生活困顿,1周岁时,父亲病逝,随曾祖父和祖父生活。10岁时,曾祖父和祖父又先后去世,家业迅速衰败。12岁时,靠着曾祖父和祖父的几位门生酬资相助,才得以插班就读于汇文学校。后来升入中学,高中未毕业便因经济困难而辍学。为维持生计,曾教过家馆。结识陈垣先生是启先生一生的重大转折点,在陈垣先生的荐拔之下,启先生进入辅仁大学教书。中年时代,又遭遇了"反右"风波和"文革",直至晚年,重回讲堂培育英才,名满天下却始终淡泊名利。《评传》对启功先生百折不挠的精神特质有深刻的体认。赵仁珪先生云:"启先生之所以能有所作为,除了天赋的聪明才智外,主要靠的是性格上的坚韧刚毅。曾子曰:'士不可以不弘毅,任重而道远。'启先生拥有像传统士人那样坚定不移、虽九死犹不悔的品格。他最终从一个肄业的'中学生',成为大学的'副教授',乃至举世公认的文化

---

① 赵仁珪《启功评传》,第29页。

大师,靠的就是坚毅的志向和出众的才华。他虽然没有上过大学,但社会就是他的大学,故宫、琉璃厂、荣宝斋、私塾附学、雅集笔会、三进辅仁的经历就是他的大学,他称它们是自己的艺术导师、学术导师和艺术博物馆、开架图书馆。后来,启先生在谈到这些经历时,曾深有感触地说:'我上这个大学,没有年限,没有文凭,但也可以说有的,这张文凭,奇怪的是我自己用笔写出来的。'"(启功《上大学》)而当人们请教他怎样能以中学生的学历取得如此辉煌的成就时,他曾这样坚定地回答道:'自强不息!'其坚毅的品格溢于言表。"①

启先生一生历经诸多坎坷起伏,但他有一种传统士人宠辱不惊、乐观旷达的风度修养,如赵仁珪先生所言"以其过人的学识和智慧,早早将人生的荣辱穷达看透,既不汲汲于富贵,亦不戚戚于贫贱,而是以旷达的胸怀泰然处之,甚至以其特有的诙谐幽默对此加以调侃,在风趣中令人深思而起敬。启先生淡泊名利,自奉极薄,但待人极厚"②。《评传》中有些认识极为深刻,如作者认为:"最后必须强调一点,说启先生超脱旷达,并不等于说启先生没有痛苦烦恼,也不是说启先生有意地掩盖、躲避痛苦烦恼。启先生是性情中人,从我们前文的一些介绍中,就可看出他的很多纪念文章都是含着热泪写就的。要说情感之丰富、之敏锐,启先生是超出一般常人的。……但启先生晚年非常不愿意写回忆录之类的东西,也不愿意接受别人采访回忆历史。他说一谈起往事,自己的神经细胞都要受到很大的刺激和损伤,情感上真的很痛苦,他实在是不愿意'温习这些痛苦'。至于最终同意出一本《启功口述历史》,那实在是不好违背方方面面的期待。可见他正是有'大痛苦''大烦恼'之人。问题是如何对待这些痛苦与烦恼,如果仅是沉溺其中,不能自拔,或者视而不见,自我麻木,那都是生活的弱者、愚者、伪者。而启先生最终能以旷达的心态咀嚼、化解、超越这些痛苦与烦恼,恰恰证明他是生活的强者、

---

①② 赵仁珪《启功评传》,第114页。

智者、真者。"①这是极其透彻精辟的论见，也折射出写作者对苦难的参悟，以及对人生经验的总结和反省。

客观地说，启功先生独特的人生经历为中国艺术史和文化史提供了丰富的素材。赵仁珪先生的《启功评传》将这珍贵的史料立体、真实、全面地呈现出来，大至历史脉络，小至逸闻趣事，靡不兼收并蓄，论材料之丰富、细节之饱满，是很多名人传记不可比拟的。再加上作者笔调客观，又饱含感情，娓娓道来，既有史料价值，又兼具文学性。笔者在阅读时，有心驰神往、悠然心会之感，而这些素材里的细节，又折射出启功先生性情之真、仁爱之善与智慧之美，启先生若泉下有知，看到此书亦当颔首微笑矣。

二　注释赏读：沿波讨源，探幽显微

刘勰《文心雕龙·知音》云："夫缀文者情动而辞发，观文者披文以入情，沿波讨源，虽幽必显，世远莫见其面，觇文辄见其心。""缀文"乃指创作的过程，"观文"则是从阅读的角度而言，它需要披文入情、沉潜涵咏。进一步来说，对诗文注释赏读的过程，也即"沿波讨源"，发掘义旨的过程。除了上文中探讨的《启功评传》，赵仁珪先生对启功研究的贡献与价值还体现在对启功诗词的注释赏读方面，一方面厘清了启功诗词中今人不易索解、难窥其旨的部分，使得专业研究者以及普通读者能够更加深入地认识启功诗词的内容情意、艺术特质，也为当今的旧体诗词的创作提供了颇有价值的研究资料和精辟论见。

仁珪先生尝自叙与启功先生最密切频繁的接触，乃是在几种书的整理

---

① 赵仁珪《启功评传》，第156—157页。

注释期间。一则为《论书绝句》注释期间,其次是为《启功韵语集》注释时期,三则为整理编著《启功讲学录》《启功口述历史》时期。那情形是怎样的呢?赵老师说:"每次先生总是不厌其烦地为我反复地讲解,每本书都要花费数十个单元的时间。这次先生的年事更高,但仍不惮劳累,为我讲述,我整理后,又都读给先生听,进行一些必要的修正,应该说不会有什么大谬误。能这样登堂入室地聆听先生的教诲,得到很多真传,真是人生的大幸。"①两位先生的严谨认真,颇令人动容。师者悉心讲授,注释者核校整理,反复商榷审校,最后乃成定稿。启功先生在《读注释后记》中谓:

> 学友赵君笃学善著书,亦好八法。霙晚萧晨,过往谈论,于前贤论书之作,时有古奥难通之语,相与参详,每多神解。
>
> 余以拙作百首面质,深相期许,又闻读者有所未达处,乃奋笔而书,阐发每有不佞未及见者,抵掌论学之乐,于斯可得。
>
> 韵语之道,不佞讵敢上拟王渔洋;而注释《精华录》,赵君远超惠松崖。②

寥寥数言,令人心驰神往。措语典雅,令人想见二位先生的君子之风,传承之功,论学之乐,无过于此。启先生说"韵语一道,不佞讵敢上拟王渔阳;而注释《精华录》,赵君远超惠松崖",用清代学人惠栋注释王士祯《渔洋山人精华录》事称赏仁珪先生的注释,古风不泯,令人击节叹赏。

启功先生的《论书绝句》是一部不朽的著作。此书内容丰富,知识广博,涉及数以百计的碑帖和书法著作,以及书法史上星汉灿烂的书法家和书法理论家。既是一部书法史,又是一部书法研究史。此书见解深刻,内容精辟。赵仁珪先生是这样评价此书的:"从古老的宫廷秘藏、历代珍品,到新出土的汉魏木简、晋人墨迹;从国内少数民族的书法家,到国外诸如日本的书

---

① 赵仁珪著《启功研究丛稿》,第103页。
② 启功著、赵仁珪注释《论书绝句(注释本)》,北京:三联书店,2002年,第203页。

法家;从帝王文臣到诗人和尚,作者无不涉猎,包笼备至。其眼界之宽、所见之多,是前人不可企及的。其论述大至风格流派、书体发展,小至版本考辨、趣闻逸事,亦无不自由驰骋、纵横如意,真可谓兼收并蓄、细大不捐,内容之丰富灵活也是前人无法望其项背的。再加之观点深刻,见识卓绝,笔带感情,文采斐然,诗文结合,体例新颖,足使它成为前无古人的传世佳作。前代诸贤于九泉之下亦当相视而笑,颔首称道矣。"①

　　对于这样一部博学宏通的专业性很强的书籍,如果没有专业的注解,一般读者便会如堕五里雾中,譬如书中仅以每人有一名、一字、一号而论,二百三十余人则有近千种称谓。因此,对于此书的注释显得尤为重要。一方面来说,有助于读者了解诗中涉及的历史背景、相关典故,特别是书中所提及的人名、碑名、书名的通称、简称或异称;也有助于帮助读者厘清某些较生僻的文言词句的含义以及正确理解诗句的意义。注释的过程,乃是启功先生先口述,然后由赵老师根据所知所闻加以注释整理,最后再由启先生复审,斟酌再三,乃成定稿。该书注解详细,内容宏富,在保存艺术史料方面具有独特价值。此外,该注本在文献校勘、深入研究启功书法思想等方面都深具价值。仁珪先生在注释之暇感慨云:"对如此众多的碑帖和书家,启先生皆烂熟于胸。论碑帖,大至风格流派,小至贼锋泐痕,无不历历在目,成竹于胸;论书家,大至生平事迹,小至奇闻逸事,无不了如指掌,信手拈来。然此仅为该书所涉及者,尚未列入之帖,尚未阑入之人,所在多是,启先生亦无不如数家珍,娓娓道来。然此仅为碑帖一学,至于文学、史学、绘画,乃至平生师友之风义、朋友之交往、亲戚之过从,亦无不如是。难怪人称启先生的脑子为'活电脑'。然电脑还需一一存储调出,何如这'活电脑'来得如此便捷活泼!"②此外,"本书虽以评介碑帖、臧否人物为主要目的,但评介与臧否亦

---

① 赵仁珪著《启功研究丛稿》,第91—92页。
② 赵仁珪著《启功研究丛稿》,第88页。

有高下之分,低者仅能述其情状,高者则能写出感情。很多碑帖的背后都是一段生动的故事,每到此处,启先生即为之驻足,为之徘徊,为之低回叹惋,为之唏嘘慨叹。于是叙述文字变为抒情文章,死之碑版注入活之灵魂,读之令人回肠荡气。即此可知,启先生不但是学问中人,更是性情中人。"①这些阐说,都加深了我们对启功先生的认识,既是理性思索的总结,也是饱含感情、令人击节叹赏的感性认知。

须知,文学创作尤其是诗的创作,与诗人独特的性情气质相关,要眇精微,有时难以揣测,加上诗法多端,其中句法、用典、炼意、修辞等幽微要眇,暗含讽喻,读者有时难窥真相,更有待注释者的索隐发微。众所周知,启先生是一位独具风格的当代旧体诗人。赵仁珪先生对启先生的诗词有很多深刻的见解和认识,他认为:"他的创作道路和创作风格代表了当今旧体诗词创作的根本出路:既要尽力继承,又要努力创新——既要保有传统诗词隽永凝练的韵味,又要创造富于时代气息的格调。而要达到这一点,既需要有深厚的功底修养,又要葆有赤子般的性情,而这恰恰是启先生之所长。特别是他独创的风趣智慧的幽默风格,超越今古,自成一派。他的成就对方兴未艾的诗词创作无疑起到指导性的作用,这也正是我们要大力推荐他的诗的目的。而我每遇到今人对古人诗的理解有歧义的时候,总天真地想,如果那位诗人生前能预先解释一下就好了,这也是我极力撺掇为启先生《韵语集》作注的原因。"②如何评价启功先生的诗呢?赵仁珪《启功诗文选赏析·序》云:"启功先生之诗何如也?曰:先生之诗乃学者、智者之诗,达者、才人与性情者之诗,书画艺术家之诗。所谓学者、智者之诗,乃因其诗充满学者之智慧气质与古典书卷气也:既语言高华,用典考究,对仗工整,更立意深远,识见不凡,诗味醇厚,此非有坚实学问根底与长年陶冶修养不能为也。"③启功

---

① 赵仁珪著《启功研究丛稿》,第90页。
② 赵仁珪著《启功研究丛稿》,第110—111页。
③ 赵仁珪编著《启功诗文选赏析·序》,北京:文物出版社,2012年,第1页。

先生的诗词雅俗兼备,他的高雅之作格律严谨,语汇典雅,对仗工整,用典考究,尤其是那些借助双关象征手法的咏物寄托之作,可谓臻于极致,也为当代如何以传统手法来表现时事提供了很好的借鉴。此外,启先生一直坚守古典诗词应以形象思维为尚,以蕴藉含蓄为美,应当避免过于生硬直白的议论。赵仁珪先生指出:"先生不是不写时事,而是不就事论事地写时事。为此启先生特别提倡并力行比兴寄托、托物咏志之手法。"① 诸如启功先生的一首咏物诗《友人家昙花一盆,盛开速落,因赋长句。时在一九七七年秋》:

> 深宵何物幻奇芳,色逊梨花故作香。根蒂几时来异域,声华毕竟藉空王。轻拈迦叶成微笑,一现阎浮识淡妆。签漏未移英已尽,这般身世太寻常。

此诗工致精警,寓意深远,隶事之处,以意贯串,浑化无痕。此类咏物诗极难作,贵有不粘不脱之妙。表面看来,句句都写昙花,它的奇芳、美色、根蒂、美誉、神秘、真容、骤落。最后感慨昙花一现,它的身世不过如此。但是诗题却透露了玄机,"时在一九七七年秋",读了仁珪先生的注释,才恍然惊觉,此诗主旨在于委婉多讽地写一位政治人物,每句又绾合了她微妙的身世命运,以及短暂的政治生涯:"第一句写她神秘地、奇幻般地出现于政治舞台。第二句写她资质本不如人,所以只能故作特异。第三句写她本非此圈中之人。第四句写她之所以声名鹊起,如日中天,乃是借助了特殊的地位。第五句写她借助特殊的身份博得了特殊的象征价值。第六句写她有朝一日终于浮出水面,登上政治舞台,让人们见识到她的真面目。第七句写她'盛开速落'的下场。第八句写她的身世不过如此而已,难逃宿命,更难创造什么奇迹。"②

此种咏物诗,其词语典故腾挪变幻,在尺幅之间高度绾合了与昙花有关的典故。此种写法,令人想到晚唐一些精妙绝伦的咏物诗,它昭示了一种变

---

① 赵仁珪编著《启功诗文选赏析·序》,第3页。
② 赵仁珪编著《启功诗文选赏析》,第81页。

化与倾向,即诗中常见的抒情发话者逐渐消隐,而由一个物化之客体来充当复杂情感的凝聚体。其中每个典故都是语义积淀深厚的符码,由此而形成了一种复杂交错的语义结构,读来给人以清虚骚雅、幽隐博奥之感。如赵仁珪先生所言:"实践这种倾向,需要有高超的技巧和学识,更需要有丰富的想象力,这样才能把所咏的本来之物与所寄托的物外之情,借助形迹与神采的某些相通之处,加以绾合,并借助典故的巧妙使用,以简练的语言和生动的艺术形象,顺畅地完成托物言志的写作目的。"①笔者的个人感受是,如果没有这些注释,可能会造成读者很多歧解和误解,类似于诗歌史上"诗家总爱西昆好,独恨无人作郑笺"的"锦瑟"式谜团。

再比如《近见沈石田与诸友唱和落花诗,文衡山以小楷录为长卷。因拟之,得四首》这首诗是启功先生借咏落花而抒写时事之作。为省繁重,兹举一首,诗云:

> 弥天万紫与千红,一霎风来几树空。火急催开劳羯鼓,夜阑不寐听僧钟。轻难入地香添溷,落未盈堆绿已丛。毕竟萧郎遗业重,缤纷大梦忏无功。

这首诗表面看来,切题写落花,那落花从何而来呢?首联写弥天盖地、万紫千红的花树,一霎飓风之后,就剩下几树空枝。武则天为了提前赏牡丹,曾令百工乐妓击羯鼓而催开。夜阑僧钟乃报死丧钟。鲜花被催开之后,盛开遽落,随即而来的便是丧钟。飘落入便溺处,与之前的盛况有云泥之别。萧郎指梁武帝,相传梁武帝初为雍州刺史时,夫人郗氏性酷妒,病死。梁武帝即位后,夜梦郗氏化为蟒,为了替郗氏忏悔罪业,乃集录佛经语句作成"忏法"十卷,称《梁皇忏》,后为佛家常用的超度忏法,称《慈悲道场忏法》。可是毕竟罪业深重,缤纷大梦般的命运无法挽救。赵仁珪先生云:"就写人

---

① 赵仁珪编著《启功诗文选赏析》,第81页。

而言,因这首诗使用了很多有关帝王的典故,显然意在感慨一个具有至尊地位的人。他的势力可以催开鲜花提前开放,令炫目的万紫千红弥天盛开;但一旦这个人不在了,整个形势会在一霎间发生巨变,他催开的花树会变成几株朽木。当他还未入土时,那些昔日娇艳轻柔的花瓣只能落到便溺之上,成为人类不齿的污浊之物,而鲜花昔日的势力很快就会被成丛的绿叶所取代,即使这个人在生命的最后时刻想替他身边的人忏悔,也已经来不及了,毕竟这之前他们积累的业障太多了。这个人指谁呢?读者当自有领悟和判断。"①此类注释与赏读,要言不烦,精辟简洁地概括出这首诗的典故、内涵、义旨,给人以委婉多讽,幽邃神秘之感,令人联想到《红楼梦》里那些谜一样的人物判词与命运之间的玄机。

仁珏先生云:"如果读者能读懂其中典故之含义,理解落花形象背后之所指,势必拊双掌、竖巨擘,共称此乃真正之好文章也。此类观念、写法自古有之,但既能结合现实又能恪守传统,亦足以方驾古人并超越古人矣。"②"全诗使用了有关武周、唐玄宗、梁武帝及郗夫人、苻坚、石崇、冯谖、曹操、庄子、绿珠等人的典故,并化用了苏轼、曹植、宋代民谣《史记》的成句,而且都巧妙地把他们和落花组织在一起,充分体现了作者的才学。而对不同诗中的不同落花的形态描写也都极其形象,各有风姿,且都能巧妙地切合背后不同人的身份,充分体现了作者丰富而细腻的观察力和表现力。而这首诗最值得称道之处还在于它对时事、社会的关切。"③值得注意的是,启先生很少以社会上发生的某一具体事件为题,有些人就误认为他的诗现实性不强。这首诗可以打破这种误解,启先生并非不关心时事,只不过他的写法与一般直陈时事者不同,他喜欢并主张用比兴寄托的手法来写,从而保持中国古典诗歌含蓄、形象的特质,而且他也确实很好地实践了这一主张。同时,仁珏

---

① 赵仁珏编著《启功诗文选赏析》,第165页。
② 赵仁珏编著《启功先生诗文选赏析·序》,第3页。
③ 赵仁珏编著《启功先生诗文选赏析》,第166—167页。

先生的注释阐发,也深化了我们对启先生诗词艺术的理解。类似例子,不胜枚举,为省繁重,笔者不再一一胪列,读者开卷以后自可知之。

三 创作实践:披文入情,赓续传统

除了以上所论的评传、注释之功,赵仁珪先生的诗词创作也体现出启功先生的影响,这其中也融合了先生多年涵咏研究启功的成果与心得,而且还是更富有情韵,更为直观的成果。仁珪先生看重诗词创作,昔年在先生门下读博时,就时常鼓励我们多进行诗歌创作,由此在古典文学的研习方面,才能深谙个中甘苦,尚友古人,不做隔膜肤廓之论。而先生自己,也一直身体力行,笔耕不辍。2012年线装书局出版了《土水斋诗文选》。其中选录了先生160首诗词,19篇文。诗选分旅游诗、杂题诗两组,多写旅途风光,异域见闻,情景俱工,自然清逸,足资吟咏。杂题诗中有《论诗诗二十题》分别评价了唐宋十大诗人、词人的创作,直承古典诗词中杜甫、元好问论诗绝句之传统,也融合了先生多年来研究唐宋文学的研究心得。赵仁珪先生的部分诗作,颇得启功先生幽默旷达之神邃。启先生晚年多病,有很多写疾病的诗,丝毫不见牢骚与颓唐,而是与病痛周旋,足见其达观与超脱。"是否病魔还会闹。天知道,今日且唱渔家傲"(《渔家傲》);"且听鸟语呼归去,莫惜蚕丝吐到头"(《心脏病发》);"骨刺增生多少处,颈椎已似梅花鹿"(《蝶恋花》)都是脍炙人口的佳作。赵仁珪先生的部分作品,其幽默不减元白先生。如其《车祸住院杂咏二首》:

平时影视见如常,今日亲经惊断肠。初似蛟龙腾浪涌,终如老兔搏鹰翔。追星直取戴安娜,归队欲投邓朴方。但恨凡夫非龙种,沉吟三月卧绳床。(《自嘲》)

斯人不幸命如斯,贱疾何劳惊我师。六里桥头忽远近,七层楼顶履平夷。正愁长夜熬残骨,忽遇春风沐病枝。恩重如山何所报,且随夫子病吟诗。(《启先生莅访》)

此诗读来令人揪心,实乃"笑中带泪"的艺术。诗下的小序交代了作诗的缘起,1998年2月14日先生在京石高速公路上遭遇车祸,住进六里桥附近的电力医院七层骨科病房。车祸发生的瞬间,四轮朝天,惊心动魄,似蛟龙翻涌,也似老兔搏鹰。可是一转眼,诗人并没有在忧患中沉吟,而是杂以嘲谑:平时追星直取戴安娜,车祸发生以后,似要加入残联。而后长夜漫漫,病榻难熬,忽然启先生莅访;忽遇春风沐病枝,沉吟良久,何以报答先生呢?且随先生也作病中之诗。然而,这嘲谑之作背后又隐含了深悲隐痛,此其尤为难得也。整体来看,启先生与仁珏先生这类调侃之作,应透过俳谐之表象,觑见其中深蕴的深悲沉痛。诗人借助俳谐自嘲,纾解了生理与心理的双重痛苦,又将悲剧性的沉痛,转换为一种别开生面的喜剧精神。其实,仁珏先生为人为文和启先生都有相似的一面,就是为人谦逊低调,淡泊名利,待人极厚。他们都过着"一箪食,一瓢饮,在陋巷,人不堪其忧,回也不改其乐"的清贫生活,但是师生之间,融洽无间,霁晚萧晨,谈诗论文,又有着"谈笑有鸿儒,往来无白丁"的高雅乐趣。仁珏先生说启先生"一张桌子伴终身——铺上毡子写字,卷起毡子吃饭;粗茶淡饭只为果腹,衲衣短褐只为御寒,在生活观上他最钦佩的是弘一法师",其实赵先生又何尝不是如此,他们身上都有一种旧式知识分子的清坚醇厚。

仁珏先生的诗集名为《土水斋诗文选》,"土水斋"者何谓也?原来启先生给自己的住处命名为"坚净居",此名取自他所收藏的一方砚台,那是康熙皇帝用过的一方端砚,刻着康熙御铭"一拳之石取其坚,一勺之水取其净",而仁珏先生援取"坚"之小半"土","净"之小半"水",而命其书斋曰"土水斋","命此名者,仅表追慕之深、自励之坚也。"①赵仁珪先生在自序中有非常感人的自述:"先生亦'怜我差堪教',不鄙余之拙陋愚笨,悉心以教我。余于课下,尚喜吟诗填词,偶有芜陋之作便呈先生哂正;而先生得此,则喜过于收到一篇论文,必悉心指导。盖先生一贯力持研究古典文学必须亲予创作,如此方能知其中甘苦与深浅,方能敬畏前贤,尚友古人。……先生亦有较充分之时间为余施以独特之教育——'熏',在看似漫无边际地海聊神侃之中,将学问与做学问之方法'随风潜入夜,润物细无声'般地传授于余。此种传授,不触不悖,非关书也,非关理也,可谓真谛真传。"②这回忆的细节读来令人怀思慕远,感佩兼深。那么这种濡染诗教的细节是怎样呢?仁珪先生云:

> 先生或读或听,每遇较佳之处,或以手拍案,或鼓掌击节,时而竖起右手之拇指,由胸前向外翻出,连连称好,以示鼓励;若遇不妥处,先生常以铅笔划出,或注明此处"宜作"如何,以示商讨而非强制之意;若遇余以痴愚之常理解诗论诗时,先生亦尝仿其师陈援庵先生伸出食指警戒曰"尔又迂也",以示棒喝之意。

读了这些文字,也可以深深感到一种馨香美好、绵绵不绝的传承。韩愈所谓"传道、授业、解惑",庶几可以从中深切地感受到师生间的从游之乐,问学之情,以及处世之道。赵仁珪先生说:"每当面对启先生从容不迫、谈笑自如地纵横捭阖谈古论今、指挥倜傥出入百家时,我才真正地感受到何谓学问,何谓知识,何谓博大精深,何谓高山仰止,何谓书山有径,何谓学海无涯。每当窗外万籁俱静、月明星稀,窗内一灯如豆、影映壁上时,我才真正地感受到何谓师长的诲人不倦,何谓弟子的如沐春风,何谓薪尽火传的传承,何谓顿开茅塞的领悟。"③仁珪先生在整理完启功先生三部书稿之后,还曾写下了三

---

① 赵仁珪《土水斋诗文选·序》,北京:线装书局,2012年,第1页。
② 赵仁珪《土水斋诗文选·序》,第2—3页。
③ 赵仁珪《启功研究丛稿》,第92页。

首词《虞美人》,给人以情味悠然,斯文在兹之感:

  八分六法称双绝,诗笔更清越。缘何弱管有神功,心画心声总自性情中。 多蒙绛帐传诗要,怜我差堪教。不须立雪沐阳春,拾得吉光片羽作家珍。(《为〈启功韵语集〉作注》)

  本期心静如池水,一石涟漪碎。荡开多少旧时情,恰似扁舟一叶浪中行。 任人评说功与过,我自求真我。何须转语作轻言,往事如烟还是不如烟。(《听启先生口述往事》)

  每翻笔录每回忆,情景犹昨历。恰如旧照逐张翻,廿五年前风采尚翩翩。 纵横捭阖谈今古,如指家珍数。通才何处觅仪型,此册博观约取足为征。(《整理〈讲学录〉有感》)

启功先生博闻强识,黄苗子说过:"启先生有个百宝箱,他是高兴时露一角给人看,谁也没见过这个箱子里到底藏有多少宝物。"即使拥有众多头衔,他最看重的仍然是教师的本色,他热爱学生、情真意切,和学生相处融洽,讲起课来纵横捭阖、灵活生动,能使听者神观飞越、灵智开通。这三首词给人身临其境之感,既是启功先生授课情境的传神写照,也可以见到师生之间弥足珍贵的真挚情感。类似作品,还有很多,仁珪先生有《读〈启功韵语〉〈启功絮语〉》诗云:"轻松白香山,滑稽东方朔。蓬莱驾鹤仙,曹溪参禅客。西江次第排,竹林散淡坐。义山送精研,东坡献疏阔。更有杜少陵,诚心输魂魄。"道出了启功诗作转益多师又自成一家的特点,也道出了今人学习古人诗作的根本目的。归根结底,古今优秀诗人通过写诗,以追求人格的自我完善,我辈学诗者须提高修养胸襟,尽可能在精神上靠拢那些高贵的灵魂、博雅的胸襟以及纯粹的人格,不断涵咏体悟,才能日益精进。

  赵仁珪先生云:"启先生去世时,当时曾有人感慨他象征着一个时代的终结,现在如果方方面面都能从'启功现象'中得到启示,并能把这种现象当做一种'学'——一种富有启功属性、启功特色的'专门之学'去加以研究,从而使传统文化得到进一步的继承和发扬,使启功先生不但成为一个时代的终结者,而且成为一个时代的开创者,那才是对他最有价值的纪念。"[①]洵为的论。关于启功研究,譬如在启功文献的裒辑,学术思想的研讨,画书诗的赏读品鉴,教育理念的发掘等方面,尚有很多可以深入开掘的空间。此外,我们当前的教育体制如何培养通才? 在当今电子媒介充斥、碎片化、图像化阅读充斥的环境中,如何恢复启功先生那代学者沉潜涵咏的读书研习传统,这也是当前教育界需要深入思索的命题。启功先生的学问著作,以及仁珪先生的启功研究,给我们提出了很多值得探索研究的命题。我辈学子,应如何继承先生们培育人才的事业? 如何光大先生们的学术文章? 宋代学者朱熹云"旧学商量加邃密,新知培养转深沉"(《鹅湖寺和陆子寿》),道出了一种学问精进的境界,令人神往。谨以此文,抛砖引玉,愿与同门以及来哲共勉。

[①] 赵仁珪《启功评传·后记》,第 475 页。

真性情与大境界

——读《启功评传》心得

李 爽

2017年7月26日,是启功先生诞辰105周年。启功先生是中国当代著名的书法家、画家、书画文物鉴定家、诗人、学者,也是资深的教育家和著名的社会活动家。启功先生生前惟一看重的头衔是"北京师范大学教授",蒙陈垣校长提携,从辅仁到师大,可以说是他的第一个"家";1971年到1977年,启先生借调到中华书局,参与点校《清史稿》,与书局同仁结下了深厚的情谊,"启先生是为中华版图书题签最多的人"[1],他说:"中华书局是我的第二个家。"[2]我昔就读于北京师范大学文学院,今任职于中华书局历史编辑室,有幸成为先生两个家的"家人"。

在我心中,启先生是一位令人高山仰止的大家,以诗书画三绝享誉海内外;更是一位宽厚慈爱的长者,始终葆有一颗纯真赤诚之心。我求学师大时,启先生已仙逝两年,未能亲承音旨,以上模糊的印象,多源于师辈纪念、回忆启先生的文字,惜多是零散片段,不成体系,很难对启先生为人为学有全面深入的了解。业师赵仁珪教授历时两年,倾力撰写《启功评传》(赵仁珪

---

[1] 徐俊《中华版图书他题签最多——回忆启功先生》,《中华读书报》2015年7月8日,07人物版。
[2] 柴剑虹《缅怀启功先生的心声》,收入《高山仰止——论启功》,北京:中华书局,2012年,第178页。

著《启功评传》,北京出版社,2017年7月),旨在为读者呈现一个全的启功、活的启功、真的启功。赵老师1978年考入北师大中文系古典文学研究生班,成为启先生门下第一批研究生,毕业后留校任教,追随启先生近三十年,可谓亲炙而得其传,自20世纪90年代中期起致力于"启功研究"的课题,协助启先生整理、注释过多种著作,主编过多种有关启功先生的纪念文集。《启功评传》可作为这一研究的集大成之作。

  静心捧读《启功评传》,启功先生在传统文化浸润下的光辉人格,先生的真性情与大境界,感人至深!第一章《三部曲启功》,我几乎是含泪读完,为启先生"幼时孤露,中年坎坷"的命运而叹惋,为终于"晚来逢春天下知"而欢欣;第二章《坚净翁启功》,使我不仅深刻体悟了启先生坚韧刚直、清白纯净的高贵人格,还认识了启先生性格中的"仁与爱""才与智""谐与达",这些共同构成了启先生的真性情;第三章至第七章分别是《书画家启功》《鉴定家启功》《诗词家启功》《学问家启功》《教育家启功》,从不同侧面展现了启先生丰富的人生面向与深厚的文化底蕴,普通人能在其中一个领域成为专家已经不易,而启先生凭借坚毅的志向、出众的才华和长期的刻苦钻研,在多个领域皆取得了卓越成就,这些共同构成了启先生的大境界。总之,《评传》涵盖了启功先生的生平、为人、学术、艺术成就的方方面面,不仅材料翔实,实例丰富,评介专业,而且语言通达流畅,精美简约,读来有种娓娓道来的温润气息;全书精选以书画作品为主的160余幅插图,绘画作品还特意做成彩插,图文并茂,赏心悦目;赵老师为各章都配上一篇开篇诗或联语,凝练生动,韵味隽永。全书充满"诗情画意",翰墨馨香,文气盎然,令人爱不释手。

  赵老师在本书《后记》中特别希望:"使启功先生不但成为一个时代的终结者,而且成为一个时代的开创者,那才是对他最好、最实际、最有意义的纪念。"(第475页)我诚挚地将本书推荐给当代青年朋友,展卷品读,可以感受启功先生身上那种来自传统文化的温暖之光,那种深入骨髓的清贵品格与儒雅气度；更可以从启先生的人生历程和治学经验中，汲取智慧和力量，打开人生的格局，扩大生命的境界。在此，愿分享自己的一点读书心得——我所感悟的人生三境界：

发轫：自强不息

阅读《评传》之前，印象最深的是启先生晚年近三十载的辉煌，可谓广受推崇，名满天下。细读《评传》，才深刻了解到启先生前半生六十余年的磨难、痛苦，生于家道中衰之时，长于寡母抚育之下，中学未卒业就决心辍学，毅然背负起全家的生活重担，《评传》引述《启功口述历史》："回想我这一生，解放前有人不屑我这资历不够的中学生，眼里根本不夹我地把我刷来刷去；解放后又有人鄙视我这出身不好的封建余孽，舍你其谁地把我批来批去。各路英雄都可以在我面前耀武扬威一番……"（第71—72页）读后再品味先生的联语"气傲皆因经历少，心平只为折磨多"，只有具备了"大痛苦""大烦恼"，才可能实现"大旷达""大超脱"。而实现"旷达""超脱"的途径，正是自强不息。《评传》第二章《坚净翁启功》："他虽然没有上过大学，但社会就是他的大学，故宫、琉璃厂、荣宝斋、私塾附学、雅集笔会、三进辅仁的经历就是他的大学，他称它们是自己的艺术导师、学术导师和艺术博物馆、开架图书馆。后来启先生谈到这些经历时，曾深有感触地说：'我上这个大学，没有年限，没有文凭，但也可以说有的，这张文凭，奇怪的是我自己用笔写出来的。'（启功《上大学》）而当人们请教他怎样能以中学生的学历取得如此辉煌的成就时，他曾这样坚定地回答道：'自强不息！'其坚毅的品格溢于言表。"（第114页）"自强不息"，"自"，由内而发，非由外而受；"不息"，不停止，坚持不懈。向上一路，没有捷径可走，千锤百炼，方能炉火纯青。而境界大开后，真可自得自洽,正如《评传》引刘石先生所言:"在这样的身世经历中,形成了开朗、乐观的性格……是基于他浸心艺文的愉悦感和博学多成的充实感带来的自信与超然。"(第115页)在艰难生活的磨砺中,通过自强不息的刻苦奋进,不仅能精于某种技能、技艺,更能在这个过程中修炼一种圆融无碍的通达心境,无论顺境、逆境,皆可宠辱不惊,泰然处之。

成就:融通互化

启功先生之所以在传统文化领域取得超越群伦的成就,得益于他涉猎广泛,博学多识,先生兼擅古典文学、文献学、考据学、史学、小学(包括文字、音韵、训诂诸学)、红学、敦煌学、佛学、民俗学等,具备传统文化的"通识",可称"通才""通人"。这种"通",一是打通不同艺术领域,如启先生在书法、绘画、诗词领域皆有精深的造诣,先生以诗歌形式来讨论书法史及书法艺术创作的《论书绝句》,以及大量品题书画的诗词,既是绝妙好文,又蕴涵先生对书画艺术的慧识;二是将艺术、学术融通互化,将艺术创作与学术研究相结合,如启先生的书画鉴定,源于他丰富的创作经验与深厚的学养,一般鉴定家只凭眼力或学力,难以企及。《评传》中详细论述了启功先生"艺术的学术化"与"学术的艺术化",读者可自细读。融通互化,对于传统文化领域的学者,至关重要。目前高校分学科建制,按文史哲人为地划分为中文系、历史系、哲学系,实际三者密不可分,启功先生提倡的所谓"猪跑学",即是一种"通识之学"。就某一学科领域而言,要注重理论与实践结合,如研究古典诗词,只有懂得平仄格律,尝试甚至擅长诗词写作,才能体味声律、声调、声情之间的关系,体味古典诗词的艺术之美;又如研究音乐文学,能通晓古代音律,学习古乐演奏,方可悟得其中三昧。就不同学科领域而言,可借鉴研习相关相近学科的知识，触类旁通；甚至可突破学科壁垒，博采众长。只有将各类知识融通互化，达到专深与广博的平衡，才能卓尔不群，取得非凡的成就，登上人生的高峰。

升华：无私奉献

启功先生将一生都奉献给了教育事业，循循善诱，诲人不倦，可谓"三千弟子沐甘露，七十春秋苦励耘"（《评传》第七章《教育家启功》开篇诗）。启先生作为教师，不仅兢兢业业地教书育人，如春风化雨，润物无声；而且十分关心学生的生活、事业，对有困难的学生倾力相助，慷慨解囊，先生的弟子无不受其教诲，感其恩惠。晚年声名卓著时，启先生更不遗余力，尽其所能。为救助贫困大学生，从1988年5月开始，年逾古稀的先生，经过两年的努力，创作了一百幅书法作品和十幅绘画作品，于1990年12月到香港地区成功举办了"启功书画义卖展"，将义卖所得善款，全部捐给北师大，以恩师陈垣校长书屋"励耘"命名，设立"励耘奖学助学基金"。此后，启先生仍一贯关心贫困地区、贫困学生的生活和教育，多次为赈灾扶贫捐款、义卖。1997年，北京师范大学建校95周年之际，启先生反复斟酌，拟定并题写了校训"学为人师，行为世范"，诗意而深刻地诠释了师范院校的办学理念，激励北师大人将教师的光荣传统代代相传。这八字校训，既是先生的夫子自道，也是他的殷殷期盼。启先生虽然没有子女，但"信有师生同父子"，他将这份深沉的大爱都无私奉献给了学生。师道代代无穷已，先生的生命在这种无私奉献中得到了另一种延续，一种薪火相传、新新不已的传承。

启功先生的一生，发轫于自强不息，成就于融通互化，升华于无私奉献。此三境界，我们心向往之，更应努力行之。这是我的一份读书体会。读者诸君,以为如何?启功先生是一座宝藏,每一位寻宝的人,都能有所收获;启功先生是一本大书,每一位阅读的人,都能有所领悟。想入先生这座宝藏,想读先生这本大书,需要一位"引路人",《评传》正为我们打开了一扇走进先生精神世界的大门。

记得在师大读书时,每每从校训碑下走过,总要驻足,追思先生当年的风采。今得此机缘,谨以此篇小文奉上一瓣心香。更期待的是,各位读者,能借小文,细心品读《启功评传》,探寻属于自己的一份会心。

《论宋六家词》重读新得

杜丽萍

二十世纪以来,宋词研究在词学文献的搜集和整理之外,主要沿着词学理论研究、词史研究与词人研究三个维度展开。赵仁珪先生《论宋六家词》虽以词人研究命名,但也深入触及词史研究与词学理论研究的某些本质问题,是一本融会贯通的词学研究著作。该书立足于传统诗词鉴赏又能恰当地借鉴西方的文学理论,条分缕析地阐述词学发展历程又不失温柔敦厚的诗人之心,更遑论对作品玩味之深入、对材料运用之周遍、对词人比较之精当,虽距1999年初版已有二十余年,至今读来仍有历久弥新之感。

一 为何是"六家"

唐圭璋编《全宋词》及孔凡礼编《全宋词补辑》共收录宋代词人一千三百三十余家,即以名家而论,亦有数十位之多。为何选择这六位词人,应与赵仁珪先生的文学研究理念有关。在《文学史编写的问题及设想》一文中,赵先生提出:"我们一方面可在各文学现象(广义)之间多作些勾连缝合的论述,另一方面也不妨多作一些直接性的比较工作,大至代与代相比,如唐诗与宋诗;中到人与人相比,如苏轼与辛弃疾;小至某人的某种风格与另外一人的某种风格相比,如苏词之豪与辛词之豪。这样也许会把问题表述得更清楚些。"①《论宋六家词》在南北宋词史前后均衡的大原则下,选择柳永、周邦彦、苏轼、辛弃疾、姜夔、吴文英六位宋词名家进行对比分析,进而辐射到整个词史的脉络与风貌,正合乎赵师的文学史观念。

赵先生曾经表示,在撰写本书过程中,本来是想写作"宋八家词",即在上述六位词人之外,再加入秦观和李清照。但反复衡量,后两位词人虽然创作成就也很高,可在词史发展的历程中,他们所起到的作用远不如前六位,因此删掉,保留了现在"宋六家词"的格局。

在宋词发展史上,这六位词人具有里程碑意义。柳永、苏轼分别是"歌者之词"与"诗人之词"的代表作家和高峰作家,周邦彦是由"诗人之词"向"赋家之词"发展的转型人物,辛弃疾以极致的抒情言志和豪放风格代表了两宋词的最高峰,姜夔和吴文英各以"清空"和"质实"两种不同风格成为南宋后期"骚雅词派"双峰对峙的重要人物。掌握了这六位词人创作,就等于掌握了一部简要的宋代词学发展史。

《论宋六家词》以词人评价为中心,但也从不回避重要的词学理论问题。通过对不同词作的内容、风格、结构、意象、修辞等细致入微的分析,赵先生在传统的词学理论基础上既明确了一些既有认知,又提出了一些新颖论断。

二 辨析差异的原则

《论宋六家词》并没有采用常见的历时性结构方式,而是充分运用了比较辨析的研究方法。从整体上看,《柳永与周邦彦》一章对比柳、周的情词内

---

① 赵仁珪《文学史编写的问题及设想》,《文学遗产》1990年第2期,第16页。

容与表达结构,《苏轼与辛弃疾》一章考察苏、辛同中见异的词风,《姜夔与吴文英》一章阐述姜、吴"疏宕"与"密丽"两种美学特征的发展路向。这三章各有侧重,既突出了不同词人的主要成就,又涉及词学研究的不同领域。落实到具体概念上,赵仁珪先生又时时打破章节限制,力求最大化地厘清我们对既有概念的认知。例如论及"清空",赵先生就将苏轼与姜夔的词作相对比。二人创作虽然都呈现出"清空"特质,但"白石词的清空与苏轼的不同之处在于清空背后更多一层冷漠、冷峻、冷幽,更多一层孤独、凄怆、叹惋,甚至更多一层矜持与生硬,所以人们用'清刚''清劲''清冷'来形容他是不无道理的"①。通过细腻的对比辨析,我们对词人的理解不再是孤立的、僵化的,而是回环呼应的,各具特色的。

传统词学批评有较大随意性、片面性,赵仁珪先生以严谨的"正名"意识,给六位词人以重新和深入的评价。在赵先生看来,命名问题极为重要,一定要慎之又慎。"如果命名稍有偏差或含混,就会影响到对这一群作家的正确评价,从而影响到文学史研究的科学性。"(221页)比较突出的例子,是赵先生对"骚雅派"的命名。南宋末年出现了一个以姜夔为首的词人流派,词史上对他们有不同的命名方式,如"姜派词人""格律派""典雅派""风雅派""雅正派""淳雅派"等。基于严谨的学术态度,赵先生在辨析了多种不同提法各自的得失后,将这一词派命名为"骚雅派"。

构建骚雅词派,最大的意义在于将"骚"这一文学传统与南宋词坛建立关联。赵仁珪先生以反映现实、表现社会、强调写实主义为风,以表现自我、抒发自我、强调主观性为骚。"风"是以《国风》为代表的传统,"骚"是以《离骚》代表的传统,前者重视对客观世界的描写,后者重视对主观的心理空间和心理时间的描写。赵先生在分析了姜夔等词人的国事词、爱情词和咏物

---

① 赵仁珪《论宋六家词》,北京:北京师范大学出版社,1999年,第259—261页。以下引用此书,随文括注页码。

词之后,指出:"这派词人确实善于以诗人笔法入词,而这个'诗'决不属于客观性描写的'风'类,而属于充满'屈宋之心'的主观性描写的'骚'类。因此他们都属于骚雅派词人。"(第229页)回顾词史,如果说柳永词、辛弃疾词都很具备"风"的精神,注重客观性、现实性和写实性,那么辛弃疾实际上已在主观抒情之路上确立起了屈骚精神。只是辛词也兼具风人之旨,现实性、客观性也很强。直到姜夔等人才将屈骚精神与周邦彦所开创的浑厚和雅的艺术风格结合在一起,形成独具美学面貌的新词派。赵先生以实事求是的精神、翔实可靠的论证,步步推进地呈现了词史与文学传统的融合,有助于我们重新认识南宋词坛。

对于词史上的固有成说,赵仁珪先生也尽量通过还原其历史语境来给予准确评价。以柳永词为例,历来论者多以其"俗"而轻之。赵师从雅俗之辨这个词史上的重要话题切入,梳理词史,辨析了柳词之"俗"的"生成"历程。从影响对象来说,柳词在流俗之人、不知书者之中有稳固的受众群体,柳永与晏殊关于"作曲子"风格的一段正面冲突似乎更验证了柳词之纤艳。可是赵先生指出,类似评价广为流布的时期,实际上已是距离柳词风行百年之后。应该说,对柳词之俗的批评,是一种词学理论史的后起观点,而不是词体创作史的现场态度。还原到词坛现场,"因为在当时含蓄典雅地写艳情正是'时俗'风气,柳永能反时俗而行之,未尝没有一些反潮流的气魄。如果再用'史'的宏观角度加以反思,柳永能跨越支派,直探本源,使艳词的本色得以保留并发扬,这种做法是应予肯定的。"(第7页)赵先生从继承民间词传统的角度对柳词的创作给予了重新的评价,以细腻的笔触揭开了一段被遮蔽的柳词接受史。

词学概念的辨析,也是赵仁珪先生破解词学难题的有效方式。词史上苏、辛并称,均有豪放之名。但赵师从"豪放"一词内涵的变化,揭示了苏、辛词风的不同。宋人论苏词多以"豪放",但宋人"豪放"含义较广,到明代"豪放"词意已经逐渐缩小,只强调"豪"的一面。赵师从苏轼的思想基础、性格特点、文艺观以及不同风格作品的统计数字等多方面入手,明确了苏词的主导风格是旷达。苏轼虽也不乏豪放之作,但他的创作和辛弃疾的豪放又有不同。"苏轼的某些豪放之作主要是以饱满的感情,突破时空物我的界限,塑造了一些富有力度、富有崇高感的形象,把一种博大的至情至爱的胸怀最大限度地呈现给读者的话,那么他的情、他的气,仍离不开一个平常人、平常心,尽管他把这平常人、平常心升华到极高的境界。但到了辛弃疾,这种气、这种情已有了全新的、特定的内涵。他并不是以一个普通人的气来写词,而是以一个叱咤风云的英雄身份来写词,因而他的豪放词鲜明地呈现出一股英雄之气。"(第179页)这段论述不仅解释了苏轼与辛弃疾词风的同中之异,也分析了造成这种差异的内在原因。

三 文本细读的意义

二十世纪八十年代以来,重视宏观研究和理论研究而轻视文本阅读一度成为风气。实际上,文本是文学的核心载体,是连接作家和文学史的结合点,也应是文学研究的起点。赵仁珪先生充分肯定文本细读的意义。在《曾经沧海 更上层楼——古典文学学科的回顾与展望》一文中,赵先生借评述叶嘉莹的词学研究也阐发了自己的观点:"她善于对文本进行深入细致的解读。有人可能认为这种批评会流于琐碎,但我们读了她的文章对作品确实有了更深入的理解,这本身就说明这种研究是有意义的。"[①]这可见他对文本细读方法的重视,而他自己的研究也是以善于细读、精析文本为特色的。

[①] 赵仁珪《曾经沧海 更上层楼——古典文学学科的回顾与展望》,《北京师范大学学报》2002年第5期,第42页。

《论宋六家词》以相当多的篇幅来细读词作,并从看似变幻复杂的词作中,总结出宋词创作与发展的基本规律。仅以词的结构而论,赵仁珪先生就提炼出"直线型结构""曲线型结构""暗线结构"等多种结构方式,并且对每种结构方式都做出了翔实细致的解释。如柳永词"从时间角度上看,它应按照时间的自然顺序——过去、现在、将来发展;从空间角度上看,它应按照自然空间位置来转换,如从远至近,从内至外,从高至低,从东至西,或者反过来,但最好不忽此忽彼,以免破坏有规则的方向"(第36页)。周邦彦词则有意破坏这种直线型结构,采取回环往复、离合顺逆、勾勒荡漾、因果倒置、时空交错等手法,形成"曲线型结构"。姜夔则因为对"骚雅"风格的追求,怨笔不肯直书,因而形成有如"神龙矫首、云绕青山、时断时续"的暗线结构。作为"宋六家词"的殿军人物,吴文英词的结构向来以难解著称。赵仁珪先生借鉴当代文学批评理论,对吴文英词的结构做出了独到的解析。线性结构作为词体结构的一个总体依托,总是或简单或繁复、或显或隐地存在着,周邦彦、姜夔在柳永词作的基础上发展变化,但基本上还是停留在时空交错的平面关系上,而吴文英则构建起具有景深的三维空间。赵先生对宋词结构的概括展现出了宋词发展层层递进叠加、不断演进的历程,帮助我们对宋词结构的理解从模糊的感性认知,提升到清晰的理性把握。

四 作家为本的情怀

《论宋六家词》以作品分析为主,但也颇多对词人本身的深切关注。赵仁珪先生认为:"诗人之所以成为诗人,必须的前提是热爱生活。这就要求诗人对生活更敏感、更投入、更理解、更理智,不但能从直接感性的角度去热爱幸福快乐的生活,而且能从更高、更深的理性角度去揭示与体味苦难艰辛的生活。"①如论及柳永，人们多关注到他与风尘歌姬情感深厚，但对其专情之处知之不多。赵仁珪先生引《集贤宾》词，展现出一个专情于歌姬、有二人生活、有现实设想的词人形象。从词史上说，与花间词、南唐词及其他宋初词人相比，柳词树立起来的文人与歌姬两情相悦、风尘相惜的人物关系，不再以一种观赏性、应酬性、寄托性的情感态度来对待女性。

《论宋六家词》通过对作品的解读，也加深了我们对作家的认识和理解。我们解读辛弃疾的词作，通常会从豪放风格入手。赵仁珪先生则突出辛弃疾"以气为词"的特点，并指出这种气是一种叱咤风云的英雄之气。从创作心理来说，"他的英雄之气是由自己毕生的战斗经历酿成的，这是他生命的所在，他珍爱它，即便这给他造成极大的痛苦，但既然已成为生命的一部分的，当然就不能轻易地割舍它。所以他宁肯独自神痛心碎地咀嚼这一苦果，'可怜'它、'悲叹'它，也不愿轻易地用所谓的旷达思想来摆脱它、超越它，即便偶然也这样做、这样说，但背后潜在的感情仍然是执着得难以自拔。"（第180页）。如果没有对词人深切的共情，是很难体会到这些幽深之处的。

赵仁珪先生对吴文英词作的解读，也结合了词人的社会身份与创作心态。词史对吴文英的接受，有一个显—晦—显的历程。具体说来，就是宋末吴文英颇受词评家重视，但元、明、清初皆无人提及，直到清朝中叶经周济等人推崇，才得以再次走入人们的视线。如何评价吴文英的创作？赵先生从其幕僚清客的身份入手，在历代词评家的争议中对吴文英的创作予以"辩护"。对于吴词思想内容薄弱狭窄、单调贫乏的批评，赵先生指出这与人微言轻的社会角色有关。实际上，吴文英并非沉湎于灯红酒绿、男女情爱之人，在词作中也从一个特定的视角渗透着家国情怀和沧桑之感。

在文学史描述中，我们通常会默认词作者应具有词史追求、传播意识和社会担当。单从词体功能本身而言，"人内传播"，即创作活动与自我心灵的

---

① 赵仁珪《"诗人情味"最动人》，《求索》2002年第2期，第102页。

交流功能也是应该得到尊重的。"吴文英的词打破一切自然时空及物我主客的界线,呈现出按心理线索自由驰骋,任意流淌的状态,他把抒发主观感情当作自己诗歌创作的主要目的,而不太愿意去考虑读者的可接受性,抑或他根本就没有考虑读者的可接受性,因为他的读者群实在是太少太少了,他的很多作品简直就是为自己一个人写的,只有他自己明白这些感情究竟为什么客观情事、在什么时间地点发生的,但他觉得没有必要把他交代出来,而只是任凭感情自由流淌,这就是典型的意识流结构"(第 305 页)。这种"意识流结构"对于读者的理解和阐释具有"召唤性"功能。这样的分析给我们梳理出一条词人自我表达的内倾化路径,有助于我们在词体整体发展背景下,丰富对词人群体变迁的认识。

今天的词学研究者,比较重视西方的新理论和跨学科的新方法,有意无意地忽视了传统的词学研究理论和方法。赵仁珪先生的《论宋六家词》通过细读文本,考镜源流,对不同词人词风进行了层层比较与辨析,形成了一个史论结合、体例独特的词学著作,值得我们在反复"重读"中不断领会。

诗人情味最婵娟[①]

——浅论赵仁珪以审美为指归的诗词创作

王 贺

古典诗体发展到现当代,在白话文学的挤压下,逐渐式微。尽管仍有不少诗人坚守此种体裁的创作,但以此闻名者几稀。现当代文学研究者亦罕有以当代诗词为研究对象者,普通读者更少有以阅读当代诗词为乐者,诗词作品与作者难以走进大众视野。然现代以来,当代诗词创作仍旧稳稳地走在诗歌自我发展的脉络中,就像王维《辛夷坞》中的芙蓉花,"涧户寂无人,纷纷开且落"。回视此间诗词发展,诗人自发自足自由地创作,反倒给予当代诗词自主发展的契机,使得它与以往任何朝代都不同,汲取了来自古今中外的诗学思想与诗歌遗产,以创造一代之文学的信念去创作诗歌世界的现当代。赵仁珪先生古典诗体创作,就继承传统诗学理论和艺术手法,吸纳西方有效创作经验,尝试创造诗词的当代审美理想,探索当代视域下古典诗体突围之途径。

[①] 此联出自赵仁珪先生《论诗诗二十题》之《苏轼》,亦可作其个人诗词创作以审美为指归之注解。

一 "我手终归写我口":诗界革命的续曲

古典诗体的现代转型,大体发生在1895年前后。其时,中国社会逐步由传统型向现代型转变,表现在社会政治、经济以及文化各个方面传统性的消解与现代性的生成。古典诗体也在变革大潮中,悄然地发生转变。钱仲联曾在《中国近代文学大系(1840—1919)》导言中说:"它(古典诗体)在精神实质上已不同于古代诗歌,在艺术形式上亦不完全同于古代而有所拓展。"在此过程中,现当代诗词创作者尝试经由三种途径变革自身体制乃至审美规范为之续命:一种就是由黄遵宪、梁启超等人提出诗界革命的口号,探索在旧有格律中融入崭新意境;另一种则是以柳亚子等为代表的南社诗人,站在与白话文学相对立的视角,强调古典诗体形式上的坚守,倡导为诗词创作注入革命性与战斗性;再一种则是提倡在综合古典诗体、民歌、歌词乃至新体诗基础上,改造古典诗体为具有"一代之文学"样式的新诗体。革命的思维造就了古典诗体转型的这三种途径,但受到白话文学的大行其道、古典诗体创作者的凋零以及创作热情的消退等因素影响,直至今日它还走在现代转型的征途之上。

生于1942年的赵仁珪先生,接受了新中国课程改革后的文学教育。早期新中国课程体系借鉴前苏联的教育教学体系,站在批判的角度学习旧式文学包括古典诗体。尽管学校教育中尚有旧式文人的参与,但在新式教育系统中,也很难对学生施以专门的旧式文学发蒙与教导。赵仁珪先生曾在《我的三位语文良师》中提及,"那时的教学都是按苏联的模式进行的,极其教条机械:范读、解词、分段、归纳中心思想及写作特点",幸好他先后遇到了三位优秀的语文教师:在北京第四中学读书期间,王镜如老师成了他的语文教师,在固有教学模式中搞活课堂,教会他透过字面去探求文字更深一层的含义,并鼓励他积极参加作文比赛;到了初二,他遇到一位名叫缐鹤汀的语文代课教师,缐鹤汀老师是一位颇有名气的书画家,旧学功底深厚,缐先生很是欣赏他,只要他作文写诗,就会做出"兴也"之类的旧式点评,给予夸奖;高中时,毕业于西南联大的马钧老师,则以博学多闻给赵先生留下深刻印象,其间现代文写作得到极大的锻炼①。从赵先生自述的教学经历,能看出他对文学创作的浓厚兴趣,但这种兴趣多停留在现代文上。要说对古典诗歌的兴趣,或许来自缐鹤汀老先生不经意的旧式点评与古典诗歌的讲解中吧。就像他在一篇访谈中所说的,"总之,我对古典文学还是比较感兴趣,在中学基础也比较好,又加上后来工作中的刻苦努力,总算打下一些底子"②。

以现代文精读与写作为主要教学内容的现代语文教育,造就了赵仁珪先生以一种文学发展与革新的观念看待古典文学,尤其是古典诗体。他的诗学观念核心与近代以来古典诗体转型者一脉相承。他在《论诗诗二十题·陆游》中写到"我手终归写我口,世间风雨入毫端",正是"我手写我口,古岂能拘牵"(黄遵宪《杂感五首》)之意。在《当代旧体诗创作的两个根本途径——再谈读启功诗词的启示》一文中,更是明确提出:"继承与创新是旧体诗词创作的两个根本途径","前者(继承)表现在词汇、用典、对仗等语言、形式、学力诸方面,又表现在立意、格调、韵味等情感、气质、才情诸方面","后者(创新)首先表现在新观点、新思想、新内容、新情感的展现,其次表现在新语言的成功运用和幽默风格的全面发展与极大提升"③。这里的继承与创新,无疑就是诗界革命"当革其精神,非革其形式","第一要新意境,第二要

---

① 王丽主编《名家谈语文学习》,上海:华东师范大学出版社,2007 年,第 271 页。
② 赵仁珪《洗尽肠间块垒,万象聚浑融:中华诗词研究院顾问赵仁珪先生访谈》,《都市文化报》副刊《国学周刊》2014 年 8 月 14 日,B2—B3。
③ 赵仁珪《当代旧体诗创作的两个根本途径——再谈读启功诗词的启示》,《北京师范大学学报》2002 年第 3 期,第 35—43 页。

新语句,而又须以古人之风格入之,然后成其为诗"的具体化①。

对于诗界革命,当代学者多从革新的角度去看待此间诗体与诗学发展,从时代精神与现代思想或诗体形式与体制的角度去审视革新,并将诗界革命的诗学理论落实到创作中。秉持此种观点的学者,常从语言层面、术法层面以及思想层面去僵化地评论当代古典诗体创作。赵仁珪先生曾以启功诗词为例,分析诗体革新的具体路径,如有《旧体诗的新作法——读启功诗词所得的启示》一文(发表于《启功学术思想研讨集》)。但他不单从革新角度去思考诗体革新,而是认为诗体的发展要兼顾继承与创新,决不能偏废,更要在继承方面下足功夫,学会灵活"拿来"古人之术法与风格,不落入泥古的窠臼:在语言与技法层面,可沿用那些仍旧活跃在今人笔端的古雅文字,比如绛帐、函丈、瓣香等,要继续运用对仗、用典、兴寄等艺术手法,保持诗体范式的传承等。他还强调在审美维度上与艺术品质层面继承诗性传统,尤其要在"意境、格调与神韵"方面下足功夫,要有当代之气更兼古典之味。从审美维度去观照古典诗体发展,的确是诗体革新最切中肯綮的论断,毕竟审美是诗歌艺术的灵魂,没有了审美便没有了诗歌艺术,更遑论诗体的发展。

突破术法与思想层面别开审美一途的诗学观,是赵仁珪先生对当代古典诗学理论过于强调语言形式与艺术手法的矫正,是他从古典诗学中重新发现的重要范畴,更是他古典诗歌研究、启功学研究、当代诗学理论以及古典诗体创作一以贯之的理论基础,无时无处不表现在他的诗与文中。比如《论宋六家词》,他以"骚雅"等审美范式定义宋词流派,以现代结构分析的方法去阐释审美范式的生成。再比如启功学研究中,他对启功学术思想进行审美层面的审视,作出启功学术思想"艺术的学术化和学术的艺术化"的经

---

① 梁启超《夏威夷游记》,《中国近代文学大系(文学理论集一)》,上海:上海书店,1944年,第675页。

典论断,与此同时,他更是用"嘲戏与幽默""典雅与寄托""性情与智慧"等颇具美学意味的概念去探讨启功诗歌成就。对评论当代诗学理论,比如叶嘉莹先生"兴发感动"学说时,也将学说置于审美范畴去探讨,发掘诗学理论的美学内涵。在诗词的当代创作实践中,审美创造更是他写作的终极追求,每篇作品要传达的思想与观念,所使用的语言、术法都须从审美层面去考量判断,以达到一定的审美境界,而绝不胶柱鼓瑟,去纠结那一字一音、一种体式乃至一种手法的使用。

二 "海鸥伴我自由飞":现代性的艺术书写

审美是人类理解客观世界的一种形式,需要审美主体对周遭万事万物进行无功利的、形象的和情绪的感知、理解与表达。因为审美主体与所处的时代语境关系不同,所以审美有古典与现代之分。与古希腊古典审美的崇高不尽相同,中国的传统审美讲究的是和谐中庸,即所谓天人合一、物我两忘、文质彬彬、哀而不伤等范畴。其时的审美主体多为社会精英、朝中栋梁,他们的审美理想中充满了个人与时代的统一,情理与意志的和谐,盛唐"嚷"出的诗歌就是这种审美理想的代表。(赵仁珪的老师启功先生曾如是说:唐以前诗是长出来的,唐诗是嚷出来的,宋诗是想出来的,宋以后诗是仿出来的。)随着中国社会的政治、经济与文化的快速发展,审美主体与社会的关系发生错位,个人意识就凸显出来,审美逐渐转变为关注自我的心理、志趣、情调以及个人与时代的不和谐,宋人"想"出来的宋诗以及后世的性灵派、神韵派到近代以来现代性浓郁的诗词创作就是这种现代审美理想的标志。

作为审美主体的赵仁珪先生,在诗词的当代创作中强调个性与天真,以独立的、个人化的自我意识为审美对象,以表现现代审美理想为指归,为诗词创作着上现代色彩。在《论诗诗二十题》中他称赞李白"尊个性,崇天真,我善养吾浩然气,不愧天赋自由魂";感慨杜甫"沉郁还将顿挫兼,少陵风韵自心源";探得李商隐"锦口绵心痴语秀,多愁善感至情真";勘破苏轼"惟我真情羞遁隐,大千妙谛咀精华"。他也在诗歌中,对那个独一无二的、作为个体的自我给予足够的尊重,对那个与众不同的自我给予最真实的呈现。

诗人都是热爱自由的,赵仁珪先生亦如此。在评论诗人李白时,他为李白"不愧天赋自由魂"的写作鼓与呼;在寻访文艺复兴之地佛罗伦萨时,他为文艺复兴中"条条大路通罗马,不要神权要自由"发出由衷的感喟;在《航海》诗中,他幻想"吹得两胁生羽翼,海鸥伴我自由飞",在《致习耕》中,他发奋要"借鉴中华经典义,发扬西哲自由魂"。当他来到青海鸟岛,"看到成群成群的鸟儿在蓝天大海之间自由自在地飞翔,不禁产生'羽化而登仙'的遐想",写下"来生愿做一只鸟,与尔颉颃自在游"的优美诗句[①]。直到他七十七岁时,还在纪念"五四"的文章中,歌颂"独立之精神,自由之思想"[②]。如此热爱自由的灵魂,却在早年间遭遇许多不公。赵先生曾用"半生坎坷,命途多舛"形容自己的人生。在少年时期颇为顺遂的生活后,他经历颇坎坷的升学考,几经辗转才进入北京师范学院(首都师范大学前身)外语系修习外文。毕业后又到学生连锻炼了两年,于1969年分配到北京市密云半山区教中学[③]。直到1978年考入北京师范大学启功先生门下攻读研究生,才步入相对平稳安定的生活。

对自由的向往与无法到达真正自由的悖谬,造就了诗人敏感的内心。他用这份敏感,去描摹"人人心中有,人人笔下无"的人生与人事,洞察现代社会城市生活的本质以及对人性的异化。

[①] 赵仁珪《青海采风日记(7月2日)》,《土水斋诗文选二编》,北京:中华书局,2022年,第240页。
[②] 赵仁珪《五四百年杂议四则》,《土水斋诗文选二编》,第227页。
[③] 细节参见赵仁珪先生访谈。

在 1999 年 4 月至 2000 年 2 月，赵仁珪先生曾赴香港讲学，其间创作了《香港印象》三章古体诗，分别题为《街市》《商店》《餐馆》。在亲身体验当时现代化程度比较高的大都市香港生活后，他诚实记录了"北人来此地，无不叹其优"的由衷惊叹、"何时能效仿"的内心倾慕、"商品虽云美，天价实难偿"的囊中羞涩、"提箸思亲友，把盏叹秋风"的思乡感伤。其中，令人印象深刻的是《商店》中一段有关购物的描写：

> ……不如逛小店，货品亦琳琅。日日大甩卖，开业或清仓。如我无欲客，诱惑也难当。今日买电器，明日置衣裳。一月两三万，转眼开销光。十月何所得，衣物两三箱。来时本穷酸，归时亦寒伧。不如寒舍里，读书写文章。何必劳此行，有如梦黄粱。

从商品天价的商厦逛到"日日大甩卖"的小店，琳琅满目的品类以及相对低廉的物价瞬间勾起人们购物的冲动。即便像他一样的无欲无求的文人，也难挡诱惑，三天两头跑去购物：今儿是买个小家电，明儿则是置备两身衣服。每次花费虽然不多，但"集腋成裘"，转眼就变成"月光族"。等到十个月讲学结束，回京只剩下两三箱的衣物。这段有关现代人购物心理的描写，在笔者所见的当代诗词作品中不曾见到，却堪称传神，有"曲尽人情"之妙。"来时本穷酸，归时亦寒伧""何必劳此行，有如梦黄粱"作为收束，将小店购物上升到哲学层面，关合到对人生虚妄的感慨中：不止购物如此，不止香港讲学如此，人生大多是"赤条条来去无牵挂""白茫茫大地真干净"；可是生活中的你我，或许在知晓本是黄粱梦一场的人生时，仍旧"行行重行行"地劳碌奔忙。超越人事本身，获得对人生形而上的认识，就是诗人的一个审美过程，其中所表达的现代人的彷徨与迷茫更是现代审美理想之一端。

"一事一吟""立意生动"的现代版《古诗十九首》，以"防护栏""挂号""散步""堵车"等作为吟咏对象，将现代城市生活与作为个体的人之间的不和谐作为审美对象给予真实描述。其中，《防护栏》一诗有着浓厚的象征意味：

> 仰望高楼巅,层层防护栏。人成铁囚犯,家变动物园。一楼始作俑,层层往上传。不然贼儿顾,循栏可攀援。水涨船亦高,遂成大奇观。道高魔更高,视此如平川。时闻矫健贼,又奏凯歌还。本领超奥运,楼壁竟攀岩。水浒有定论:徐宁怕时迁。

"层层防护栏",让诗人感慨都市人"人成铁囚犯,家变动物园"。为何当代人会安装防护栏呢?无非就是防止偷盗。一楼安装了,二楼也要安装,否则盗贼"循栏可攀援",层层加码最终成了"大奇观"。城市"目睹之怪现状"——防护栏,如此壮观,却又如此荒谬,根本达不到最初防盗的目的:"时闻矫健贼,又奏凯歌还。本领超奥运,楼壁竟攀岩。"这不免令诗人感慨"水浒有定论:徐宁怕时迁"。诗人以城市特有意象防护栏入题,首四句便点出防护栏中的人们有如"囚犯"一样的生活。无论是主动还是被动,生活在现代城市中的人每每被城市异化,防护栏便是这众多异化的一个象征,它的出现来自人类对自我的保护,却最终让人类成了自己的囚徒,反倒对那些危险之物毫无抵抗作用。这不免让笔者想起100多年前俄国契诃夫塑造的"装在套子里的人",小心翼翼、战战兢兢,让渡一部分自我权益、渴望获取安全却不可得。不止契诃夫那个时代有这样的人,现代社会这样的人更多,他们一直在做着自以为可以保护自己却毫无意义的事情,不曾想到即便做出再大的牺牲,他们仍旧随时可以被社会与时代"盗走"甚至抛弃。"防护栏"还有"套子",则终将成为永远的笑柄。

我们总是在问:在当代,诗应该是什么?从赵仁珪先生的诗歌创作中,我们可以领悟到,诗歌至少应该是诗人将对社会与人生的感悟与理解作为审美对象,艺术化地表现出来,并能激发人们审美体验的作品。就像评论家臧棣所说的,诗人要通过诗歌文本向读者"敞开"作为个体的自我,从而引起审美的涟漪(包括共鸣、感动等审美体验),"以期在不拘一格的艺术视野中挖掘尽可能多的诗意,更深切地触及我们在本土现实中所意识到的具有普遍意义的人的困境、希望、欢悦、悲痛和存在的奥义"①。生在现代都市,我们多多少少感受到作为个体的自我与社会的错位甚至悖谬,赵仁珪先生将这种悖谬记录在诗歌中,引起我们的共鸣,甚至让人产生一种透彻骨髓的凄凉体验,这就是立足审美为当代诗词创作指出的突破一途。

三 "自然之外求思力":委曲的着意安排

有关玄言诗以及近现代过分重视私人性体验与抒情的诗歌阅读常让我们思考:审美主体自我意识的高涨,并以自我、个我充斥整个诗歌文本时,是否还会产生优秀的诗歌呢?答案当然是否定的。法国哲学家阿兰·巴丢在《不可分辨的呢喃:巴丢答米沃什》中说道:"西方的诗歌已经坠入了封闭和不透明中,这一切的根源是主体的泛滥,忽视了世界和客体。而诗歌应该要毫无保留地揭示和保护自己的源头。"可以称之为艺术的诗歌,一定有着与读者和周遭世界沟通的纽带,那就是融合有审美主体意绪和客观物象的诗歌语境。巴丢称之为"斜向的捕捉","只有斜向方法才能绕开客体表面,正是后者造成了外表和观点的光影游戏"。赵仁珪先生在上述《商店》《防护栏》诗歌中,将自我对现代社会与人生的思考隐藏在不动声色的描述之中,看似毫不着意,却在某个节点以一句或几句点出用意,令人不得不跟随诗人挖掘那暗流涌动着的深层象征意味与内涵。赵先生在《论诗诗二十题》称周邦彦"自然之外求思力,格调更难侔",这"思力"来自周济《介存斋论词杂著》"美成思力,独绝千古",以"自然"二字属其上,或许就是巴丢所谓的通过"斜向的捕捉"(思力)客体(自然),"传播"出诗人"个我"意识。

---

① 臧棣《后朦胧诗:一种作为写作的诗歌》,王家新、孙文波编《中国诗歌九十年代备忘录》,北京:人民文学出版社,2000年,第209页。

在中国古典诗体叙事中,学者们常用"以文为诗""以赋为词"等说明诗体中的叙事,但无论是古近体诗还是词曲,它们的叙事都有一个突出特点,那就是叙事不是目的,也不是孤立的,而是作为抒情的背景橐栝在文本中,或者叙事中暗含情感的传递。朱光潜曾在《替诗的音律辩护》一文中提出"抒情地叙事":"诗也是叙事的,但是它的'事'也是通过情感的放大镜的,它决不叙完全客观的干枯的事。"①诗人阿垅曾概括叙事诗为"那不是叙事地抒情,就是抒情地叙事的"②,恰可概括古典诗体抒情与叙事相融合的特点。赵仁珪先生延续古典诗体的叙事手法,运用漫写故事的方式,"斜向捕捉"物象用以描述自然风光或者表达内心意绪。

在《九寨沟、黄龙、三峡组诗》中有一首效仿民歌体的《别三峡》,其辞称:

> 小姑明日嫁彭郎,父老相携送别忙。
> 纵使夫家能善待,可怜脱却女儿装。

苏轼《李思训画长江绝岛图》有"小姑前年,已嫁彭郎",因"小姑"谐音"小孤山",用"小姑嫁彭郎"的故事调笑舟中商贾,以表现此画山水之真假难辨、迷离惝恍。赵仁珪用苏轼此二句敷衍为诗,题为《别三峡》,"实为三峡工程即将动工而作"(作者自注)。长江三峡西起重庆奉节白帝城,东至湖北宜昌南津关,全长193公里,沿途可谓"重岩叠嶂,隐天蔽日",凶险可怖。自南北朝郦道元《水经注》以来,不少文人墨客都在三峡留下优秀诗篇。像脍炙人口的李白"朝辞白帝彩云间,千里江陵一日还"(《早发白帝城》)、杜甫的"即从巴峡穿巫峡,便下襄阳向洛阳"(《闻官军收河南河北》)、陆游的"十二巫山见九峰,船头彩翠满秋空"(《三峡歌》),都令后人对三峡生出无限的向往。到了20世纪90年代,1992年4月的全国人民代表大会通过《关于兴建长江三峡工程的决议》,决定修建三峡大坝,1994年12月14日三峡大坝开工建设。

---

① 朱光潜《诗论》,北京:北京出版社,2015年,第269页。
② 阿垅《语言片论》,肖向云编《民国诗论精选》,杭州:西泠印社,2013年,第259页。

对于文人墨客尤其是研究古典文学的学者来说，三峡意味着中国的诗性文化，而三峡大坝的建设则意味着传统意义上的文化三峡的即将消失，这无疑令诗人生出无限感慨。那么怎样表现这份感慨呢？赵仁珪先生没有选择直抒胸臆，也没有尝试以古喻今，更没有尝试在诗歌中去思考与议论，而是笔调委曲，写起了看似不相干的小姑出嫁的故事：家中娇养的小女孩明日就要出嫁了，父老乡亲相携相送，却又依依不舍，想着即便这姑娘能够得到夫家的善待，她也终将会脱却女儿装慢慢长大，不再是那个被父母无限宠爱、无限包容的任性的小女孩了。这出嫁的小姑就是那即将被改造的三峡，诗人无法预知这改造对三峡未来有怎样的影响，即便会向好的方面发展，三峡也不再是诗人钟爱的那个原生态的、文化的三峡了。这样橐栝的叙述，令诗词中沉重的心绪变得轻盈灵动，读者即便不了解三峡及三峡大坝的建设，也能轻易领悟诗人内心对三峡不舍的情绪；即便不能领悟诗人心中对三峡的不舍，也能对父母送嫁的不舍与感伤产生强烈的共鸣。这种斜向捕捉的委曲安排，让这首小诗保持跃动的气息，就像一支翎羽轻轻拂过面颊，给人的内心留下长久的涟漪，令人回味无穷。

漫写故事的委曲安排，并不止用来表达情绪，诗人还用来描写自然景物，《桂林印象（调寄燕归梁）》就是这样一首诗：

　　天姥临窗梳玉鬟，失手碎妆奁。金钗宝镜落人间。镜作水，钗作山。

　　更将珠钏作碧浪，流阳朔，绕奇巅。青山绿水两流连。作几日，地行仙。

这首词与《别三峡》以故事表达情感意绪不同，而是以充满想象力的场景描写化静态的景物为动态的故事，表现桂林山水的神奇秀美。首句便如天外飞来，格调一时振起。天姥就是西王母，传说住在遥远的昆仑山上。这一日她临窗梳洗，不想却失手打碎了梳妆盒。一时间，打碎了的梳妆盒就像打开了魔盒,里面藏着的金钗、宝镜纷纷落入人间,变幻出不同的形态:这宝镜成了"潭面无风镜未磨"①的漓江,这金钗就成了"天付簪山带水"②的阳朔山;调皮的珠钏在宝镜上跳跃滚动,就成了那漓江上的碧浪,翻滚着、流动着,绕过这里的山山水水,仿佛带着一双好奇的眼睛,在山水之间顾盼流连。后二句"作几日,地行仙",或可做二解:一是诗人自己的口吻,将前之美景坐实到自我情绪,表现自己沉醉于桂林山水的惬意,愿意在此偷得浮生几日闲;二则与前之故事一贯,写天姥本要懊恼地收拾妆奁,却不想迷失在如梦似幻的山水间,索性在这里流连些时日,从高高在上的王母下凡做两日"地行仙"吧。我们更倾向于后一种解释,因为后一种解释可将这个意外的故事作一收束,令诗歌首尾呼应,将桂林山水的奇幻和秀美表现淋漓并更进一层:引得王母下凡的美景,该是多么令人惊叹?诗人往往运用语言的力量创作诗歌,其实不啻在展示创世奇迹,因为经由他们的创造,诗歌的世界鲜活地呈现在我们面前,那里有美言美景,有令人痴迷的童话故事与故事中人,赵先生此诗或可让我们对此有所体悟。

除了漫写故事外,赵仁珪先生的着意安排还表现在大幅铺衍中的转折与照应,令叙事有一种"曲径通幽处,禅房花木深"的迷离之感。比如《赌城拉斯维加斯印象》:

> 两岸荒山,一川沙漠。正无聊,惊现华宇一座座。夜幕降临,彻夜灯火。登高望,天街星汉相交错。镭射冲天,霓虹闪烁。映晴空,中秋月光也失色。酒店林立,招徕赌客。争奢华,花样翻新出奇策。百米喷泉,温情脉脉。芭蕾女,竟随乐曲斗姿色。火山喷发,山崩地坼。刹那间,有如置身世界末。运河环绕,小船漂泊。威尼斯,蓝天白云晴空阔。

---

① 出自刘禹锡《望洞庭》,此处借指平静的漓江水面。
② 出自李曾伯《水调歌头·送印德远经略入广》,化用韩愈《送桂州严大夫同用南字》"江作青罗带,山如碧玉簪"语。

游人如织,赌徒成伙。攒动处,桌旁处处争投射。人叫机鸣,难禁诱惑。小试手,几人哀叹几人乐。一夜暴富,一夜落魄。赢与输,皆在出手之一刻。何谓繁华,何谓挥霍。众生相,透射人间善与恶。黄粱梦醒,又回荒漠。如世间,繁华之外有饥饿。

诗人造境,首句即写到"两岸荒山,一川沙漠",瞬间打破了读者对于赌城一派繁华的想象。次二句"正无聊"一转,过渡到夜间赌城霓虹闪耀、彻夜狂欢之景。诗人写到赌城"霓虹闪烁""酒店林立",写到百乐宫酒店、海市蜃楼酒店的"赌客"簇拥、舞女"斗姿",极尽奢华之能事。"刹那间",笔调又一转,写到威尼斯酒店的清新优雅,"运河环绕,小船漂泊""蓝天白云晴空阔",仿佛由"世界末"回到人世。不过"游人如织"再一转,就到了让人疯狂的赌场:人头攒动,赌徒如云;小试牛刀,仍有哀叹欢乐;大肆豪赌,暴富与落魄便在翻手之间。"黄粱梦醒,又回荒漠",与首二句的荒山沙漠相照应,逗出末二句"如世间,繁华之外有饥饿"。首尾对称照应之间,道出繁华不过美梦,"饥饿"或许是人类终将面对的现实这一主题。铺排的几度转折,时空的交错融合,让古老的中国"月光"、西方"小船"意象与"镭射冲天"的美国都市意象打拼一处,既透露出现代以来世界中心转移的事实,也道出亘古不变的"繁华之外有饥饿"的真理,其结构委曲,其感情真挚,其思考更引人深入。

赵仁珪先生通过"斜向的捕捉"客观物象,通过漫写故事与转折照应的叙事手法,在自然流畅的语言中表现包蕴无限的诗意。委曲的着意安排,择取古典诗体中优秀的叙事手法进行当代创作,正是诗人为"个我"与世界搭建沟通桥梁、以审美为艺术指归的创作意图的直观体现。

四 "正我推敲选韵迟":诗歌的游戏本质

关于文学包括诗歌的本质,有劳动说、表现说、模仿说、巫术说以及游戏说诸种观点,从文学审美的超验性与无功利角度来看,游戏说似乎更接近它的本质。康德在《判断力批判》中较早提出"艺术好像只是游戏"的说法①,王国维接受这一观点,也认为文学本质上是一种游戏,称:"文学者,游戏的事业也"(《文学小言》),"诗人视一切外物,皆游戏之材料也。然其游戏,则以热心为之。故诙谐与庄重二性质,亦不可缺一也"(《人间词话》第120则)。诗歌的本质是一种游戏,是一种无功利的审美创造,同时它也是一种高尚的游戏:或者如曹丕所说"经国之大业,不朽之盛事"(《典论·论文》),由无功利的创作意图实现了有助于世人的价值;或者如博尔赫斯所说"在其(时代)建筑结构中空出了一些狭窄而永恒的虚无缥缈的空隙"(《文学只不过是游戏》)②,为自我以及同类人寻到可以安然自处的港湾。

赵仁珪先生在《论诗诗二十题》中称赞苏轼说:"游戏诗词歌赋,流溢自心田",便从一个侧面透露出他以创作诗词为游戏的态度。只不过赵先生的游戏不是让自己获得浅层愉悦的普通游戏,而是需要思考腾挪、苦吟推敲的"益智游戏"③。个中趣味与艰辛就体现在《旅游书怀》一诗中:"平生山水最心仪,半为风光半为诗。每遇奇观惊四顾,辄寻佳句费三思。由他睡梦归车稳,正我推敲选韵迟。片纸零笺投锦袋,灞桥驴背可相期。"创作的"游戏"让他游历四方山水、片纸拾零、费尽思量、细致推敲,却乐在其中,从不后悔。赵先生将此诗放在《土水斋诗文选二编》首篇,自是说明了他对诗歌游戏本质的认识。诗词创作说到底是文字的游戏,诗人在文字的锤炼与组合中,获得游戏的愉悦。

字词的锤炼与推敲,是诗词游戏令人愉悦的起点。传统诗歌中炼字的经典案例有很多,像贾岛"鸟宿池边树,僧敲月下门"的"推敲"、宋祁"绿杨烟外晓寒轻,红杏枝头春意闹"的"闹"、王安石"春风又绿江南岸,明月何时照

---

① (德)康德《判断力批判》上卷,北京:人民出版社,2002年,第149页。
② 崔道怡等编《"冰山"理论:对话与潜对话》,北京:中国工人出版社,1987年,第740页。
③ 赵仁珪曾有一语评论诗词曰"兴观群怨诗之用,真善美智诗之魂",亦可作此注脚。

我还"的"绿",诗人们涵咏字词与诗意,做出最具诗性、最符合诗境的选择,相应地也取得了最好的诗歌审美呈现。赵仁珪先生研究古典诗词以切入创作,更加注重对字词的锤炼。比如《游天山三首(调寄忆江南)》其三:

> 天伦好,处处是家乡。一领毡篷居老幼,几鬃老马牧牛羊。阵阵野炊香。

前二句反用歌曲《南泥湾》"处处是江南"典,关合"忆江南"词牌。又用苏轼"此心安处是吾乡"典,表达自己对天山风光的喜爱。后三句描写牧民闲适的生活场景:帐篷一样的毡房里,几世同堂的牧民生活在一处;毡房外,几匹老马、几头黄牛、几只绵羊悠闲地在草地上吃草;远方的草原,升起阵阵炊烟,烟火中的人情味旷日持久又绵远悠长。岁月静好的牧民生活图景跃然纸上,紧紧回扣首句之"天伦好"。所谓天伦,不同于人为建构的人与人之间的伦理,而是强调亲子、兄弟姐妹之间的自然形成的亲密关系。诗人用具象的描写,表现天山牧民淳朴的民风与自然舒适的生活状态,更诠释了亘古不变的天伦之美。其中,"几鬃老马"最见推敲功力。鬃为马脖颈后的硬长毛,诗人以"鬃"论马,既是语言的陌生化与诗化,又以鬃毛之硬长写尽老马的沧桑、硬朗与顽强。这几匹鬃毛硬长的老马,就像坚忍的牧民,不管世界的风云变化,只是世世代代在这片草原上坚强而自由自在的生活。"老马牧牛羊"的语句组合方式,一方面将老马拟人化,让读者更容易将老马关联到牧民;另一方面则以"牧"关联马和牛羊,写出一种"无我之境"的空灵与流畅。

赵仁珪先生还曾提起《登乐游原凭吊秦汉宫殿陵寝遗址》一诗"无趣"二字乃多次锤炼的结果。其诗云:"废础荒陵遍帝乡,苍茫无语掩斜阳。阿房方烬兴长乐,秦家未颓揖汉唐。文士多情慨今古,农夫无趣牧牛羊。兴亡一律埋黄土,只任蒿莱较短长。"从读者角度来讲,"无趣"二字确能见出其中包蕴的内涵:一方面是农夫对历史文化的不感兴趣,甚至有些漠视,任由文人慨今伤古而无动于衷;另一方面"情"与"趣"可看作互文,文人以怀古为情趣,相比之下农夫略显无趣了些,他们只将心思放在放牧牛羊之上,放在日常生活之中。这两层对比并无优劣,只是随着时代的推移,"兴亡一律埋黄土",无论过去的秦皇汉武,还是今日的文人墨客,甚至那无欲无求的农夫野人,都将成为陈迹,任由蓬蒿杂草论教长短。蓬蒿杂草又是无言之物,那论教也终将化为虚无。这种体悟,从哲学思考的深度上来看,或许已经超过了普通意义上咏怀咏史诗的内涵。

日常语句的诗化,是诗词游戏在当代的"新玩法"。自从晚清近代"诗界革命"以来,新名词、外来词以及日常语句入诗就比较常见。二十世纪八九十年代以来,包括聂绀弩、启功等几位前辈诗人在诗词创作中大量使用新名词以及日常语句入诗,形成流动自然的风格,同时以语句之间的连贯、对照、跳跃等方式造成一种具有生活气息的诗意。赵仁珪先生是"新玩法"阵营的一员,他在诗词创作中整句整句运用日常语句,并以语句的连缀关系表达情志与诗意。比如《纽约至千岛湖秋色纪实》一诗:

> 一去千余里,风光皆入眼。公路曲如蛇,蜿蜒随山转。绿草尚茵茵,秋禾实已满。青松碧如旧,枫林红欲染。银杏枝枝黄,随风飘万点。杂树充其间,相攒如彩伞。阴晴众壑殊,山光别深浅。遍山颜色异,有如调色板。凭窗不暇给,两廊油画展。有时经旷野,平坦如绿毯。白色小农舍,林中忽一闪。清澈小池塘,水鸟时往返。农夫正收割,牧草香四散。老牛啃肥草,安闲行步缓。白衣变苍狗,细雨笼画卷。树树秀可餐,山山庆云烂。雨霁沐斜阳,霞光如梦幻。诗人但搁笔,画家只兴叹。

全篇几乎句句符合现代口语语序,依靠语句之间的承转连缀以及跳跃,完成诗意的搭建。首二句总括全篇美景,即皆为"入眼"之风光;次二句写到蜿蜒曲折的公路,这公路成为美景串联的媒介;"绿草尚茵茵"至"相攒如彩伞",写山上杂树,红黄绿错杂斑驳,光怪陆离;"阴晴众壑殊"至"两廊油画展",将山光过渡到一幅幅油画模样的风景;"有时经旷野"至"霞光如梦幻",句句为画,相互排比,只一片绚烂;末二句收束,将秋色之美推到极致。"有时经旷野,平坦如绿毯。白色小农舍,林中忽一闪"句颇具特色,它以电影镜头转换叙事的方式将无垠绿野上陡然出现一间白色农舍的画面铺展开来,跃动起来,越发显得动感十足,活泼可爱。

在诗化日常语言时,赵仁珪先生仍斟酌具体字词的运用,并以自然的口吻出之,使诗意更为流畅。访欧期间,他曾游览威尼斯水城,眼见"威尼斯由一百多座小岛,以四百余座石桥相连"之景,写下《题威尼斯水城》:

一座孤城海上浮,纵横水巷裂鸿沟。

小桥四百齐心力,锁住群楼一起流。

除第二句在日常语句上有所加工外,其他三句皆为口语。首句从城的角度来讲,仿佛城市浮在海上;次句从水的角度来讲,仿佛水将一座城市裂成无数小岛;第三句言水上之桥,四百座座座相连;末句以充满力量感的"锁"字,统合城市、水与桥,并关合首句"海上浮"的诗意,让静态的威尼斯水城活动起来。赵先生也曾尝试在日常语句中加入外来词,比如在《小城印象》中有"数家商店列'当趟',几个老人喝'咖啡'",诗人自注"当趟"是 downtown 的音译,"咖啡"是 coffee 的音译。从艺术呈现来看,外来词的嵌入是时代发展在语词上的一个表现,像"咖啡"一词在当代口语中就已十分常见,嵌入诗中比较自然,还使诗歌别具时代气息。

炼字、炼句是一种游戏方式,可以让诗人体验创作过程中的乐趣。而诗词文本最终所呈现出的、有别于其他诗人的风貌,则会使诗人获得一种终极审美愉悦。赵仁珪先生在诗歌世界中打开"金手指",成为那个自信的"造物主",万事万物都可以任自己驱使与调配,这就造就他诗风的超拔跃动。比如:

珍珠湖瀑布群

三千素甲鼓喧阗,八万银驹动地雷。

赴敌何须听将令,各争地势逞神威。

观虎跳峡
一头黑虎锁白龙,敌我相逢峡谷中。
浪自长激石自固,朝朝暮暮斗雌雄。

八月十一日由重庆登天绣轮夜航长江
冥冥夜幕冥冥山,四面逼来欲碎船。
他只昂头劈浊浪,湍飞万箭射危舷。

漫步黄龙松林
四面松坡翠映眸,鸟声花气助清幽。
奔淙无赖如群犬,到处扑人任意流。

无论三千素甲与八万银驹、黑虎与白龙,还是冥山与浊浪、松坡与奔淙,都在诗人笔下剑拔弩张,演绎着诗人心中的故事:他们一逞神威,就成了那声势浩大的瀑布群;他们狭路相逢争斗不休,就成了那终日不息流淌着水流的虎跳峡;他们挤压对抗,昂头劈浪,万箭湍飞,就成了夜晚长江中轮船的劈浪而行;他们以静制动,奔淙扑咬不断,松坡岿然不动,就成了黄龙的山水。从现实中超脱出来,创造富于戏剧张力又跃动不居的诗世界,诗人徜徉其中,自是流连忘返。

诗词创作是一种"高尚"的游戏,赵仁珪先生通过锤炼字词,诗化日常语句,委曲安排篇章结构,创造出具有超拔跃动气息的审美文本——诗词,檃栝"个我"对时代、社会以及人生的感受、理解以及思考,它不独愉悦了诗人自己,也愉悦着读者大众。赵先生曾在《夜航,时经巫峡至西陵峡》写下"半轮明月舷左右,一道金鳞水中央"①,为我们展现了长江上的夜航船,在或左或右的明月簇拥下,毅然决然地向前行去,在水面划出一条金鳞闪耀的航线。综观赵仁珪先生的诗词创作,他一手紧握现代性写作的秘钥,一手紧守诗歌艺术审美的标尺,游戏并庄重地创作着,就像那艘长江上的夜航船一样,或许会走出一些弯路,但终将为现当代诗词创作趟出一条通往审美的路。

---

① 此一联出自赵仁珪《夜航,时经巫峡至西陵峡》,作者自注:"第三联(此联)聊且拗救。"

《土水斋诗文选》于古典文体学及创作学之典范意义

——以《论诗诗二十题》为例

潘 玲

余览恩师《土水斋诗文选》,朝夕讽咏,情动于中,其感也深,其情也挚。余也甚幸,得能追随老师,慕其儒雅之风,犹闻黄钟之大雅,聆木铎之声教,惠泽深厚。故敬呈札记数则,祈求教于老师,砥砺乎友侪也。

恩师提倡诗文创作学,曰研究者若能擅创作,则情与景会,意与心得。夫"缀文者情动而辞发,观文者披文而入情"。两者兼擅,洵非易事。老师精通文史,又诗词书法皆擅。其诗文作品,洋洋乎大观,学者之卓思、作者之才藻俱见,真可谓得文之心者。夫"熔钧六经"者,"必金声而玉振";"雕琢情性"者,则"木铎启而千里应"也。讽诵《土水斋》诗文,佳藻妙作纷呈,余何能道其万一?今也按体略述己之感悟,兼论《土水斋诗文选》于古典创作学之典范意义焉。

一　论唐宋诗人

　　夫论诗一体,实文坛之雅事,学者之风流也。盖唯"才、情、学、识"四者俱备者,方可措辞高妙,传诸千里。其体初唐前尚鲜见,至子美《戏为六绝句》"不薄今人爱古人,清词丽句必为邻",遂别为一体,千载而下,无不奉为圭臬。元好问步其武迹,亦以七绝为尚。余最赏其"一语天然万古新,豪华落尽见真淳",寥寥数语,而五柳先生之风姿已见。故以诗论人者,撰者必有卓识;以诗论文者,作者必具文才。以体裁论,千载而来,论诗体以七绝为多,间有他体。以角度论,论诗体大抵以"我"之观照,论前贤之创作,中亦可寓其诗学之观点焉。然论其一端者多,备其众体者寡。老师撰有《论诗诗二十题》,其中以诗作论者,共唐宋十大诗人十五首:"计王维、岑参、李白、杜甫、白居易、韩愈、李商隐、苏轼、杨万里、陆游,效其最擅长之体裁,各拟一二首以赞之。"通读此十五首,则俨然一唐宋诗史焉;而诸家所擅者各有其体,凡五言七言,律体古体,老师皆能状其体,书其貌,而诸家声吻风格,跃然纸上,兼具鉴赏学、诗评学、文体学、创作学之意义,非特才情者之巧思,实乃博学者之鸿裁也。今乃择其中数家,一一拜而诵之,有所思则书于后,祈受教焉。

王维两首其一

右丞长短律,华彩似长虹。
山水田园秀,关山边塞雄。
终南餐白雪,漠北纳苍穹。
诗画撷英萃,三唐第一功。

　　摩诘以五律擅场,实盛唐第一人也。《唐诗品汇》列其为五律正宗;高步瀛《唐宋诗举要》引姚鼐之评曰："盛唐人诗固无体不妙,而尤以五言律为最。此体中又当以王孟为最,以禅家妙悟论诗者正在此耳。"而以五律论,王之作又在孟之上。此论唐人组篇,以王维为首,而摩诘文体,又择以五律拟评,则可谓深于唐代诗学也。颔联则概述摩诘五律风格,以题材论,则山水田园、关山边塞也;盖其少时,以关山边塞为要务,"风劲角弓鸣",力大而气雄。其中年后,隐居别业,深味禅理,闲适淡泊,其作则"秀"而隽永。此联一"秀"一"雄",概括王维两类风格,可谓一字千金矣。颈联乃全诗对仗最工稳者,深得摩诘炼字之法。夫五言句往往以第三字为句眼,前人千锤百炼,以炼动字居多,此联上句用一"餐"字,状隐者之飘逸;下句着一"纳"字,述其诗境之阔大,所谓"大漠孤烟直,长河落日圆"之意也。此二联当由会心人读,二十字述尽摩诘一生成就,笔力纵横,足见眼界之开阔,造诣之深邃也。又,两联起承有法,"终南"承"山水"句;"漠北"承"关山"句,此承接之法,实借鉴自老杜,章法严密,下笔谨饬有度。五律中二联,以颈联为工对,颔联则稍作疏荡,使错落有致,此实得诗家三昧之道。王维有数首"终南"之作,"白云回望合,青霭入看无",此其一也;"行到水穷处,坐看云起时",此其二也。"终南餐白雪",有楚辞之风,而"白雪"一辞,则又有尚古人为友,阳春白雪之意也。再看尾联,"诗画"二字,实概括"诗中有画,画中有诗"之意,结句能别出新意,非力大者不可道。

总述此作,可见作者深谙唐代诗学;而起承转合,工稳严密;袁枚《随园诗话》引刘昭禹之言曰:"五律一首,如四十贤人,其中着一屠沽儿不得。余教少年学诗者,当从五律入手:上可以攀古风,下可以接七律。"老师以学者之卓识,以宋人之笔意,运唐诗之风神,可谓范作。而此作恰又押东韵;东韵者,韵之首也,以此冠诸篇之首,似亦有匠心也。

杜甫两首

其 一

诗圣大名垂宇宙,苍生社稷总关情。
中原战火历生死,巴蜀流离感废兴。
呕尽平生望帝血,化为万古杜鹃鸣。
民艰国难齐担荷,岂止因诗太瘦生。

其 二

沉郁还将顿挫兼,少陵风韵自心源。
民胞物与凝人道,世替时艰励圣贤。
热泪满襟三致志,衷肠难展九回环。
后人欲学空搔首,岱岳果然小众山。

少陵为七律圣手,此千古不易之论也。"惟杜律变化,神明不可方物,动以古文散行之法,运于排比声偶之中",老师此二作,浑厚雄健,深得其法。两首当连缀而读,此亦连章之法也。仇兆鳌《杜诗详注》序曰:"人之论诗者,推杜为诗圣,谓其立言忠厚,可以垂教万世也。"故论诗诗中,"圣"字两见而"三致志"焉,崇之隆之,慕贤之意焉。夫少陵之"圣",在于仁民爱物,故两首全以"民胞物与"四字立意,读之令人肃然起敬。余尝读少陵《登高》,时尚年少,不解而求教于师云:"何为乎'艰难苦恨繁霜鬓,潦倒新停浊酒杯'?既云'艰难''潦倒'",又申之曰'苦恨',用词不嫌其复乎?或一唱三叹者欤?"师诲之曰:"此两句而藏八意,万里,地之远也;悲秋,时之惨凄也;作客,羁旅也;常作客,久旅也;百年,暮齿也;多病,衰疾也;台,高迥处也;独登台,无亲朋也。十四字之间含有八意,汝当深味之。"年岁越长,余越感此二句之沉郁顿挫,乃知览诗之道,不在字句之中,而在字句之外。恩师博闻强识,每有询之,无论经史子集,不必翻书,随口而答,每能豁我愚钝,余遂立志而当苦诵诗文矣。

以诗艺论,此二作善用檃栝,对论诗诗之写作,亦具开拓意义。"檃栝"一法,盛于宋代,或全首檃栝,或择句化用,与江西诗派亦有异曲同工之处。唯檃栝时,当切合其人其事,方能字字有来历,而又有自出机杼之妙。"诗圣大名垂宇宙",化用《咏怀古迹》之语,而"岱岳果然小众山"则《望岳》全首之意,他则不再一一指出。余以为,论诗诗咏人兼咏其作,檃栝法实为一佳径,诵老师此作,当有悟入焉。

白居易

读罢香山长庆体,总觉他人费安排。
感伤闲适兼讽喻,无不轻松信手来。
当筵吟罢长恨曲,即席谱就商妇哀。
清词丽句风情远,童子胡儿亦伤怀。
老妪解诗虽夸张,歌伎矜唱竞风光。
旅店酒肆僧侣院,妙句联翩题上墙。
三千佳作不胫走,口传笔录布四方。
远至东瀛高句丽,诗名卓著冠三唐。
近体格律尤为难,手持锁链舞翩跹。
老杜殚精竭虑后,居然轻易开新篇。
读来不觉格律在,格律无不合天然。
难怪广大教化主,首推诗老白乐天!

《土水斋》有五首古体诗,用以论唐宋诗人,皆长篇巨制(即论岑参、李白、白居易、韩愈、陆游之作),若综而读之,则可见作者之纵横捭阖,气象万千矣。东坡曰其文"如行云流水,初无定质,但常行于所当行,止于所不可不止",此五首诗,亦臻于此境矣。因篇幅众多,不能一一罗列之,乃以白长庆一首为例。

以诗法论,此作可为意随韵转之范本。全篇廿四句,共分三层,八句一韵,转韵处皆首句入韵,法度井然,此乃诗家之当行本色。今按其章法阐其要义如下:首章为概述,先点出长庆体,再云长庆体分讽喻、闲适、感伤诸类,再述代表作为《长恨歌》《琵琶行》,此段囊括之笔力甚强;次章推衍首章意,承"童子胡儿"之句,极言白作传播之广,尤点出"东瀛、高句丽"两地,盖当时能传诸异邦者,以白氏为首,实汉文化圈之佳话也。首两章已将普通文学史之作家介绍写尽,殊不料作者尚有第三章。夫老杜排律,已令人叹为观止,而白乐天竟能在老杜之后,另开新篇。元稹之言曰:"某又与同门生白居易友善,居易雅能为诗,就中爱驱驾文字,穷极声韵,或为千言,或为五百言律诗,以相投寄。"则其人之才大,不可以道里计之。无怪乎广大教化之主,当推白乐天矣!

综读此作,气势恢宏,行文笔调,如信手而至,此真乐天歌行体也。而以三章构篇,则《诗经》之道,《风》《雅》之正也。

囿于篇幅,以上仅举三家而析之,可见《土水斋》论诗诗之一斑。余以为其作之风格,可以论杨万里一首以总括之:

> 慧眼别开索素材,匠心独具写灵台。
> 大千世界多奇趣,活法为诗任剪裁。

论诗诗之创作,原无成法,全凭作者之慧眼巧手而剪裁之。若老师之作,名为"拟"体,实为"创"体,诚可谓"匠心独具写灵台"也。老师论东坡有句"大千妙谛咀精华",余讽咏久之,不觉神移,此则论诗诗之妙用也。

二 论唐宋词人

《土水斋诗文选》又论唐宋词人十家:"计温庭筠、李煜、柳永、苏轼、秦观、周邦彦、李清照、辛弃疾、姜夔、吴文英,各取其常用之词牌拟一二首以赞之。"此则论词之词也,亦择数家而敬析之。

温庭筠(调寄菩萨蛮)

蛾眉懒画愁春昼。梧桐逗雨听更漏。
写尽女儿情。却有画外声。

参差披拂句。要眇宜修趣。
词史拓荒人。花间第一春。

以文体论,诗词异体,所谓"诗庄而词媚",故论词词实难于论诗诗。王国维《人间词话》云:"词之为体,要眇宜修,能言诗之所不能言,而不能尽言诗之所不能言。"《九歌·湘夫人》曰:"美要眇兮宜修。"词集之首,当推《花间》,《花间》鼻祖,自推飞卿,故论词自温庭筠始,实慧心人之语也。夫黄昇《唐宋诸贤绝妙词选》云:"温庭筠词极流丽,宜为《花间集》之冠。"摹其绮丽之音,而论评其词,戛戛乎其难哉!此其一也,又有更难者。诗则五七言律绝古风而已,词牌则数之不尽,《钦定词谱》收八百二十六种,调各有风情声律体貌,唯大才者能一一擅之。作者婉约、豪放,均能得心应手,以此点评唐宋诸家,读之犹手执一卷唐宋词史,不假外求矣!

飞卿喜《菩萨蛮》,今存十四首,可谓花间之绝唱。"参差披拂句"曰词体之句式也,"要眇宜修趣"言词之审美特征也;"词史拓荒人"言温氏开创之功也,"花间第一春"则点出《花间集》,又概述其风格特征。下阕四句笔大力健,乃诗家之笔,撷之可作词学第一讲之总述矣。上阕则妙择飞卿之句,点出其人其作:"蛾眉"句总括《菩萨蛮·小山重叠金明灭》,"梧桐"句则概括另一名作《更漏子·玉炉香》,夫以两句十四字,而力括温氏十五首词(十四首《菩萨蛮》加一首《更漏子》),状似绮笔,实为椽笔也!"写尽女儿情"收束前两句,而"却有画外声",则以五字为温氏词学张本。夫自常州学派始,认为温作实有比兴寄托之意,所谓"深美闳约"者(按:张惠言《词选序》之语),有所寓意焉。陈廷焯曰"飞卿词全祖《风》《骚》"(见《白雨斋词话》)。故作者注曰:"很多学者认为此中有寄托之意。"

此词寥寥四十四字,写尽温氏代表作、风格、成就,对其词学之评价,又概括词体之句式、审美特征、词史之起源等,上阕有词人之要眇,下阕有诗人之理趣,宜为典范之作矣!余也不敏,仅有论词词一首,敬附于此,恳请恩师赐教焉:

《浣溪沙·论词》

要眇宜修意态轻,樽前月下正堪听。王孙少妇最关情。

宫调细分檀板按,律音忽换曼歌生。春山暗蹙绿波凝。

苏轼(调寄水调歌头)

造化钟神秀,苏子降文坛。

星岳同趋泰斗,仰止服膺看。

余事文章书画,游戏诗词歌赋,流溢自心田。

学养充天地,手笔自超凡。

出天府,历中国,贬海南。

世风尝尽,诗人情味最婵娟。

啸咏长江风月,饱吃岭南粗粝,愁苦亦欣然。

若论真名士,自古属坡仙。

苏轼有诗云:"诗人情味最动人。"此乃理解苏轼之关键也。

又

清旷风波令,豪放大江东。

藐如姑射冰雪，烈似海天风。

喝断红香翠软，扫却尊前月下，浩气贯长空。

海外开天地，林下启门宗。

叙人事，写风物，课桑农。

情真意切，横空健笔亦从容。

调得胸中丘壑，洗尽肠间块垒，万象聚浑融。

燕雀争高蒿，云外慕飞鸿。

"风波令"即《定风波》。"藐姑射"句见《庄子·逍遥游》。

《土水斋诗文集》中有论苏轼诗两首、论苏轼词又两首，可见老师对东坡之欣赏与喜爱。盖苏轼"学养充天地"，"余事文章书画，游戏诗词歌赋"，为难得之全才，为后人所"服膺"也。两首论词词，皆调寄《水调歌头》，第一首论苏轼之人品和才华，第二首则写苏轼为豪放之宗。作者于第一首文末郑重注曰："苏轼有诗云：'诗人情味最动人。'此乃理解苏轼之关键也。"老师曾撰文曰："苏轼最动人之处是什么呢？概而言之就是至真至浓、至深至广的人情，或曰'情味'。苏轼尝自云：'诗人情味真尝遍，试问于今底处亏？'""苏轼还善于以旷者的胸怀、达人的修养、哲人的睿智来对待逆境中的苦难生活"，此语可谓第一首词之注脚。词作上阕写东坡之才，下阕以深情之笔调，概述东坡之生平经历，最后得出结论："若论真名士，自古属坡仙。"

第二首则具体论述苏轼词风，老师曾撰《论宋六家词》，其中有一章专论苏轼，对于东坡"豪放"词风之剖析，颇具卓见。把论词作品和其学术专著互参，可见一位当代学术专家对于苏轼研究之全貌。学术文章重在周详之阐述，而论词词则重在感性之体悟，由此言之，笔者认为，我们在考察一位学者的研究成果时，应重视论词词之学术价值。

何谓"豪放"?《二十四诗品》曰:"观化匪禁,吞吐大荒。由道反气,处得以狂。天风浪浪,海山苍苍。真力弥满,万象在旁。前招三辰,后引凤凰。晓策六鳌,濯足扶桑。"老师认为:我们把苏轼广义的"豪放"词分成两类:即豪放和旷达。"豪放"和"旷达"都是苏轼"指出向上一路,新天下耳目"的创新风格。而且两者相较,"旷达"(即第二首词所用之"清旷")之风格尤宜重视。余以为:老师之论述甚为深入,可作为学术界最新之研究成果,盖旧有之"豪放""婉约"二分法实嫌粗疏;故余在指导学生论文时,每嘱他们必读恩师之《论宋六家词》,学生辈皆以为得益良多,此可谓学术之传承也。

此首论词词,实为其相关词学论点之精华。何谓"豪放"?其特质为豪迈奔放、笔力纵横、气势磅礴、慷慨激昂、恢宏刚劲。苏词中约有十来首,以《念奴娇·大江东去》为代表,即起句"豪放大江东"之意也;何谓"旷达"("清旷")?其特质为疏狂不羁、超尘脱俗、通脱豁达、潇洒飘逸、乐观开朗、高洁特立,以《定风波》为代表,另如《水调歌头·黄州快哉亭赠张偓佺》,老师此作,实也总括其意,读者宜细参之。"豪放"则"烈似海天风";"清旷"则"藐如姑射冰雪",首四句两两相承,点出东坡两大风格。接下来善炼动词,"喝断""扫却""贯长空""开""启"数语,可谓掷地作金石之声,读之令人浩怀高歌也。下阕承上之意,曰东坡之词无事不可入,无意不可言,而以"叙人事,写风物,课桑农"三种题材为例。"情真意切"呼应第一首之"诗人情味最动人","调得胸中丘壑,洗尽肠间块垒,万象聚浑融",则犹百川汇海,大音鞺鞳,众妙毕陈也;"云外慕飞鸿"令人神游物外,余音袅袅。

余以为此作乃论词词之神品,宥于篇幅,不再另举他作,待诸位细味而讽咏之。

三　感　想

"游文章之林府,嘉丽藻之彬彬。"上文择数篇论诗诗,敬述己之诠笺;现再呈数端感悟如下:

(一)《土水斋诗文选》对古代文学研究领域之开拓意义

余以为:古代文学之研究,可以趋向多元化,除常见之学术论文外,实可多借鉴古代之各种体裁,进行全方位的尝试。如论诗诗、论词词、诗话、词话、笺注、札记等,这些不单要成为我们研究之对象,更应成为我们研究之方式。吾甚羡慕古代诗话灵光乍现式之点评,往往一字千金,甚至难以用现代之语言加以具体诠释。论诗诗、论词词等亦类此。盖以精妙之创作,品评精妙之文本,两者交互感应,可臻至境。又由于韵文本身之含蓄与多义,往往能触发读者再度思索与品鉴,或激发其创作之冲动,个中心神交凝之状,又难以言喻矣。然古之诗话,往往散漫,难成系统。如何将现代论文式研究与古代点评式研究,融为一体,则需该学者兼具各方之素质,无论学养、见识、才情等,皆需超卓,方能辨章学术,尚古而不泥古;又需有长期的创作与研究实践,方能腾挪自如,互相辉映。此《土水斋诗文选》给我们的启示,也给我们提供了一个很好的模板。

(二)《土水斋诗文选》对古代文体学研究与实践的双重意义

所谓文体学者,即研究各类文体之特点,及其发生、发展和流变,诸体之创作特征、审美风格等之学问,古代又称之为"文章流别论"。然因中国古代之文体,可谓数不胜数,《文章辨体》列一百二十七类,清张相《古今文综》竟分为四百余体。因名目众多,体式各异,故今之学界爬梳资料者多,从事创作者甚少。《土水斋诗文选》给了我们一个很好的示范,我们看到一位学者数十年如一日,孜孜笔耕;唯其诗情出诸天然,故能云笺遍锦囊。夫"操千曲而后晓声,观千剑而后识器",创作之道,实无快捷方式,千锤百炼而已矣!此《土水斋诗文选》给余辈之导引意义矣。

(三)《土水斋诗文选》对大学古诗文鉴赏与创作课程设置之指导意义

老师曾经在访谈录中,提及要建立诗词赏析学和诗词创作学(以下内容摘自《洗尽肠间块垒,万象聚浑融——中华诗词研究院顾问赵仁珪先生访谈录》,在此鸣谢):

最初我提出的是诗词赏析学。很多学者不把诗词赏析当成学问,认为搞文学史、搞文献才是学问。为什么呢?就是因为很多鉴赏文章写烂了,作者本身不懂得鉴赏,所以写出来那文章味同嚼蜡,用启先生的话说就是"嚼馍与人"。要真写出好的鉴赏文章,通过一首诗能让人触摸到有关诗的美的感受。一首诗虽然不能把诗的整个美学体现出来,但起码能体现出某个方面。关键就看你能不能挖出这个点儿来,讲到位。这就不是一个简单的讲解了,必须有学问基础。所以我提出这个诗词鉴赏学。

进一步说就是诗词创作学。现在中国高校里,我不知道哪个高校把诗词写作当成一门课程,几乎没有。有写作课,都是现代文写作,古文、诗词写作没有。我觉得创作也是一门学问,你得教会学生怎么创作,格律是必须的。还得教给学生怎么去领会诗的真谛。这个与鉴赏有关系。他对生活的理解是他的事,这我不能教,我可以教他们一篇好的作品怎么理解、怎么去鉴赏。你才能掌握诗词内核中美的东西。这样积少成多,它就会成为一门学问。

我曾经有这样一个计划,从诗人、作品、读者三者结合的角度建构诗词研究。比如说诗人之所以成为诗人,他有哪些条件、特点。作品也是,作为一篇好作品,它的结构有什么特点,它的语言、修辞上有什么特点。从读者角度上来说,怎样去读作品,怎样去鉴赏,你得与古人相通,不能较着劲,不能抬杠。说"春江水暖鸭先知"为什么就鸭先知?这就不会读诗。这些都可以深入研究,成为一门学问。

多年来,我一直把老师的这段话记在心中,一直希望能有机会,为诗词赏析学和创作学尽己之绵力。两年前,香港的一所大学邀请我任教古代文学欣赏与创作一科;当时接下来时心里有些怯意,因为自己才疏学浅,如何才能有效地指导学生创作?在诸体文学中应该择哪些范本?如何能够把文学创作和文学研究相结合,让学生既能得到扎实的基本功训练,又能激发他们的创作热情,同时又能在鉴赏古人的作品中,找到新的感受和领悟,从而开拓新的研究领域呢?因为有太多的疑惑,这两年,我一直不断地打电话请教老师,老师每每专门为我抽出时间,一聊总是数小时,细至每一首诗、每一篇文的具体鉴赏,如何炼字炼句,大至课程的架构,古代创作模板的选取,课程设计和编撰的总方向等,老师都给了我许多真知灼见,可惜那时没有把电话交谈内容录音下来,不然真是诗词赏析学和创作学的精彩课程了。

老师一直非常鼓励我教好这个课程,我在慢慢地摸索中逐渐找到了门道。现在向老师郑重汇报:两年教下来,同学的反应很好,他们普遍认为课程提高了他们的文学素养,并且能在十五周的教学进程后,顺利掌握诗词和铭赞记赋(我第一期选教了这些文体)的写法,不少学生激动地说:"平生第一次看到自己的创作构思能顺利地写出来,那种成功的愉悦感无法以言语表达。"我想我只是一个传承者,把老师多年的心得和精妙构思付诸实践。我真挚地希望老师能继续指导我们,把这个课程教得更好。

在文末,我谨附上自己的一首《词赋》,因这首作品与本文主旨有关,但当时因为撰《清真词学研究》,只写了北宋部分,没有把所有的唐宋词家都论述进去,有待续写。我相信:我们的文集会一直不断地出版下去,我的创作

源泉会不断涌现,我们必能在老师的带领下,写出更多更好的作品。时近中秋,皓月当空,谨奉上拙作:

词 赋
代《论诗诗》结语

人心兮精妙,感物兮思纷。正春风兮乍起,又罗袂兮轻分。睹南浦兮柳折,见北陌兮草熏。愁江上之蕙桡,泣闺中之红裙。水天无涯,风云易色。行者容与,居者悱恻。念明月兮高楼,处处无非堪忆。兼梧桐兮细雨,日日怎生得黑。

于是华筵灯照,绮席歌吹。琴销怨恨,弦传哀思。商调兮凄怆,林钟兮伤悲。大石应蕴藉,小石宜娥眉。辨律吕而按板,应丝竹而吐辞。长歌短曲,小令慢词。各随其性,自抒其宜。太白悲壮,霸陵西风萧瑟;飞卿绮靡,绿窗残梦凄迷。端己清丽,呢喃黄莺之语;正中沉郁,惆怅青芜之堤。后主凄惋,玉楼朱颜独悴;同叔风流,罗幕轻燕双飞。永叔雍容,湖心轻舟载酒;耆卿漂泊,柳岸别泪沾衣。

众音繁会,群响竞作。意承风骚,宗主婉约。体归雅正,词追先贤。可沉醉于花下,可酬唱于尊前。或沉郁而顿挫,或芳菲而缠绵。集杞梓而成林,汇琨瑶而成编。叹古今而同慨,执诗卷而凭栏。

壬寅年八月

忆旧编

一生心血注《师说》
——授业恩师赵仁珪先生素描

赵克义

  2022年6月9日,是我的高中语文授业恩师赵仁珪先生的80寿诞。清楚记得10年前先生的70寿宴上,先生众多的硕士、博士弟子们相约先生的80寿宴。然而,这延续了三年的、令人讨厌的新冠疫情把先生的寿宴给搅黄了。可先生的弟子们岂能让先生的80大寿就这样无声无息地过了呢。李精一、朱玉麒二位同学拉了一个"赵师八十寿辰庆祝活动"群,成立了"赵仁珪老师八十寿辰纪念活动筹备组",发出了《赵仁珪教授八十寿辰纪念文集》征稿启示。出纪念文集,这是一件比办寿宴更有意义的事情。

  按照征稿启示的要求,文集分为两部分:其一是向先生汇报弟子们新的学术成果;其二就是在先生门下的求学经历、问学体会、与先生交往中的趣闻轶事。群里先生的一众弟子,除我外都是硕士、博士,唯有我是"博士前"。学术成果汇报我是写不来的。受恩师举荐、受师弟们邀请,我就用我笨拙的笔,以我的所闻所见,为授业恩师在密云塘子学区的10年教书生涯画一张素描。

一

1969年的暑假过后,27岁的先生与众多的学生连的学生们,结束了两年在部队接受再教育的学生连生活,开始分配工作。先生被分配到密云县教育局后,再次被分配到县东部的半山区塘子公社(教育系统称为学区)塘子中学。后来我听说,当年,先生是用一根草绳将自己的行李从北京捆到塘子中学的。先生当时就暗下决心:"我怎样用这根绳子把行李捆来,我就怎样用这根绳子把行李捆回北京去。"先生之志,由此可见一斑。

先生在大学学的专业是外语,可是1969年在一个小小的、半山区的、只有初中部的农村中学开设外语课是根本不可能的。先生只好改行教语文。先生从初一把两个班一直带到了初三。正是在这三年里,一位大眼睛的男生,家境极为贫寒,母亲残疾,可这个男孩那双渴望学习的目光总是让先生在教课时不忍有丝毫懈怠。还有一位女生,她的妈妈去世了,她要带着弟弟妹妹来上学。她上课,就把弟弟妹妹留在操场上玩。课堂上,有时不放心了,她还要出去看一看。就是这样的一个女孩,学习也非常刻苦,成绩还很好(后来又上了高中,那个男孩中学毕业上了密云师范)。先生面对着这些渴望知识、渴望用知识改变命运的山村孩子们,怎能不倾心尽力地去教他们呢?

俗话说:要给学生一杯水,教师要有一桶水。先生知道自己是非中文系毕业的语文老师,要想把课讲好,做到称职乃至优秀就必须努力自学了。先生订了一个通过三年自学达到重点大学中文专业本科毕业生水平的目标。实践证明,先生的目标不但达到了,而且超额了。

先生自身水平的提高,使先生的授课效果越来越好。先生的课总是很能吸引学生的。先生还总是进行一些教学改革,针对不同学生进行不同的引导与帮助。先生在教初中三年的知识积累和经验积累,我是直接的受益者。

1973年春天,塘子中学从三个公社的初中毕业生中招收100名(两个班)高中生。我就是这百分之一。而赵先生便非常自然地成为我们两个高中班的语文老师。就是从这一刻起,我和先生结缘了,到现在已近半个世纪。能够成为先生的学生真是三生有幸。

先生当年刚过而立,风华正茂,温文尔雅。白白的面孔上架着一副高度近视眼镜,一件蓝布中式对襟上衣更使先生多了几分儒者的风度。

不管过去了多少年,先生给我们授课时的画面时常会在我眼前浮现;先生授课时的声音也时常会在耳边响起。

"君子曰:学不可以已。青,取之于蓝,而青于蓝;冰,水为之,而寒于水。"这是先生正在为我们讲授荀子的《劝学》。先生不仅讲课文《劝学》,更是苦口婆心地对学生们进行人生的劝学。先生暗示同学们,社会是不会永远这样混乱的,大学总会向你们打开大门的,而机会总会留给有准备的人。千万不可随波逐流、自暴自弃。果然在1977年和1978年两届,先生的几个学生顺利地考上了大学。这在偏远的农村中学,也算是一个小小的奇迹。这使先生十分欣慰。

先生在给我们讲《游褒禅山记》时,谆谆告诫我们:"而世之奇伟、瑰怪、非常之观,常在于险远,而人之所罕至焉,故非有志者不能至也。"若不能持之以恒,半途而废是什么事情也干不成的。

先生给我们讲《梦游天姥吟留别》时,我被先生带进了诗里,带进了梦里。我是个记忆力并非很好的人。但先生教我的这篇课文,至今仍能背得下来。我们高中毕业30多年后,同学聚会时,我们又邀请先生重讲《梦游天姥吟留别》。这一刻,我们师生好像又回到了当年。这篇课文的浪漫美,让先生讲得淋漓尽致,但这篇课文的魂却被先生一生执着地坚守着——"安能摧眉折腰事权贵,使我不得开心颜"。

先生讲《祝福》,我耳边就回响起:"我真傻,真的。我只知道……"先生讲《海燕》,我眼前便出现"苍茫的大海和黑色的闪电……"

先生讲课的很多场景,随着时间的推移,都渐渐地远去。但是却有一个场景刻骨铭心,难以磨灭。

记得有一次上课时,先生的脸上显露出疲惫与痛苦的表情,还不时地用椅背顶住自己的胸部。就这样,先生坚持为我们上了一堂完整的课。事后,我们才知道是先生的肝区疼。先生的这节课,是他为人师的一个完美写照。

两年,真的很短。短得连弹指的想法都来不及有。马上就要高中毕业了。分别之际,师生之间恋恋不舍,同学之间恋恋不舍。

先生没有给我们任何一个班当班主任,但他对我们两个班的同学都是一样的关心和热爱。先生把这关心与热爱凝聚在一首长诗中。先生的这首长诗叫作《别了,我的同壕战友》(同壕战友是当时比较流行的词)。先生分别在两个班先后诵读。我记得,先生在我们班诵读时,读着,读着,便热泪盈眶了。先生哭了,全班的同学也早已泣不成声。

先生的长诗我记不全,只记得开头的几句。诗是这样写的:"别了,我的同壕战友。世上的称呼千万种,世上的称呼千万般。哪个能有这个亲,哪个能有这个甜。"

毕业之际,还有一个重要的环节,就是写临别赠言。同学之间相互写,学生去找老师写。先生虽然不是我们的班主任,但找先生写赠言的同学最多。

提到先生给同学写毕业赠言,我的高中同学屠殿勋记忆犹新。他说:当时赵先生给很多同学写的赠言都是"一步接一步,这才叫万里长征;一程接一程,这才叫继续革命。"当时正大肆宣讲无产阶级专政下继续革命的理论,因此,人们的话题也会有时代的色彩和局限。但是世界观不同,也会对表面相同的说法内心解读不同。殿勋同学说,可能是赵先生高看了他一眼,也可能是赵先生看到他在一群学生中多看了先生一眼,在给他写下了前面的话,停顿一下,又挥笔添一句"在今后的群英会上,我们师生来个喜相逢"。殿勋同学说:虽然没有机会和老师在群英会上喜相逢,但1984年,他真的参加了一次县各行业先进工作者的群英会。在他后来的学历进修、学外语、竞争高职等每一程艰难奋进中,都有先生毕业赠言的鞭策和鼓励!

先生写给同学的赠言,不仅仅是鞭策和鼓励了屠殿勋一个人,它鞭策和鼓励了我们所有的同学。每个同学的每点进步都是与先生的教诲和鞭策鼓励分不开的。

图 1　赵克义(左)、丁振林(右)高中毕业,与赵仁珪老师合影留念

先生为我和丁振林同学写了一首七律诗(图1)。可惜当时没背下来,后来那个本子又丢失了,实在是无法弥补的遗憾。我只是记得,先生说,分别用了一东和二冬的韵。后来我才明白,先生是鼓励我们学习松的品格和精神,不畏风雪、不怕严寒,战胜各种困难,活出精彩的自己。

虽然诗没记住,但诗的精髓我记住了,先生的殷殷希望我记住了。

先生还为宋燕和宋翠莲两位同学写了诗。女同学还是比我们男孩子心细。我分别问她们还记得先生写给她们的毕业赠诗不？她们说都记得，并分别给我发了过来。因为她俩都姓宋，先生就用谐音把"宋"写为"送"啦。

送 燕

家燕只爱舞庭院，海燕偏喜追雷电。两个燕子挑一个，不做家燕做海燕。

送翠莲

雪莲开在雪山巅，池莲开在池水边。两莲里面选一个，不爱池莲爱雪莲。

高中毕业后，我留校代课。先生在学校里一直是一个人住一间宿舍的。由于教职工宿舍紧张，先生不愿让校领导为难，主动收留了我。并且每天晚上督促我洗脚，并利用这点滴时间让我读诗，为我讲诗。说实话，我是很愚钝的。现在回想起来都后悔不已。因为当时没有下功夫学，一直到2004年之前，我对旧体诗词真的是没有入门。但是对于诗词始终如一的热爱应该是得益于先生那潜移默化的影响。

后来，我离开塘子中学去焦家坞农业高中教书，先生告诉我如何给高中生讲好第一节课。当我参加高考时，每天都把带的午饭放在先生宿舍的煤炉子上烤热。我和几位同考的同学一起吃午饭时，先生不但关切地问"考得怎样"，更是鼓励我们把后面的考好。当我接到大学的录取通知书后，先生那高兴的心情丝毫不逊于我的父母。当我到大学读书后不久，先生就以十分优秀的成绩考取了启功先生的首批硕士研究生，并自此在北京师范大学，在启功先生的身边开始了学习、教学与研究的新生涯。

先生终于实现了用那根草绳捆着行李回北京的目标。先生后来在北京师范大学的事情就留给众学弟学妹们去写吧！

两点补充：

1. 关于题目。

关于题目，也许没有必要画蛇添足般地加以说明。先生是用一生的心血在躬行《师说》中说的"师者，所以传道、受业、解惑也"的教师职责。当启功先生为北京师范大学题写了"学为人师，行为世范"的校训后，我又真切地感觉到，先生不正是这校训的注释者和践行者吗？

2. 关于塘子中学十年的总结。

2003年，是我们高中同学入学30周年。那年，我在县城组织了一次全班同学聚会。同时邀请当年的一位开明校领导、一位数学老师和先生三位老师参加。其间，先生要求回塘子中学旧址看一看，看过之后，先生有感而发，填了一首《满庭芳》词。先生在回顾自己塘子中学十年的经历时，愿以这首词作为结束语，我也就将先生的这首词抄录于此。

满庭芳·乙未冬重回所执教之塘子中学有感

中学位于密云半山区，今已改成其他单位矣。

一丈敝庐，两排教室，短墙难隔荒村。励耘苦读，十载度青春。多少激情酸楚，藏心底，难化烟尘。堪回首，雪泥鸿爪，常绕梦中寻。

重回何所见，新楼有样，旧履无痕。白发轻冠冕，空对遥岑。幸有道旁古柳，多情似，久别故人。俱老矣，前程苦短，且惜寸光阴。

二

这里，我还要写写关于塘子中学之后与先生的交往。

我是1978年3月离开北京去大连上学的。先生是1978年的暑假后作为启先生的首批硕士研究生进入北京师范大学学习的。那几年，我与先生只是书信往来,偶尔在假期见上一面。

1982年初,我大学毕业后分回北京,先生也于此前毕业留校任教。因为是同在市里工作,我的工作单位和住家都离师大比较近,所以和先生的交往就多了起来。但那时的交往多是追忆和回顾过去的师生情谊,很少涉及工作和诗词。

真正使我与先生成为亦师亦友的关系,应该是始于1992年6月9日先生50寿辰那一天。那天,我和另外两位高中同学(宋燕、曹玉霞)在先生的家里,给先生过了一个十分简单的生日。没有鲜花,没有蛋糕,有的只是敞开心扉的话语。那时,先生在工作上遇到了一些不开心的事情,我们几位同学的劝慰给了先生一些慰藉,使先生很快走过了那段困难时期。也许就是那次师生间的畅谈,先生就真的不再把我仅仅看作是一个好学生,而是当作一个好朋友了。我每次到先生家看望先生,先生都非常愿意把幸福的事情与我分享,把犹豫不决的事情向我征询,把不太开心的事情也能向我倾诉。

而从亦师亦友的挚友,成为亦师亦友的诗友,则是在2004年之后。那时我和何小平、金洪戈、黄宇丹四兄弟写完"三同诗"《燕山平水》四部之一的"动物篇"之后,我们被周克玉上将任社长的野草诗社吸收为会员。一次诗社的社员集会活动,我们四兄弟又结识了当时正在读先生博士的靳欣小师妹。自此,我和先生的交往就更加频繁了。经常是我们五位一起向先生求教。

2004年底,我们的《燕山平水》第二部"人物篇"完成,先生欣然为之作序。在序文中,先生给予了极高的评价。说我们作的"三同诗"是带着镣铐跳舞,且能化腐朽为神奇,变镣铐为红绸,其姿态之美不知比徒手之舞赏心悦目多少!先生对我们的褒奖,是对我们极大的鼓励与鞭策。使我们更加坚定了完成后两部"景物篇"和"植物篇"的决心。

先生在序的最后送了我们"燕山四杰"的称号,并作诗赞曰:

> 京华四杰韵蹁跹,平水为诗数百篇。
> 妙句低吟灯影下,豪情唱和酒杯前。
> 不徒字句惊今古,要使襟怀感世间。
> 但愿从今多放手,鲸鱼掣海谱华编。

这篇序文被先生收入了自己的《土水斋诗文集》中。先生送我们的"四杰"称号也在野草诗社及一定范围的诗友间流传开来。

原来我拜访先生是很少谈及诗词的。自从先生为我们的诗集作了序,自从我们四兄弟合作完成了《燕山平水》四部之后,我对诗词便进入了痴迷的状态,自称"诗奴"。因此,每次拜访先生便是请教诗词写作的最好时刻。每次写诗遇到难题便拿起电话向先生求教。由于有先生的热情鼓励和细心指教,由于自己对诗词的热爱与痴迷,在我们兄弟四人的《燕山平水》四部之后,我个人还先后结集出版了《人生平仄》《人生悟语》《人生咏叹》《人生偶得》四部诗文集。《人生偶得》这本诗集,又是烦请先生作的序。

在与先生的交往中,由于有了诗词的注入,交往就更加有内涵、有意思、有收获。

记得连续几年为先生过生日时,我写过两首七律《赠恩师》(收入《人生平仄》一书中);记得先生为中华九鼎复原而写《九鼎铭》后,何小平写了两首贺诗赠先生,我步其原韵奉和了两首(也收入了《人生平仄》一书中);记得先生写的《启功评传》一书出版之后,我们四兄弟很快就得到先生的赠书。何小平因为先从各种渠道了解了《启功评传》的内容及对此书的评价,他在见先生之前就填好了一首《金缕曲•贺赵仁珪老〈启功评传〉首发》,我们拜见先生的那天晚上,他面呈先生,并得到先生的首肯。我得到先生的赠书之后,便认真地拜读起来。读完之后,本想着写首七律。已经想好了开头两句"恩师有幸遇恩师,立雪程门总不迟",至此,就发生了梗阻,再也写不下去了。我将苦恼和小平兄说了之后,他说七律字数有限,很难表达丰富的情感,建议改写词。思路一变,果然是柳暗花明又一村。一首《水调歌头·读赵仁珪先生〈启功评传〉有感》很快就写出来。就让我以这首《水调歌头》结束这段幸福的回忆吧!

水调歌头·读赵仁珪先生《启功评传》有感

评传不离手,读罢更欣然。先生笑貌音容,尽在此书间。苦难权当磨砺,名利何曾正眼?学问博精专。才智绝尘后,仁德史空前。

师生情,如父子,道相传。励耘坚净,堪称当世大名贤。育出芬芳桃李,怎不争奇斗艳?土水静无言。承前启后事,一任落双肩!

附:何小平《金缕曲·贺赵仁珪老〈启功评传〉首发》

一传纯如雪。活全真,襟怀海宇,功昭日月。不与群芳争上苑,只解松梅情结。维坚净,顽童洒脱。博透专精谁得似?笔纵横,诗画书三杰。德和艺,世称绝。

十年生死天难隔。岂能忘,潘江陆海,犁庭扫穴。卅载寒窗师与父,万世交情如铁。拼他个,千秋评说。旷代儒宗归不朽,哪堪怜,字字心头血。书一捧,泪千迭。

2022 年 8 月 13 日于密云一卜堂

两件小事

——忆高中语文授业恩师赵仁珪先生

宋　燕

我是四十九年前赵仁珪老师的学生，当时赵老师是我们高中语文老师，我是班里的语文课代表。我最爱干的、自觉很荣耀的一件事就是负责收发语文作业，因此我经常出入老师办公室，跟赵老师接触得比较多。

记得高中二年级的时候，我们班住宿的女同学有十几个，我们的宿舍在赵老师宿舍的隔壁。不知道是谁起头，我们在几天的时间内经常玩一种吓唬人的游戏。晚上我们同学之间常常有人躲在暗处，见到走近的同学，马上向前一步大喊一声"嘚"。被吓的同学大喊大叫，然后大家开怀大笑。我现在也记不起来当时是我自作主张，还是被哪个同学怂恿，我决定去吓唬一下赵老师。那是一个傍晚，天还没完全黑下来，我看到即将走过拐角的赵老师，马上躲到他宿舍门口。当他拐到门口的时候，我突然跳到他面前大喊一声"嘚"。只见赵老师被吓得双手抱头、后退两步，大喊一声"哎哟"。我一看把赵老师吓成这样，赶快不知所措地跑回自己的宿舍。我当时想，怎么一个男老师胆子这么小，被我吓得像个孩子一样。过了几分钟又想，会不会把老师吓坏了？以后怎么见老师啊？再见到老师提不提这事啊？老师一定生气了吧？后来老师从没有责怪过我这个没深没浅、不懂事的小女孩，像从未发生过这件事一样。

一年后毕业时，不是我们班主任的赵老师给我们读了他为我们送别的诗，同学们感动得泣不成声。离开学校时，赵老师送我们到火车站，看我们登上回家的列车。我们几个同学到农村插队的时候，赵老师到村里面探望我们。考大学前，赵老师多次写信鼓励、指导我复习功课。与老师分别二十多年后，我又向老师请教如何教育儿子？是否应当让儿子出国留学？每次见到老师，我都不敢提起吓唬老师这件事。倒是在2021年，我出国见儿子之前去探望他，赵老师说他还清楚记得被我吓到的事情。我心里一直挺后悔，不知当时自己是一种怎样的心理，一定要去吓唬老师，而且又把老师吓唬到那么严重的程度。我现在真想说："赵老师，太对不起您了！"其实老师根本没有因为这事而讨厌一个不懂事的小女学生，不然怎么会有后来对我那么多的关心和鼓励呢？

在老师再三鼓励下，我坚持二次高考，终于考上了大学，当上了医生。没有老师的教诲，我可能会是一个乡村售货员，一个下岗女工。

我还清楚地记得另外一件事情。当年我们宿舍旁边有一个不大的空地，有时会有木工师傅在空地上用电锯锯木头。一天上课前，我们和赵老师几乎同时走到空地旁边，电锯响了，同时一个男人大声喊叫："我的手指头！"我们扭头一看，工人师傅的手被电锯锯下来了，同学们当时都傻了，站着不动，不知道该怎么办。这时候赵老师快步跑过去，捡起了血淋淋的手，弯着腰走向那木工师傅，后来又跟其他老师一起把师傅护送到了医院。

我不记得这件事情是发生在我吓到他之前还是之后，我心里一直记得，赵老师是个胆子小的男老师，但为了救师傅的手，为了让师傅的手尽快地得到医治，他的胆子又大得惊人。

谨以此文，略表对恩师的感激之情。

2022年9月7日于温哥华

永矢弗谖

麦满堂

为了尽早改善家境，让老病双亲卸下肩上重担，我大学本科没有选最喜欢的中国文学，而是读了工商管理。毕业后又埋首专业考试，在工作岗位上努力上进，站稳脚后回头一看，原来已经过了近二十年。我本来是喜欢中国文学的，实在不甘心就此放弃，于是趁还能弯腰，俯身把丢失的捡回来。经过一番转折，终于考上北大在香港开办的兼读文学硕士课程，并顺利拿到学位。

对于一个门外汉而言，走到这一步，应该已经心满意足了，但我却另有盘算。在一次北大旧同学的聚会上，我认识了比我早几届的潘玲师姐，得知她已投入北师大赵仁珪老师门下读博士。也许是上天的安排，过不了几天，我在电视上看到了赵老师接受访问，讲述启功先生的事迹。亲眼看见赵老师谈吐温文，恂恂儒雅，我决定报考北师大兼读博士课程，希望能追随赵老师。

通过了笔试，我怀着战战兢兢的心情飞北京，参加面试。坐在我面前的，除了赵老师，还有另外几位老师。说实在的，我心里是没底的。翻开我的履历，除了有个北大的兼读硕士学位，其他的都跟文学沾不上边。老师除了要考虑我的根底和能力，也得考虑我远在香港，是否可以坚持完成学业，这实在不好说。赵老师问了我一个简单的诗律问题,我本科不是中文系,缺乏基础训练,虽然自己翻过诗律的书,究竟不彻底。结果是结结巴巴的,回答得一团糟。心里暗骂自己:"你这副德性,也来考博士!"还好,赵老师还是收了我,也许是我态度够诚恳吧!

正式开学,我又来北京,这次是直接到赵老师的家。我来之前,赵老师已经替我想好,如何既满足课程的要求,又不用我频繁往返两地。赵老师还给我介绍了几位同学,作为照应。大约半年后,完成了课程的基本要求,我正式开始论文的选题和写作,进入课程的核心部分。

那时候,我白天的正职仍然继续。美资企业财务主管的活,是挺折磨人的,每天下班回家,总要八九点。我坚持每天都挤一点时间去处理论文,尽量控制在两三个月写好一章,先快递给老师过目,再约一个时间来京面谈。和老师的见面,一般在下午三点。老师总是端坐着等我,冬天会先给我泡好一壶热茶,夏天则先冰一罐可乐,让我在学习过程中舒舒服服。一般情况下,我会在六点前离开,让老师早点休息。但有几次,老师请我上馆子吃晚饭。这样频繁来回京港两地,持续了一年半。完成论文,通过答辩,终于毕业,没有辜负老师的期望。

能够毕业,我当然满心欢喜。然而,面试时回答诗律问题的窘境,一直让我耿耿于怀。再者,读文学而不会写诗,实在也说不过去,于是我又筹划下一步行动。大约在两年后,我趁出差北京时去探望赵老师,并提出不定期来学作诗,老师没有犹豫,直说:"欢迎!"

于是,我又恢复到写论文时的安排,预先写好一些练习,快递给老师过目,再约时间来京面谈。头几次主要是磨炼格律,根本顾不了意境。在埋头学诗的同时,老师把我推荐给台湾的一家出版社,把我的博士论文收入在他们编辑的文化丛刊,这是一件让人兴奋的事。我认真地对论文作了修改,并增加了重要的一章。又过了一年多,丛刊出版,这时候,我跟老师学诗的安排亦已停止了。

赵老师常说自己是半途出家,而我更是连半途出家都算不上。我只是个门外汉,看见园里百花盛放,就想进去游玩一番。赵老师给我门票,还当了我的向导。投入赵老师门下以后发生的事,是我前半生从没想过的。论文付梓,韵语粗成,一时感触,我写了这几首诗:

离形尚意得天工,珠玉丹青理暗同。
解道筼筜修竹妙,眉山路上竞吟风。

心力流年八卷成,星丝晓镜悄然生。
岂将薄技夸前哲,涓滴汇融江水清。

闹春桃李漫争妍,菡萏香残情味迁。
蜗角蝇头浮水月,桐风暮雨落花天。

我生命中的春夏岁月早已远去,在徐徐步入秋冬之际,竟然会抹上这重彩一笔,事先是怎么也想不到的。除了慨叹造化变幻无端,实在要感谢赵老师的翻云覆雨手,成就了我的心愿。我是永远不会忘记的!

何处不相逢

靳　欣

曹洞宗的初祖洞山良价禅师辞别他的师父云岩昙晟禅师,云岩禅师曰:"甚么处去?"良价曰:"虽离和尚,未卜所止。"云岩禅师曰:"莫湖南去?"良价曰:"无。"云岩禅师曰:"莫归乡去?"良价曰:"无。"云岩禅师曰:"早晚却回?"良价曰:"待和尚有住处即来。"云岩禅师曰:"自此一别,难得相见。"良价曰:"难得不相见。"临行又问曰:"百年后,忽有人问:还邈得师真否?如何祗对?"云岩禅师良久曰:"祗这是。"良价沉吟。云岩禅师曰:"价阇黎!承当个事,大须审细。"良价犹涉疑。

后因过水睹影,大悟前旨。有偈曰:

切忌从他觅,迢迢与我疏。我今独自往,处处得逢渠。渠今正是我,我今不是渠。应须恁么会,方得契如如。

这是洞山良价禅师开悟的因缘。过水睹影,处处得见本来。

与赵老师相识近30年了。

我在北京海关工作之后参加自学考试,中文专业的主考院校是北京师范大学。考过本科的全部课程之后,要写毕业论文。1994年初,我因为选择了古代文学的题目,于是分配给中文系(后来改称文学院)的赵仁珪教授指导。自此与赵老师相识。

我写关于宋代女诗人朱淑真的生平,解读她的《断肠词》,次年印了一本小册子,请赵老师写的序。

2020年,中国书籍出版社打算出版我的《诗词格律浅浅说》,是一本普及诗词格律知识以及记述教诗实例的小书,自然还是祈请赵老师作序。

赵老师的视力严重受损,只能口述内容,师母打字。师母是赵老师的眼,是赵老师的腿,是赵老师儒雅背后的一切。师母不仅照顾赵老师的生活起居,还关照赵老师的心,想他所想,相濡以沫,不可言说。

如今,再看这两篇序言,我的惭愧油然浮现,无处躲藏。

一直以为,赵老师的序言应该出一本合集,各有特色,厚重而灵动。偶然读到赵老师为他自己撰写的《禅学要义》序言,是主客问答式的赋的写法。赵老师除了诗词、文章之外,赋也写过一些。我在读博期间,康震老师联系我为北师大文学院写篇骈文,我查阅了很多资料,勉强成句,却难以谋篇,求助赵老师,于是有了后来颇受称赞的《京师赋》。

1994年,我自学考试中文专业本科毕业,拿到文学学士学位之后,于1995年就读北师大中国古代文学专业的在职研究生。赵老师的课是必修的。听课、写作业,跟着赵老师的指导学习。有一种无形的力量引导着自己成长。

其间,赵老师升任教授和博士生导师。他努力在故纸堆中做他的学问,在春风细雨中教育他的学生,不考虑表演与争斗。

我一直准备考博。深信北师大的中国古代文学专业世界第一,没有考虑过别的学校,当然也没有考虑过选择别的导师。

2002年考博,专业课考了第三名,外语没有达到录取分数线,名落孙山。

2004年再考,专业课考了第一名,外语成绩也到了及格线以上。于是录取到赵老师门下,中国古代文学专业唐宋方向的博士研究生,国家计划内。

读博期间,启功先生辞世,我们跟着赵老师编纪念的书。此前此后,赵老师编辑出版了很多很多关于启功先生学术、书法、诗词,乃至生平实录的书。

我们还参与了赵老师主编的普及类诗词赏析的书,后来此书再版,据说相当畅销,名为《读100首古诗学会为人处世》。

我2007年论文答辩,博士毕业。赵老师推介我到南开大学入叶嘉莹先生门下做博士后。

赵老师与我同为中华诗词学会的常务理事,在北京开过几次会。2009年5月,我与赵老师一起受邀到西安参加过一届诗词研讨会。

那几年,赵老师一直提倡"创作学"的研究与实践。

一转眼,我们这届(2007届)博士生已经毕业15年了。有时候香港的同学来北京,同门聚一聚。有时候赵老师的生日或者教师节,我们分头去拜望。

其间,赵老师受过一次外伤,手术、卧床,后来就长期栖居在校内居民楼的四层。等着加装电梯,直到那个梦想渐行渐远。

2021年9月9日,我和另外一位好友完成"贤普堂五十三参"之第十四参,随赵克义大师兄前往赵老师家中拜访。某一天,这位好友去美术馆看展览,意外见到赵老师的书法作品(中央文史馆馆员作品),拍照发给我。我说:何处不相逢?

尽管我们无法舍弃前往彼岸的船,我们也在意标月的手指,但我们终究还是要找寻耀天心的那一轮明月,其实我们也不是要寻那天上的月,我们要回归自己如月的心,那清澈、澄明的本来面目。

高山仰止，景行行止。朱玉麒师兄约稿写我们的赵老师，一个夏天，我在内心浮躁之中竟然久久无言。原来，无意之中，我们不肯仰望高山，却总是见到自己内心的投影，而朗月天心只有内心纯净才会清晰应现。不离不弃，如影随形。

二祖慧可不仅得了初祖达摩的血肉皮骨，关键是得其髓，所以授受衣钵。这里所说的"髓"大概不是肉眼可见，也无法笔墨形容吧。

正是白露时节，想到《诗经》的那篇："蒹葭苍苍，白露为霜。所谓伊人，在水一方。"彼岸遥遥，伊人或许就是那个本来的自己。

又一年没有见到赵老师和师母了。

今夜，月光映于白露，蓦然回首，灯火阑珊。原来——

祗这是。

2012年6月9日，赵老师七十寿辰，历届赵门弟子欢聚一场。相约为赵老师共庆八十大寿。

2022年，赵老师八十大寿，老师身体还好，赵门弟子也各自安好。山河依旧。却由于特殊原因，无法欢聚。

想到辛弃疾的词句：待他年，整顿乾坤事了，为先生寿。

难道相约"米寿"吗？

也许，我们还不能"无寿者相"。

自此一别，难得相见。

难得不相见。

桃李春风流芳久　诗人情味最动人
——赵仁珪老师与我的师生缘

昝红霞

从大学二年级开始师从赵仁珪老师研习唐宋文学，到作为他门下第一届博士研究生毕业至今，我跟赵老师的师生缘分已经持续了近三十年。获得博士学位后，我离开了北师大，走出"象牙塔"，进入了"社会大学"，从事的工作，也跟古典文学研究和教学没有直接的关系了，这对我们师生来说，不得不说是一个很大的遗憾，但是赵老师和跟他做的古典文学研究对我的影响却从未减弱，反而随着岁月的流逝、人生经历的积累，其重要性也愈加凸显。

一

北京电视台二十世纪九十年代初就请赵老师做了一档介绍唐诗宋词的节目，我们常开玩笑说赵老师是最早"触电""出镜"讲授诗词的专家学者，究其原因，大概除了赵老师作为北师大教授的身份，另一个重要因素就是他的形象气质，实在是符合人们对一位唐宋诗词专家的想象。我的一位朋友曾看到赵老师照片，赞叹说："'谦谦君子，温润如玉'，真是理想中的古典文学教授形象啊！"相处之后明白，相由心生，赵老师的"教授气质"，来自他深厚广博的学问涵养，和令人景仰的师道传承。

作为教师的赵老师，不管是上本科生大课还是研究生小课，都认认真真、兢兢业业，每一节课都是有备而来，务求学生有收获；指导学生论文，不管是本科生还是硕士生、博士生，选题、结构、内容、进度，都时时关心、悉心指导。我上大学、研究生时正值二十世纪九十年代，中国社会处于急速发展期，大学也不例外，机会很多、节奏很快，求新求变之余，人心难免浮躁。有的教师对个人发展孜孜以求，对教学无暇顾及，研究生一学期见不到导师一两次；有的导师开起了公司，带着学生做项目，成为"老板"；有的甚至把学生当成廉价或免费的劳动力……对于这些，赵老师一概"绝缘"，除了必要的学术交流外，他每天的工作仍然是做学问、带学生，心无旁骛。他在学生身上的心思用得很多、很细，是把作为教师的身份和责任放在心上的人。

我大四写毕业论文，选的题目是柳永词，请赵老师做我的论文导师。作为一名本科生，写毕业大论文没有经验，我收集、阅读了不少古今资料，但又迷失在观点和素材的汪洋大海中，无所适从。哪知这个当口，赵老师乘车出行，遇到翻车事故，他和师母都受了比较重的伤。同学们听到这个消息，立刻选派代表去看望。看到老师和师母双双躺在病床上，我们都很紧张，老师和师母反而安慰我们说，伤虽然重，但并不是很要害，只是一段时间不能动，因此两人可以踏实地在病房过"情人节"了（当时正值2月）。虽然被老师、师母的风趣逗笑，但我们也不敢多打扰，很快就告辞了。从医院回来，我对着自己的论文，仍然一筹莫展。那时候大家还都没有手机，更不用提微信了，老师躺在病房，也没法接电话。纠结了几天，我鼓起勇气，自己一个人又坐上公交车跑去了医院。好在那时医院管理不严，我长驱直入进了病房。

老师正在闭目养神，看到我进来，有点意外，但马上明白了来意，让我坐在病床旁，慢慢跟我说论文。我开始时很心虚和愧疚，但是老师三言两语就把我带到了宋词的世界，我也把自己的收获和迷惘跟老师一一道来。老师实时点拨，指点迷津，很快帮我梳理了思路，理清了方向。那天是个雨雪天气，我去医院时，打着一把伞，内心忐忑，当我回到学校时，天已经放晴。二十多年过去，我对事情发生的具体时间都记不太清了，但是老师躺在病床上跟我谈柳永的场景，和那天"昔我往矣，雨雪霏霏；今我来思，阳光普照"的心情，现在回想，还历历在目。

老师对学生们的关心，不止于学术上的引导。我读硕士、博士时，高校开始扩招，每位老师带的学生多了不少。大家来自五湖四海，经历和基础不同，有从本校本科一路升学来的、有工作过又读研的，也有跨校跨专业的学生，赵老师会根据大家的特点、专长以及将来的就业方向，指导大家选课题、做研究。此外，还要惦记学生的身心健康。记得有段时间，几所大学接连发生了学生出走甚至自杀的事件，老师非常担心，不仅在上课和辅导论文时因势利导、给学生减压，还特意请师母帮忙，张罗了一次师生游园活动——带我们去颐和园踏青。那天赵老师门下研究生、博士生都聚在一起，虽然大家都已成年，但跟着老师、师母出游，仿佛找到了小时候集体春游的感觉。大家的背包里都带了零食、饮料，但谁也没有师母带的齐——不仅有各种食物、水果，还有餐垫、报纸等方便大家野餐的用品。我现在还记得那天颐和园怒放的迎春花，湖光山色，春和景明，老师带着大家边走边聊，文学典故、园中匾额、景致来历、野史传说……大家游目骋怀，心旷神怡，此情此景，让人怎能不想起"暮春者，春服既成，冠者五六人，童子六七人，浴乎沂，风乎舞雩，咏而归"的经典场面！

二

赵老师考大学时,因为时代的原因,几经蹉跎,成绩优异的他只被北京师范学院(现在的首都师范大学)录取,毕业后被分配到密云县半山区的塘子中学任教。虽然是偏远山区中学,赵老师仍以极大的热情,把自己全部的精力投入教学中,希望能帮助山区孩子通过学习拓宽人生道路。但很快,他又因为倡导、鼓励学生好好读书而被扣上了"白专"的帽子,只好闭口不言,默默投身古典文学的钻研和学习,但传道、解惑的情结依然不减。赵老师当时的学生赵克义回忆说:"我1973年进入密云塘子中学读高中,先生教我两年语文。高中毕业后,我留校当代课教师,先生收留我住在一起半年,每天晚上督促我洗脚,让我读诗,给我讲诗。1977年恢复高考时,先生鼓励我努力备考。我于1978年3月到大连去上学,到了下半年就知道先生考上了启先生的研究生。"

赵老师考上的,正是北京师范大学中文系的研究生,导师是启功先生。毕业后,赵老师留校任教。北师大是培养教师的大学,赵老师有山区中学的工作经历,在北师大培养学生更是带着深层次的感情。我们大学本科最后一年都要去中学实习,学生分成实习小组,由指导老师带着,每天去指定中学参与教学实践,为期一个月。当时我有幸分到了赵老师指导的实习小组,另一位指导老师是民俗学的万建中老师。我实习的二十五中位于北京最繁华的商业区王府井一隅,闹中取静的一所小小校园。每天早晨我们师生骑自行车从学校所在的铁狮子坟出发,一路经过积水潭、鼓楼、什刹海、地安门、南锣鼓巷等,到达实习学校。虽然科研和教学任务繁重,但是赵老师对这种实践性的课程一点儿也不敷衍,每天都在实习教师办公室陪伴我们,给我们指导教案、解答教学中遇到的问题。

授课环节，我要讲的课文是《兰亭序》。古文在中学教学里难度相对大一些，可能学校觉得对我们北师大学生也是个考验。我立志考师范大学，就是因为从小怀有教师梦，所以对这个机会非常期待。在北师大"学艺"三年，终于可以登上讲台，激动的心情可想而知。对文章的理解和分析难不倒我，但给学生们讲好、让他们能理解、掌握和欣赏并非易事。一确定篇目，我就精心准备好教案，交给赵老师指导。老师留下教案，仔细审阅，第二天才叫我去谈。他告诉我，给中学生上课一定要有针对性，"深入浅出"，教师有一桶水，也要慢慢喷洒，让学生充分吸收，不能大水漫灌。《兰亭序》的哲学背景、玄学意境、蕴含的生命意识、悲天悯人的情怀等，要讲出来，但要根据中学生的特点，结合作者人生际遇、时代背景讲，结合学生的知识背景讲，以及更为重要的，把词句等基础知识讲明白、讲清楚，不仅要让学生通过字义、词义理解句意和文意，还要让他们通过这一篇古文的学习，扎实掌握基础知识。老师的点拨，让我明确了给中学生讲课的要义和方法，也启发了我的思路，引导我把大学古汉语课中文字学、训诂学的内容灵活运用到教学中，作为基础知识教学的生动内容。我还跟该班的语文老师请教，详细了解学生语文学习的整体状况和个体特点，把教案的结构和内容进行了大幅调整。最后讲这篇课文用了几堂课，从学生的专注神情和积极互动能看出效果不错，多日的准备没有白费。赵老师全程坐在教室后排验收成果，给我助阵，不时点头赞许，让我越讲越有底气。我对教学的兴趣更加浓厚了，信心也更足了。

赵老师也从这次实习中，进一步了解了我的志趣和长处，认为我适合从事教师职业。后来我被学校保送读研究生，选导师时毫不犹豫投报赵老师门下，赵老师也欣然接纳了我，我想，这里面也有一部分是对我热爱教师行业的认可和期许吧！

但遗憾的是,虽然从本科就考入北师大,并在赵老师指导下接连读完了硕士和博士,但因为学问不精和阴差阳错,我毕业时没有谋到教职。这对老师和我都是很大的打击。对老师来说,他培养的第一个博士、用心栽培了近十年的学生,没能从事专业研究工作,甚至没有当上教师,失望可想而知。对我来说,则是多年为之努力的职业理想落空,以及因学无所成对老师的愧疚。引导我走出低谷的,还是跟随老师研究的唐宋居士诗人的文化精神。我虽生性愚钝,但多年沉浸其中,也从他们的人生阅历和作品境界中领略了历经坎坷后的超然之美,体悟了以苏轼为代表的文化巨擘,在历经人生磨难后的"旷达",是如何难能可贵!正如罗曼·罗兰的名言:"世界上只有一种真正的英雄主义,那就是在认清生活的真相后依然热爱生活。"这种精神境界,"虽不能至,心向往之",在自己遇到挫折时,也能成为刺破人生迷雾的阳光。

三

想到老师,就不能不想到师母。师母跟老师风雨同舟,一路走来,是老师真正的贤内助。老师专心治学、教学,师母承担了所有家务,照顾老师和家庭,并且对学生关爱有加。前文提到老师带学生游园,所有行程、餐饮乃至门票、车票,都是师母前后张罗。学生去老师家里谈课题,师母一定会准备茶水和水果。有一年放寒假回老家前,我去跟老师汇报论文进度,顺便辞行,师母知道我当天的火车,特意做了拿手的红烧排骨留我吃饭,一再给我夹菜,怕我路上饿肚子(当时还没有高铁,回老家坐火车要半天时间)。我毕业时求职不顺利,老师和我常常相对黯然,师母总是真诚、热情地开导我,用身边的事例帮我分析其他工作机会的可能性,让一直身处"象牙塔"的我思路开阔了不少。

我博士顺利毕业,父母从山东老家赶来学校参加毕业典礼,老师和师母听说后,特意邀我父母相聚。我坐在四位长辈之间,感恩之情,无以言表。一边是精心养育我的父亲、母亲,一边是用心栽培我的老师、师母,我是怎样的幸运,才能得到这样的关爱,又要怎样努力,才能不辜负他们的培育!每每忆及此景,总是深深体悟到"谁言寸草心,报得三春晖"的诗意!

离开校园以后,我与几位同门跟老师和师母保持了比较密切的联系,节假日时常结伴去探望。对我来说,这绝非仅仅是出于礼节,甚至不仅仅是由于师恩难忘。每次跟老师、师母长谈后,总是觉得神清气爽,对生活和工作,更多了一份笃定的心态。在老师和师母面前,我们总是感到那么亲切、自在,无话不谈。工作生活、时事新闻、师友信息等,老师总是听得非常专注。谈到我们工作中的一些新情况、新进展,即便像我这样不跟老师在同一领域了,他也会仔细询问,并结合自己的经验帮我们分析判断。对于一些新技术、新的社会现象,老师也总是很感兴趣,让我们详细给他介绍。每次回去,师母一定提前在饭店订好位置,安排我们师生聚餐,以便大家能多聊一会儿。难忘师母戴着老花镜为我们点菜的场景,她不仅照顾老师口味,还记得每个学生的喜好,点的菜总让大家惊喜……

我工作后也在北京安家,老师很为我高兴。我请他为我新家赐字,老师选了黄鲁直《登快阁》诗,精心书写后赠予我。"痴儿了却公家事,快阁东西倚晚晴。落木千山天远大,澄江一道月分明。朱弦已为佳人绝,青眼聊因美酒横。万里归船弄长笛,此心吾与白鸥盟。"这幅字一直挂在我家墙上,一年中总有那么几次,我驻足欣赏、默默吟诵,神思飞越,飘然远举。

四

赵老师的为师之道,我毕业后多年才逐渐明白其传承。他 1978 年考上研究生,师从启功先生攻读唐宋文学,九十年代中期更是开始投身启功研究,追随启先生 27 年。特别是他为启先生的《论书绝句》和《启功韵语集》作注释,以及撰写《启功口述历史》期间,得到了数年的"一对一辅导"。那段时间他几乎每天都能听启先生讲解他的诗作和生平,赵老师将其称为"吃小灶",认为是平生"最大的享受""一生中最美好最幸福的时光"。赵老师在给我们讲课的时候,包括当时课下交流时,讲到启先生,大都是学问和方法等内容,甚少提及他和启先生的私交,但后来我们读到研究启先生的书籍、回忆启先生的文章才恍然大悟,赵老师真正承袭了启先生作为学者、诗人,作为教师的精神和风采,内化于心,外化于行。

老师当年给我们讲苏轼时曾提到,杜甫难以企及之处在于他的人道主义精神,李白最崇高的人格在于对人权、人性的尊重,苏轼最动人之处,是他至真至浓、至深至广的人情。苏轼诗尝自云:"诗人情味真尝遍,试问于今底处亏?"赵老师把此处"情味"解为人情味,并认为苏轼是中国封建社会中最富有人情味的作家。同时他指出,启功先生正是这样的人。他说:"伟大的人并不见得都可亲可爱,只有在道德、文章之外再兼具性情,或曰情味,才能别具魅力。""这种懂人、爱人,懂生活、爱生活,并能出之以真情,处之以智慧的品德修养,现在称为'情商',启先生就是继东坡之后极富有情商的那种诗人。"(赵仁珪《启功评传》,北京:北京出版社,2017 年,第 336—337 页)而赵老师在作诗和为人上,也是一脉相承,人生百态百味,无不可入诗,而且豁达通透,笑对磨难。

启功先生患有美尼尔氏综合征,发作时眩晕、耳鸣、呕吐,但他苦中取乐,曾戏作《沁园春·美尼尔氏综合征》一首:"夜梦初回,地转天旋,两眼难睁。忽翻肠搅肚,连呕带泻;头沉向下,脚软飘空。耳里蝉嘶,渐如牛吼,最后悬锤撞大钟。真要命,似这般滋味,不易形容。明朝去找医生,服'苯海拉明''乘晕宁'。说脑中血管,老年硬化,发生阻碍,失去平衡。此症称为,美尼尔氏,不是寻常暑气蒸。稍可惜,现药无特效,且待公薨。"挥洒自如,让人读了既共情,又忍俊不禁。前文提到赵老师车祸住院,我们去探望时仍风趣说笑,后来我们知道他对此也照例赋诗:"平时影视见如常,今日亲经惊断肠。初似蛟龙腾浪涌,终如老兔搏鹰翔。追星直取戴安娜,归队欲投邓朴方。但恨凡夫非龙种,沉吟三月卧绳床。"(《车祸住院自嘲》)凡知赵老师其人其诗者,无不对其豁达心态和巧喻妙对赞叹不已。

谈到为师之道,赵老师曾饱含深情地回忆启功先生:"先生从教 70 余年,屡称别的头衔都是自己的副业,而自己的主业就是教师。""他从不把学生当成被动的受教者,而是当成朋友,他从来不说某某是我的学生,而只说是我的朋友,既爱护你,鼓励你,又礼貌你,尊重你。""他爱学生。他的客人夜以继日,川流不息,但只要学生来,他宁肯停下别的事,也要认真地解答学生的问题,满足他们的请求。为了学生的论文,他可以托远在海外的朋友为他们找资料,甚至亲自跑到博物馆的库房为他们查线索。"(赵仁珪《元伯与东坡——启功先生追思随笔》,《北京师范大学学报》2012 年第 5 期,第 42、43 页)事实上赵老师又何尝不是如此! 他对学生百般照拂,却总是态度谦和。有时学生课业没有跟上进度,他也是想方设法提点、帮助,从不疾言厉色。毕业后我们去看望他和师母,他们总是感谢我们毕业后还惦记他们,工作那么忙还不忘去探望,把我们当作平等交往的朋友。不少学生在回忆启先生时,都会提到他为了帮助学生开阔眼界、联系实际,带领学生走出课堂,走进剧院、寺庙、博物馆等,特别是参观故宫,令学生们印象深刻。"故宫很大,随便走走讲讲就得大半天。到了中午,大家累了、饿了,有时候就找一个角落,坐在台阶上吃点东西。""启先生还曾把课堂搬到学生宿舍中……一屋子足足装了十五六个人,那场景真可谓'亲密无间''打成一片'了……听得大家如醉如痴,其乐无穷。"(赵仁珪《启功评传》,第446页)当我读到这些段落,赵老师带我们游颐和园、在病床上辅导我论文、骑自行车陪我们去实习学校教课的场景,如电光石火闪耀脑海,我瞬间明白师道传承亦如传灯,绵延不绝,泽被后学。

自1978年考入启功先生门下到2005年先生去世,赵老师与先生相交27年。我从1995年开始跟随赵老师研究唐宋诗词,至今也有27年了。对比赵老师对启先生的学问、精神的传承和发扬,我对赵老师只有惭愧。特别是近年来由于疫情,老师又年高体弱,属于重点防护人群,我已经很久没能登门拜访和受教了。桃李春风的欢聚,被江湖夜雨隔离。虽然每年会有几次跟老师较长时间的电话交流,彼时老师仍然耐心倾听我聊工作和生活,一如既往为我的一点点进步和收获高兴,给我鼓励和安慰,但跟促膝长谈、如坐春风的感觉,还是相差太多。

此次蒙玉麒师兄倡议,同门呈献学术研究和回忆文章恭贺老师八十寿辰,我不揣固陋,用生疏的笔墨,笨拙地记录老师与我的师生情缘。惟愿我师努力加餐,身体康健,疫情过后我们能继续当面受教,奇文共欣赏,疑义相与析。

赵仁珪老师琐忆

李建英

1994年秋，我考入赵老师门下攻读硕士研究生，到现在，已经过去了整整28年。在这二十多年中，每每想到自己是赵老师的学生，都有一种幸福的感觉。

是的，幸福的感觉，因为赵老师是那么儒雅博学、可敬可亲的一个人，能做他的学生，我觉得很幸福。

在北师大中文系上本科时，就常听上一届的师姐们议论赵老师的宋词课讲得如何如何精彩，她们是如何如何喜欢赵老师。可惜我们这一届没有赵老师的课，很是遗憾。

本科毕业报考师大的中国古代文学研究生时，招生的导师里并没有赵老师的名字。考上之后，却突然分到了赵老师名下，来了个意外的惊喜。

可惜读研之后，我就谈起了恋爱，三年研究生生活，大部分心思都放到谈恋爱上去了，白白辜负了在赵老师门下求学的好时光。

毕业以后工作了，又心心念念什么时候回去读个博，终于在工作将近十年后又回到了赵老师门下读博，这时候却又一边工作一边学习，最终也只是勉强把博士论文写完了，没有更多的精力放在专业上。

啰嗦了这么多，是想说，在学问方面，我真是浪费了在赵老师门下求学的好机会。不过，先后求学七年，加上一直没有中断和老师的联系，在这将近三十年的时间里，都不时感受到赵老师的关怀，也觉得自己很幸运。

回忆起跟赵老师交往过程中的点点滴滴，幸福与幸运就是我最真切的体会。

赵老师给人的第一印象是儒雅。他身材颀长，面容清癯，浑身充满书卷气，一看就是典型的书生形象。有一次跟李山老师闲聊，说到他和赵老师都是启先生的弟子，李山老师感慨说："哎呀，你们赵老师才是真正的文雅书生，跟他比，我们都是屠夫。"李山老师当然是幽默自嘲，不过，我在心里也为赵老师感到骄傲。

赵老师的儒雅，来源于他的学识，更来源于他的性格和心态。赵老师性格平和，心态从容，从来没有见他发过火、生过气。生活中即便有不顺心的事，他也只是淡淡地说说，并不认真计较。他对学生们都十分宽容，从不严厉批评。学生常常到他家里，问问题，谈论文，甚至诉说生活中的烦恼。一届届学生，一个个弟子，你来我往，不停地开题、改论文、毕业答辩，诸多事情，赵老师从没有一点儿不耐烦，总是耐心地倾听、讲解，答疑解惑。

这些师生交往的场景，基本上都发生在他住了几十年的四五十平方米的小房子里。他的家是师大教工楼的那种老房子，客厅小到几乎坐不了人，所以他的卧室就兼做了客厅。床边放着一张圆桌，我们去了，就在圆桌边讨论、聊天，还常常留下来吃饭，师母总是热情地倒水、切水果，还给我们做饭吃。

住着小小的房子，带着一拨又一拨年轻或不太年轻的学生，著书立说，写写诗和字，大部分时间都沉浸在精神世界里，这就是赵老师的生活。

当然，并不是说赵老师不食人间烟火。另一方面，赵老师又十分具有人情味，像自家的长辈一样关心着我们具体的生活。

我硕士毕业那年在北京结婚了，由于我和老公的家都在外地，在北京办婚礼时除了同学和朋友,惟一到场的长辈就是赵老师和师母。老师和师母的到来让身在异乡的我倍感温暖。

毕业以后,每次打电话,都要问工作怎么样,生活怎么样,爱人怎么样,孩子怎么样,方方面面,都会关心。所以学生们跟老师的感情都很好,逢年过节和老师聚会,大家往往是拖家带口地去。

我的女儿从小到大多次跟着我们去赵老师家,老师和师母耐心地陪她玩,看她表演。师母退休前是幼儿园老师,哄小孩很有一套。女儿每次去都玩得不亦乐乎,根本不想回家。

跟赵老师在一起,学生们都很放松,没有拘谨的感觉。记得读博期间的有一年秋天,我们几个学生,加上赵锐的老公李小龙、我的女儿,和赵老师、师母去樱桃沟、植物园玩。一路上絮絮叨叨聊了些什么,不记得了,只记得我女儿耍赖,一路上不时缠着小龙叔叔要背。在路上,老师说,每人出门的时候都要交一首诗。等到了门口,我们都张口结舌,交不出诗来。老师随口吟了一首,前面的都不记得了,至今还记得最后一句是"人人都是李时珍"。那样的场景,真像一大家人出游,温馨而快乐。

赵老师也有非常风趣的一面,不过这一面一般不在学生面前表露。有一次我去中文系办公室办事,出来听到赵老师在走廊里一边看信息栏,一边吹口哨,一下子颠覆了我的认知,我悄悄地从他身后溜走了。事后跟同学们说起赵老师吹口哨的事,他们都说想不到。

有一次看老师的相册,看到一张照片,也是印象深刻,老师把鞋脱下一只,举在胸前,金鸡独立地照了一张相,俏皮活泼,令人忍俊不禁。

赵老师还喜欢看足球,说到世界杯,也异常兴奋。我时常想,儒雅的赵老师,内心仍一片天真浪漫。

赵老师就是这样一位丰富立体、令人钦敬也令人亲近的老师。老师给我们讲苏轼,谓苏轼儒释道合一,赵老师又何尝不是呢?

博士毕业的时候，赵老师书写了一幅陆游的《卜算子·咏梅》送给我，我想，赵老师选这首词，一方面是因为我的博士论文写的是陆游，另一方面，也是希望我像陆游笔下的梅花一样坚贞不屈吧！感谢恩师的勉励！

今年是赵老师八十寿辰，朱玉麒师兄组织编写出版纪念文集，借此机会表达对恩师的感激之情，是以写了以上拉杂的感受。

立雪缘六载 春晖照寸心
——记追随赵老师读书时的点滴往事

景红录

时光如梭,往事如烟,回想起来,我和赵老师结缘,已是二十多年前的事了。那时的我还是一个为了前途在努力奋斗的青年,如今却已是年过半百、两鬓如霜的老者,而赵老师也从记忆中讲堂上的风华岁月,走到了庆贺八十寿辰的辉煌时刻。当此之际,欣喜自是常情,感慨亦难尽免。

回想1996年的夏天,我独自来到京城,寻求自己希望微茫的前途。当时考研的硝烟已然散去,但最后的结果尚未确定,我急切想问个究竟,但又苦于无处可去。在别人的指点下,我怀着忐忑的心情,给赵老师打了个电话,提出见面的冒昧要求。让我惊喜的是,赵老师很爽快地就答应了。于是我辗转来到了老师的家中,第一次见到了老师本人。当时具体说了些什么,我现在已记不太清了,只记得赵老师问了我一些情况,告诉我不要着急,要耐心等待消息。虽然这次见面也没能明确考试的结果,但出来后我的心情已经放松了许多,觉得这次京城之行并不是没有收获,倘若能成为赵老师的学生该是多幸运呀。回去后没多久,幸运就真的降临到了我的身上。我终于走出了山沟,来到了高等学府,成为赵老师的学生。一切犹如美梦成真,令人难以置信。

在三年的硕士学习期间,赵老师不仅在学业上给予我很多的教育和指导,给我打开了文学研究的大门,引领着我逐步走上学术探究的道路,教会了我以严谨求实、认真细致的态度进行学术研究,对我影响深远;而且在生活上也尽可能地给我以关心和照顾,使我在经济上能多获得些好处,不致太拮据窘迫。

现在想起来,我印象最深的,一是课堂上老师儒雅渊博的学者风采。当时他给我们讲"宋六家词",不管多复杂的问题,总是条理清楚,循循善诱,剖析得清晰明白,既有很强的学术性,又很生动自然,通俗易懂,让我这样基础较差的学生接受起来也没有多大障碍。所以老师的课很受欢迎,教室里总是坐得满满当当,去得晚了,就只能站着了。我每次课笔记都记得很认真,一学期下来,记了厚厚一本,极为珍视,可惜后来毕业时给遗失掉了,遗憾至今。

二是生活中老师亲切随和的长者气质。说来也不知是幸或不幸,我和老师的真正接近,是老师和师母不幸遭遇车祸之时,即老师诗中所说"追星直取戴安娜,归队欲投邓朴方"那次。当时我们几个学生轮流去医院看护,我虽然只去了一两次,但也因此和老师及师母有了更多的接触,增进了感情。记得有次师母问我,觉得我有点自卑是因为什么,我说是感觉自己上了多年学但却一事无成,没什么值得称道的东西,与他人相比,自愧不如。老师就开导我说,对自己不要要求太苛刻,有多少老教师一辈子平平淡淡,也都很正常。然后又说:读研究生是为了什么?不是多读几本书,多写几篇文章,而是能够进入学术研究的领域,多交朋友,相互帮助,开阔视野,提升自己。这次偶然的谈话可以说给了我课堂之外一次真正的教育,不说是如拨云雾见晴天,但至少使我看清了前进的方向,给了我更多的信心和勇气,使我能够坚定地继续走在治学求索的道路上。至今想起来,都觉得受益匪浅。但我生性愚钝,拙于交际,心虽向往而艰于实践,所以劳劳碌碌多年,至今亦无大改变，有负老师的教导。还有，也是因为我的愚钝疏惰，在读书期间，我不仅没能做出什么成绩，反而有时还给老师添些无谓的麻烦。记得在毕业论文开题的时候，因为事先准备得十分仓促，拿出的文本极为粗糙，因此遭到评委老师们的严厉批评。当时老师还病卧在家，我却关键时候添堵，心里非常羞愧。后来在老师的帮助下，尽力补救，才得以顺利完成任务。这些事情，现在想起来，还是愧疚在心，难以忘怀。

到了 2002 年的夏天，在硕士毕业离开京城三年之后，我又一次叩响了赵老师的家门。当时我想考博士，特来找老师询问情况。落座之后，记得老师家的电视中正播放着一个文艺节目，老师在里面讲解着苏轼的悼亡词《江城子》，配着演员表演的画面，娓娓动听，风采依旧，让久离学生生活的我仿佛一下子又回到了老师的课堂上，心中充满了殷切的期望。考完后，我自感外语不好，当老师询问时，还说准备来年再战。但没想到幸运再次降临，当老师电话通知我被录取时，我真的喜出望外。就这样，我再到京城，重入师门，与赵老师又续前缘，度过了三年的读博生涯。

在读博期间，因为家庭的缘故，我经常奔波在京城和唐山之间，没能像读硕期间那样专心在学校读书。即使在学校，因为很少有专业课程，所以和赵老师也并不经常见面。我现在记得的只有经常参加一些学术交流活动或集体活动，譬如赵老师陪着启功先生与研究生们座谈，陪着南京师大的钟振振教授和研究生们进行学术讲座，还有就是和我们商讨毕业论文的选题和写作问题，以及带着我们所有学生一起游览颐和园。对于我比较特殊的事，就是赵老师在中央文史馆给我找了个登记图书的工作。他先带着我们坐公交车到文史馆熟悉环境，认识人员，以后我就每天早出晚归，和一位王老先生在那里登记馆藏书籍，过了一段清闲自在又充实有得的生活。这段经历，既增长了我对古籍目录学的相关知识，对我写论文很有益处；同时也增加了我的生活收入，解决了我因离岗读书而生的一些燃眉之急。这也是赵老师对我这个学生的照顾和帮助。

"百岁光阴一梦蝶",二十多年的时光匆匆而逝,很多往事如雪泥鸿爪一般已渐渐模糊,如今回想起来,只留下斑斑点点的一些记忆,但赵老师在指导我学业上的那份严谨、细致,对我生活的那些关心和照顾,却始终留存在我的心里,烙印在我的记忆里。他的很多教导和思想已经潜移默化为我的治学和做人原则。如果说我在教学和科研上还有些成绩的话,也都离不开老师言传身教所培养下的良好习惯。尽管毕业之后,我和老师的联系不是很多,但老师对我的影响却无时不在,并将伴随我一生,永不磨灭。

今年是老师八十寿辰,值得特别庆贺,我无以奉献,唯身在唐山,心中默祝,并略记往事,以表拳拳之心。又凑成韵语云:

赵老师八十寿辰有感

绛帐恩如昨,磻溪颂兹辰。

传衣思夜半,侍坐感阳春。

去去情何限,依依梦未泯。

箪瓢虽有愧,饮德亦弥珍。

谨此略表恭贺及感戴之情。

传灯启慧　指月明心

——随恩师赵仁珪先生学佛记

刘晓珍

流年暗换，鬓丝频添，屈指算来，从第一次读到六祖慧能的"本来无一物，何处有尘埃"，到现在真正对"何其自性本自清净……"①稍稍有所领悟已经过去二十余年。二十多年前偶然读到六祖偈诗，心中从未有过的亲切之种子便已悄然播下。如今回想起来，正是这种心有所向，才促使机缘成熟，让我有幸考入北师大，成为对佛禅颇有研究的赵老师的弟子。老师是学业上的导师，更是人生逆旅的指路明灯。

一

佛教讲"上报四重恩，下济三途苦"，师恩难报，更何况是这样将自己引上学佛道路这一殊胜妙途的恩师呢！

我是2002年考进北师大跟随赵老师读博的。二十年过去，至今犹记跟随老师上课的情形，课程内容讲的正是佛禅对中国诗词的影响。老师多次

---

① 杨曾文《新版敦煌新本六祖坛经·附编（一）》，北京：宗教文化出版社，2001年，第89—90页。

强调研究佛禅与文学的联系不能过于偏重佛禅理论,而应该同时将更多的精力放在对禅、诗关系的阐发上,老师讲课也特别注重这方面内容的解析,比如对白居易、苏轼等的讲解,至今难忘。

还清晰记得老师介绍《勤政楼西老柳》"半朽临风树,多情立马人。开元一枝柳,长庆二年春"这首诗的情形,我是第一次听到,也感觉这首诗甚好,简短精妙,言约旨远,是对佛禅无常哲理的极为意味深长的演绎。此后这些年每当上唐宋文学课,这首诗总不免在心间闪现。这首小诗同《红楼梦》的"陋室空堂,当年胡满床。衰草枯杨,曾为歌舞场。蛛丝儿结满雕梁,绿纱今又糊在蓬窗上……"一样,都将佛禅生灭无常的道理演绎得生动形象、过目难忘。诗人通过这些文学作品将佛理讲得微妙动人、含蕴丰富,真可谓文字般若。

老师还讲到苏轼不光有很多《百步洪》"我生乘化日夜逝……但应此心无所住,造物虽驰如吾何"这样直接宣扬禅宗思想的诗;还有《题西林壁》"横看成岭侧成峰,远近高低各不同。不识庐山真面目,只缘身在此山中"这样不着禅语,却深刻表现禅宗反执着、超然物外思想的诗。老师特别指出,苏轼还有些诗历来被人称颂不已,但却忽视了支撑其好处的正是禅宗思想。如《定风波·莫听穿林打叶声》,这正是禅宗所提倡的即心即佛,心外无佛,不落等级差别,无住无相思想的体现,"也无风雨也无晴"正是这一思想的生动概括。

老师认为诗与禅之所以发生密切联系,首先在于二者都注重心灵体验,都是"心"的画作,禅宗悟得的是不可言说的本心,表达心灵感悟也是诗歌的妙高境界。其次在悟入途径上,诗与禅也颇为相通,老师认为:顿悟与诗家的灵感最为相通。另外,老师还认为,在注重意境、形象选择、语言功用等几个方面,诗与禅都颇为相似。正所谓"诗为禅客添花锦,禅是诗家切玉刀",历代无数的优秀禅诗表明,诗与禅确实关系密切、相互影响,这些都在老师的《禅学要义》中有详细的论述。

老师的课堂讲解对我启发很大,使我对诗禅关系这个话题产生了浓厚兴趣,课后总是迫不及待地去找相关书籍来阅读。所以读博那几年,课余大量时间是在图书馆度过的,那时老图书馆里面有几间隔起来可以独立看书的小房间,宿舍几个人戏称为"小黑屋",我是独占其中一间时间比较长的人。那段读书的日子惬意而单纯,一心一意,别无所念。然而老图书馆在我还没有毕业时已经拆除,建起了一座更加现代的大型图书馆,"小黑屋"何处再寻?真可谓"未转头时皆梦"。

在图书馆里,我如饥似渴地阅读了不少佛禅典籍以及佛禅与中国文学相关研究著作。一段时间之后,发现禅宗与宋词这一领域研究相对薄弱,就跟老师商量,博士论文以此为题,老师听后非常支持,又指导我去读《祖堂集》《古尊宿语录》《碧岩录》《禅宗颂古联珠通集》等禅宗相关文献。每次见面,老师总是关心我研究的进程和难点,详细地给我解答疑问并指明方向,经过两年多时间,论文终于在老师的悉心指导下顺利完成。

论文初稿完成后,正碰上那段日子老师眼睛不好,老师是一个章节一个章节听我读出来的。老师是谦谦君子,待人极为和善,真正践行着佛家倡导的慈悲喜舍。至今记忆深刻的是,因为论文是读出来的,正好暴露了自己的读音不准的毛病,但老师从未有过一句重语,更别说批评的话,总是那么和颜悦色地指出错误的读音或者论证不妥的地方,让我一点儿也没感觉到老师的"可怕",真正对老师的学问和风范有了更加深切的感受。

二

虽然完成了论文的写作,但对佛禅的兴趣却丝毫没有因毕业而减少。

毕业后因为要开设短学期课程《禅宗公案故事赏析》，我又几次认真地把老师的《禅学要义》拿来细读一番，真的是隔两年读一遍就有一遍的收获。这是因为随着时间的推移，自己对佛禅的理解也在不断变化，对以前似懂非懂的地方也领悟得更深了。

由于禅宗不讲三法印、四圣谛、十二因缘等内容，尤其慧能，对戒定慧、皈依、三身佛、般若波罗蜜、西方等的定义也颇与传统佛教不同，有人不免会发出疑问：禅宗还是佛教吗？老师在书中明确指出："(禅宗)在遵循佛教讲生死轮回、因果报应、无常无我、苦集灭道、涅槃解脱等理论基础上，提倡了佛教中原有的、但尚未被高度重视、很好发挥而又具有积极意义的因素，从而形成新鲜的面貌。"①

确实如此，禅宗所发挥的正是佛教"原有的"而未被重视的因素，禅宗是站在终极实相的角度来谈佛学的，针对的是上根利智之人，六祖慧能即说："小根之人，闻此顿教，犹如草木根性自小，若被大雨，悉皆自倒，不能增长。"②对此种种不同法门，《法华经》有云："及其志力，随所堪任，以无量喻，而为说法，随诸众生，宿世善根，又知成熟，未成熟者。种种筹量，分别知已，于一乘遗，随宜说三。"③可见，佛法之所以有不同次第、种种法门，只因众生根器有别，而六祖慧能所传之法，正是针对根基成熟者而谈。

禅宗强调不立文字，甚至有呵佛骂祖、毁经弃典等极端行为，似乎颇有反佛教的味道。但其实超越文字、经论恰恰是佛教"原有的"重要特点。"不立文字"在许多大乘经典中都有表现，如《金刚经》："若人言如来有所说法，即为谤佛。"《法华经》："蠲除诸法戏论之粪。"④因为文字乃临时安立的假名，也属于生灭有为，是悟道之工具，并非真如实相本身，故而不可执着；但离开文字、离开世间万法又无从了解实相。所以对文字不即不离，用而能

---

① 赵仁珪《禅学要义》，北京：光明日报出版社，1996年，第315—316页。
② 《新版敦煌新本六祖坛经》，第100—101页。
③④ 《法华经》信解品第四。

舍,舍而能用,不被文字名相所系缚,随说随扫才是中道的立场。所以老师书中说:"不立文字与不离文字是相辅相成的,立言而离言,才是这道而不道的真谛。"①而老师以《禅学要义》谈禅,正是这种中道立场的体现,对此,老师用一首诗进行了幽默地说明:"禅而曰学虽荒唐,又曰要义岂敢当? 聊借假名从门入,得意忘言又何妨?"②

对于自力实证方面,老师书中也进行了深入探讨,指出:"要想证得本心,必须亲自实证,这就是禅家的结论。"③确实,佛禅修道与普通做学问不同,只是理论上的了解与解脱烦恼基本不相干,唯有实修真做,在心念上下功夫,才能有所收获。记得写博士论文那些年我虽然也读了很多书,也知道了不少佛禅道理和公案故事,但生活中的烦恼还照样很多,遇到棘手的事情照样手足无措,生活中的行为总是顺着习气走,自己却毫不知情。现在才彻底明白,原来自己身上有那么多的贪嗔痴慢疑需要去除。

对于禅宗当中最难以理解的"不修之修"方面,老师在书中更是进行了精到的阐述:"禅宗,本是一种充满辩证哲学的宗教,它不但要'须具自眼,莫依他人作眼',而且'需具两只眼,照破两头事',不落两边,行中道义。它即是非是,非是非不是,非心非不心,非妙非不妙;它不求善,不求恶,不属知,不属不知;它不有不无,不生不灭,不垢不净,无因无果;它迷悟不二,生佛不二,心亦不可得,妙亦不可得,不二两字亦不可得,以至不可得亦不可得。"④

为何皆不可得呢? 因为只要有所得即与无相无不相的本心实相相背。所谓"何期自性本自清净,何期自性本不生灭,何期自性本自具足,何期自性本无动摇,何期自性能生万法"⑤,本心着一字即乖,动一念便离。《华严

---

① 《禅学要义》,第 323 页。
② 《禅学要义·题解与前言》。
③ 《禅学要义》,第 319 页。
④ 《禅学要义》,第 328 页。
⑤ 《新版敦煌新本六祖坛经》,第 90 页。

经·离世间品》有偈曰:"菩萨智光月,法界以为轮,游于毕竟空,世间无不见;……譬如净日月,皎镜在虚空,影现于众水,不为水所杂。"①唯有清净心才能与如来法身相应,才能映现万法而不为万法所染。这也即是《坛经》"善知识,真如自性起念,六根虽有见闻觉知,不染万境,而真性常自在。外能分别诸色相,内于第一义而不动"之义②。

本心不是修出来的,而是本自具足的,修只是勘破因缘聚合假象的同时,真心的自然显露。八万四千法门生生灭灭皆属方便,只是为了破除妄想执着,才随缘安立,是登岸之舟楫,登岸后即当舍弃。正如《金刚经》所言:"知我说法如筏喻者,法尚应舍,何况非法。"所以修道而无修道之念,方能与"如如不动,不取于相"的本心相应。

但禅宗的"不修之修"落脚点还是要"修",只是这种"修"不同于一般人的盲修瞎练,老师指出:"为了革新传统佛教,禅宗特别强调无心无修,但这并不等于说禅宗一切皆不修,……认为顿悟并非仅靠修持而得,但在顿悟后……还需要有保任之功。"③所谓理可顿悟,事须渐除。因为习气乃长期养成,不是一下子就能改变的。所以修行是一点一滴的功夫,悟后起修,先借助某个适合自己的"法门"以楔出楔,最终达到"无所住而生其心"。从资粮位、加行位、见道位再到修道位、无学位,一般根性的人都要认认真真,一步一步次第成就;再者不能离开日常生活的环境,逃离现实往往使修行落入空谈,理上明白事上却不能发挥。所以老师书中也特别谈到了禅宗回拢生活、尊重世法的诸多表现,并指出:"他们在日常生活中寄寓着对道的体验,他们的平常是更高层次上的平常。"④正如云门文偃禅师所言,同样是衣食住行,凡夫是计较不断、烦恼不断,而悟道的禅师则是"终日着衣吃饭,未曾

---

① 《华严经》卷第五九。
② 《新版敦煌新本六祖坛经》,第93页。
③ 《禅学要义》,第327页。
④ 《禅学要义》,第321页。

触着一粒米,挂着一缕丝"①。

因为离得远,毕业后跟老师见面非常少,多是通过电话联系。电话中有时候也会聊到佛禅相关话题,老师总是提醒我不要着空,不要着相,放宽心量。"凡所有相,皆是虚妄",一旦着相,即乖离了"本心自性"。"量周沙界、心包太虚"才能与"无所从来,亦无所去"的本心相应。老师虽然多年来承受身体上颈椎痛、眼病、腿脚不方便等一系列的病痛折磨,但始终在认真做事,做事又无所执着,始终达观面对人生种种环境,顺逆皆能泰然自若,这些都特别能给我启发与引领,让我不至于偏离正确的人生方向。

三

尤其让我钦敬的是,老师不但是佛禅研究专家,更是诗人,所以在诗禅关系的理解上,老师的体验是亲切而深刻的。十年前,收到老师的诗集,阅读后深深赞叹老师正是用行动实践着即诗即禅即生活的哲理。

诗集中有一组《古诗十九首》,其中写道:"究竟我为谁,西哲也兴叹","铿然一叶落,泠然天下秋","日日复日日,大半病中煎","死若勘不破,知生何从言"②,咏写的正是对生老病死的哲理思索。

所谓"有漏皆苦",佛教对苦有多种分类,常见的有苦苦、坏苦、行苦三苦之说,又有生、老、病、死、爱别离、怨憎会、求不得、五阴炽盛等八苦之说,道出了人世间的种种苦状。常人生而不知我为谁,死而不明何处去,糊里糊涂之中便老之将至了。老师这里正是感叹世人不能去勘破生死这件大事,而在苦海轮回不已。如何勘破生死,达至无生法忍,关键是要树立正知正见,

---

① (宋)普济《五灯会元》卷一五,北京:中华书局,1984年,第923页。
② 赵仁珪《土水斋诗文选》,北京:线装书局,2012年,第103—105页。

明了万法不过是因缘聚合的现象,生命不过是因果相续的故事,从实际行动出发,信解行证一步一步去悟入真如实相。《楞严经》曰:"一切众生,从无始来生死相续,皆由不知常住真心,性净明体。用诸妄想,此想不真,故有轮转。"①众生都把生灭意识心当作为我,以假为真,故而生死流转。唯有勤修戒定慧,熄灭贪嗔痴,且不着修证之相,方能与"常住真心"相应。

老师还写有一首《乐山大佛偈》:"我佛辛苦,栉风沐雨。我佛庄严,端坐水浒。我佛慈悲,指点津渡。一经指点,便当觉悟。一旦觉悟,便生乐土。乐土乐土,谁当作主?"②

诗中赞美佛的大慈大悲、大愿大行和修道者的觉悟之境。的确,释迦牟尼佛曾经舍身饲虎、割肉喂鹰,地藏菩萨有"地狱不空,誓不成佛"之言,阿弥陀佛也有四十八大愿,佛菩萨们真正践行着无我利他、慈悲喜舍的佛教宗旨,是成就世间大爱的觉行圆满者。诗中言"我当觉悟"者,即指众生学习佛法,通过信解行证,达到解脱自在。"谁当作主?"提醒读者自己是主人翁,切莫身外求法求佛。《华严经》曰:"若人欲了知,三世一切佛。应观法界性,一切唯心造"③,佛法是心法,一切修行不离自心,心外求法,即是魔境。老师此诗可谓道出了佛法之根本与修行之真相。

老师还写了这首《六祖赞》:"一颂金刚顿破关,劈柴担水任天然。三更月下五灯续,一偈廊间万古传。肉边菜,心中幡,我心如是乃真禅。自从顶礼南华寺,撒手逐风天地宽。"④

词中形象地记述了六祖慧能求法悟道的过程,"劈柴担水任天然""我心如是乃真禅""自从顶礼南华寺,撒手逐风天地宽"既是对六祖即心即佛、任运自在境界的赞美,也写出了老师洒脱无碍的人生悟境。启功先生也有词

---

① 《楞严经》卷一。
② 《土水斋诗文选》,第 13 页。
③ 《华严经》升夜摩天宫品第十九。
④ 《土水斋诗文选》,第 38 页。

句曰:"貌自多般,像惟一霎。故吾从此全抛下。开门撒手逐风飞,由人顶礼由人骂。"①在宋人笔下,也常见类似表达,如朱敦儒的《减字木兰花》:"虚空无碍,你自痴迷不自在。撒手游行,到处笙歌拥路迎"②。"撒手游行",即是《楞严经》中所谓"汝心中演若达多狂性自歇,歇即菩提"③之意,表达的是参禅修道之人缠缚顿消、心得自在的境界。从宋代文人到启先生再到赵老师,都在佛禅的滋养下通过文字呈现禅理妙义,更为形象诗意、更深层次地践行着诗即禅、禅即诗的生命美学。

老师诗集中还有不少有关佛寺的记游诗,如《山西悬空寺》《重游五台山》《重游南华寺,寺内有二菩提树,为之赞》《过香积寺步王维原诗韵》等。可见老师参访过全国各地很多寺院,对文殊菩萨道场五台山、六祖弘法道场南华寺等更是欢喜"重游",这足以说明佛禅思想与文化在老师心中所占的分量。

今年迎来了恩师的八十寿辰,在这样欢庆喜悦的日子,弟子借此小文回顾一下近二十年跟随恩师学习佛禅的一些体会,以感谢恩师的引领与教导。所谓"一灯能除千年暗,一智能灭万年愚"④,感恩恩师启慧明心,影响我亲近佛法,使我逐渐明白宇宙人生的道理,不再妄想终日、颠倒相续,从此走上回归自性本心的道路。以后还要不断向恩师请教,继续精进修行,争取能以自利利他之心过好每一天、做好每件事。

---

① 启功《启功韵语集》,北京:北京师范大学出版社,2004年,第53页。
② (宋)朱敦儒《樵歌》,上海:上海古籍出版社,1998年,第297页。
③ 《楞严经》卷四。
④ 《新版敦煌新本六祖坛经》,第24页。

华发如月　虚怀若辰

李　晶

　　银发,挺拔,严肃,二十二年前,在研究生导师见面会上,这是我对赵老师的第一印象。不记得当时老师问了我什么问题,但是面对如此魁伟庄重的导师,我那惴惴的心情,此刻都鲜活真实。当然,人生并不只停留在初见,三年的相处,二十二年的追随,我对老师的感觉,变了吗?

　　华发如月,在我心里,便是老师的标志性特征之一。在他人,银发,或许给人苍老憔悴的感觉,但是老师身姿挺拔,一头银丝整齐而浓密,总让我联想起皎然的月色,银辉熠熠,绝无半丝衰颓之感,相反恰给了他别样的庄重,凛然,甚至仙风道骨,卓尔不群之气。我最初认识老师的时候,他便是这样,以至于我始终都无法想象,黑发的老师,会是何种气质?

　　华发,另一个意味,是长者。读研那年,我23岁,老师58岁,比我的父辈稍长,但是,可能因为银发和严肃的缘故,对老师,我总有一种爷爷辈的错觉,所以每次要去见他,心里总是忐忑。好在第一年没有老师的课,不用总是见面。老师对我们的管束也不多,不同于其他很多老师,对学生有一摞又一摞指定阅读书目和定期阅读报告的要求,老师的教育方式,也是我最推崇的,是道家式的顺任自然。于是,我便自由自在地看着自己喜欢的书,修着自己喜欢的课。当时,我的专业是唐宋文学,可我却爱上了西方文艺理论和哲学,成天"不务正业",着迷于西方的各种"主义",异想天开着怎样"中体西用",把我喜欢的东西加进对唐宋文学的理解中。这,理所当然地,我自知不是一条做学问的正途,因为一般而言,考据、文献、文本,才是硕士研究生阶段的主要任务:为日后的研究打下坚实的学术基础。所以,我虽一边"随心所欲"地读书学习,一边也总是害怕见导师,因为我预设:如此"华发如月"、古典气质浓厚的导师,肯定喜欢踏踏实实做学问的态度,而非我这种"天马行空"的风格。但是,丑媳妇也是要见公婆的,导师的课终于在研二的时候,姗姗而来,而我,也该给老师交第一篇论文了。我的"随心所欲"梦,终要醒了罢?

老师开的课,名叫《唐宋文学史研究》,主要内容是他的一部学术著作《论宋六家词》。因为是自己导师的课,约定俗成,学生当然得"积极表现",于是我每节课乖乖坐到前排,近距离聆听老师的每句言辞。这一聆听可好,我似乎听出了和我的第一印象背道而驰的老师形象:老师很严肃,但居然只是看起来很严肃,其实特别"有意思"。好几次课上,讲到苏轼的趣事,全班哄堂大笑,可是当我观察老师的表情,却难以置信地发现,他脸上没有半丝笑意!他面无表情地对着前仰后合一堂人的荒诞景象,每次都让我简直严重怀疑刚才是不是他讲的笑话?或者他讲的根本就不是笑话?

于是,大了胆子揣测,能黑色幽默的老师,也许没有那么古板,也许能有足够的胸怀容忍我的"中体西用"? 当时接触了一些形式主义文论,于是,在科目论文中,我把词体"形式"了一把,用整体大于部分之和、变化也是一种节奏等概念,解释分析词牌结构本身的情感特色,美其名曰《词,一种有意味的形式》,战战兢兢交了上去。结果大大出乎了我的意料,我居然得了92的高分! 老师还表扬了我理论用得好,鼓励我拿去修改发表。老师的接受与肯定,对我的影响是巨大的。这成了我学术方向的重要起点,也给了我"中体西用"的信心,以后我就可以大刀阔斧地勇往直前了! 西方理论者,我之爱,唐诗宋词者,亦我之爱,何其幸运,在老师的庇护下,我可以二者得兼。我知道,我的古典文学功底还没有那么扎实,我知道,我的西方理论视野也还没有那么深厚,我知道,我对两者结合的研究和解说还十分生硬,我更知道,在唐宋文学领域,这是不被很多老师接受的一条研究的"歧途"。可是,老师居然承认、包容,乃至于赞赏、鼓励!他欣然接受着一种不成熟的尝试,一种学术研究初期的蹒跚;他珍视和保护着一个学生思考的开放,研究的热情;他建设和培养着一个学生和对学术的信心,以及对自己的评价!其实,老师只要说四个字——也在某种程度上是事实的四个字——生搬硬套,即使只是作为赞美之后的"但是"说出来,都可以动摇我的观点,削弱我的信念,可是并没有,全是肯定,没有"但是"。不用"但是"体现自己的"导师地位",不用"但是"设立学术的界限,这便是一位导师对学生最初和最深的呵护,也是一位导师最可贵的宽厚胸怀。

有了这一次论文的成功历险,摸到了老师宽容温厚的个性,我的胆子就大了。研究生最后一年将至的暑假,我突发奇想地想去回归不久的香港看看,意欲争取学校刚公布的赴港教普通话的机会,便大言不惭地向老师提出了这个请求。本来也是非常"妨碍学术,不务正业"的一件事,居然又被老师爽朗地同意了。不仅同意,还大方地给了我他曾经的教案,以助我面试。受宠若惊的我,一边庆幸自己的不合理愿望意外得偿,一边忍不住好奇地想:不知道老师容忍度的边界到底在哪里,不知道究竟什么事可以让老师严厉地说"不"。

后来因为通行证的原因,赴港计划没有成功,我便安心开始写毕业论文。由于学术眼光和个性所限,我自己选定的研究对象,是李白。又是一个大而无当,自不量力的选题。李白,中国古代第一大诗人,对他的研究千年不绝,汗牛充栋,岂有我一个小小的研究生置喙之地?然而,老师还是"意料之外"又"不出意料"地同意了!说意料之外,是因为换成别的任何一位导师,这选题多半会因为"太狂妄"而被"无情枪毙";说不出意料,是因为有了前两次的经历,我对老师已经有了一些期待。我还是用了我喜爱的西方理论,这次是存在主义哲学,天马行空地"现代阐释"了大诗人李白。那时候真是太想写好毕业论文了,既不想辜负老师的宽容,又急于证明"中体西用"的可行,我每日孤军奋战(当时正值 SARS 流行,整个教室只有我一个人),早八点到晚九点,除了吃饭,就在二教写论文。窗外梧桐簌簌,暮鸦昏昏,屋内的我,文思扰扰,落笔不成章,越想写好,反而怎么也写不好,苦苦憋了四五个月,挣扎了几万字的毕业论文,连我自己都很不满意,无奈期限已至,只得腆颜上交,等待挨批。老师认真地修改了我的论文,一如既往地坦然接受并善意地肯定了我的努力,甚至勉为其难地为我找了一些亮点加以表扬。不仅如此,老师见我有些自我颓恼,还安慰道:硕士论文,主要是让学生熟悉一下做学问的流程,探索一下自己的学术道路,不必对学术成果太过纠结。老师又一次用他无条件的爱护、鼓励和宽容,生生地护住了我学术的自信和梦想。惭愧又感动的我偷偷地想:看来此生是很难让老师说"不"了!

但我很快又成功创造了一个老师更应该说不的机会。我想考博,可是第一,我不太想考本校,我想去北大;第二,如果考本校,我不太想考唐宋文学专业,我想改学文学理论!(只要考试时间不冲突,考博可以同时报几个学校。)这两个选择,无论哪个,可都是背弃师门、不可饶恕的大罪过!况且听说过一个可怕的先例,有别的导师的学生,瞒着导师偷偷报了北大,结果导师知道了,大发雷霆,认为学生"看不起"自己,几乎将学生逐出师门。前车之鉴历历在目,我该怎么向老师开口呢?我的命运将如何呢?前者尚且还有理由,换个学校换个环境,可是后者,实在难以启齿,虽然我其实深敬导师的学问,也纯然是因为学术兴趣想换专业方向,可是,只要老师有一点点"想误会之心",我的报考志愿,便太容易被误会为"不喜欢乃至看不起自己的导师"。

鼓足了十二分的勇气,硬起了三寸厚的头皮,冒着天下之大不韪,我终于向老师提出了两个无理请求。在心灵的最深处,我想我也是在打一个赌:赌老师的胸怀,也许真的大到可以容忍我如此一意孤行的地步!虽然老师之前的宽和与宠护,给了我提出请求的勇气,可是鉴于事情的严重性,我实在对结果不敢抱太大希望,只求老师千万不要被我气病便好。

没有等待太久,老师的答复便来了。支持!居然还是支持!没有半点不解、责怪、质问,或是劝说,只有支持,无条件地支持!老师还主动问我想考哪位导师,要帮我写推荐信。我真不知如何形容当时的心情,我只知,感动两字是远远不够力量的。我想,那是一种极致的敬佩和惊叹。老师那如宇宙般触不到边际的包容、豁达,那像星辰般亘古不变的支持,不再是一个事件,而是一种人格,一种境界。老师研究的词,有"不知何者为我"的无我之境;老师喜爱的禅宗,有直指人心的透达了悟;老师欣赏的苏轼,有雪泥鸿爪的超旷,千里共婵娟的深挚,这一刻,我终于领悟了老师的学问与人生:他的学问,便是他的人生;他的人生,便是他的学问。因此,我赌赢了。

永远记得那个初夏的傍晚,刚走出图书馆的大门,我接到了老师的电话,满满的兴奋和喜悦,告诉我考上北大了!北大的导师给他去了电话,和他沟通了我的录取消息。老师的声音里洋溢着那样多的欢欣,那似乎比我自己还多的欢欣,让我突然涌起一种感觉:我不是他的一个学生,而似乎是他的一个孩子。放下电话,发现我的身侧,是一簇盛开的丁香,淡紫如烟,花香如辰……

之后的岁月,我去北大,去工作,去海外,在现实距离上离老师越来越远,但是心理上的距离,定格在了那个师大的夏夜。走得再远,总有老师的支持与肯定,给我信心,伴我前行,如暖流在心,似星光在前。有个词叫虚怀若谷,可是老师的一腔虚怀,给我的感觉更像浩瀚宇宙里的无垠星空,宽广而静默,熹微而智慧,不似日光般耀眼,却可以让我抬头深思凝望,在他的无边里,辨明方向,寻到力量,永远向上。

今年是老师的八十寿辰,我认识老师二十二年了。老师一直华发如月,以长者的宽厚和豁达包容我,爱护我,心明若镜,胸宽似海。老师最爱的苏轼曾云:谁道人生无再少?门前流水尚能西!休将白发唱黄鸡。相信,只要有我们这些他牵挂的学生在,他便会一直矍铄着精神,以长者的温厚,护着我们;鹤发银丝映日月,虚怀厚爱沃新花。

岸上忽然灯火明

孙华娟

忽然赵老师就到八十寿辰了,而在我们这些学生的印象里,好像一开始见到赵老师,他就是现在这样银发满头、眉目和蔼的样子。二十来年过去,赵老师的音容笑貌宛如初见,但我们早已不再是青年,但也只有从今日我们的心和眼回望过去,才能更深地明白师道之亲切、宽和与博大。

2000年,我从师大中文系本科毕业,同学李晶和我进入赵老师门下读硕士研究生。其实之前赵老师已经不怎么给本科生开大课,我们对赵老师并不熟悉,只是在保送研究生的过程中,我因为坚持要读唐宋段,误打误撞进了赵门,从此才成为赵老师的弟子。入门之前,就听说赵老师对学生很好,特别和蔼,入门之后,才算真正体会到这一点。开始一两年,我们都是自己选课、上课、写作业,按部就班地积累学分,读书方面也很自由。每隔一段时间,赵老师就招集我们在读的学生一起到他家会谈一番,问问我们读什么书,有什么心得,有时会多问几句,有时沉吟一会儿,但一般并不批评我们,倒是温煦的赞扬和鼓励居多。当然,每次赵老师和师母还会照例用水果、零食、茶水招待我们,有时还请我们去餐馆大快朵颐。赶上年节,赵老师已经毕业的学生有时也会过来,大家谈天聊地,其乐也融融。师母爽朗热情,老师儒雅温文,正好形成奇妙又完美的互补,相得益彰,留给我们很多温暖愉快的记忆。

学业方面,赵老师尽量给予我们最大的自由度,可以随各自性之所喜选择阅读和修习的方向,同时默默观察着我们的进展,必要时给予委婉的提醒和指点,有时又及时伸出援手。研究生阶段后期,我们需要有一个教学实习,赵老师当时正好给本科生开词学方面的选修课,就拿出一次课让李晶和我各讲了一节。我记得让我讲的正好是关于李清照的内容,可能因为我的硕士论文选题也是词学方面,虽然不是直接写李清照。赵老师应该是经过周慎考虑,特意为我挑选了这个话题性足、也易于引起学生兴趣的题目。不过,虽然课前我也算仔细准备了,但毕竟第一次上讲台,效果不见得符合预期,赵老师却给予很高的评价,真是让我既惭愧又备受鼓励,从此以为自己将来真能做一个过得去的老师,在讲台上求得人生价值。我想,这大概也正是赵老师的初衷吧,不以我的愚鲁为意,点拨、开示,不遗余力。至于后来我对自己的能力发生怀疑,则是另一回事。

硕士三年级时,李晶和我决定报考北大博士。赵老师对我们去外校别求老师毫无异议,而且尽可能为我们开绿灯:毕业论文开完题以后,他不要求我们马上提交初稿,而是允许我们到博士考试结束后再去完成论文,他相信自己的学生不至于让他太不满意。考试准备过程比较紧张,但赵老师的宽容为我们提供了最好的港湾。最让我感动的是,最后考试结束,我正在全力完成硕士论文的时候,赵老师主动给我打电话,询问我北大博士考试结果如何。当他得知我成绩位居前列,口气甚是欣慰,并告诉我要是我那边确定没有问题,他这边当年的博士录取名额就给别的考生了。原来赵老师一直为我留着这个机会,如果我投考失利,还可以继续跟他上博士。老师这份周全温厚的护持,至今让我感激莫名。

多年以后,当我回头检视自己的求学之路,毫不怀疑赵老师是我在专业道路上所结第一份深刻的善缘。只是我并不清楚,冥顽不灵的自己究竟何德何能碰上这样的好导师。这并非我有任何菲薄的优长,反而是因为赵老师本来对任何学生都如此周到宽和,我只是有幸忝列门墙。而且,如坐春风、沐浴恩慈的不止是我,所有与赵老师曾结下师徒缘分的同门,想必皆曾有与我相似的幸运。说起来,这种温和的门风,大概也是其来有自。太老师启功先生学问高深,却又出之平和,赵老师的性情、才华皆深得其赏识。启先生不但早年就慧眼识才,拔擢赵老师于世人未识之先,后来他的很多著作也委托赵老师整理、校点、出版。赵老师一生书法诗词,也多得启先生指点并受其影响,后来更经启先生推荐进入文史馆,不能不说启先生深具识人之明。其实何止老师与学生之间,人与人之间的相合与否,常常难以说清道明,却又能瞬间达成投契甚至永生不渝。师门、学院之外,赵老师也能广结善缘,相识之人皆称叹其性情诚悫仁和。君子温温如玉,这也正是赵老师人如其名的体现,想必老师的家族自来也是以这样的家风代代相传吧。

在赵老师门下三年,其实我也给老师惹过麻烦。赵老师多年一直创作诗词不辍,在业内颇有名,当年有人转托我请老师参加一个网络诗词的讨论会,我便如实上达,赵老师挺高兴。他作为诗词界的前辈作者和学者,与当时新兴的网络旧体诗人还没有过直接的交流,看起来这会是一个不错的彼此了解的机会。但那次会议我并没有在场,后来才听说会上场面并不怎么愉快。当时新兴网络诗词的一些作者,也许是过于急切地想要被承认,反而导致态度颇为张扬自负,有的甚至出言相当不逊。这与赵老师一直以来所习见的老辈风度都太扞格,圆凿而方枘,仓促间两下里难以相合,以致他当时可能有些动气。我听说后很惶恐,这都是由于自己少不更事,没有先了解清楚情况。但当我向赵老师道歉时,他摆摆手,说跟我不相干,我只是转达邀请而已。不难感觉出,他的确已淡然平和,心中早将其放下。这是宽和的天性及多年修养功夫所达成,是宠辱不惊的人格自然显现。要等到自己不再年轻,我才知道这是多么难以养成的风度,冥顽如我,此生恐怕是难以做到的。

说起诗词创作,老师曾经出版过一本《土水斋诗文选》,其中不但收录了半生佳作,也曾夫子自道,说起每当旅途中舟车劳顿,他常常在别人訇訇大睡之际,暗自搜句裁篇。正是这些零碎工夫,多年下来,竟也结成顷筐盈篚的果实,实在叫人感佩,因为我多半觉得自己就在那些蹉跎混沌之列,曾经白白浪费过许多光阴,缺少老师那种雍容闲雅的风度背后持之以恒的攻错和琢磨。玉之温润莹洁,怎么可能少得了如切如磋的雕刻与自我完成呢?诗词被古人视为小道(今天我们当然不这么认为),尚且如此,书法上赵老师也多有造诣,学问上多年来更是精进不已、著述等身,诸多成就的背后,当更有远超其诗词创作上苦心孤诣的勤勉在焉。

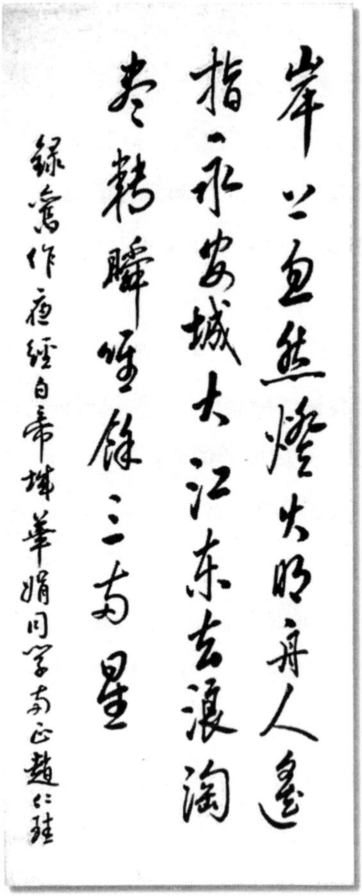

虽然毕业后与老师缘分并未中断,但三年门墙时光毕竟转眼即尽。硕士毕业前夕,赵老师给李晶和我各写了一幅字,都是他自己的诗作,给我的那幅是《夜经白帝城》(图1):

岸上忽然灯火明,舟人遥指永安城。

大江东去浪淘尽,转瞬唯余三两星。

图1 赵老师书赠作者的《夜经白帝城》

那是他在长江三峡旅途中所见所思,其中也有深深的人生感喟。我把这幅字找地方裱起来,读博时一直挂在宿舍墙上,后来又带到我工作的武汉。我想,即便自知浅陋,如今我也应该勉力依韵和作一首,以祝贺老师伞寿:

步夜经白帝城原韵贺仁珏吾师八秩寿辰庚青通押

惭愧曾逢青眼明,三年师棣北平城。

玉何温润仁何厚,丽泽今来耀岁星。

壬寅年立秋日于内卡河畔

记我所认识的赵老师

梁葆莉

疫情已经持续两年多了,前年和去年临近赵老师生日时,我都想去看望他和师母,但想着自己天天地铁通勤,纠结几天,最终作罢。今年6月初,赵老师的八十寿辰临近,我家附近的一家酒吧却出了很多病例,我遵命居家办公,哪儿都不能去,连纠结的机会都没有。

赵老师生日当天,同门的微信群异常热闹,各式祝福信息,一上午都没停过。我一边给上网课的孩子切着肉丁,一边看着群里的信息,一条一条的信息在手机里出现,犹如水光潋滟的湖面上跳跃的小鱼儿。十一点了,赵老师在群里发来了语音信息,我听了一遍,又听了一遍,然后停了下来,数了数,一共13条,每条1分钟。我数完了,又听了一遍,感觉屋里有铜铃声,是老马项颈下的铜铃声。我抬起头来望向窗外,玉兰花已经凋谢了,新长出的叶子,碧绿肥硕,天蓝得像海,看不到边。

怪不得全世界都有庆祝生日的习惯,这是一个思考自我和他人的契机。在赵老师八十寿辰这天,有多少同门和我一起,再次开启了对我们赵老师人生之旅的探索呢?

一　阳光少年的黯淡青春

在师大读书期间,我们同门经常向赵老师问学。赵老师偶尔说起早年的经历,一般都是从他背着棉被去密云教书开始。仔细一算,赵老师是1969年去的密云,那时他已经27岁了。我曾很多次猜想:27岁以前的赵老师,都经历了什么呢?

有次,我们几个同门约好一起去赵老师家问学,一进门,桌上提前摆好了水果和茶水,赵老师坐在沙发上等我们,电视机开着,正播放足球赛,不知谁问了一句:"赵老师,您喜欢看球赛?"赵老师不经意地回了一句:"年轻时比较喜欢踢球。"我当时着实地吃了一惊,四十年代早期出生的赵老师,青少年时期应该在五十年代,那时候北京孩子玩得不都是拽包、跳皮筋、抓羊拐、抽陀螺、撞拐、滚铁环之类的游戏吗?足球在当时算前卫新潮的运动吧,赵老师怎么会喜欢呢?还有,我们温文尔雅的赵老师,小时候怎么会喜欢这种激烈的身体对抗运动呢?

我还真琢磨过这个事情。小时候的赵老师,生活在部队院里。看过姜文《阳光灿烂的日子》和叶京《大院子女》的人,大多知道北京的部队大院是个特殊的存在,大院里供应充足,粮食、服装、家具,缺什么领什么,大院里有孩子们爱看的免费露天电影,还有军装穿,再加上大院与外界相对隔绝,天然的神秘感也会让大院里的孩子多出几分优越感。五十年代出生的马未都记忆尚且如此,四十年代出生的赵老师,该拥有一个怎样意气风发的童年啊。

我还翻了点关于足球的资料,才发现自己判断有误。新中国刚成立时,贺龙时任西南军区司令员,他在西南地区大力推动足球运动。1954年,贺龙兼任国家体委主任,在全国范围内发展足球运动,五十年代中后期那几年,中国的几支足球队共参加 65 场国际比赛,胜 30 场,平 16 场,负 19 场,算是好成绩了。大致可以说,五十年代末六十年代初,中国足球队可以算得上当时世界上比较有实力的球队之一。当时的男足能给男孩子带来希望,北京一些条件较好的单位和学校,踢球的阳光少年并不鲜见,无关前卫新潮。可以脑补一下:一个部队院里长大、衣食无忧的少年,被胡同里的同龄人羡慕着,一脸的单纯明朗。他们的院子里,大概就有宽阔的操场和小伙伴,广播和报纸上可能就有球赛消息,于是自然就开始踢球了,这样的爱好,既不小众,也不另类。

这样一个主流、活跃的少年,小时候读的是师大附小,在四中的初中部,认真地学习,快乐地踢球,参加各种社会活动,如果没有意外的话,初中毕业后上四中的高中部,然后上名牌大学……等着他的,应该是一条和他的出身、家庭、性格完全一致的、没有任何悬念的人生之路。可是,现实并非如此。1958 年,16 岁的赵老师正读初三,作为校园里的活跃分子,在被鼓励提意见的风气下,写了两张大字报,原本开满鲜花的康庄大道,就此消逝。

五十年代是一种怎样的文化氛围呢?不同的人感受是不同的。以前看过张中行的《流年碎影》,里面有些五十年代社会的碎影,还浏览过储安平笔下的五十年代和陆键东《陈寅恪的最后二十年》,读了朱正《1957 年的夏季:从百家争鸣到两家争鸣》,大致了解了右派的产生,还有林贤治的《胡风集团案:20 世纪中国的政治事件和精神事件》,都写到五十年代知识阶层的动荡和焦灼。这些书里的人在五十年代时,差不多都已定型,纵使这样,经历了 1958 年,他们都多少有些改变,之后,他们会远远躲开某些东西。那时的赵老师,还只是个少年,没有阅历,没有坚固的精神支柱,没有理论指导,就猝不及防地碰上了,切肤的痛感,只有他自己知道。我有时候在想,多年后,他在看足球比赛的时候,会不会想起少年时,在四中操场上带球奔跑的日子?

会不会设想人生的另一种可能性？

　　赵老师的高中生活是灰暗的，几经周折，终以社会青年的身份考上北京师范学院，1967年，25岁的赵老师从北京师范学院俄语专业毕业。这个专业未必是他自己选择的，也未必是他喜欢的。两年后，27岁的赵老师被分配到密云县半山区的塘子中学教语文。赵老师这中学老师，一当就是9年啊。赵克义师兄是赵老师在塘子中学教过的学生，赵老师教得很认真，克义师兄学得很认真，毕业后，克义师兄留校当了代课教师，曾和赵老师在一起住了半年。克义师兄说，赵老师每天晚上督促他洗脚、读诗，也给他讲诗。克义师兄记忆中的，是作为青年教师的赵老师，我们都无缘得见。那虽是一段苦难的时期，却似乎没有现在对老师的各种量化与考核，对学生、对教书，都凭着个人的兴趣与志向。很多我敬佩的学者，当时都有中小学教书的经历，如钱理群曾经在贵州教过十八年的中学。苦难不但没有消磨掉意志，反而让他们越来越坚定。

　　正是在密云教书时期，我们的师母出现了，赵老师成家了，1975年，赵晨辉出生了。这对于赵老师来说，是一件大事，那一年，赵老师33岁了，已过而立之年。中学教师、有家有口的日子，一种普通平稳的生活次第拉开序幕。

　　2019年初，事隔半个世纪后，赵老师重访密云的塘子中学，他写了一首词《满庭芳》，词序较长："重回所执教之塘子中学有感，中学位于密云半山区，今已改建成其他单位矣。"其中有："多少依稀往事，堪回首难化烟尘。""明月夜，雪泥鸿爪，常绕梦中寻。"这九年的时光，汇集在心中，多少年都挥之不去，赵老师慨叹的，大抵是那一去不复返的后青春年华吧。

二　用心却不使劲的雍容

　　1978年，36岁的赵老师，拼命学习，考上了北师大的研究生。多年以后,师母回忆起这件事时,说赵老师是暗自努力,连她也没告诉。78级的研究生就是后来在学术界被广泛提起的"黄埔一期",跟着名家,大多数毕业后留在名校,填补了文革造成的人才断层,大多数都成名、成家甚至成派。赵老师教的是语文,他自学了中文系的课程,他是天生喜欢古典文学,还是这段教书经历引发了他对古典文学的兴趣,这个问题很难追究。反正他考研究生,选的是古典文学,跟随启功先生学习唐宋文学。

赵老师毕业留校,1982年,就在《文学遗产》上发表了关于宋诗的文章——《"开口揽时事,论议争煌煌"——从梅尧臣、欧阳修、苏舜钦看宋诗的议论化》,宋诗的议论化,这个题目直到今天,依然是热点,赵老师却在四十年前就已开始研究。次年,他又在《北京师范大学学报》上发表了《苏轼诗的议论》,对苏轼诗的议论化深入研究。1985年、1986年又连续在师大学报上发表了《苏轼诗的才气》《说〈教战守策〉》这两篇论文,这三篇关于苏轼诗文的论文,已经深入苏轼诗的肌理和生成机制,而不是当年普遍流行的"社会分析法",其深度不言自明。1988年,赵老师又在《文学遗产》上发表了《苏轼"以诗为文"论》,这篇更为别出心裁,研究了苏轼的"以文为诗",又来研究"以诗为文",创新意义十分突出。这几年的微信文章,经常有名家回忆在《文学遗产》上发表文章的经过,有写退稿经历的,有写用稿经历的,来往细节无一不记得眉目清楚,所经人手无一不历历在目,赵老师从未对我们提起过发表在《文学遗产》上的这几篇文章,兴许他自己都不大记得了。

说起赵老师的学术研究,《论宋六家词》不能不提及,这书是他1999年的成果,没有按时代先后将词人一股脑地罗列出来,也没有按当时的主流做法,把词人分为豪放与婉约两大流派,而是选取宋词发展史上六位代表性人物,着重辨析同类词人的不同风格,如果没有敏锐的感悟力和丰富的创作经验,这样的研究方法显然难以实践。赵老师更看重词人在词史上的开创作用,故未选李清照和秦观,这是高屋建瓴的史家眼光。对姜夔和吴文英的研究则是这本书的最大亮点,吴文英的词读懂不易,很多学者都避而不谈,赵老师不仅仔细研究,还将姜夔和吴文英归为"骚雅词人",并首次提出"骚雅词派",这在当时学界,是有开创性贡献的,后来不断被引用,至今已被公认。《宋诗纵横》是赵老师的另一部重要著作,1994年就已出版,对前人关于宋诗"以才学为诗、以议论为诗、以文字为诗"等观点进行辨析,对"江湖派"诗人这种不科学的说法等予以辩驳,内容上的创新是显而易见的;而结构上,分为横篇与纵篇,更为立体地展现宋代诗歌的风貌;从学术史角度上看,二十世纪九十年代的唐宋文学,对唐诗的关注远远高于宋诗,赵老师这本书,专注宋诗,极具学术史眼光,为宋诗研究的路标性著作。赵老师九十年代还写了本《禅学要义》,他没有宗教信仰,是将禅学当作一种智慧来看待,想要去探索里面的真知,还想去挖掘和阐发禅与诗的关系,其初心难能可贵。

除了独立撰著学术著作,九十年代的赵老师,还参与了郭预衡先生主编的文学史的撰稿工作。郭预衡先生主编的五卷本《中国古代文学史长编》,这套书共277万字,赵老师承担了其中的宋辽金卷,大约40万字,1993年出版。当时学者论述古代作家的模式是"作者生平—作者思想—作品思想内容—作品艺术特色",赵老师则打破这种陈旧框架,从"世风、士风、诗风"三者关系角度论述宋代文学。1998年上海古籍出版社又出版了郭先生主编的《中国古代文学史》(四册本),赵老师依然承担其中的宋辽金部分,这套书被众多高校选为指定教材。1998年,我在湖南一所大学读中文系,在自学这套教材时,第一次记住了赵老师的名字。

上面提到的这几本书,是赵老师中年的用心之作,每本都有耀眼之处,别人知道,赵老师当然也知道。若是把这些亮点单独拎出来,不断地找例证,敷衍成文章,再往长了抻一抻,何愁不能多化出几本书来?形成一本本系列著作,每本都在强调他的那些观点,很容易就有规模效应,他不缺推荐人,也不愁找不到出书的地方。头上是启先生第一届研究生的光环,他若是愿意参加一些学会和学术会议,在会议上多宣传几次,很容易就成为学术热点,这样的路径并不鲜见,赵老师岂能不会?但是,赵老师没有走这样的路,不是不会,是不愿意。八九十年代的大学老师,并不十分富有,他虽也曾因住房问题一度经济拮据,但是,打小在优渥的家庭里长大,他没有经历生存危机,也就没有强烈的求生欲望,没有苦大仇深式的奋斗理念,没有光宗耀祖的家族使命等着他来实现,也没有抓住一切机会拼命往上爬的出人头地的欲望,那些财富、名誉、地位,自小他家就有,他不缺这个,也不会争这个,不钻营、不投机,所以,走在大学校园里时,赵老师不疾不徐,从容不迫。

从这个意义上说,赵老师的这几本书,实则是写给自己的。他用心读了唐诗宋词,读出了六位词人的开创性,就把他们写进书里,体悟到姜夔和吴文英的骚与雅,就把自己的认识和理解写出来,他提出的观点,是他研究过程中思考所得,是他探索的自然成果,他写出来了,他没有想着把这些观点大肆说给学界听,他只是轻声细语地说出,既没有浓墨重彩,也没三番两次,一本不太厚的书就说完了。他无意于说给学界权威听,也无意于去学术会议上说给各种层次的学者听。书中的精彩处,他没有渲染,没有加重,也没有单拎出来去宣讲,对于自身的学术,依着他当时的研究水平,他只要在宣讲时,稍微使点儿劲,就能成为熠熠生辉的那个人,但赵老师,他就是没使这点儿劲。

赵老师喜欢诗词赏析,他曾经说过古典文学研究尤其是诗词研究中,应该提倡鉴赏学。他反对用"情景交融、语言流畅"之类滥俗文字来评论诗词。1997年,赵老师与杨敏如先生合作一本《唐诗宋词选讲》。1999年,在春风文艺出版社出了本小册子《柳永 周邦彦》,亦以赏析为主。2004年,我们入学没多久,有一家出版公司约请书稿,赵老师就带着我们一起做诗词评析。第二年,《读诗有智慧》就出版了,有人出差,竟然在外地的书市看到了,回来告诉赵老师,赵老师挺开心。2005年,这书还出过同步音频资料。在高校,诗词赏析类的书，对于评职称、申报学术成果，无甚帮助，但赵老师喜欢，他就会去做，这件事，他也是使劲儿的。

在学术以外，他有一个名满天下、情同父子的导师，还有一位当时在师大说话有分量的亲戚，他完全可以利用这些多少人做梦都期待的资源，去换取各种稀缺资源，但他没有。在营生方面，他也不使劲儿。他喜欢围棋，怎能不知道谋地、谋城、谋国的事儿呢？九十年代的赵老师正值中年，学识、资历、资源、精力皆为上乘，这些攻城掠地的事儿，他一件也没有做。自师大留校任教时候起，有一个词特别配得上赵老师，那就是：雍容。

赵老师五十来岁时开始带研究生，所有的研究生，对赵老师的一致评价就是：温文尔雅，让人如沐春风。他对待教学，有他独特的认真。我们04级入学的有四个，三个来自大西北，一个北京，我们几个在一起时，就笑称是"北新西兰"。后来05级的四位入学，我们经常一大伙人约齐了，浩浩荡荡地到赵老师家去，人一多，话题就杂了。学业谈完，就开始天南海北地聊天，古诗词、新诗、时政、学界轶事、电影、小说，各种话题都有。靳欣和潘玲擅写诗词，她俩的作品那是经常要被提及的。每当这时，赵老师就趁机强化创作诗词的重要性，他常说，研究古诗词，不自己动手创作诗词，不体会一下平仄，不琢磨一下韵脚，终究是隔了一层啊。他对于古体诗词创作很是通达，"押韵可放宽，平仄须严守"，连我这种对创作诗词极其没有信心的学生，这两句劝诫也是熟记在心的。有时聊到新诗，他也会趁机强调一下新诗里面的韵律感。赵老师很少灌输知识点，每次都是师生间话题聊到那儿时，自然而然地引出他的观点来，有时候是说出一些大家的书让我们自己去读，待到下次去，如果谁读了，而且还能说出自己的看法，他就非常高兴，一定要提出来表扬一下。

这样的师门聚谈多了，即使没有赵老师参加的聚会，我们的话题依然能够保持水准。有时候，如果赶上潘玲从香港来，热爱诗词的靳欣、擅长新诗的晓辉和思维活跃的金波就会张罗着来个小聚会。大家找个素食馆，或者咖啡厅，坐在一起，听靳欣吟诵"独自簪花，坐赏镜中人"，听晓辉聊白银时代她最喜欢的阿赫玛托娃，听金波谈海子和食指。有天，晓辉告诉我，她看了《柳枝词序》，读到"幽咽怨断之音，天风海涛之曲"时，非常激动，不能自已。我赶紧回家找来读了，也读得千回百转。前些日子，我整理《中晚唐诗叩弹集》，重遇《柳枝》，瞬间想到了赵老师家的书房，想到靳欣、晓辉、潘玲、金波、王贺、丽萍、建升，想到大家一起聚在赵老师身边畅谈诗词的情景，马上都快二十年过去了，我们这些人，还都喜欢古典诗词。前几年，潘玲来京，我们和王贺、靳欣曾聚过一次，大家聊的还是诗词；前年，我和晓辉见过金波一次，我们吐槽配偶、婚姻和教育，但我们最终还是回到了诗词，聊了文学和电影。我们这些同门聚在一起，不管是人数多还是人数少，依然还能像十七八年前在师大和赵老师在一起一样，聊诗词、聊小说、聊电影、聊新诗，甚至聊文论，这就是我们的赵门。

　　赵老师教学生，他有自己的道德学问。在一所百年老校里，其中肯定有各种错综复杂的关系，但赵老师很少去提及这些人事纠葛，很少提及门派之争，有时候，一些八卦故事都传到我们学生的耳朵里来了，这些关于熟悉老师的小道消息，谁不爱听呢？我们有时候会当作新闻在赵老师面前说，他既不训斥我们，也不加深了说，偶尔会说点不涉及品评的轶闻趣事，仅此而已。对于长辈之间的恩怨，他与同辈之间的关系，他从不提及，就好像世俗的人际关系在他身上从不存在，他从不用负面语言评价他的长辈，他也很少评价系里的同辈学者，对于比他年轻的同事，他更多地会说这些学者的优点。他当时担任中央文史馆馆员，这是一份多少人想都不敢想的殊荣，他很少提及。他当时还兼任师大国际汉语中心的主任，他也很少去说。仿佛这些东西都不存在。多少年过去了，我也有了单位，每每忆及赵老师的行事风格，才觉出高贵来。

2006年的世界杯期间,我们04级和05级的几个同学和赵老师约好聚会,大家一起先在主楼前合影,当时夕阳灿烂,赵老师穿件普通得不能再普通的浅蓝色短袖衬衫,我们几个学生在他两边站好,师母负责拍照,那天光线很好,师母抓拍得也好,每个人都对自己的表情非常满意,不由自主地夸赞师母的摄影技术,这个时候,师母都爽朗地笑着,自然地接受这些学生们的称赞。这张照片洗印出来之后,最好看的当然还是赵老师,当时觉得那是赵老师的儒雅之气,现在明白,那是学识、风神,还有稀缺的贵族气质综合而成的雍容。

三 启功研究的文人理想

说到赵老师,不能不提起启先生。赵老师从1978年起,就跟着启先生读书,毕业留校后,跟着启先生继续做学问,这自然是追随,而我觉得,赵老师真正追随启先生是从二十世纪九十年代末开始,也就是从60岁前后开始整理启先生作品的时候算起。

早在2002年,当时赵老师60岁,他就对启先生的《论书绝句》作了注释。《论书绝句》是启先生的重要作品,涉及数以百计的碑帖、书法著作、书法家和书法理论家,并非用白话文来阐述,而是以绝句的形式来表达,对于大多数普通读者来说,并非一读就能了然。三联书店在1990年和1997年就出版过此书。2002年,赵老师给启先生这部书作了注释,仍由三联书店出版,这本书成了普通读者接近《论书绝句》的"桥梁书",纵使十年后依旧畅销,三联书店于2013年和2014年又分别再版重印。这本书是一个开端,赵老师正式开启了"启功研究"。2002年,他发表了《当代旧体诗创作的两个根本途径——再谈读启功诗词的启示》(《北京师范大学学报》2002年第3

期)。同年,又发表了《生命之树常绿,学术之泉永流——谈启功先生的学术思想》(《群言》2002年第8期)。又出书又写文章,赵老师的"启功研究"一开始就很使劲儿。

赵老师最难忘的是整理《启功口述历史》,他备了个小录音机,走一小段路,到红6楼启先生家,要是启先生精神头好些,就能给他多讲些,讲累了,两人吃点冰淇淋,休息一会儿,三天两头地去,听启先生讲他的人生经历和文坛艺林的轶事。赵老师称这为"吃小灶",那可能是他从求学到工作最幸福的学习时光。启先生精通诗词、书画、文献、文物,风神潇洒、人品高洁,集所有传统文人的美德于一身,符合赵老师心中文人的完美形象,因要整理此书,能有更多机会亲近启先生,他岂能不觉得幸福?这本书2003年由北师大出版社出版,章景怀老师也参与整理,2004年再版。《启功韵语集》比较完整地辑集了启功先生的旧体诗、俳句及新诗二百余首,有的诗并不好懂,赵老师也作了注释本,为阅读启先生的诗作提供便利。他还与万光治、张廷银另两位启先生的学生一起,收录启功先生最近二十多年的讲课、讲学内容,整理为《启功讲学录》,这两本书都是2004年出版的,后来,2005年《启功口述历史》《启功讲学录》都在香港出了繁体版。2004年9月,我们04级的四个博士生入学了,赵老师给我们每人送了一本新出的《启功讲学录》。其时我刚从遥远的贵州拿到硕士学位,又与怀化学院解除人事关系,坐着火车,揣着梦想来到北京,满怀豪情地接过这本赠书。仅2004年这一年,赵老师就整理并出版了三本启先生的作品,还在报刊上发表了好几篇关于启先生的文章。

2005年6月,赵老师63岁时,启先生去世了。赵老师写了很多诗词哀悼,让人动容。启先生逝世一周年的清明节前夕,我正在赵老师家报告学习情况,师母从外面回来,手捧着一大束百合,花瓣洁白饱满,花蕊艳丽润泽,我忍不住地赞叹师母选的花十分新鲜,赵老师看了看花,笑了,随后又叹了口气。师母说,这是清明去看望启先生时要带的。启先生虽然离开了,但赵老师和师母看望他的时候,都要带上新鲜的花和恭敬的心,如同生前去看望一样,启先生生前一准知道赵老师的心,他的遗嘱中才会专门提及赵老师。

启先生逝世之后,赵老师既有叙写追思的文章,还主编了《启功先生悼挽录》《启功先生追思录》,这两本书在师大出版社出版后,赵老师、章景怀老师以及启功先生的几位学生一起吃饭,我们还见到责编,是章景怀老师的公子,一个阳光开朗的小伙子,师母叫他"正正",饭间知道,他一直在启先生身边长大。2006年,启先生周年祭时,赵老师也有文章,发在《师大周报》上,表达无尽哀思。

过了启先生的周年祭,赵老师静下心来,继续他的"启功研究"。这年,北京工艺美术出版社出版了《启功书法集》,赵老师作序。赵老师还专文讨论启先生书法(《读启功先生书法集》,《中国书法通讯》2006年7月1日)。2006年,他又主编《启功研究丛稿》,在师大出版社出版,收入近50篇作品,包括《坚净居主人——话说启功》《诗人启功》《旧体诗的新作法——读启功诗词所得的启示》等。2009年,赵老师与章景怀老师再度合作编撰《启功隽语》,收录了启功先生在日常生活、学术交流、友朋往来之中的雅谈语录,由文物出版社出版。

随着对启先生作品的整理和研究,赵老师与他心目中的启先生越来越像了。早年,他就跟着启先生学书法,这么多年一直坚持下来,随着"启功研究"的深入,他练字也越来越频繁了,记得有一次,我劝赵老师打太极拳健身,赵老师则说,每天写写字,凝神静气,与打太极拳的效果是一样的。他创作诗、词和赋的数量也多了起来,2009年10月,写过一篇《阅兵赋》。

在"启功研究"的同时,赵老师继续编选诗词。1997年,他主编了一本《唐五代词三百首译析》,这个选本广受欢迎,差不多畅销了二十来年,隔几年就再版重印。他甚至还主编过面向中学生的《学生版唐宋词学习辞典》。2007年，赵老师还登上百家讲坛，讲授苏轼。启先生精通诗词，喜欢讲析诗词。赵老师对诗词，是真的热爱，对诗词赏析，也是真的喜欢，这么多年，他几乎没停止过编选诗词。这虽不是"启功研究"，却是启先生喜欢的研究内容，赵老师追随的，不仅仅是启先生本人，启先生喜欢的诗词赏鉴，他也是同样的喜欢。

在追随启先生的同时，赵老师还有几篇写钟敬文、聂石樵、叶嘉莹诸先生的文章，2002年，他主编了《钟敬文文集》（诗词卷），收录钟先生的旧体诗、词及俳句、新诗百余首。无疑，赵老师对这几位先生的道德文章亦是钦敬。这期间，作为中央文史馆的馆员，他参加了一些社会活动，他与中央文史馆其他专家一起到访南京大学孔子学院，赵老师主讲"李白《将进酒》赏析"，还出访新加坡南洋理工大学孔子学院，受邀讲座。赵老师还参与《中国地域文化通览》的编撰工作，并担任副主编，《山东卷》的编纂、督查和指导。去长清灵岩寺参加考察，向陪同参观的山东同行讲起启先生与刘海粟之间的趣事，那不紧不慢、风趣幽默的故事，让同行的人为之倾倒。到承德考察藏文化。参加"国家文化建设战略座谈会"。多次参加中国书画艺术发展问题座谈会。多次参加"正确使用祖国语言文字专题调研座谈会"。可能在赵老师看来，这些活动从某种程度上，就是当代的曲水流觞、文人雅集。

赵老师追随启先生，实则是追求一种悠远的风神，他神往启先生身上的文化、风度、品质、智慧，也向往钟敬文、聂石樵、叶嘉莹等先生身上的品质、风骨和气度，他尊崇并追求一切风神、气度、智慧等悠远深厚的传统品性，他追求的东西，就是中国传统文人的风神气度，对此，他不遗余力。在这一点上，赵老师是特别使劲儿。

四　土水斋老人的自我实现

　　2012 年 6 月,赵老师七十寿辰,那时候,没有疫情这个事儿,大家聚在一起与赵老师及其家人共同庆生。赵老师的所有学生都毕业了,已经不是学校里的模样了,有变胖了的,有长了皱纹的,有身体不佳的;有在公司打拼的,有在高校拼职称的,还有在别的单位拼职务的;有从北京挤地铁来的,还有从香港专程飞来的,我们这些学生分布在不同的行业和单位,满满当当的,坐了四个大圆桌。

　　赵老师看着每一个人,询问着每一个人的生活和工作近况,仿佛不是他的生日宴会,而是多年前的师生聚会。师母在旁,迈着小碎步,前前后后地走来走去,张罗着饭菜,一刻也不得停歇。从我 2004 年入门时,他们老俩口一直就是这样,赵老师坐在桌前,娓娓与学生们交谈。我们的手边一直有斟好的茶、果汁和水,那都是师母指点着服务员适时添加的。

　　终于轮到寿星讲话了。赵老师轻声地说着这么多年的病痛,讲到人生的不易,从小身体弱,多病多痛,他没料到自己能活到七十岁,他感谢他的孩子没让他操心,感谢师母照顾他的饮食起居,感谢学生认真学习,娓娓讲述,像在说着一个朋友的故事……

　　过了七十岁,赵老师的身体渐渐不如以前了。颈椎一直痛,痛起来就天旋地转,每个月似乎都要犯几天。视力也越来越不好,看书、用电脑打字越来越费劲。有一年,赵老师去湖北,在山路上站立不稳,踝骨骨折,在当地紧急做了手术,恢复了一阵才回京,几个月后,又在积水潭医院做了二次手术,尽管治疗及时,手术也成功,但恢复效果并不好,腿脚自此就不大灵便了,下楼不太方便,外出活动减少了很多,这次骨折对赵老师心理上的打击很大,那阵子他明显胖了。我当时以为,终于到了他该静养休息的时候了。

事实证明我又猜错了。70 岁之后的赵老师,竟然没有停止工作。一方面,他仍然继续"启功研究"。2012 年,北师大出版社策划了"中国现代学术经典",其中的启功卷,由赵老师编选,他精选了启功先生的 34 篇文章,内容涉及启功先生在书法、绘画、诗词、鉴定、古典文学等诸多研究领域。这些文章具有一定的代表性,基本涵盖了启功先生的研究范畴,能够大致展现出启功先生的研究方法及成果。同年,赵老师还编选了《启功诗文选赏析》,由文物出版社出版,对启先生的诗文精品加以评注,既有对诗文的注释,还有对文本的赏析性解读。2013 年,北师大出版社又以《百年启功》的题目出版启功自传,赵老师带着章景怀老师一起整理完成,这一年,他俩还编选东方出版社策划的《师道师说·启功卷》。2016 年,启先生的《金石书画漫谈》,由赵老师编著完成,在北京出版社出版。此书 2019 年又在香港出版。

大约 2015 年左右,赵老师开始撰写《启功评传》,到 2016 年,就已经完成了。当时我们几个学生分头校对书稿,我看的是"教育家启功"这部分。2017 年,此书在北京出版社出版,共七章,内容包括三部曲启功、坚净翁启功、书画家启功、鉴定家启功、诗词家启功、学问家启功、教育家启功。包括生平、人品道德、人格魅力、书法、鉴定、学问、诗词、教育等方面,完整地呈现启先生的风貌。拿到书后,赵老师和师母在学校附近餐馆与我们一起吃饭。赵老师从家里下楼,坐着车来到饭店,再从饭店门口上楼进到房间,对他来说,颇为艰难。我那天带着孩子去,孩子坐不住,吃了几口,就在饭桌底下乱爬,在饭店走廊里乱跑,我断断续续地听到赵老师和其他同门聊天时说到,这本书他写起来并不费劲,但写的过程,情绪随着启先生的命运转变而起伏不定,书写完后,对启先生几十年的感情,好像找到了一个归宿,实实在在地储存起来,就此,他的"启功研究"应该画上了圆满的句号。

另一方面,他还继续编纂着诗词作品,王贺与赵老师合作,先后选注了

《白居易诗》和《王维诗》。2018年,赵老师与钟宜合作,承担《钟敬文全集》诗词学卷第四册《词、新诗与译诗》的编纂,他又独自承担了《钟敬文全集》第三册《诗词总集》的编纂。他还担任主编,指导中华诗词研究院从搜集到的数万首抗战诗歌中精选各体诗歌作品3000余首,编成《诗壮国魂:中国抗日战争诗钞》,由中国青年出版社出版,在出版座谈会上,赵老师从现实性、史料性、学术性和文学性四个方面,对《诗壮国魂》进行了深入解读。在同年举办的其他纪念抗战胜利的会上,赵老师多次介绍抗战中的中华诗词,并重点论述了抗战诗歌的重要价值,讲述了编纂体会。

多年来,赵老师一直坚持诗词和书法创作。2016年11月10日,由国务院参事室、中央文史研究馆主办,上海市文史研究馆、刘海粟美术馆承办的"文史翰墨——第三届中华诗书画展"中,赵老师有书法作品展出。2019年,新中国成立七十周年之际,国务院参事室、中央文史研究馆决定举办"中华诗词网络平台系列活动之'美美中国'"作品征集活动,赵老师提交《金银滩礼赞,此处乃当年实验两弹处之遗址,今建有纪念馆(调寄水调歌头)》《京师赋》两篇作品。2019年5月,他创作《"五四"百年赋》,发表于《中华辞赋》。2019年,我们单位的典籍博物馆,展出中央文史馆馆员的书法展,赵老师有两幅字入选展出,我当时还拍了照片,无奈镜框有些反光,效果并不十分好。

赵老师喜欢从事诗歌的相关活动,作为中华诗词研究院的顾问,他多次担任中华诗词网络平台诗词活动的组委会委员。他甚至参加中学生的诗会活动,并当场点评四中学生的诗作。2016年,作为中央文史馆馆员,他受委托领衔写作《中华诗词发展报告(2015)》。他从事这些活动,认真投入,绝不敷衍。

七十岁之后的赵老师,圆满地完成了"启功研究",一如既往地编纂着诗词作品,坚持创作诗、词和赋,参加诗歌相关活动,他继承着启先生的学问和技艺,但同时,他已经完成了自我对于病痛的超越,通过诗词创作、书法写作和诗歌活动,自然而然地实现了自我价值。他在追随启先生的同时,也走出了一条自己的道路,于是,坚净居中分出了"土"和"水",成了土水斋,于是有了《土水斋诗文选》,2015年,中华诗词研究院编了一套《当代中华诗词名家精品集》,赵老师作品入选。

除了土水斋的诗文,赵老师离人间烟火更近了。他会教小孙女读诗、下棋,会问起我孩子的学习情况,2019年初,吉林卫视为赵老师拍了期节目,名为《雪泥鸿爪》,77岁的赵老师重回了密云,师母一路陪着,他们在镜头前牵手搀扶,一如年轻时互相扶持共渡生活难关。

赵老师这一路,践行了他喜欢的文人处世方式,他用自己的方式,教出了他的学生,今年的八十岁,他好好地生活着,他也期待他的学生们好好地生活,这不就是教育的本质么?

刚刚过去的教师节,同门的姐妹去看赵老师,合影中,赵老师气定神闲,大家在群里一条条地发着祝福的话语,赵老师依然发着长长的语音微信回复我们。轻声细语,不紧不慢,依旧是多年前我们在门下读书时的语调。

丽泽英声
——赵仁珪先生二三事

金　波

2007年毕业后,我没有走进教学科研岗位,可能是同窗之中惟一没有继续专业研习的人。对于专业领域,可以说,我是在赵仁珪先生的带领下,在门口逡巡反复,终是没有入门。2004年秋,看着铁狮子坟林荫道偶尔飘落的黄叶,我从新疆乌鲁木齐来到北京求学,憧憬又迷茫。一晃近20年过去,回想在先生身边学习的场景,如梦如幻,仿佛就在昨天。

学术传承是治学态度、路径方法、学术精神的代际传递。第一次踏进先生书房,是先生请进家门,我有些小激动,心里也十分忐忑,担心初次见面就暴露出我专业学习上的种种不足,悔不当初未能多下苦功。在向先生汇报过往学习经历的时候,每每被问及细节,我就浑身冒汗,紧张到语无伦次。好在先生看我紧盯着墙上挂着启功先生书写的《心经》,可能是觉察到我的窘迫,转而谈起他和恩师启功先生的往事。先生讲起他师从启功先生,接受老师指点的一些小事。他从自己的老师启功如何看待中国古代诗词音律的发展,到他自己的学习实践,一一举例说明,把治学中发现问题、总结规律的具体方法用自己的亲身经历讲给我听。时隔多年,那个下午从先生身后阳台投进书房的阳光,温柔抚摸几个盆栽的影像,埋藏在我记忆深处,时时给我安慰，催我奋进。当年头发花白的儒雅学者，如今早已白发苍苍。

赵仁珪先生在北师大校园的住所叫丽泽楼，《易》兑卦曰："丽泽兑，君子以朋友讲习。"求学期间，先生既是学海引路师长，也是人生道路上难得的挚友，所谓良师益友，无过于此。都说读博不易，为了精进学业，顶着黑眼圈和脱发困扰，每天穿梭于宿舍和各大图书馆，突然就到了要离开校园走进社会的时候。翻过年眼看毕业季临近，论文仍需再三琢磨，工作尚无着落，慌张与迷茫如影随形。

再一次站在漫漫人生的十字路口，何去何从？我自知资质平平，学业稀松，面对激烈的竞争，畅游学海的梦想恐怕得到更多的是呛水和尴尬的迷途。在和先生交流的时候，只得坦诚向先生交待，学术之路可能不适合我，我能不能选择其他的营生。师从先生以来，我总是担心自己学术能力不能胜任教学科研，怕误人子弟，有辱师门。几次三番地开不了口，当我终于鼓足勇气说出自己的想法，几乎不能直视先生，脚趾在鞋子里扭到抽筋。

多年寒窗苦读，最后临阵脱逃。然而先生并无责备，反而和我讲起当年他在农村教书的经历。他所经历的也是困难重重，几经辗转终又回到北师大求学、任教。人生海海，念念不忘，必有回响。如果我能像先生一样始终对学术研究有心有爱，仍然可以做出一番事业和贡献。当然，如果确实不能继续从事本专业相关工作，也大可不必过于忧虑，经过这么多年的磨炼，相信我今后人生道路一样能越走越宽，越走越好。先生鼓励我要加倍努力，用研究学问的精神和态度，严肃对待未来的各种挑战。先生的宽慰和理解让我顿感轻松，告别先生和师母，二老送我出了门口，直到我走到楼道转弯处，也没有关门。在继续下楼的路上，我扶着墙，已经看不清脚下的台阶。

2020年疫情突袭之后的平静时期，我在京和远在乌鲁木齐的家人通话，互报平安。放下父亲的电话，我想起久未谋面的先生，贸然前往探望。因疫情隔离政策长期居家，加上多年病痛困扰，先生半倚在床养神，见我到来,又惊又喜,就要起身:"好些年没见你了!"师母一边忙活着泡茶倒茶,一边说:"你这一来可把赵先生高兴坏了!"我顿感羞愧,这些年为稻粱谋,确实疏于拜访探看。先生不顾身体不适,勉强起身坐到书桌边和我聊天叙旧,我先是把几个同学对他的关心问候带到,接着恨不能一股脑地把近年来我的工作生活情况都倒给他听。家长里短说了一阵,先生又很关心地问起我对经济形势甚至世界局势的看法。位卑未敢忘忧国,家国情怀,事事关心,即使卧病在床,先生拳拳之心也依然在教导我辈"学为人师,行为世范"。

"学为人师,行为世范"是北京师范大学的校训,有启功先生的手书立碑,有我师赵仁珪先生的身体力行,借此也拿来与诸君共勉,希望我辈薪火相传,不忘初心,砥砺前行。

师门的能量磁场

胡香玉

转眼间,已经毕业十六年了。

此时秋高气爽,还记得来北京的第一个秋天,赵老师带我们游颐和园,泛舟昆明湖上,认真地给我们讲十七孔桥和玉带桥的传说,以及他小时候的颐和园印象……

赵老师讲课,总是娓娓道来,轻声慢语,是一位内敛平和的宽厚长者。而当启功先生仙逝之后,在八宝山革命公墓,赵老师对着启功先生的灵车痛心疾呼,捶胸顿足,我才惊讶于老师看似平静之下的内心激情,认识到老师的另一种性情。后来,我们同门四人去老师家里拜访,说的话多了,才进一步理解了赵老师的真性情和内心的波澜壮阔。赵老师玉树临风,神采奕奕,满头银发,总让人想起《世说新语》里的男子,所谓"朗朗日月""珠玉在侧",大概如此吧。

三年的读书时间转瞬即逝,我当时边读书边做各种勤工助学,荒废了很多读书时间,现在想来甚为遗憾。那时也因为论文没写好颇为惭愧,常常觉得对不起老师,也辜负了自己珍贵的青春年华。毕业时,赵老师送给我们同门四人每人一副对联,是根据每人的论文主题甄选的相应诗歌。我的论文写的是梅尧臣的诗歌,赵老师送的是梅尧臣的《惊鳧》:"惊鳧虽避人,终恋旧所泊。尽背船头去，却从船尾落。须知取势高，不是初飞错。"感谢老师的用心，为我们留下这份珍贵的墨宝。

毕业后，我先去了一家青少年杂志社做编辑，后来到中华书局的活页文选杂志社工作，又因部门调整转到基础图书中心，主要做传统文化普及类图书。这时，我才知道仲裁师兄是我们的作者（听说是赵锐师姐和小龙师兄介绍的），已为我们注译了《酉阳杂俎》这本奇书，责编对师兄的扎实功底和治学态度赞不绝口，后来，他又注译了《容斋随笔》和《廉吏传》，每本书交稿时都得到责编的由衷赞叹，说很幸运遇到仲裁师兄这样自律的宝藏作者，从源头上保证了书稿的质量。对编辑来说，这无疑是坚实的后盾。

李爽师妹也在书局工作，她是书局古籍中心的编辑，为人低调，做事踏实。她刚来书局不久，就凭借优秀的审读报告评上了高级职称。她的审读报告屡屡获奖，其扎实的功底和一丝不苟的精神，令同事们叹服。我也常常以她为荣。

因为工作关系，我还曾求助于精一和葆莉师妹，两位师妹在国家图书馆的不同部门工作，都在第一时间帮我查阅过相关资料。师门之谊，让我放下社恐的顾虑，我甚至都没有郑重表达过感谢。还有王贺师姐，我也曾求助她很多诗词方面的专业问题，她知无不言，十分耐心。

之所以想写下这些文字，主要是想表达我内心的惭愧，以及对师兄师姐师妹们的感激与敬佩。看到仲裁师兄和李爽师妹的一个侧面，我想赵老师也会更为自豪吧。而身处这样的榜样之间，我也不自觉加快了自我成长的脚步。我想，这就是师门带给我的能量磁场，让我在一地鸡毛的生活面前，依然能够不忘记仰望头顶的星空和月亮。

今年是母校一百二十周岁生日，也恰逢先生八十大寿。祝愿赵老师和师母健康无虞，平安喜乐。

温润入心的一脉清泓
——赵仁珪师门下的点滴回忆

李 爽

十二年前的七月,绵长悱恻的雨,淅淅沥沥,我拖着行李准备离开师大,走过京师广场,伫立在沉雄朴厚的木铎纪念碑下,我想,无论今后的道路如何、境遇如何,我都将坚守心中的一片净土。而这种坚、净的操持,正是博士生导师赵仁珪先生给予的,在老师门下求学问道的三年,老师如温润入心的一脉清泓,无声地滋养着我。记忆的闸门缓缓打开……

一 甫入师门

2007年研三,我决定报考老师的博士,思量着专心应考即可,并未提前联系老师。直到面试那天,才发现十余位报考者中,大多数报考者都与老师见过面或电话联系过,心中非常惴惴不安。面试的问答有些记忆模糊,但第一次见老师的印象,至今无法忘怀,儒雅温和,从容淡定,从内心感到一种亲近。最后老师对全部报考者说:"感谢大家对我的信任。这次考题不是我出的,卷子不是我判的,谁考的分高,我要谁,公平公正。"听了这话,我心里顿时踏实了许多。最终,我以笔试成绩第一,面试成绩第二,有幸拜入老师门下,开启了一段温暖而美好的师生情缘。

二 师门琐忆

听老师讲诗词,极具艺术的氛围感。博一时,和同门精一一起聆听老师给本科生开设的《诗词格律入门》《唐宋十大诗人及词人》两门课,老师不仅为十位诗人、词人精心撰写论其诗词艺术的韵文,以诗词论诗词;还将所讲诗词用书法艺术呈现,翰墨馨香与诗意芬芳相融,诗人气质与书法艺术相映,使学生有沉浸式的读诗体验。

在老师指导下撰写博士论文,深感他的包容力与责任心。老师的治学路径偏文学性,对诗词艺术有精细入微的把握。但并不将自己的学术旨趣强加给学生,而是尊重学生的学术兴趣。硕士阶段我选定钱谦益《钱注杜诗》为研究对象,在深入研读钱注文本、全面考察钱注版本的基础上,先从其流传入手,以《清代〈钱注杜诗〉暗中流传与突破禁毁考述》为论题,撰写了硕士论文。入门后,与老师探讨博士论文选题,老师是启功先生的弟子,谈及启先生生前十分推崇《钱注杜诗》,鼓励我继续研究,有所突破。《钱注杜诗》研究成果颇丰,想有所突破,必须"上穷碧落下黄泉",掌握大量第一手材料,我用近一年的时间,搜求辑录相关文献,编纂了十五万字的资料长编(原始文献)。当时老师眼睛手术后,目力不佳,却坚持阅读了资料长编,细致批改,并提出了将长编转变成论文的路径。有了充分的资料准备与较成熟的研究思路,论文撰写比较顺利,并在答辩时获评优秀。师恩如海,学生心中念之,何能忘之。每次到老师家问学,总能给我焦躁不安的心注入一脉清泓,老师的包容、支持、鼓励,伴随我度过了三年的学习时光。

老师、师母待学生如子女,让人倍感温暖。和老师同游植物园,听老师畅谈诗词,即景赋诗,真真切切地感受到诗词艺术的精妙,情景交融,令人感怀。老师出差、旅行,每次都会给我们带小礼物,云南鲜花饼、法兰西埃菲尔铁塔钥匙链、巧克力,礼物虽小,但暖心暖意。师母陈平老师热情开朗,每次到老师家,师母总会准备好水果、点心,招待我们,她爽朗的笑声,富有感染力,气氛顿时轻松愉悦,如同一个大家庭,其乐融融。

三 师恩绵长

2009年临近博士毕业,老师问起我未来的打算,我说希望继续博士论文中清初诗歌与钱谦益诗歌用典关系的研究,老师表示支持、鼓励,说我的学术悟性好,有当学者的潜质,并帮忙联系了清华大学中文系博士后流动站。所以直到2010年3月预答辩结束,我一直没有找工作的念头,等着毕业后直接进站。

约略是4月的某天,清华的合作导师给我电话,说今年的博士后改为项目博士后,系里的经费有限,另有他用,我不能进站了。这就意味着,博士毕业后没有工作。老师特别替我着急,帮忙联系了另外高校的博士后站。记得有一次,到老师家谈起找工作的事,我几乎要哭了,师母赶紧过来安慰说,一切都会好起来的。

11月,我入职中华书局历史编辑室,第一时间告诉了老师,老师非常高兴,讲启功先生说:"中华书局是我的第二个家。"鼓励我做好古籍整理编辑工作。

十年倏忽而过,我在古籍整理编辑的岗位上努力耕耘,潜心磨砺,精益求精,以期不辜负老师的厚爱。老师十分关心我的学业,鼓励我在工作之余,继续学术研究,2016年博士论文《〈钱注杜诗〉研究》经修改在上海古籍出版社出版,老师不仅赐序,还题写了书名,此是我们师生情谊的见证。

老师为人为学,皆有高品,性情温润如玉,品格又坚如磐石。能在老师门下问学,是我今生有幸。毕业十二年,人生一纪,虽然没有实现学术研究的理想,但热爱学术、扎实进益的初心未改,细细想来,这是老师人格力量的感召,奠定了我对学术的敬畏之心、赤诚之情。2022年6月,老师迎来八十寿辰,受疫情影响,师门未能相聚为老师庆寿,学生仅以此篇小文,奉上一瓣心香,祝福老师福寿绵长!

2022年7月23日大暑初稿

2022年8月25日出伏修订

望之俨然　即之也温

李精一

时间过得真快,赵老师八十寿诞已至,犹记得十年前博士毕业时恰逢老师七十寿诞,同门欢聚一堂,共同庆祝。也就是从那时开始,自己和老师的交往慢慢多起来。

博士论文答辩过后,我收到老师拟好的一条短信:"定于6月9号上午11∶00在同春园(师大靠南的东门对面)聚会,诚邀你本人参加。饭菜、酒水、蛋糕、鲜花均已备齐,切勿重备。雅事雅办,本次聚会坚决谢绝任何形式的礼金、礼物,只带一片情来才受欢迎。切记,切行。"老师让我联系各位同学,并叮嘱我一定要将短信如实转发。寿宴当日,在京的赵门弟子几乎都到了,包括老师1969年参加工作,分配到密云塘子中学教的第一批学生。另外,还有闻讯从外地赶来的同学,他们的到来带给老师很大的惊喜。老师和师母亲切地与每位同学交谈、合影,到处是欢声笑语,喜气洋洋。

走出校园步入社会,我留京做了一名高中语文教师。这期间,我个人经历了一系列转折,和爱人白手起家在北京生活又颇为不易。令人感动的是,每当在生活工作上遇到困惑、困难,老师都一如既往,像我在学校读书时一样,及时伸出援手,帮我渡过难关。离开校园没有让我和老师的师生情谊中断,反而愈加深厚。更难能可贵的是,作为一名新教师,在教学授课上,老师给我了许多具体的指导和帮助,在教学方法和理念上也给了我很大的影响。

记忆中印象最深刻的是我的一节公开课,一想到要在众多领导和同事面前,对着高中学生讲苏轼的名篇《前赤壁赋》,内心顿时充满紧张和压力。情急之下,我只好向老师求助。在一个周末,我带着教材,先将自己对课程设计的想法向赵老简单汇报了一下,赵老坐在靠窗的椅子上,很认真地听我说完,然后帮我梳理文章的思路,全文通过思想感情的"乐—悲—悟"三个起伏过程,把叙述、抒情、议论完美地结合在一起,表达了苏轼非常丰富的感情和十分复杂的矛盾心理,这些表达始终置于优美的诗情画意之中,而这种诗情画意又始终围绕着"水"与"月"的主线展开,线索十分清晰集中。老师还对文中重点作了阐发,"且夫天地之间,物各有主,苟非吾之所有,虽一毫而莫取。惟江上之清风,与山间之明月,耳得之而为声,目遇之而成色,取之无禁,用之不竭,是造物者之无尽藏也,而吾与子之所共适。"老师对此谈到人生的取舍,"苟非吾之所有,虽一毫而莫取。"说对待外物,不应强求自己不该得到的。"惟江上之清风,与山间之明月,耳得之而为声,目遇之而成色,取之无禁,用之不竭,是造物者之无尽藏也,而吾与子之所共适。"意思则是对待外物,人虽不应强求自己不该得到的,但应享受自己应得的。老师不仅仅讲苏轼的文章,重点在讲苏轼为人的修养。这样的取舍观,也是老师自己对待外物的一种方式,所以讲解特别打动人心,带着一种力量。"君子之学也,入乎耳,著乎心,布乎四体,行乎动静。"读书和做人是结合在一起的,老师不只教我们怎样读书治学,更是言传身教让我们懂得如何做人。经师易得,人师难求。

老师在点评完全篇之后,还要我重视板书的设计与书写,当时课堂教学大多在用PPT,但老师还是很重视板书,认为板书是随着讲课的节奏,自然而然生发出来的,对学生的学习理解有一个很好的引导作用。我之前去中学试讲时,老师就强调过板书,这次再次提及。所以最后围绕文中"乐—

悲—悟"三次思想起伏，"水"与"月"两种意象，设计了板书。那节公开课我讲得很投入，学生也都沉浸其中，甚至我能感觉到，在我话语之外的一些情感，学生也体会到了。

　　文章写到这里，我又不禁回想起老师给北师大本科生上唐诗宋词课的情景。那时老师一边担任博士生导师，一边还在坚持为本科生开设唐宋诗词课程，所以我们也趁此机会去听课。在讲课方式上，老师讲究深入浅出，化繁为简。讲授古代文学名家名作之前，老师先讲授诗词常识，主要讲诗词格律入门。为了让学生更好地理解诗词的平仄和韵律，老师讲了律诗和律句的四个前提条件，从启功先生的"竹竿说"讲起，深入汉语本质现象讲平仄规律，用平仄符号画出一条长长的序列，然后在上面依次截出诗歌的律句，非常简单直观，生动形象。老师亲手绘制了五言律诗平仄表，讲律诗的"粘"和"对"，这样很容易就让刚开始学习诗词的学生了解并掌握诗词的格律。

　　在讲到唐宋时期具体作家作品时，老师特别重视对诗歌作品的吟诵。开始讲解每首诗歌前，都为大家吟诵一遍要讲的作品，然后学生齐声诵读一遍。写这篇小文的时候，我仿佛又回到了当年的课堂，耳边响起老师那情感充沛、抑扬顿挫的声音，吟诵之声回荡在整个教室，学生们神情肃然，认真聆听，此时教室很静，但自有一种专注和集中。在课堂上，老师声情并茂地吟诵过李白的《将进酒》《蜀道难》、杜甫的《登高》《秋兴八首》，将李白的潇洒飘逸、老杜的沉郁顿挫，通过吟诵一一为我们呈现。老师的课堂大多数时间没有刻意安排太多活动，也不热闹花哨；但是有着不动声色的精心设计。"随风潜入夜，润物细无声。"学生们沉浸在老师营造的良好氛围中，自能深刻感受到诗词作品的独特魅力，这一切看起来不是那么刻意，但深入人心。

　　老师讲授诗词作品，同时也格外重视鼓励学生的诗词创作。老师常说，研究鉴赏古代诗词作品，一定要学会写作。即使不能成为一流的诗人，也可以成为三流的作家。关键是要有诗词创作的实践和经验，这样才能知道诗

词创作的甘苦,体会诗人的用心。老师课上也展示自己的诗词创作,创作了一首七言歌行以赞之:

> 君不见,千岩万壑入诗篇,太白心胸能吞天。君不见,拔剑四顾临风吼,太白气魄冲牛斗。飘然不群天上客,谪向人间红尘走。一生白眼傲王侯,只横青眼向美酒。清词丽句倚马待,谪仙酒仙与诗仙。三仙铸就成真我,敢向强权争人权。万马喑,千年哀,彤云密,须惊雷。太白振臂起,万里天风扫阴霾。生不逢时天阁远,何必只独善其身。"天生'我'材必有用",喝醒多少蓬蒿人。大鹏即使折羽翼,岂肯羁绊牢笼间。"安能折腰事权贵",丈夫当有傲骨坚。尊个性,崇天真,我善养吾浩然气,不愧天赋自由魂!

本科生唐诗宋词课即将结束,老师要求每位学生都要写作一首诗词,并将之汇编成册,打印装订,将诗词集命名为《萌芽》。专门留出一节课的时间,请我博士在读的学姐们来点评这些诗作,以期改进和提高。在老师的鼓励下,我的很多师哥师姐,也都热爱诗词创作。

在教学理念上,老师提倡因材施教,同为老师的学生,但是因为心性不同,才情不同,志趣不同,能力不同,老师总是尽可能的,引导我们各自选择自己喜欢的和适合自己的道路,无论在博士论文的选题研究方面,还是在工作方面。在指导过程中,老师从来都是耐心地引导和启发,尊重学生的想法,而不将自己的想法强加给学生。"不愤不启,不悱不发。"老师曾多次谈到教学中"愤悱"的状态,认为要从学生的兴趣出发,引导学生慢慢找到适合自己的路,想到这些,真是从心底里感谢老师。比起成绩,老师更加看重学生对专业的兴趣和热爱,好学即可。老师常以自己三十六岁报考研究生的经历为例,来激励我们。无论何时都要向上进步,都要积极努力,踏踏实实,兢兢业业,做人要从容,不要急于求成。

后来,我离开中学到出版社工作,老师仍然关心着我的工作和生活。每次见面，老师都会问我最近手里正在编辑的图书，了解到图书内容后，常常提醒我编辑时需要留心的重点问题。老师鞭策我说，编辑是一个"杂家"，对各个领域的各种学问，都要懂一点，需要拓宽自己的知识面。还让我在工作中注意积累自己感兴趣的资料，继续坚持学习和研究。当我工作上遇到困难，老师依然是我的坚强后盾。有一次，编辑中遇到一部古代音乐文献的长篇序文，是用草书字体书写的，需要核对原文，但凭自己有限的对草书字体的辨认能力，实在难以完成任务。于是又去向老师求教，老师那时摔伤了腿，不能久坐，一段时间之后，就要站起来活动一下，却坚持了一下午，教我如何辨认草书字体，区分相近字形，同时讲解音乐类文献中的相关术语名词。在出版社工作这段时间以来，求教的时候很多。老师书柜里有一处专门用来放置各种工具书。真是记不清有多少次，我在老师的指导下，从里面找出相应的工具书，对着其中的内容聆听老师的讲解。

　　在写这篇小文的时候，我不时想起第一次见到老师的情景。那时我刚来北京不久，在一个冬日午后，我捧着从路边小车上花十二块钱买来的一盆水仙花，在北师大家属院老师整洁简朴的家中，喝着师母泡好的热茶。老师当时说，不要为了获得学位，为了改善生活条件而读博。从那时起，十六年过去了。老师的教诲时刻牢记在心中，鼓励我一路前行。最初见到老师时，老师给我的印象是严肃、不苟言笑的，让人心生敬畏，但是经过这么多年的交往，我更多体会到老师对学生的关心和关爱，让人温暖。

仁义蔼如　即之也温
——我所知道的赵仁珪老师

李　鹏

还在上大学本科时，我就从下一年级同学的口中知道了赵仁珪老师。赵老师给他们上古代文学宋代部分，同学们私下里觉得他看上去颇有些"仙风道骨"。但我真正见到赵老师，却是数年之后的事了。2001年，我开始跟随启先生攻读博士学位。入学初，启先生跟我们五个博士生说他要开一门"文史典籍整理"课，但由于种种原因，他后来并未能给我们系统讲授这门被他谐称为"猪跑学"的课程，倒是赵老师和谢思炜老师各自给我们上了一门专业课。从此，我和赵老师的接触逐渐多起来。

在读博士期间，按照谢老师的吩咐，我不时去系办公室帮启先生拿邮件。系办老师有一次跟我说，赵老师已经取走邮件了，我这才知道，很长一段时间里，主要都是赵老师在帮启先生取邮件。此后有好几次我去启先生那里，都碰见了赵老师。其时，赵老师已经将他的主要精力都放在弘扬启先生学术上，他不仅注释了启先生《论书绝句》《启功韵语集》，还协助启先生整理了《启功口述历史》。由于启先生当时年事已高，我猜想，赵老师应该是以一种与时间赛跑的紧迫感从事这些工作，因此抓紧一切可能的机会去启先生那里，与他探讨有关问题。如今再回头看，我们真得感谢赵老师超前的敏锐把握以及挺身而出的勇敢担当,为我们留下了这些无比珍贵的文化财富。

也是在读博期间,有一次王宁老师牵头召开民俗典籍文字研究中心的会议,我和师兄冯小禄也奉命参会,到会场之后发现赵老师和李山老师也在场。在会议上,小禄师兄提出,启先生幽默过人,如果把大家知道的与启先生有关的段子整理出来,对于世人了解以启先生为代表的当代文人学者风貌大有帮助。这其实是跟启先生有接触者的共识,不过大家也都知道真要动手搜集、汇纂相关隽语轶事,不仅非长期追随启先生左右者莫办,而且需要付出相当艰辛的努力。令人惊讶的是,在启先生去世之后,赵老师居然成功地编了一本《启功隽语》,让我们得以在轻松的笑声里怀念启先生。

2015年10月,我正带着学生在河南游学,途中接到赵老师电话,说他要写一部《启功评传》,问我是否愿意协助他。我毫不犹豫地说:与启先生有关的事,我责无旁贷。而且,赵老师愿意找我帮他做点儿微不足道的工作,既是对我极大的信任,也是我的荣幸,我当然非常愿意。此后差不多有一年时间,我亲眼见证了年逾古稀的赵老师为了撰写《启功评传》是如何全力以赴、殚精竭虑、字斟句酌的。他把这本书视为自己以往对启先生研究的一个全面总结,说这应该是他写的最后一本研究启先生的书。在全书文稿基本写定之后,赵老师让我去找李强老师拷贝了不少启先生及其书法、绘画作品的数码照片。我清楚地记得,暑假中的一天,由我操作电脑,赵老师一张照片、一张照片看过去,挑出备用照片,再添上书中章节编号及恰当的命名。一上午,我们两人几乎没怎么停下来休息。中午,师母给我们订了套餐,并趁吃饭的空当问赵老师累不累,赵老师嘴上说不累,可我一低头,却看见桌子底下他微肿的脚背。虽然我跟赵老师说,我可以改天再来,不需要这么紧赶慢赶,但赵老师还是坚持着用一天时间就把这项工作基本处理完了。我知道,赵老师主要是替我考虑,觉得我从家里来一趟师大路途不近,而且当时我在准备出国访学一事,时间确实也不宽裕。

赵老师在撰写《启功评传》的过程中,不止一次对我说起,重读启先生的著作,越发觉得启先生的学问是真了不起。我其实对此也心有戚戚,但每次听到赵老师这么说时,看到他灼热的目光,我总觉得于他而言,这并非仅仅是仰之弥高、钻之弥深的学术研究体会,背后恐怕还有他内心深处对启先生无尽的依恋和对往昔追随启先生日子的无比怀念。记得启先生去世时,赵老师除了替学校以及文学院代拟了代表官方评价的挽联,还以个人身份写了另一副挽联:"天丧斯文长已矣,我失其怙且偷生。""我失其怙"四字背后,传达的是二十余年师生如父子的情感。这副对联,和最后送别启先生时赵老师高声喊的那一句凄怆的"启先生走好"一起,深深地烙在我的脑海里。因此,我冒昧地揣测,赵老师后来对于启先生倾以全力地研究,固然有出于学术公器的考虑,但深厚的师生情谊可能是内在的真正驱动力。天不丧斯文,薪尽不仅火传,而且尽己所能使其大放光芒,此为弟子之义。在这点上,赵老师真可谓是天下所有学生的楷模。

  作为后生晚辈,我在侍从赵老师的日子里,还切身感受到他的仁爱。记得有一次我们一起从小红楼出来,路上赵老师问我博士论文写了多少字,我说十六万多一点儿。赵老师提醒我,博士论文将来要准备出版,字数上应该更充实一些。而在我的博士论文答辩会上,虽然论文本身仍存在诸多不足,但赵老师以他特有的宽厚给予我热情的鼓励,这让我在多少有些剑拔弩张的氛围中稍稍缓解了紧张的心情。时过境迁,每每想起,赵老师的话语仍让我感到温暖。

  更让我铭感五内的是,在协助赵老师撰写《启功评传》的过程中,他起初一再要求我署第二作者,但我觉得一则自己所做的工作实在是微不足道,二则于我而言,这其实是学习赵老师的一贯做法,尽自己作为启先生门下弟子的一份心意,不应该、也没有必要署名,因此我一直不敢答应。按计划,在《启功评传》书稿基本完成之后,我准备带着小孩一起去英国访学。当时,出国访学得先给国家留学基金委交四万元押金,而临行前预先在伦敦租好房子也需要付给英国中介一笔钱。另一方面,自出国之日起,单位只给我发基本工资,而留基委给的资助我得到达英国之后才能领取,实际上每月的资助在支付完房租之后也将所剩无几。更不凑巧的是,我买的房子那一年也交付给业主,收房要交包括契税在内的杂七杂八的钱,而房子装修也需要一笔钱。我平时其实是一个对钱没有太多概念的人,但这一次我确实感受到了经济上的窘迫。赵老师见我不愿署名,转而提出要付给我两万元作为报酬,说是出版社将来会支付稿酬,他只是预先拿出来。我心里很清楚,这是赵老师和师母在这种特定情形下对我的经济资助,我若再推辞长者之赐,会让他和师母都伤心的。于是,思考再三,我最终腼颜收下了这份沉甸甸的程仪。到了英国安顿下来之后,我给赵老师发邮件,他很快回复我了。身在异国的我,打开邮件,看到赵老师第一句话是:"一直盼望能收到你的邮件,现在得知你赴英后一切还算顺利,很高兴。"亲切挂念的话语背后,是一颗悬置了许久没有放下的心。一瞬间,我似乎看到古诗里常常出现的倚门而望的老亲,眼里一热。

总之,在我跟赵老师不算多的交往中,我最大的感受是他为人的仁义。他总是那么细致地替别人作十分周全的考虑,出言总是蔼蔼可亲,绝不拒人于千里之外。这不禁让我想起韩愈所说的"仁义之人,其言蔼如也",以及子夏所说的君子"即之也温",私心里觉得先贤这些话用在赵老师身上真是再贴切不过了。古人常说:"仁者寿。"赵老师今年八十大寿,不仅印证了天佑善人,而且也让我们更有信心期待未来给赵老师祝贺耄耋、期颐之寿。我衷心祈愿赵老师起居安吉,福寿骈臻!

2022 年 6 月于北京广安门

高山仰止　静水流深
——写在赵仁珪师八十大寿之际

姚　颖

今年喜逢赵仁珪师八十大寿,玉麒师兄来微信告知即将为赵师编辑文集,在祝福欣喜之余,我定当撰文庆贺。回忆起与赵师20余年的深厚情谊,该从何说起呢?赵师之于我,既是恩师、又如兄长,更似慈父,这复杂的情感交织在一起,难以尽述。

一　结缘赵师

1996年秋,甫入北师大,我就听闻赵师大名,乃唐宋文学研究大家,飘逸儒雅,学术精湛,对赵师的《古代文学》必修课唐宋段的内容甚是期待。遗憾那两年赵师在香港讲学,无缘座下聆听教诲。1999年夏,大三毕业的我有幸保送至启功先生名下攻读硕士学位,顺理成章地在入硕士前一年,我就能够拜师启功先生门下,正因如此,我才有缘进一步接触赵师。赵师那时应不到耳顺之年,身材高大,气度不凡,英年华发更显出独特的书卷气质。那时,我偶尔在启先生的浮光掠影楼一睹赵师的翩翩君子之风。2003年,我继续师从启功先生攻读博士学位,之后便有更多机会接触赵师。文学院古代文学和古典文献学专业的课程大都在一起上,赵师负责我们的专业课程。特别是后来我有机会参与《启功口述历史》相关资料的整理工作,了解到启功先生与赵师的师生之情,在动容之余,更拉近了与赵师的距离。

赵师既是我的老师,更是启门大师兄。赵师致力于研究"启功学",著书立说,诗书传承,身体力行地继承"启功学"传统,发扬"启功学"精神,无不感染和影响着我们这些晚辈后生。曾记否,2005年6月30日启功先生溘然长辞,赵师作为启门大弟子,义不容辞地担负起大量启功先生后事料理、悼念活动、纪念文集整理等工作。在赵师的组织指导和多位启门、赵门博士生参与下,《启功先生悼挽录》和《启功先生追思录》赶在启功逝世百日出版。在以往赵师温柔敦厚、平易亲切的外表下,我们那时看到的是赵师鲜少流露出的坚毅刚正之气,更让人感受到启功先生的离世对于赵师带来的"我失其怙"之痛。

而赵师之于我,又何尝不似启功先生之于赵师呢? 现在回想,和赵师的真正交往,那时才刚刚拉开序幕。在2005年夏天经受了失去导师的强烈痛苦后,同年11月我亲爱的父亲又因突发脑溢血离世,双重打击令我一蹶不振,身心俱疲。赵师得知此消息后,在生活上、心理上和学习上都对我倍加关心,甚至还时常关心问候我的母亲,开导她节哀顺变。赵师的关心不仅仅停留在口头,他亲自承担下我们最后几位没有毕业的启门在读博士生的学业指导工作。他根据每位博士生的论文选题,安排了古代文学研究所几位相关方向的教授代为指导论文。2006年夏,启门最后的四位博士生在赵师和文学院古代文学研究所诸位教授先生的关怀指导下均顺利毕业,博士生导师均为启功先生。我还因为博士期间发表了学术论文、学业成绩优秀、博士论文优秀等,获得了当年北师大优秀毕业研究生的光荣称号。

除了学业,赵师对我更是爱护有加。我临近毕业的头年冬天,赵师借编写书稿等学术工作之机,把当时在北师大工作的几位启门师长前辈聚在一起,向诸位先生郑重地推荐了我,希望各位前辈给予我这个同门后学以关心帮助,为我留心是否有合适的留校工作机会。这一举动更是让我感动至极,终生难忘。至今回忆起来,眼角依然湿润,失去父亲的痛苦犹在,但眼前的这位师长不就是可亲可敬的父亲吗?我的心中照进了阳光,我的眼前看到了希望,是赵师用他的大爱照亮了我未来前进的道路。那时我就下定决心,一定要终生铭记赵师的恩情。

在赵师、师母和众多前辈学长的关心和爱护下,我博士毕业后顺利进入北师大教育学院,从事中小学语文课程与教学论相关教学和研究工作。虽然没有完全继续深耕学生时代一直致力研究的古典文学文献学专业,但是新的研究领域也给我带来了新的启发,尝试进行跨学科教学和研究的探索。因为在师大工作,我更有时间和便利条件时常去看望赵师,向赵师汇报工作和个人发展近况,分享我的喜悦收获,也交流我的困惑和迷茫。赵师总能给予我温柔而有力的点拨,寥寥数语,却能帮我拂去心中的迷雾。每次去看望赵师,热情洋溢的师母也定会陪伴左右,一如关心自己的孩子一般,关心着我的近况。每次在赵师家拜访一两个小时,畅谈心声,聆听二老教诲,真是如沐春风,荡涤心胸。

二 研究启学

每读赵师在《民族文学研究》上发表的哀悼启功先生《恸哭元白吾师》一文,总是心有戚戚焉。该文开篇写道:"苍天无情,竟不肯网开一面;人生有限,总难避钟鸣三更。吾最敬爱的元白恩师经半载煎熬,数次反复,终竟一朝弃世,永升仙国。之前当先生不时梦呓,尚与吾对语之时,吾强装镇静,焦急之泪只能强咽腹中；当先生中度昏迷，吾呼唤不醒之时，吾手足无措，绝望之泪不由夺眶而涌。当先生少许清醒吾又生一线希望，每逢庙宇，无不合十，祈祷奇迹之发生；而当先生撒手西去，吾只有仰天长叹，瞻仰遗容，惟有恸哭，痛恨命运之无情……"文章深切回忆了赵师自1978年考取北师大研究生后分至启先生门下的种种经历，师生之间美好珍贵的往昔情谊跃然纸上，打动人心，这"讵能不为之痛哭哉""不敢仅哭其私，吾更为天下恸""仍不能不再哭其私"的一唱三叹[1]，更是引发了我们所有热爱、尊敬启功先生的人们的强烈共鸣。

  对恩师最好的纪念方式就是不断学习、研究和传承。赵师一如启先生，作为高校教授、文学研究学者，也一直关心着少年儿童的成长，关心着基础教育、中小学语文教育事业。在撰写这篇文章的过程中，我又重温了赵师的一些著作和学术文章，惊喜地发现，赵师在"中国知网"上可查的、最早公开发表的学术文章是1981年发表在《中学语文》杂志上的《两首〈木兰诗〉的对比》一文，通过唐人韦元甫所作的《乐府诗集》卷二十五之"乙诗"与被选入中学语文教材的、为人们所耳熟能详的《木兰诗》（"甲诗"）的对比，更进一步凸显了传统《木兰诗》在思想性和艺术性上的突出成就。1982年，赵师又就当时欧阳修的《醉翁亭记》从中学语文教材中删除的现象入手，结合欧阳修生平经历、后代学者研究观点等，为文章的主题展开有理有据的辩证分析，得出"《醉翁亭记》从思想内容上说是健康积极的，只要能把这一点向学生讲清楚，《醉翁亭记》还是应该回到中学教材中去"的结论[2]。2012年，赵师还在《中国教师》上向全国教师撰文《如何向启功先生学习当教师》，指出首先要尽力学习启先生做一名"通才"式的教师；其次要尽力学习启先生，多讲一些自己的东西和独家的心得体会，少照本宣科地讲一些人云亦云的教条；第

---

[1] 赵仁珪《恸哭元白吾师》，《民族文学研究》2005年第4期，第166—167页。
[2] 赵仁珪《〈醉翁亭记〉主题辨析》，《新疆师范大学学报》1982年第2期，第84—87页。

三,要学习启先生提倡学生动手的能力;另外,启先生带研究生还有很多值得提倡的教学方法,如到研究生的宿舍去开课,让研究生到自己家中来听课,而其授课的方法又有独到之处,他戏称为"熏",戏称为"天上一脚,地上一脚",强调一对一的因人施教,这其实是他对老校长陈垣先生教育理念很好的继承与发挥①。

了解到我关注中小学传统文化教育,赵师非常认可,并强调说,就目前来看,在中小学开设单独的传统文化课程是不太可行的,一是师资的问题,二是学生负担的问题,应该将传统文化融入各学科和学校活动中,将各种资源加以整合,这样就不会增加学生学习负担,又可以起到事半功倍的效果。比如,练书法不要单纯只是写字,要把古诗文、书法、文化常识、篆刻等知识内容都融进去。这个观点10年前赵师就鲜明地提出来,契合了今天基础教育领域倡导的"培养全面发展的人""跨学科整合教学""整体育人"的目标导向和思想观念,极具前瞻性。在赵师的启发和指导下,我在工作之初就在实验学校初中带领语文教师开发了"楹联文化校本课程",该课程不但成为实验学校的校本必修课,还获得了区级教学成果奖励;在此基础上,我还获批了北京市教育科学十二五规划重点课题"北京市中小学传统文化教育现状、问题和对策的研究",并于2020年顺利结题。2020年,在赵师长期关心和指导下,我还有幸获得了国家社科基金一般课题的资助,有了更广阔的研究平台。

2018年4月,我的一所课题实验学校——北京府学胡同小学,也是全国传统文化特色校,以"学府式"府学作为办学思路,举办大型国学和诗词大会活动,学校非常仰慕赵师的学术声望,想拜访赵师。当我向赵师提起此事,赵师欣然应允。犹记得那是一个春光和煦的下午,在我的引荐下,学校校长、教师和学生代表数人到赵师家登门拜访。赵师早早守候在书房,亲切

---

① 赵仁珏《如何向启功先生学习当教师》,《中国教师》2012年第10期,第5—6页。

地与校长、老师和孩子们交流。他特别强调,对于我们中华民族来说,传统文化就是中国文化的根,传统文化就是中华民族的魂。在亲切平易、深入浅出的交流中,赵师进一步鼓励孩子们大量阅读积累古诗词和传统文化知识,培养、发展兴趣;同时悉心了解学校近况、聆听学校教师们的教学感悟,提示教师们要正确认识国学,取其精华,去其糟粕,《笠翁对韵》等古籍可以说是中国古代最好的教材之一;同时还要考虑到孩子们的接受程度,有一定的层次和梯度。最后,赵师甚至挥毫泼墨为学校题写三幅书法作品——"子曰:学而时习之,不亦悦乎""不积跬步,无以至千里;不积小流,无以成江海"和"少年智则国智,少年强则国强"。后来这段采访也被府学胡同小学记录下来,成为了珍贵的影像资料。这些无不体现出赵师对基础教育事业的关心和重视,也充分彰显了当代学者大家的学术使命和社会责任。

赵师从20世纪90年代陆续开始启功先生的研究。谈起如何从宋代诗词研究转向"启功研究",这似乎是水到渠成、自然而然、天时地利人和之事。"起初我把主要精力都投入古典文学的教学与研究之中,每遇困难或疑问都向身边的这位'百科全书'请教,久而久之,我逐渐感受到先生的博学洽闻、治学方法比很多古代的大师更博大精深,与其研究死了的古人不如研究活着的先生,而作为先生的研究生本来就应该好好地研究先生。于是自20世纪90年代中期以后,我把研究的课题转向'启功研究'。"[①]赵师研究启先生,首先聚焦在"诗人启功"这一点上。这与赵师一直专注于唐宋诗词学研究,有大量研究唐宋诗词语言、结构、创作手法的深厚积淀关系密切。包括他研究宋诗、欧诗、苏诗、辛词等,研究成果主要反映在他的《宋诗纵横》《论宋六家词》《禅学要义》等著作中。在此基础上,从继承与创新两个根本途径的角度,讨论启功先生在旧体诗词上的极高建树,将启功先生誉为"当今旧体诗词创作的典范"。例如启功先生诗词继承上表现在词汇、用典、对仗等

[①] 赵仁珪《启功研究丛稿》,北京:北京师范大学出版社,2006年,第1页。

语言、形式、学力诸方面,又表现在立意、格调、韵味等情感、气质、才情诸方面,创新则首先表现在新观点、新思想、新内容、新情感的展现;其次表现在新语言的成功运用和幽默风格的全面发展与极大提升等①,为人们全面深入了解启功先生的才学和研究领域开拓了新的视角。

在探讨启功先生"背诗""论诗""作诗""解诗""改诗"的基础之上,赵师很早就开始给启功《论诗绝句》《启功韵语集》作注释,协助整理《启功口述历史》,足见他古典文学文献功底之深,更是深得启功先生真传。2012年,赵师还连续撰写了几篇文章,深刻论述启功研究的当代意义和价值。经过多年的潜心钻研,2017年,赵师的启功研究集大成之作《启功评传》由北京出版社出版,除"导论"外,全书共分七章,包括"三部曲启功""坚净翁启功""书画家启功""鉴定家启功""诗词家启功""学问家启功""教育家启功",从史料和学术的角度,涵盖了启功先生的生平、为人、学术、艺术成就的方方面面,可谓内容丰富,评介全面,论断权威。可以说这是当代启功研究的里程碑意义的著作。

三 传承发展

除了研究启功生平和学术,赵师更是在日常生活中践行启功学说。每至赵师书房都能一睹书桌上赵师近期书写的诗文及书法作品。经过多年旧体诗文创作和书法实践,2012年赵师出版了个人古体诗文集《土水斋诗文选》。什么是传承?从思想精神、学术研究到身体力行上,赵师都在全面传承和发扬"启功学"。

赵师以"土水斋"命名自己的书斋,谈及名称由来时,赵师写道:

---

① 赵仁珪《当代旧体诗创作的两个根本途径——再谈读启功诗词的启示》,《北京师范大学学报》2002年第2期,第35—43页。

"土水斋"者何也？余师启功元白先生终前于某文曾郑重称余为"朋友"，并引利玛窦之言曰："朋友非他，我之半也。"先生之书斋曰"坚净居"，乃取所藏康熙之砚铭"一拳之石取其坚，一勺之水取其净"。余爱取"坚"之小半"土"，"净"之小半"水"，而命余之斗室曰"土水斋"。余于先生万不及一也，更不敢真以先生之半而自居，命此名者，仅表追慕之深、自励之坚也。①

赵师曾和北京府学胡同小学的师生代表回忆自己旧体诗文的创作经历："以前启功先生在世的时候，我写了诗文给启功先生看，请他帮忙改一改，指导指导，最令我感动的是，他在给我改诗的时候，绝对不会拿笔把这个字划掉或改成什么，而是会在旁边做一个小记号，而且还是用的铅笔，然后在旁边写着'此字宜作……'，表示不是非要你改，只是供你参考。这么有名的国学大师还如此谦虚，令我特别感动。"从陈垣校长，到启功先生，再到赵仁珪师，从"励耘"到"坚净"，再到"土水"，这一脉相承，赓续不断。

2022年是个异常特别的年份，不仅是赵师大寿之年，也是启功先生诞辰110周年，更是母校北师大校庆120周年。前段时间，应北师大教育学部学生会的邀请，我在一年一度的教育学部学生学术文化节上给学生们作了一个题为《启功先生的治学之道与教育之思》的小讲座。之前，虽然授业于启功先生多年，也是堂堂正正的启门弟子，但是愧于"吾资质平庸，学业浅薄，每每不敢以学生自称，更不敢拉大旗做虎皮，到处炫耀，惟恐辱先生之名"②。随着日渐年长，阅历的丰富和认识的深化，我越来越感受到，应该像赵师一样，肩负起传承和发扬启门精神的使命，如果我不给现在的青年学子讲启功先生其为人、其为学，那么后学就更难有机会学习和了解启先生了。也许学生们未来通过看启先生的著作文章和人们对其丰富的研究来间接接

---

① 赵仁珪《土水斋诗文选·序》，北京：线装书局，2012年，第1页。
② 赵仁珪《恸哭元白吾师》，《民族文学研究》2005年第4期，第166—167页。

受未尝不可,但是正如启先生所言,"文献"既包括"文"也包括"献",《尔雅·释言》:"献,圣也。"朱熹集注:"文,典籍也;献,贤也。"历史中的亲历者、见证者也是不可回避的重要文献。从启功先生和赵师身上,我看到了这种责任和使命,我虽学疏才浅、难成大业,但是这种责任和使命更召唤着我,更鞭策着我不断努力、不断提升。

这次重读赵师研究启先生的著作和文章,又让我有更多收获和启发。正如赵师在《启功评传》中所言:"一般来说,一个人如果能在文化领域中专精某一项,就足以成名成家,但是启功先生的艺术成就和学术成就是全方面的,正所谓'八面受敌,触类旁通,左右逢源,旁涉无碍'。"[①]一个时代造就一个时代的人,也许未来数百年也很难出现像启功先生这样博通的全才大家、国学大师,但是我要说,从为人处世、学术研究到艺术生活,赵师都已经深得启先生之精髓了。

如此想来,我又是何等幸运呢?前有启功先生"高山仰止,景行行止。虽不能至,然心向往之"之风,后有赵师"发纤秾于简古,寄至味于淡泊"的静水流深[②],沧笙踏歌之境,更应秉承师恩,执着坚韧,砥砺前行!2021年3月,在我祖母百岁寿辰之际,赵师不吝惠赐墨宝,欣然为我代笔题写寿联"南山桃李拥千树,东海波涛颂百龄",以送上对祖母的祝福和庆贺。同样值此赵师八十大寿之际,我真挚而感激地也送上对赵师的深深敬意和祝福:

诗文学养承坚净高山之志

耋寿人生照土水流深之心

谢谢赵师多年的教诲和关爱,祝愿恩师、兄长、慈父永远健康长寿,学术长青!

---

① 赵仁珪《启功评传·导言》,北京:北京出版社,2017年,第1—2页。
② 杜丽萍《发纤秾于简古,寄至味于淡泊——赵仁珪先生的学术道路》,《天中学刊》2014年第2期,第6—9页。

鼓励学生诗词创作

胡建升

按照常例,2022年元旦,我不揣简陋,将近日创作的两首不够成熟的词作发给赵老师,并附上几句节日祝福。两首习作主要表达了对当前疫情的忧虑之心,其中也夹杂了一些岁时感怀与祈愿祝福。兹将其附录在此。

满庭芳
告别旧辛丑2021,迎接新壬寅2022

辛丑疫情,虐行天下,人间罹难雪霜。二三不绝,西北再猖狂。忧心在,遥祝尔康。冬也去、河垂枯柳,寂静立斜阳。

微香。稍醉处,一枝青翠,先报春光。渐换元世界,宇宙玄黄。寒去春风暗度,过今夜,气运佳祥。虎吟啸,疫销天外,龙凤献华章。

沁园春
2022年元日有福

昨夜觥筹,旧岁何欢,一醉归乡。忆庄生晓梦,不分物我,蝴蝶倚处,皆尽洪荒。携玉人间,舞文弄墨,岁月盈缩负简狂。流年去,叹几堆旧稿,两鬓微霜。

晨起青鸟喧忙,引逸兴俱怀胸胆张。看窗外明净,天高云淡,一轮新日,几缕清阳。祛疫销灾,山河安泰,百姓升平家国昌。吾有幸,适躬逢盛世,以叙徽章。

赵老师一生追随启功先生学习韵语写作,精通格律,重视文章体制,坚持长期实践。到了晚年,他依旧笔耕不辍,诗词文赋,样样精通,音律格调,本色当行。在赵老师面前,递交这种不成熟的诗词作业,作为大龄学生,内心还总是像个小学生似的,感到忐忑不安。

可是,没过多久,竟然收到了赵老师的长篇语音回复。我反复聆听赵老师的语音,一方面细心温习感受老师亲切和蔼的声音,另一方面仔细领会老师极为宽松耐心的鼓励,感到十分的温暖。

为了保留这份珍贵的时光记忆,我立即将赵老师的语音用文字记录下来,以为终生的留念。以下是赵老师语音的整理文字:

建升,你好!你在手机上给我发来的两首大作,我已经拜读了,写得非常好。看来你这几年还是一直很用功,不但在学术研究上下了功夫,还在诗文写作上,也很有长进,我对此感到非常地高兴。

作为古典文学的研究者,如果不会创作,自己不会写,那么,光是评论别人,恐怕也是隔靴搔痒,抓不到要害。只有自己写了,有一定的经验,才知道写作当中的一些个甘苦,内心有了充分的体验,才能对古人的创作做到心领神会,才能领会到诗词的那个要害处与根本处。所以自己动笔写作,是非常重要的一件事儿,我很高兴你能够充分认识到这一点,并且加以实践。两首词写得都不错,语言都很古雅,也有一定的真情流露。词作中心的构思,以及整个篇章的安排都不错,这个很好。

我最近一切都还好。不知道你们一家几口儿生活得怎么样?工作忙不忙?上海应该说是在中国搞得很好的一个地区,疫情的防控做得也不错。作为一个大都市,气运正处于昌盛的时候,能够在那儿工作、生活、学习,也是一件幸事啊。希望你能够继续努力,能够创造出更多的作品,能够写出更好的专著、论文,你在这其中一定会大有作为的!

赵老师在语音回复中,鼓励学生,不仅要在学术研究上努力,而且还要在诗文写作上大胆实践,主动动笔。尤其他对学生所作的简陋诗词习作,进行领会,给予赏析,并能从诗词的语言、情感、结构等诸多方面,加以耐心点评,令人心暖。赵老师每次回复,总是关心学生的学业现状,希望学生能克服疫情困难,努力工作,做出一些出色的学术研究。

作为学生,我知道,自己诗词习作的水平极为有限,赵老师的这些赏析和评价,都是对学生诗词创作的鼓励。但这种无形的鼓励,会化为我在教学与生活中的无限动力,让我继续敢于将人生的各种感悟,借用传统的文学形式,表达出来。

俯首觅句 奉呈赵师八十华诞

何春环

为恩师赵公八秩华诞贺寿拟联

茂彦仁珏振铎京畿授业传薪学正人师行方世范赵门高足呈桃奉酒恭祝鹤翔东海千秋寿

芸斋土水殚精文史研幽抉奥词工宋杰诗善唐贤启体嫡书舞凤飞龙喜描松蠹南山万载春

调寄《沁园春》
恭贺恩师赵公八秩华诞

赵子仁珏,元白高徒,国学名家。忆杏坛振铎,传经授道;黉园披籍,琢璞淘沙。弟子莘莘,贤才济济,土水高斋蔚彩霞。门墙列,看桃妍李艳,春色无涯。　　休言逝水年华,积著作如林灿笔花。喜宋唐韵藻,精研博究;启功奥学,深掘勤耙。词赋诗文,敲金戛玉,坚净真书绽异葩。公长健,享寿山福海,儒雅堪夸。

2022 年 8 月吉日

仁珪夫子八秩之庆

张仲裁

鹤发朱颜土水翁,温柔敦厚自雍容。
昆明湖畔舞雩咏,丽泽楼中曲阜风。
韵壮情深诗海阔,天高地大夕阳红。
八旬夫子春秋盛,笑对长身十万松。

2022 年 8 月 15 日

后　记

朱玉麒

《枫林霜叶》是作为学生的我们，献给敬爱的老师赵仁珪教授八十华诞的纪念文集。

1960年代后期，蹉跎岁月里的赵老师从北京师范学院毕业后，终于在密云县一个偏僻的农村中学开始了他的教学生涯。1978年，趁着改革开放的东风，他考入北京师范大学，成为"文革"后的第一届研究生，师从启功先生，走上了古典文学研究的道路。他在研究生毕业后留校执教，从事高校教学与科研，直到退休。

教书育人、笔耕墨耘，是赵老师一生成就最重要的两个方面：他将人生最宝贵的光阴，奉献给了新中国的教育事业，桃李芬芳；他也将出色的才华和丰富的阅历，铸就了古典文学研究和诗词创作的名山事业，硕果累累。

10年前的2012年，很多同学为古稀之年的老师庆祝生日。老师童颜鹤发，谈笑风生；同学济济一堂，春风再坐。大家相约10年后重聚北京，再聆謦欬。然而天不遂人愿，疫情带来的重重困难，延缓了我们的期待。

为什么不选择另外一种方式来表达我们的祝福呢？我尝试着跟老师提出这样的方式。一向低调的老师依旧低调，以疫情之下不必麻烦正在中年忙碌的同学为由，谢绝了我的提议。

我尝试着向各位同学征询这样的方式，没有想到，几十位同学迅速组成了一个微信群，要把他们对老师的爱戴，以我提出的方式——编一本书献给终日以书为伴的老师，庆祝他掀开人生的九秩华章。

我从来没有如此轻松地组织过这样的一本书，通知发出去几天之后，每一位作者都已经确定了他们在书中的位置："为学编"是如今仍然在教学科研前沿从事学术研究的同学提交给老师最新的作业；"评述编"记录了研读老师的著作并对老师学术道路不同方面成就的心得体会；"忆旧编"则是记忆的闸门打开之后，回顾受教以来与老师过从的精彩人生。

感谢一向做事低调的老师，最终拗不过大家的心愿和热情，在阅读书稿之后，克服各种困难，写下了《八十感言》的长文，让我们第一次看到了老师早年坎坷的经历和不断奋进的追求。纪念文集的正标题，也由老师拟定并吩咐由我署呈。

感谢左汉林学长，为本书的彩页照片做了精心的拍摄和后期制作；感谢李精一学长，为本书的组稿和庆祝活动群的维护做了无数看不见的工作；感谢薛磊学长，在大洋彼岸申请了本集封面用图的使用权。

感谢撰稿的每一位作者，行色匆匆走在世界的某一个地方，却都在此刻停下脚步，将爱戴化作文字，相聚在"枫林霜叶"之际。

感谢凤凰出版社的倪培翔社长和责编李相东、蒋李楠两位古典文学研究的同道，因为你们对尊师重教的认同，使这本书能够以最快的速度，保质保量地出现在它最合适的时刻。

我们也期待这本纪念文集在下一个 10 年，再续新篇。

2022 年 9 月 27 日，北大朗润园